供应链金融
法律法规及案例汇编

中国互联网金融协会　编

中国金融出版社

责任编辑：王雪珂
责任校对：李俊英
责任印制：陈晓川

图书在版编目（CIP）数据

供应链金融法律法规及案例汇编/中国互联网金融协会编. —北京：
中国金融出版社，2023.7
ISBN 978 - 7 - 5220 - 2110 - 2

Ⅰ.①供… Ⅱ.①中… Ⅲ.①金融法—研究—中国 Ⅳ.①D922.280.4

中国国家版本馆 CIP 数据核字（2023）第 130992 号

供应链金融法律法规及案例汇编
GONGYINGLIAN JINRONG FALÜ FAGUI JI ANLI HUIBIAN

出版
发行　　**中国金融出版社**

社址　　北京市丰台区益泽路 2 号
市场开发部　　（010）66024766，63805472，63439533（传真）
网 上 书 店　　www.cfph.cn
　　　　　　　　（010）66024766，63372837（传真）
读者服务部　　（010）66070833，62568380
邮编　　100071
经销　　新华书店
印刷　　保利达印务有限公司
尺寸　　169 毫米 ×239 毫米
印张　　32.25
字数　　412 千
版次　　2023 年 7 月第 1 版
印次　　2023 年 7 月第 1 次印刷
定价　　98.00 元
ISBN 978 - 7 - 5220 - 2110 - 2
如出现印装错误本社负责调换　　联系电话（010）63263947

《供应链金融法律法规及案例汇编》
编委会

编者按

近年来，党中央、国务院高度重视产业链供应链工作，密集出台了系列支持鼓励发展的政策。党的二十大报告指出，要坚持以推动高质量发展为主题，着力提升产业链供应链韧性和安全水平；要增强维护国家安全能力，坚定维护重要产业链供应链安全。产业链供应链是经济运行的重要基础，而供应链金融在保障产业链供应链平稳运行、支持产业链优化升级和国家战略方面发挥了积极作用。特别是在金融业数字化的大背景下，供应链金融行业焕发出创新活力，成为解决中小企业融资难、融资贵的重要战略途径，是支持实体经济发展的重要抓手之一。供应链金融的业务模式也呈现出多样化、差异化趋势，相关合规性风险不容忽视。比如，核心企业的信用风险、金融机构的操作风险以及金融科技应用风险等，给行业持续健康发展带来挑战。

中国互联网金融协会作为当前金融数字化发展进程中的行业自律组织，承担着重要使命，引导供应链金融从业机构合规开展业务、有效防范相关风险，持续为实体经济的发展注入动能是协会的本职。基于此，协会组织编写本汇编，以满足供应链金融相关从业机构和从业人员对业务合规性评估、法律法规指引指南的迫切需求，积极稳妥推动供应链金融行业健康发展。由于涉及供应链金融领域的文件较多，受篇幅所限，本汇编仅收录相关主体开展供应链金融融资业务应遵守的相关法律、法规、政策等文件。

本着聚焦实务、重点选择、使用便捷、尽量全面的编纂思路，本汇编基于综合性规范的政策导向、服务中小企业的目的和精神，结合供应链金融不同场景的交易实践、金融科技的发展背景展开，旨在成为供应链金融相关核心企业、金融机构、第三方信息服务平台、物流机构等从业人员使用的法律实务工具书。本汇编包括法律法规汇编与案例汇编两部分，其中，第一章为供应链金融宏观政策与法规，阐明实体经济及供应链金融具体交易场景的相关法律规范与政策文件；第二章为供应链金融业务相关法律规范，梳理供应链金融具体业务模式中的法律法规；第三章为供应链金融科技相关法律规范，介绍与供应链数据、网络安全相关的法律法规；第四章至第八章则结合行业领域中的典型司法案例，为从业人员和社会公众提示供应链交易中的各项风险。

本汇编得到了北京大成律师事务所、北京植德律师事务所的大力支持，同时深圳市供应链金融协会、北京中互金信息服务有限公司、中互金数据科技有限公司、TCL金服控股（广州）集团有限公司、上海聚均科技有限公司等机构在编写过程中也积极建言献策，在此一并致谢。另外，因编者水平有限，难免有疏漏之处，敬请读者批评指正。

目　　录

供应链金融法律法规汇编

供应链金融案例汇编

供应链金融
法律法规汇编

第一章　供应链金融宏观政策与法规

近年来，我国经济已由高速增长阶段转向高质量发展阶段，随着供给侧结构性改革的不断推进，产业与互联网的深度交融，供应链金融应运而生并逐渐发展出成熟的商业模式和产品体系。银行和互联网金融平台等金融机构以供应链核心企业为依托、以核心企业与链条企业之间的真实交易为基础，将物流、信息流、资金流等各类信息有效整合到供应链管理过程中，致力于为供应链各环节企业、尤其是处于弱势地位的中小微企业提供融资、结算、现金管理等一揽子综合金融服务。在我国目前的经济形势下，供应链金融显著加速资金运转、提高商业交易效率，对于全面促进实体经济高质量发展、解决中小微企业融资难题、促进中小微企业蓬勃发展具有创造性意义。

本书将近年来由"一行两会"主导，上至中央、下至地方推出的一系列有关供应链金融的相关法律规范、政策文件分为两部分：一部分是为实体经济赋能、促进中小微企业健康发展的相关法律规范、政策文件；另一部分则是包含商贸物流及其他供应链金融具体交易场景的相关法律规范以及政策文件。

一、实体经济相关法律法规及政策

在当下中国实体产业转型升级之际，数字化供应链金融服务是商业银行等金融机构服务实体经济、支持民营企业发展的新方向，也是实现银企互利共赢的新型合作模式。供应链金融的发展离不开国家的大力提倡与政策指引，金融与实体产业也只有在这种环境下才能更好地融合共生。为了进一步促进实体经济的发展，我国从中央到地方相继出台了一系列为实体经济赋能的宏观政策以及促进中小微企业发展的针对性政策。

本节着重关注中央关于加快建设全国统一大市场、保障中小微企业款项支付、防范和控制中小微企业融资风险的法律法规及政策文件，并全面梳理协力促进实体经济和中小微企业发展的中央政策以及包括京津冀、珠三角、长三角等重点区域在内的地区性政策，以列表形式整理至"附录"章，供读者参阅。

※ 法律 ※

《中华人民共和国中小企业促进法》（节选）

主席令第 74 号

第三章　融资促进

第十三条　金融机构应当发挥服务实体经济的功能，高效、公平地服务中小企业。

第十四条　中国人民银行应当综合运用货币政策工具，鼓励和引导金融机构加大对小型微型企业的信贷支持，改善小型微型企业融资环境。

第十五条　国务院银行业监督管理机构对金融机构开展小型微型企业金融服务应当制定差异化监管政策，采取合理提高小型微型企业不良贷款容忍度等措施，引导金融机构增加小型微型企业融资规模和比重，提高金融服务水平。

第十六条　国家鼓励各类金融机构开发和提供适合中小企业特点的金融产品和服务。

国家政策性金融机构应当在其业务经营范围内，采取多种形式，为中小企业提供金融服务。

第十七条 国家推进和支持普惠金融体系建设，推动中小银行、非存款类放贷机构和互联网金融有序健康发展，引导银行业金融机构向县域和乡镇等小型微型企业金融服务薄弱地区延伸网点和业务。

国有大型商业银行应当设立普惠金融机构，为小型微型企业提供金融服务。国家推动其他银行业金融机构设立小型微型企业金融服务专营机构。

地区性中小银行应当积极为其所在地的小型微型企业提供金融服务，促进实体经济发展。

第十八条 国家健全多层次资本市场体系，多渠道推动股权融资，发展并规范债券市场，促进中小企业利用多种方式直接融资。

第十九条 国家完善担保融资制度，支持金融机构为中小企业提供以应收账款、知识产权、存货、机器设备等为担保品的担保融资。

第二十条 中小企业以应收账款申请担保融资时，其应收账款的付款方，应当及时确认债权债务关系，支持中小企业融资。

国家鼓励中小企业及付款方通过应收账款融资服务平台确认债权债务关系，提高融资效率，降低融资成本。

第二十一条 县级以上人民政府应当建立中小企业政策性信用担保体系，鼓励各类担保机构为中小企业融资提供信用担保。

第二十二条 国家推动保险机构开展中小企业贷款保证保险和信用保险业务，开发适应中小企业分散风险、补偿损失需求的保险产品。

第二十三条 国家支持征信机构发展针对中小企业融资的征信产品和服务，依法向政府有关部门、公用事业单位和商业机构采集信息。

国家鼓励第三方评级机构开展中小企业评级服务。

※ 行政法规 ※

《保障中小企业款项支付条例》

国务院令第 728 号

第一条 为了促进机关、事业单位和大型企业及时支付中小企业款项，维护中小企业合法权益，优化营商环境，根据《中华人民共和国中小企业促进法》等法律，制定本条例。

第二条 机关、事业单位和大型企业采购货物、工程、服务支付中小企业款项，应当遵守本条例。

第三条 本条例所称中小企业，是指在中华人民共和国境内依法设立，依据国务院批准的中小企业划分标准确定的中型企业、小型企业和微型企业；所称大型企业，是指中小企业以外的企业。

中小企业、大型企业依合同订立时的企业规模类型确定。中小企业与机关、事业单位、大型企业订立合同时，应当主动告知其属于中小企业。

第四条 国务院负责中小企业促进工作综合管理的部门对机关、事业单位和大型企业及时支付中小企业款项工作进行宏观指导、综合协调、监督检查；国务院有关部门在各自职责范围内，负责相关管理工作。

县级以上地方人民政府负责本行政区域内机关、事业单位和大型企业及时支付中小企业款项的管理工作。

第五条 有关行业协会商会应当按照法律法规和组织章程，完善行业自律，禁止本行业大型企业利用优势地位拒绝或者迟延支付中小企业款项，规范引导其履行及时支付中小企业款项义务，保护中小企业合法权益。

第六条 机关、事业单位和大型企业不得要求中小企业接受不合理的付款期限、方式、条件和违约责任等交易条件，不得违约拖欠中小企业的货物、工程、服务款项。

中小企业应当依法经营，诚实守信，按照合同约定提供合格的货物、工程和服务。

第七条 机关、事业单位使用财政资金从中小企业采购货物、工程、服务，应当严格按照批准的预算执行，不得无预算、超预算开展采购。

政府投资项目所需资金应当按照国家有关规定确保落实到位，不得由施工单位垫资建设。

第八条 机关、事业单位从中小企业采购货物、工程、服务，应当自货物、工程、服务交付之日起30日内支付款项；合同另有约定的，付款期限最长不得超过60日。

大型企业从中小企业采购货物、工程、服务，应当按照行业规范、交易习惯合理约定付款期限并及时支付款项。

合同约定采取履行进度结算、定期结算等结算方式的，付款期限应当自双方确认结算金额之日起算。

第九条 机关、事业单位和大型企业与中小企业约定以货物、工程、服务交付后经检验或者验收合格作为支付中小企业款项条件的，付款期限应当自检验或者验收合格之日起算。

合同双方应当在合同中约定明确、合理的检验或者验收期限，并在该期限内完成检验或者验收。机关、事业单位和大型企业拖延检验或者验收的，付款期限自约定的检验或者验收期限届满之日起算。

第十条 机关、事业单位和大型企业使用商业汇票等非现金支付方式支付中小企业款项的，应当在合同中作出明确、合理约定，不得强制中小企业接受商业汇票等非现金支付方式，不得利用商业汇票等非现金支付方式变相延长付款期限。

第十一条 机关、事业单位和国有大型企业不得强制要求以审计机关的审计结果作为结算依据，但合同另有约定或者法律、行政法规另有规定的除外。

第十二条 除依法设立的投标保证金、履约保证金、工程质量保证金、农民工工资保证金外，工程建设中不得收取其他保证金。保证金的收取比例应当符合国家有关规定。

机关、事业单位和大型企业不得将保证金限定为现金。中小企业以金融机构保函提供保证的，机关、事业单位和大型企业应当接受。

机关、事业单位和大型企业应当按照合同约定，在保证期限届满后及时与中小企业对收取的保证金进行核实和结算。

第十三条 机关、事业单位和大型企业不得以法定代表人或者主要负责人变更，履行内部付款流程，或者在合同未作约定的情况下以等待竣工验收批复、决算审计等为由，拒绝或者迟延支付中小企业款项。

第十四条 中小企业以应收账款担保融资的，机关、事业单位和大型企业应当自中小企业提出确权请求之日起30日内确认债权债务关系，支持中小企业融资。

第十五条 机关、事业单位和大型企业迟延支付中小企业款项的，应当支付逾期利息。双方对逾期利息的利率有约定的，约定利率不得低于合同订立时1年期贷款市场报价利率；未作约定的，按照每日利率万分之五支付逾期利息。

第十六条 机关、事业单位应当于每年3月31日前将上一年度逾期尚未支付中小企业款项的合同数量、金额等信息通过网站、报刊等便于公众知晓的方式公开。

大型企业应当将逾期尚未支付中小企业款项的合同数量、金额等信息纳入企业年度报告，通过企业信用信息公示系统向社会公示。

第十七条 省级以上人民政府负责中小企业促进工作综合管理的部门应当建立便利畅通的渠道，受理对机关、事业单位和大型企业拒绝或者迟延支付中小企业款项的投诉。

受理投诉部门应当按照"属地管理、分级负责，谁主管谁负责"的原则，及时将投诉转交有关部门、地方人民政府处理，有关部门、地方人民政府应当依法及时处理，并将处理结果告知投诉人，同时反馈受理投诉部门。

机关、事业单位和大型企业不履行及时支付中小企业款项义务，情节严重的，受理投诉部门可以依法依规将其失信信息纳入全国信用信息共享平台，并将相关涉企信息通过企业信用信息公示系统向社会公示，依法实施失信惩戒。

第十八条　被投诉的机关、事业单位和大型企业及其工作人员不得以任何形式对投诉人进行恐吓、打击报复。

第十九条　对拒绝或者迟延支付中小企业款项的机关、事业单位，应当在公务消费、办公用房、经费安排等方面采取必要的限制措施。

第二十条　审计机关依法对机关、事业单位和国有大型企业支付中小企业款项情况实施审计监督。

第二十一条　省级以上人民政府建立督查制度，对及时支付中小企业款项工作进行监督检查。

第二十二条　国家依法开展中小企业发展环境评估和营商环境评价时，应当将及时支付中小企业款项工作情况纳入评估和评价内容。

第二十三条　国务院负责中小企业促进工作综合管理的部门依据国务院批准的中小企业划分标准，建立企业规模类型测试平台，提供中小企业规模类型自测服务。

对中小企业规模类型有争议的，可以向主张为中小企业一方所在地的县级以上地方人民政府负责中小企业促进工作综合管理的部门申请认定。

第二十四条　国家鼓励法律服务机构为与机关、事业单位和大型企业存在支付纠纷的中小企业提供法律服务。

新闻媒体应当开展对及时支付中小企业款项相关法律法规政策的公益宣传，依法加强对机关、事业单位和大型企业拒绝或者迟延支付中小企业款项行为的舆论监督。

第二十五条 机关、事业单位违反本条例，有下列情形之一的，由其上级机关、主管部门责令改正；拒不改正的，对直接负责的主管人员和其他直接责任人员依法给予处分：

（一）未在规定的期限内支付中小企业货物、工程、服务款项；

（二）拖延检验、验收；

（三）强制中小企业接受商业汇票等非现金支付方式，或者利用商业汇票等非现金支付方式变相延长付款期限；

（四）没有法律、行政法规依据或者合同约定，要求以审计机关的审计结果作为结算依据；

（五）违法收取保证金，拒绝接受中小企业提供的金融机构保函，或者不及时与中小企业对保证金进行核实、结算；

（六）以法定代表人或者主要负责人变更，履行内部付款流程，或者在合同未作约定的情况下以等待竣工验收批复、决算审计等为由，拒绝或者迟延支付中小企业款项；

（七）未按照规定公开逾期尚未支付中小企业款项信息；

（八）对投诉人进行恐吓、打击报复。

第二十六条 机关、事业单位有下列情形之一的，依照法律、行政法规和国家有关规定追究责任：

（一）使用财政资金从中小企业采购货物、工程、服务，未按照批准的预算执行；

（二）要求施工单位对政府投资项目垫资建设。

第二十七条 大型企业违反本条例，未按照规定在企业年度报告中公示逾期尚未支付中小企业款项信息或者隐瞒真实情况、弄虚作假的，由市场监督管理部门依法处理。

国有大型企业没有合同约定或者法律、行政法规依据，要求以审计机关的审计结果作为结算依据的，由其主管部门责令改正；拒不改正的，对直接负责的主管人员和其他直接责任人员依法给予处分。

第二十八条 部分或者全部使用财政资金的团体组织采购货物、工程、服务支付中小企业款项，参照本条例对机关、事业单位的有关规定执行。

军队采购货物、工程、服务支付中小企业款项，按照军队的有关规定执行。

第二十九条 本条例自 2020 年 9 月 1 日起施行。

※ 部门规章及规范性文件 ※

《中小企业融资担保机构风险管理暂行办法》

财金〔2001〕77 号

第一条 为了规范和加强中小企业融资担保机构管理，防范和控制担保风险，促进中小企业融资担保工作积极稳妥地开展，根据国家有关法律法规，制定本办法。

第二条 本办法所称中小企业融资担保机构（以下简称担保机构）是指政府出资（含政府与其他出资人共同出资）设立的以中小企业为服务对象的融资担保机构。

第三条 设立担保机构需依照法律及有关规定办理注册。担保机构经注册后方可开展业务。

第四条 担保机构应建立完善的法人治理结构和内部组织结构。鼓励担保机构采取公司形式。目前难以采用公司形式的担保机构，应按照上述要求逐步规范，在条件成熟时改组为公司。

第五条 担保机构应自主经营，独立核算，依照规定程序对担保项目自主进行评估和做出决策。担保机构有权不接受各级行政管理机关为具体项目提供担保的指令。

第六条 担保机构应为受托运作的担保基金设立专门账户，并将担保基金业务与担保机构自身业务分开管理、核算。

第七条 担保机构收取担保费可根据担保项目的风险程度实行浮动费率，为减轻中小企业负担，一般控制在同期银行贷款利率的50%以内。

第八条 担保机构对单个企业提供的担保责任金额最高不得超过担保机构自身实收资本的10%；担保机构担保责任余额一般不超过担保机构自身实收资本的5倍，最高不得超过10倍。

第九条 担保机构的业务范围主要是：对中小企业向金融机构贷款、票据贴现、融资租赁等融资方式提供担保和再担保，以及经主管财政部门批准的其他担保和资金运用业务。担保机构不得从事存、贷款金融业务及财政信用业务。

第十条 担保机构要按照"利益共享，风险共担"的原则与贷款金融机构建立业务合作关系，对贷款实行比例担保。担保机构应与贷款金融机构密切协作，及时交换和通报投保企业的有关信息，加强对投保企业的监督，共同维护双方的权益。

第十一条 担保机构应建立严格的担保评估制度，配备或聘请经济、法律、技术等方面的相关专业人才，采用先进的项目评价系统，提高评估能力，加强对担保项目的风险评估审查；注重建立长期、稳定的客户群，积累完整、详实的客户资料，为项目评估建立可靠的信息基础；严格执行科学的决策程序，切实防止盲目决策；加强对担保项目的跟踪，完善对投保企业的事前评估、事中监控、事后追偿与处置机制；强化内部监控，防范道德风险，保证合规经营。

第十二条 担保机构应积极采取反担保措施，可要求投保企业以其合法的财产（包括股权）抵押或质押，提供反担保。

第十三条 担保机构应按当年担保费的 50% 提取未到期责任准备金；按不超过当年年末担保责任余额 1% 的比例以及所得税后利润的一定比例提取风险准备金，用于担保赔付。风险准备金累计达到担保责任余额的 10% 后，实行差额提取。

第十四条 担保机构必须遵循安全性、流动性、效益性原则运用资金。担保机构设立后应当按照其注册资本的 10% 提取保证金，存入主管财政部门指定的银行，除担保机构清算时用于清偿债务外，任何机构一律不得动用。担保机构提取的风险准备金必须存入银行专户。其他货币资金，不低于 80% 的部分可用于银行存款，以及买卖国债、金融债券及国家重点企业债券；不高于 20% 的部分，经主管财政部门批准，可用于买卖证券投资基金等其他形式。

第十五条 各级财政部门对按照本办法规范运作的担保机构，可给予适当的支持。

第十六条 各级财政部门应积极会同有关部门为担保机构落实反担保提供支持。

第十七条 各级财政部门应会同有关部门对担保机构的业务状况进行定期检查，对发现的问题采取有效措施及时处理，重大问题应报告当地政府和上级财政部门。

第十八条 建立对担保机构资信的定期评级制度。担保机构定期聘请经财政部门认可的资信评级机构进行资信评级，并向社会公布评级结果。

第十九条 各级财政部门要结合本地的实际情况，逐步建立健全对以财政性资金出资设立的担保机构的绩效考核指标体系。绩效考核指标体系应综合考虑担保机构的中小企业融资担保业务规模、代偿损失、资产结构及其社会和经济效益而确定。

第二十条　担保机构定期向主管财政部门报送资产负债表、损益表、现金流量表以及其他报表和资料，于每月底前将上月的营业统计报表报送主管财政部门；于每一会计年度终了后 3 个月内，将上一年度的营业报告、财务会计报告及其他有关报表报送主管财政部门。各级财政部门应认真做好对担保信息的收集、整理与分析工作，并定期向有关金融机构，必要时可向担保机构的注册机关通报情况。

第二十一条　对已经设立的担保机构，由各级财政部门会同有关部门按照本办法的要求进行规范。

第二十二条　各省级财政部门根据本办法制定实施细则，报财政部备案。

第二十三条　本办法自发布之日起施行。

《保障中小企业款项支付投诉处理暂行办法》

工信部企业〔2021〕224 号

第一条　为了促进机关、事业单位和大型企业及时支付中小企业款项，规范投诉受理、处理程序，维护中小企业合法权益，根据《中华人民共和国中小企业促进法》《保障中小企业款项支付条例》等法律、法规，制定本办法。

第二条　中小企业就机关、事业单位和大型企业违反合同约定拒绝或者迟延支付货物、工程、服务款项提起投诉，省级以上人民政府负责中小企业促进工作综合管理的部门受理投诉，有关部门、地方人民政府对投诉做出处理，适用本办法。

其中，中小企业是指在中华人民共和国境内依法设立，依据国务院批准的《中小企业划型标准规定》确定的中型企业、小型企业和微型企业；大型企业是指中小企业以外的企业。

第三条 本办法所称投诉人，是指认为机关、事业单位和大型企业违反合同约定拒绝履行付款义务，或未在合同约定及法律、行政法规规定的期限内向其支付货物、工程、服务款项，为维护自身合法权益而提起投诉的中小企业。

本办法所称被投诉人，是指因与中小企业发生货物、工程、服务款项争议而被投诉的机关、事业单位和大型企业。

第四条 省级以上人民政府负责中小企业促进工作综合管理的部门作为受理投诉部门，应当建立便利、顺畅的投诉渠道，并向社会公布。投诉渠道可包括网络平台、电话、传真、信函等适当的方式。

第五条 投诉人根据本办法提出投诉的，应当通过受理投诉部门公布的投诉渠道进行。

投诉人在投诉时应当有具体的投诉事项和事实根据，并对提供材料的真实性负责。投诉人不得捏造、歪曲事实，不得进行虚假、恶意投诉。

第六条 投诉人应按要求提交投诉材料。投诉材料应当包括下列主要内容：

（一）投诉人名称、统一社会信用代码、企业营业执照扫描件（复印件）、企业规模类型、联系人及联系电话、通讯地址；

（二）被投诉人名称、统一社会信用代码、单位类型、企业规模类型、住所地址、联系人及联系电话；

（三）具体的投诉请求以及相关事实、证据材料；

（四）投诉事项未被人民法院、仲裁机构、其他行政管理部门或者行业协会等社会调解机构受理或者处理的承诺。

投诉材料应当由法定代表人或者主要负责人签字并加盖公章。

第七条 投诉有下列情形之一的，不予受理：

（一）非因机关、事业单位和大型企业向中小企业采购货物、工程、服务而发生欠款的；

（二）人民法院、仲裁机构、其他行政管理部门或者行业协会等社会调解机构已经受理或者处理的；

（三）法律、行政法规、部门规章规定不予受理的其他情形。

第八条　受理投诉部门收到投诉后，应当在 10 个工作日内进行审查。

对符合要求的投诉，应当予以受理，并告知投诉人。

投诉材料内容不完整的，告知投诉人补充投诉材料后重新提交投诉。

投诉不予受理的，告知投诉人并说明理由。

第九条　受理投诉部门应当按照"属地管理、分级负责，谁主管谁负责"的原则，自正式受理之日起 10 个工作日内，将投诉材料转交给有关部门、地方人民政府处理。

第十条　有关部门、地方人民政府对受理投诉部门转交的投诉事项应当依法及时处理。投诉人、被投诉人以及与投诉事项有关的单位及人员应当如实反映情况，并提供相关证据。

第十一条　投诉人可向受理投诉部门申请撤回投诉，投诉处理程序自受理投诉部门收到撤回申请当日终止。受理投诉部门应及时将投诉人撤回投诉的信息告知处理投诉部门。

第十二条　处理投诉部门应当自收到投诉材料之日起 30 日内将处理结果告知投诉人，并反馈受理投诉部门。案情复杂或有其他特殊原因的，可适当延长，但最长不超过 90 日。

第十三条　受理投诉部门督促处理投诉部门在规定的时限内反馈处理结果；对投诉处理情况建立定期报告制度，对未按规定反馈投诉事项处理结果，或在处理投诉事项时存在推诿、敷衍、拖延、弄虚作假等情形的进行工作通报。

第十四条　受理投诉部门对群众反映强烈的拖欠典型案例可予以公

开曝光。

经调查、核实，依法认定机关、事业单位和大型企业不履行及时支付中小企业款项义务，情节严重的，受理投诉部门可依法依规将其失信信息纳入全国信用信息共享平台，并将相关涉企信息通过"信用中国"网站和企业信用信息公示系统向社会公示，依法实施失信惩戒。

第十五条　处理投诉部门在调查、处理投诉的过程中，发现被投诉的机关、事业单位和大型企业存在违反《保障中小企业款项支付条例》情形的，应将相关情况告知受理投诉部门，由其转交有关部门依法依规处理。

第十六条　省级以上人民政府建立督查制度，对及时支付中小企业款项工作进行监督检查。审计机关依法对机关、事业单位和国有大型企业支付中小企业款项情况实施审计监督。

第十七条　相关部门及其工作人员对于在受理、处理投诉过程中知悉的国家秘密、商业秘密、个人隐私和个人信息，应当予以保密，不得泄露或向他人非法提供。

第十八条　被投诉人为部分或全部使用财政资金向中小企业采购货物、工程、服务的团体组织的，参照本办法对机关、事业单位的有关规定执行。

第十九条　本办法自发布之日起施行。

《中共中央　国务院关于加快建设全国统一大市场的意见》（节选）
（2022 年 3 月 25 日）

建设全国统一大市场是构建新发展格局的基础支撑和内在要求。为从全局和战略高度加快建设全国统一大市场，现提出如下意见。

一、总体要求

（一）指导思想。以习近平新时代中国特色社会主义思想为指导，全面贯彻党的十九大和十九届历次全会精神，弘扬伟大建党精神，坚持稳中求进工作总基调，完整、准确、全面贯彻新发展理念，加快构建新发展格局，全面深化改革开放，坚持创新驱动发展，推动高质量发展，坚持以供给侧结构性改革为主线，以满足人民日益增长的美好生活需要为根本目的，统筹发展和安全，充分发挥法治的引领、规范、保障作用，加快建立全国统一的市场制度规则，打破地方保护和市场分割，打通制约经济循环的关键堵点，促进商品要素资源在更大范围内畅通流动，加快建设高效规范、公平竞争、充分开放的全国统一大市场，全面推动我国市场由大到强转变，为建设高标准市场体系、构建高水平社会主义市场经济体制提供坚强支撑。

（二）工作原则

——立足内需，畅通循环。以高质量供给创造和引领需求，使生产、分配、流通、消费各环节更加畅通，提高市场运行效率，进一步巩固和扩展市场资源优势，使建设超大规模的国内市场成为一个可持续的历史过程。

——立破并举，完善制度。从制度建设着眼，明确阶段性目标要求，压茬推进统一市场建设，同时坚持问题导向，着力解决突出矛盾和问题，加快清理废除妨碍统一市场和公平竞争的各种规定和做法，破除各种封闭小市场、自我小循环。

——有效市场，有为政府。坚持市场化、法治化原则，充分发挥市场在资源配置中的决定性作用，更好发挥政府作用，强化竞争政策基础地位，加快转变政府职能，用足用好超大规模市场优势，让需求更好地引领优化供给，让供给更好地服务扩大需求，以统一大市场集聚资源、推动增长、激励创新、优化分工、促进竞争。

——系统协同，稳妥推进。不断提高政策的统一性、规则的一致性、执行的协同性，科学把握市场规模、结构、组织、空间、环境和机制建设的步骤与进度，坚持放管结合、放管并重，提升政府监管效能，增强在开放环境中动态维护市场稳定、经济安全的能力，有序扩大统一大市场的影响力和辐射力。

（三）主要目标

——持续推动国内市场高效畅通和规模拓展。发挥市场促进竞争、深化分工等优势，进一步打通市场效率提升、劳动生产率提高、居民收入增加、市场主体壮大、供给质量提升、需求优化升级之间的通道，努力形成供需互促、产销并进、畅通高效的国内大循环，扩大市场规模容量，不断培育发展强大国内市场，保持和增强对全球企业、资源的强大吸引力。

——加快营造稳定公平透明可预期的营商环境。以市场主体需求为导向，力行简政之道，坚持依法行政，公平公正监管，持续优化服务，加快打造市场化法治化国际化营商环境。充分发挥各地区比较优势，因地制宜为各类市场主体投资兴业营造良好生态。

——进一步降低市场交易成本。发挥市场的规模效应和集聚效应，加强和改进反垄断反不正当竞争执法司法，破除妨碍各种生产要素市场化配置和商品服务流通的体制机制障碍，降低制度性交易成本。促进现代流通体系建设，降低全社会流通成本。

——促进科技创新和产业升级。发挥超大规模市场具有丰富应用场景和放大创新收益的优势，通过市场需求引导创新资源有效配置，促进创新要素有序流动和合理配置，完善促进自主创新成果市场化应用的体制机制，支撑科技创新和新兴产业发展。

——培育参与国际竞争合作新优势。以国内大循环和统一大市场为支撑，有效利用全球要素和市场资源，使国内市场与国际市场更好联通。推动制度型开放，增强在全球产业链供应链创新链中的影响力，提升在国际经济治理中的话语权。

二、强化市场基础制度规则统一

……

（七）健全统一的社会信用制度。编制出台全国公共信用信息基础目录，完善信用信息标准，建立公共信用信息同金融信息共享整合机制，形成覆盖全部信用主体、所有信用信息类别、全国所有区域的信用信息网络。建立健全以信用为基础的新型监管机制，全面推广信用承诺制度，建立企业信用状况综合评价体系，以信用风险为导向优化配置监管资源，依法依规编制出台全国失信惩戒措施基础清单。健全守信激励和失信惩戒机制，将失信惩戒和惩治腐败相结合。完善信用修复机制。加快推进社会信用立法。

三、推进市场设施高标准联通

（八）建设现代流通网络。优化商贸流通基础设施布局，加快数字化建设，推动线上线下融合发展，形成更多商贸流通新平台新业态新模式。推动国家物流枢纽网络建设，大力发展多式联运，推广标准化托盘带板运输模式。大力发展第三方物流，支持数字化第三方物流交付平台建设，推动第三方物流产业科技和商业模式创新，培育一批有全球影响力的数字化平台企业和供应链企业，促进全社会物流降本增效。加强应急物流体系建设，提升灾害高风险区域交通运输设施、物流站点等设防水平和承灾能力，积极防范粮食、能源等重要产品供应短缺风险。完善国家综合立体交通网，推进多层次一体化综合交通枢纽建设，推动交通运输设施跨区域一体化发展。建立健全城乡融合、区域联通、安全高效的电信、能源等基础设施网络。

（九）完善市场信息交互渠道。统一产权交易信息发布机制，实现全国产权交易市场联通。优化行业公告公示等重要信息发布渠道，推动各领域市场公共信息互通共享。优化市场主体信息公示，便利市场主体信息互联互通。推进同类型及同目的信息认证平台统一接口建设，完善接口标准，促进市场信息流动和高效使用。依法公开市场主体、投资项目、产量、产能等信息，引导供需动态平衡。

（十）推动交易平台优化升级。深化公共资源交易平台整合共享，研究明确各类公共资源交易纳入统一平台体系的标准和方式。坚持应进必进的原则要求，落实和完善"管办分离"制度，将公共资源交易平台覆盖范围扩大到适合以市场化方式配置的各类公共资源，加快推进公共资源交易全流程电子化，积极破除公共资源交易领域的区域壁垒。加快推动商品市场数字化改造和智能化升级，鼓励打造综合性商品交易平台。加快推进大宗商品期现货市场建设，不断完善交易规则。鼓励交易平台与金融机构、中介机构合作，依法发展涵盖产权界定、价格评估、担保、保险等业务的综合服务体系。

四、打造统一的要素和资源市场

……

（十二）加快发展统一的资本市场。统一动产和权利担保登记，依法发展动产融资。强化重要金融基础设施建设与统筹监管，统一监管标准，健全准入管理。选择运行安全规范、风险管理能力较强的区域性股权市场，开展制度和业务创新试点，加强区域性股权市场和全国性证券市场板块间的合作衔接。推动债券市场基础设施互联互通，实现债券市场要素自由流动。发展供应链金融，提供直达各流通环节经营主体的金融产品。加大对资本市场的监督力度，健全权责清晰、分工明确、运行顺畅的监管体系，筑牢防范系统性金融风险安全底线。坚持金融服务实体经济，防止脱实向虚。为资本设置"红绿灯"，防止资本无序扩张。

（十三）加快培育统一的技术和数据市场。建立健全全国性技术交易市场，完善知识产权评估与交易机制，推动各地技术交易市场互联互通。完善科技资源共享服务体系，鼓励不同区域之间科技信息交流互动，推动重大科研基础设施和仪器设备开放共享，加大科技领域国际合作力度。加快培育数据要素市场，建立健全数据安全、权利保护、跨境传输管理、交易流通、开放共享、安全认证等基础制度和标准规范，深入开展数据资源调查，推动数据资源开发利用。

五、推进商品和服务市场高水平统一

（十六）健全商品质量体系。建立健全质量分级制度，广泛开展质量管理体系升级行动，加强全供应链、全产业链、产品全生命周期管理。深化质量认证制度改革，支持社会力量开展检验检测业务，探索推进计量区域中心、国家产品质量检验检测中心建设，推动认证结果跨行业跨区域互通互认。推动重点领域主要消费品质量标准与国际接轨，深化质量认证国际合作互认，实施产品伤害监测和预防干预，完善质量统计监测体系。推进内外贸产品同线同标同质。进一步巩固拓展中国品牌日活动等品牌发展交流平台，提高中国品牌影响力和认知度。

（十七）完善标准和计量体系。优化政府颁布标准与市场自主制定标准结构，对国家标准和行业标准进行整合精简。强化标准验证、实施、监督，健全现代流通、大数据、人工智能、区块链、第五代移动通信（5G）、物联网、储能等领域标准体系。深入开展人工智能社会实验，推动制定智能社会治理相关标准。推动统一智能家居、安防等领域标准，探索建立智能设备标识制度。加快制定面部识别、指静脉、虹膜等智能化识别系统的全国统一标准和安全规范。紧贴战略性新兴产业、高新技术产业、先进制造业等重点领域需求，突破一批关键测量技术，研制一批新型标准物质，不断完善国家计量体系。促进内外资企业公平参与我国标准化工作，提高标准制定修订的透明度和开放度。开展标准、计量等国际交流合作。加强标准必要专利国际化建设，积极参与并推动国际知识产权规则形成。

※ 司法解释 ※

《最高人民法院印发关于充分发挥司法职能作用助力中小微企业发展的指导意见》的通知（节选）

法发〔2022〕2 号

三、助力缓解中小微企业融资难融资贵问题

9. 依法妥善审理金融借款纠纷案件。对金融机构违反普惠小微贷款支持工具政策提出的借款提前到期、单方解除合同等诉讼主张，不予支持；对金融机构收取的利息以及以咨询费、担保费等其他费用为名收取的变相利息，严格依照支农支小再贷款信贷优惠利率政策的规定，对超出部分不予支持。

10. 助力拓宽中小微企业融资渠道。严格依照民法典及有关司法解释的规定，依法认定生产设备等动产担保，以及所有权保留、融资租赁、保理等非典型担保债权优先受偿效力，支持中小微企业根据自身实际情况拓宽融资渠道。对符合法律规定的仓单、提单、汇票、应收账款、知识产权等权利质押以及保兑仓交易，依法认定其有效，支持金融机构创新服务中小微企业信贷产品。依法推动供应链金融更好服务实体经济发展，针对供应链金融交易中产生的费用，根据费用类型探索形成必要性和适当性原则，合理限制交易费用，切实降低中小微企业融资成本。积极与全国中小企业融资综合信用服务平台共享企业涉诉信息，推动实现对中小微企业信用评价的精准"画像"，提高企业贷款可得性。

11. 依法规制民间借贷市场秩序。对"高利转贷""职业放贷"等违法借贷行为，依法认定其无效。推动各地人民法院根据本地区实际情况建立"职业放贷人"名录制度。依法否定规避利率司法保护上限合同条款，对变相高息等超出法律、司法解释规定的利息部分不予支持。在

审判执行过程中发现有非法集资、"套路贷"、催收非法债务等犯罪嫌疑的，应当及时将有关材料移送相关部门。

二、供应链金融相关政策

从供应链金融的发展历史来看，其最初起始于商贸物流，后随着贸易体量的增长，商业模式不断成熟，近年来成为我国融资结构改革、资金服务实体经济、服务中小企业的重要抓手。考虑到金融服务在供应链中起着不可或缺的重要作用，供应链金融现已成为专项概念出现在立法机构、行政部门出台的各类文件中，为鼓励供应链金融支持实体经济更好地发展，中央与地方均出台了系列政策文件。本书根据供应链金融的不同交易场景将政策梳理分为"商贸物流相关"及"供应链相关"政策两大部分。

考虑到关联文件较多，受篇幅限制，本节正文仅摘选国务院、"一行两会"发布的重要文件和与供应链金融关联性更强的文件。其他层级较低或关联性较弱的相关政策文件，如商务部、工信部、发展改革委等非国务院和"一行两会"发文机关发布的政策和地方政策等以列表形式，整理至"附录"章宏观政策部分，供读者参阅。

※ 商贸物流相关政策 ※

《关于进一步推进物流降本增效促进实体经济发展的意见》（节选）

国办发〔2017〕73 号

三、加强重点领域和薄弱环节建设，提升物流综合服务能力

……

（十六）拓展物流企业融资渠道。支持符合条件的国有企业、金融

机构、大型物流企业集团等设立现代物流产业发展投资基金，按照市场化原则运作，加强重要节点物流基础设施建设，支持应用新技术新模式的轻资产物流企业发展。（国家发展改革委、财政部、国务院国资委负责）鼓励银行业金融机构开发支持物流业发展的供应链金融产品和融资服务方案，通过完善供应链信息系统研发，实现对供应链上下游客户的内外部信用评级、综合金融服务、系统性风险管理。支持银行依法探索扩大与物流公司的电子化系统合作。（国家发展改革委、银监会、人民银行、商务部负责）

四、加快推进物流仓储信息化标准化智能化，提高运行效率

（十七）推广应用高效便捷物流新模式。依托互联网、大数据、云计算等先进信息技术，大力发展"互联网＋"车货匹配、"互联网＋"运力优化、"互联网＋"运输协同、"互联网＋"仓储交易等新业态、新模式。加大政策支持力度，培育一批骨干龙头企业，深入推进无车承运人试点工作，通过搭建互联网平台，创新物流资源配置方式，扩大资源配置范围，实现货运供需信息实时共享和智能匹配，减少迂回、空驶运输和物流资源闲置。（国家发展改革委、交通运输部、商务部、工业和信息化部负责）

（十八）开展仓储智能化试点示范。结合国家智能化仓储物流基地示范工作，推广应用先进信息技术及装备，加快智能化发展步伐，提升仓储、运输、分拣、包装等作业效率和仓储管理水平，降低仓储管理成本。（国家发展改革委、商务部负责）

（十九）加强物流装载单元化建设。加强物流标准的配套衔接。推广 1200mm×1000mm 标准托盘和 600mm×400mm 包装基础模数，从商贸领域向制造业领域延伸，促进包装箱、托盘、周转箱、集装箱等上下游设施设备的标准化，推动标准装载单元器具的循环共用，做好与相关运输工具的衔接，提升物流效率，降低包装、搬倒等成本。（商务部、工

业和信息化部、国家发展改革委、国家邮政局、中国铁路总公司、国家标准委负责）

（二十）推进物流车辆标准化。加大车辆运输车治理工作力度，2017年年内完成60%的不合规车辆运输车更新淘汰。保持治理超限超载运输工作的延续性，合理确定过渡期和实施步骤，适时启动不合规平板半挂车等车型专项治理工作，分阶段有序推进车型替代和分批退出，保护合法运输主体的正当权益，促进道路运输市场公平有序竞争。推广使用中置轴汽车列车等先进车型，促进货运车辆标准化、轻量化。（交通运输部、公安部、工业和信息化部、各省级人民政府负责）

五、深化联动融合，促进产业协同发展

（二十一）推动物流业与制造业联动发展。研究制定推进物流业与制造业融合发展的政策措施，大力支持第三方物流发展，对接制造业转型升级需求，提供精细化、专业化物流服务，提高企业运营效率。鼓励大型生产制造企业将自营物流面向社会提供公共物流服务。（国家发展改革委、工业和信息化部、国家邮政局负责）

（二十二）加强物流核心技术和装备研发。结合智能制造专项和试点示范项目，推动关键物流技术装备产业化，推广应用智能物流装备。鼓励物流机器人、自动分拣设备等新型装备研发创新和推广应用。（工业和信息化部、国家发展改革委负责）支持具备条件的物流企业申报高新技术企业。（科技部负责）

（二十三）提升制造业物流管理水平。建立制造业物流成本核算制度，分行业逐步建立物流成本对标体系，引导企业对物流成本进行精细化管理，提高物流管理水平。（国家发展改革委、工业和信息化部负责）

六、打通信息互联渠道，发挥信息共享效用

（二十四）加强物流数据开放共享。推进公路、铁路、航空、水运、邮政及公安、工商、海关、质检等领域相关物流数据开放共享，向社会公开相关数据资源，依托国家交通运输物流公共信息平台等，为行业企业查询和组织开展物流活动提供便利。结合大数据应用专项，开展物流大数据应用示范，为提升物流资源配置效率提供基础支撑。结合物流园区标准的修订，推动各物流园区之间实现信息联通兼容。（各有关部门按职责分工负责）

（二十五）推动物流活动信息化、数据化。依托部门、行业大数据应用平台，推动跨地区、跨行业物流信息互联共享。推广应用电子运单、电子仓单、电子面单等电子化单证。积极支持基于大数据的运输配载、跟踪监测、库存监控等第三方物流信息平台创新发展。（国家发展改革委、交通运输部会同有关部门负责）

（二十六）建立健全物流行业信用体系。研究制定对运输物流行业严重违法失信市场主体及有关人员实施联合惩戒的合作备忘录，对失信企业在行政审批、资质认定、银行贷款、工程招投标、债券发行等方面依法予以限制，构建守信激励和失信惩戒机制。（国家发展改革委会同相关部门、行业协会负责）

《商务部等9部门关于印发〈商贸物流高质量发展专项行动计划（2021—2025年）〉的通知》（节选）
商流通函〔2021〕397号

（八）推广应用现代信息技术。推动5G、大数据、物联网、人工智能等现代信息技术与商贸物流全场景融合应用，提升商贸物流全流程、全要素资源数字化水平。探索应用标准电子货单。支持传统商贸物流设施数字化、智能化升级改造，推广智能标签、自动导引车（AGV）、自动码垛机、智能分拣、感应货架等系统和装备，加快高端标准仓库、智能立体仓库建设。完善末端智能配送设施，推进自助提货柜、智能生鲜

柜、智能快件箱（信包箱）等配送设施进社区。（商务部、交通运输部、住房城乡建设部、邮政局按职责分工负责）

（九）发展商贸物流新业态新模式。鼓励批发、零售、电商、餐饮、进出口等商贸服务企业与物流企业深化合作，优化业务流程和渠道管理，促进自营物流与第三方物流协调发展。推广共同配送、集中配送、统一配送、分时配送、夜间配送等集约化配送模式，完善前置仓配送、门店配送、即时配送、网订店取、自助提货等末端配送模式。支持家电、医药、汽车、大宗商品、再生资源回收等专业化物流发展。（商务部、交通运输部、邮政局按职责分工负责）

（十）提升供应链物流管理水平。鼓励商贸企业、物流企业通过签订中长期合同、股权投资等方式建立长期合作关系，将物流服务深度嵌入供应链体系，提升市场需求响应能力和供应链协同效率。引导传统商贸企业、物流企业拓展供应链一体化服务功能，向供应链服务企业转型。鼓励金融机构与商贸企业、物流企业加强信息共享，规范发展供应链存货、仓单、订单融资。（商务部、发展改革委、人民银行、银保监会按职责分工负责）

《国家发展改革委关于印发〈"十四五"现代流通体系建设规划〉的通知》（节选）

发改经贸〔2022〕78 号

第七章　加强现代金融服务流通功能

深化金融供给侧结构性改革，完善金融服务，提高金融对现代流通的保障能力。

第一节　完善流通金融保障体系

提升国内支付保障能力。持续强化支付清算系统建设，提升支付清算系统业务服务能力、业务连续性和管理水平，维护系统安全稳定运行，保障资金正常流转，满足支付需求。健全流通领域的非现金支付框架，完善全环节、全行业支付配套设施，加快上中下游企业间资金线上流动。完善城乡商业设施支付受理环境和服务水平，大力推广移动支付，适当降低小微企业支付手续费。在有效防范风险的前提下，加快区块链等新兴技术在电子票据、供应链综合支付服务等方面的数字化应用。稳妥推进数字人民币研发，探索对流通领域的支持作用。

推动跨境支付体系建设。以服务实体经济、促进贸易投资便利化为导向，强化制度建设，加强本外币政策协调，支持企业在大宗商品进出口贸易、跨境电子商务等贸易新业态领域使用人民币计价结算，提高跨境贸易和投融资中人民币计价结算使用占比。扩展境外人民币清算行安排，支持相关国家和地区金融机构以直接或间接参与者方式接入 CIPS，在安全可控前提下，推动与境外金融基础设施互联互通，不断优化系统功能和服务，提高人民币清算结算效率。持续拓宽 CIPS 境外业务覆盖面，更好服务我国企业国际化发展。加强跨境金融网络与信息服务监管，增强金融支持我企业参与国际经济循环能力。推动银行机构进一步开展针对中小微外贸企业的远期结售汇业务，提升外贸企业汇率避险意识与能力。研究探索本外币合一银行账户体系建设，为流通企业提供优质账户服务。

丰富完善流通领域金融服务。建立健全流通领域保险、融资担保等配套机制，合理分散金融机构信贷风险。引导保险机构继续完善流通领域货物运输等保险服务，丰富对流通各环节的保险供给，为流通领域提供更精准的保险保障。建立流通领域融资项目库，梳理龙头流通企业、重点建设项目等金融需求，鼓励金融机构在依法合规、风险可控的前提下加大支持力度。发挥金融租赁等非银行金融机构作用，加大对商贸、交通物流、农村流通等领域的金融支持力度。优化与新型消费相关的支付环境，规范网络交易平台收费行为，优化平台企业收费，降低流通交易成本。

第二节 规范发展供应链金融

加强供应链金融基础设施建设。统一供应链金融数据采集和使用的相关标准、流程，确保数据流转安全合规，加快人工智能、大数据、物联网等技术应用，为供应链金融线上化、场景化及风控模式转变提供技术支撑。加强供应链票据平台系统功能建设，加大应收账款融资服务平台推广应用力度，加快与政府采购系统等对接，为金融机构应收账款融资提供多维信息支撑。在全国范围内加快实施动产和权利担保统一登记，推进动产融资统一登记公示系统数字化和要素标准化建设，强化与"中征应收账款融资服务平台"联动，提高登记公示办理效率。

健全供应链金融运行机制。优化供应链金融监管机制，探索对供应链金融实施差异化监管。研究制定供应链金融行业规范，推动相关技术标准建设和统计口径统一。运用科技手段建立完善数字化风控体系，强化交易真实性审核和全流程监控，防范虚增虚构应收账款、存货及重复抵质押行为。推动应收账款和存货等动产资源权属"应确尽确"，为中小企业应收账款融资提供便利。鼓励金融机构、核心企业、第三方机构加强信息协同和共享合作，提高信息透明度和金融服务效率。

丰富供应链金融产品。鼓励核心企业通过"中征应收账款融资服务平台"进行确权，支持金融机构与平台对接，规范发展供应链应收账款、存货、仓单和订单融资，强化普惠金融服务，提高供应链中小企业融资效率。引入债券市场资金，鼓励中小企业通过标准化票据融资，支持核心企业发债融资。支持核心企业签发供应链票据，鼓励金融机构提供更加便利的供应链票据贴现融资，丰富营业中断险、仓单财产险等多种保险服务供给。建立核心企业票据融资信息共享制度，加强应收账款尽职调查、信息披露和风险防范，规范发展应收账款资产证券化、资产管理产品。

※ 供应链有关政策 ※

《关于积极推进供应链创新与应用的指导意见》

国办发〔2017〕84 号

各省、自治区、直辖市人民政府，国务院各部委、各直属机构：

供应链是以客户需求为导向，以提高质量和效率为目标，以整合资源为手段，实现产品设计、采购、生产、销售、服务等全过程高效协同的组织形态。随着信息技术的发展，供应链已发展到与互联网、物联网深度融合的智慧供应链新阶段。为加快供应链创新与应用，促进产业组织方式、商业模式和政府治理方式创新，推进供给侧结构性改革，经国务院同意，现提出以下意见。

一、重要意义

（一）落实新发展理念的重要举措。

供应链具有创新、协同、共赢、开放、绿色等特征，推进供应链创新发展，有利于加速产业融合、深化社会分工、提高集成创新能力；有利于建立供应链上下游企业合作共赢的协同发展机制；有利于建立覆盖设计、生产、流通、消费、回收等各环节的绿色产业体系。

（二）供给侧结构性改革的重要抓手。

供应链通过资源整合和流程优化，促进产业跨界和协同发展，有利于加强从生产到消费等各环节的有效对接，降低企业经营和交易成本，促进供需精准匹配和产业转型升级，全面提高产品和服务质量。供应链金融的规范发展，有利于拓宽中小微企业的融资渠道，确保资金流向实体经济。

（三）引领全球化提升竞争力的重要载体。

推进供应链全球布局，加强与伙伴国家和地区之间的合作共赢，有利于我国企业更深更广融入全球供给体系，推进"一带一路"建设落地，打造全球利益共同体和命运共同体。建立基于供应链的全球贸易新规则，有利于提高我国在全球经济治理中的话语权，保障我国资源能源安全和产业安全。

二、总体要求

（一）指导思想。

全面贯彻党的十八大和十八届三中、四中、五中、六中全会精神，深入贯彻习近平总书记系列重要讲话精神和治国理政新理念新思想新战略，认真落实党中央、国务院决策部署，统筹推进"五位一体"总体布局和协调推进"四个全面"战略布局，坚持以人民为中心的发展思想，坚持稳中求进工作总基调，牢固树立和贯彻落实创新、协调、绿色、开放、共享的发展理念，以提高发展质量和效益为中心，以供应链与互联网、物联网深度融合为路径，以信息化、标准化、信用体系建设和人才培养为支撑，创新发展供应链新理念、新技术、新模式，高效整合各类资源和要素，提升产业集成和协同水平，打造大数据支撑、网络化共享、智能化协作的智慧供应链体系，推进供给侧结构性改革，提升我国经济全球竞争力。

（二）发展目标。

到2020年，形成一批适合我国国情的供应链发展新技术和新模式，基本形成覆盖我国重点产业的智慧供应链体系。供应链在促进降本增效、供需匹配和产业升级中的作用显著增强，成为供给侧结构性改革的重要支撑。培育100家左右的全球供应链领先企业，重点产业的供应链竞争力进入世界前列，中国成为全球供应链创新与应用的重要中心。

三、重点任务

（一）推进农村一二三产业融合发展。

1. 创新农业产业组织体系。鼓励家庭农场、农民合作社、农业产业化龙头企业、农业社会化服务组织等合作建立集农产品生产、加工、流通和服务等于一体的农业供应链体系，发展种养加、产供销、内外贸一体化的现代农业。鼓励承包农户采用土地流转、股份合作、农业生产托管等方式融入农业供应链体系，完善利益联结机制，促进多种形式的农业适度规模经营，把农业生产引入现代农业发展轨道。（农业部、商务部等负责）

2. 提高农业生产科学化水平。推动建设农业供应链信息平台，集成农业生产经营各环节的大数据，共享政策、市场、科技、金融、保险等信息服务，提高农业生产科技化和精准化水平。加强产销衔接，优化种养结构，促进农业生产向消费导向型转变，增加绿色优质农产品供给。鼓励发展农业生产性服务业，开拓农业供应链金融服务，支持订单农户参加农业保险。（农业部、科技部、商务部、银监会、保监会等负责）

3. 提高质量安全追溯能力。加强农产品和食品冷链设施及标准化建设，降低流通成本和损耗。建立基于供应链的重要产品质量安全追溯机制，针对肉类、蔬菜、水产品、中药材等食用农产品，婴幼儿配方食品、肉制品、乳制品、食用植物油、白酒等食品，农药、兽药、饲料、肥料、种子等农业生产资料，将供应链上下游企业全部纳入追溯体系，构建来源可查、去向可追、责任可究的全链条可追溯体系，提高消费安全水平。（商务部、国家发展改革委、科技部、农业部、质检总局、食品药品监管总局等负责）

（二）促进制造协同化、服务化、智能化。

1. 推进供应链协同制造。推动制造企业应用精益供应链等管理技术，完善从研发设计、生产制造到售后服务的全链条供应链体系。推动供应链上下游企业实现协同采购、协同制造、协同物流，促进大中小企业专业化分工协作，快速响应客户需求，缩短生产周期和新品上市时间，降低生产经营和交易成本。（工业和信息化部、国家发展改革委、科技

部、商务部等负责）

2. 发展服务型制造。建设一批服务型制造公共服务平台，发展基于供应链的生产性服务业。鼓励相关企业向供应链上游拓展协同研发、众包设计、解决方案等专业服务，向供应链下游延伸远程诊断、维护检修、仓储物流、技术培训、融资租赁、消费信贷等增值服务，推动制造供应链向产业服务供应链转型，提升制造产业价值链。（工业和信息化部、国家发展改革委、科技部、商务部、人民银行、银监会等负责）

3. 促进制造供应链可视化和智能化。推动感知技术在制造供应链关键节点的应用，促进全链条信息共享，实现供应链可视化。推进机械、航空、船舶、汽车、轻工、纺织、食品、电子等行业供应链体系的智能化，加快人机智能交互、工业机器人、智能工厂、智慧物流等技术和装备的应用，提高敏捷制造能力。（工业和信息化部、国家发展改革委、科技部、商务部等负责）

（三）提高流通现代化水平。

1. 推动流通创新转型。应用供应链理念和技术，大力发展智慧商店、智慧商圈、智慧物流，提升流通供应链智能化水平。鼓励批发、零售、物流企业整合供应链资源，构建采购、分销、仓储、配送供应链协同平台。鼓励住宿、餐饮、养老、文化、体育、旅游等行业建设供应链综合服务和交易平台，完善供应链体系，提升服务供给质量和效率。（商务部、国家发展改革委、科技部、质检总局等负责）

2. 推进流通与生产深度融合。鼓励流通企业与生产企业合作，建设供应链协同平台，准确及时传导需求信息，实现需求、库存和物流信息的实时共享，引导生产端优化配置生产资源，加速技术和产品创新，按需组织生产，合理安排库存。实施内外销产品"同线同标同质"等一批示范工程，提高供给质量。（商务部、工业和信息化部、农业部、质检总局等负责）

3. 提升供应链服务水平。引导传统流通企业向供应链服务企业转型，大力培育新型供应链服务企业。推动建立供应链综合服务平台，拓展质量管理、追溯服务、金融服务、研发设计等功能，提供采购执行、物流服务、分销执行、融资结算、商检报关等一体化服务。（商务部、人民银行、银监会等负责）

（四）积极稳妥发展供应链金融。

1. 推动供应链金融服务实体经济。推动全国和地方信用信息共享平台、商业银行、供应链核心企业等开放共享信息。鼓励商业银行、供应链核心企业等建立供应链金融服务平台，为供应链上下游中小微企业提供高效便捷的融资渠道。鼓励供应链核心企业、金融机构与人民银行征信中心建设的应收账款融资服务平台对接，发展线上应收账款融资等供应链金融模式。（人民银行、国家发展改革委、商务部、银监会、保监会等负责）

2. 有效防范供应链金融风险。推动金融机构、供应链核心企业建立债项评级和主体评级相结合的风险控制体系，加强供应链大数据分析和应用，确保借贷资金基于真实交易。加强对供应链金融的风险监控，提高金融机构事中事后风险管理水平，确保资金流向实体经济。健全供应链金融担保、抵押、质押机制，鼓励依托人民银行征信中心建设的动产融资统一登记系统开展应收账款及其他动产融资质押和转让登记，防止重复质押和空单质押，推动供应链金融健康稳定发展。（人民银行、商务部、银监会、保监会等负责）

（五）积极倡导绿色供应链。

1. 大力倡导绿色制造。推行产品全生命周期绿色管理，在汽车、电器电子、通信、大型成套装备及机械等行业开展绿色供应链管理示范。强化供应链的绿色监管，探索建立统一的绿色产品标准、认证、标识体系，鼓励采购绿色产品和服务，积极扶植绿色产业，推动形成绿色制造

供应链体系。（国家发展改革委、工业和信息化部、环境保护部、商务部、质检总局等按职责分工负责）

2. 积极推行绿色流通。积极倡导绿色消费理念，培育绿色消费市场。鼓励流通环节推广节能技术，加快节能设施设备的升级改造，培育一批集节能改造和节能产品销售于一体的绿色流通企业。加强绿色物流新技术和设备的研究与应用，贯彻执行运输、装卸、仓储等环节的绿色标准，开发应用绿色包装材料，建立绿色物流体系。（商务部、国家发展改革委、环境保护部等负责）

3. 建立逆向物流体系。鼓励建立基于供应链的废旧资源回收利用平台，建设线上废弃物和再生资源交易市场。落实生产者责任延伸制度，重点针对电器电子、汽车产品、轮胎、蓄电池和包装物等产品，优化供应链逆向物流网点布局，促进产品回收和再制造发展。（国家发展改革委、工业和信息化部、商务部等按职责分工负责）

（六）努力构建全球供应链。

1. 积极融入全球供应链网络。加强交通枢纽、物流通道、信息平台等基础设施建设，推进与"一带一路"沿线国家互联互通。推动国际产能和装备制造合作，推进边境经济合作区、跨境经济合作区、境外经贸合作区建设，鼓励企业深化对外投资合作，设立境外分销和服务网络、物流配送中心、海外仓等，建立本地化的供应链体系。（商务部、国家发展改革委、交通运输部等负责）

2. 提高全球供应链安全水平。鼓励企业建立重要资源和产品全球供应链风险预警系统，利用两个市场两种资源，提高全球供应链风险管理水平。制定和实施国家供应链安全计划，建立全球供应链风险预警评价指标体系，完善全球供应链风险预警机制，提升全球供应链风险防控能力。（国家发展改革委、商务部等按职责分工负责）

3. 参与全球供应链规则制定。依托全球供应链体系，促进不同国家和地区包容共享发展，形成全球利益共同体和命运共同体。在人员流动、资格互认、标准互通、认可认证、知识产权等方面加强与主要贸易国家和"一带一路"沿线国家的磋商与合作，推动建立有利于完善供应链利益联结机制的全球经贸新规则。（商务部、国家发展改革委、人力资源社会保障部、质检总局等负责）

四、保障措施

（一）营造良好的供应链创新与应用政策环境。

鼓励构建以企业为主导、产学研用合作的供应链创新网络，建设跨界交叉领域的创新服务平台，提供技术研发、品牌培育、市场开拓、标准化服务、检验检测认证等服务。鼓励社会资本设立供应链创新产业投资基金，统筹结合现有资金、基金渠道，为企业开展供应链创新与应用提供融资支持。（科技部、工业和信息化部、财政部、商务部、人民银行、质检总局等按职责分工负责）

研究依托国务院相关部门成立供应链专家委员会，建设供应链研究院。鼓励有条件的地方建设供应链科创研发中心。支持建设供应链创新与应用的政府监管、公共服务和信息共享平台，建立行业指数、经济运行、社会预警等指标体系。（科技部、商务部等按职责分工负责）

研究供应链服务企业在国民经济中的行业分类，理顺行业管理。符合条件的供应链相关企业经认定为国家高新技术企业后，可按规定享受相关优惠政策。符合外贸企业转型升级、服务外包相关政策条件的供应链服务企业，按现行规定享受相应支持政策。（国家发展改革委、科技部、工业和信息化部、财政部、商务部、国家统计局等按职责分工负责）

（二）积极开展供应链创新与应用试点示范。

开展供应链创新与应用示范城市试点，鼓励试点城市制定供应链发展的支持政策，完善本地重点产业供应链体系。培育一批供应链创新与应用示范企业，建设一批跨行业、跨领域的供应链协同、交易和服务示

范平台。（商务部、工业和信息化部、农业部、人民银行、银监会等负责）

（三）加强供应链信用和监管服务体系建设。

完善全国信用信息共享平台、国家企业信用信息公示系统和"信用中国"网站，健全政府部门信用信息共享机制，促进商务、海关、质检、工商、银行等部门和机构之间公共数据资源的互联互通。研究利用区块链、人工智能等新兴技术，建立基于供应链的信用评价机制。推进各类供应链平台有机对接，加强对信用评级、信用记录、风险预警、违法失信行为等信息的披露和共享。创新供应链监管机制，整合供应链各环节涉及的市场准入、海关、质检等政策，加强供应链风险管控，促进供应链健康稳定发展。（国家发展改革委、交通运输部、商务部、人民银行、海关总署、税务总局、工商总局、质检总局、食品药品监管总局等按职责分工负责）

（四）推进供应链标准体系建设。

加快制定供应链产品信息、数据采集、指标口径、交换接口、数据交易等关键共性标准，加强行业间数据信息标准的兼容，促进供应链数据高效传输和交互。推动企业提高供应链管理流程标准化水平，推进供应链服务标准化，提高供应链系统集成和资源整合能力。积极参与全球供应链标准制定，推进供应链标准国际化进程。（质检总局、国家发展改革委、工业和信息化部、商务部等负责）

（五）加快培养多层次供应链人才。

支持高等院校和职业学校设置供应链相关专业和课程，培养供应链专业人才。鼓励相关企业和专业机构加强供应链人才培训。创新供应链人才激励机制，加强国际化的人才流动与管理，吸引和聚集世界优秀供应链人才。（教育部、人力资源社会保障部、商务部等按职责分工负责）

（六）加强供应链行业组织建设。

推动供应链行业组织建设供应链公共服务平台，加强行业研究、数据统计、标准制修订和国际交流，提供供应链咨询、人才培训等服务。加强行业自律，促进行业健康有序发展。加强与国外供应链行业组织的交流合作，推动供应链专业资质相互认证，促进我国供应链发展与国际接轨。（国家发展改革委、工业和信息化部、人力资源社会保障部、商务部、质检总局等按职责分工负责）

《关于开展供应链创新与应用试点的通知》

商建函〔2018〕142 号

各省、自治区、直辖市、计划单列市及新疆生产建设兵团商务、工业和信息化、环境保护、农业、质量技术监督（市场监管）部门，中国人民银行各分行、营业管理部、各省会（首府）城市中心支行、各副省级城市中心支行，各银监局，中国物流与采购联合会各分支机构：

根据《国务院办公厅关于积极推进供应链创新与应用的指导意见》（国办发〔2017〕84 号）要求，商务部、工业和信息化部、生态环境部、农业农村部、人民银行、国家市场监督管理总局、中国银行保险监督管理委员会和中国物流与采购联合会决定开展供应链创新与应用试点。现将有关事项通知如下：

一、总体要求

（一）指导思想。

全面贯彻党的十九大精神，以习近平新时代中国特色社会主义思想为指导，落实国务院关于推进供应链创新与应用的决策部署，以供给侧结构性改革为主线，完善产业供应链体系，高效整合各类资源和要素，提高企业、产业和区域间的协同发展能力，适应引领消费升级，激发实体经济活力，在现代供应链领域培育新增长点、形成新动能，助力建设现代化经济体系，推动经济高质量发展。

（二）总体思路。

试点包括城市试点和企业试点，试点实施期为 2 年。试点城市的主要任务是出台支持供应链创新发展的政策措施，优化公共服务，营造良好环境，推动完善产业供应链体系，并探索跨部门、跨区域的供应链治理新模式。试点企业的主要任务是应用现代信息技术，创新供应链技术和模式，构建和优化产业协同平台，提升产业集成和协同水平，带动上下游企业形成完整高效、节能环保的产业供应链，推动企业降本增效、绿色发展和产业转型升级。

通过城市试点和企业试点，在若干关系国计民生、消费升级和战略新兴的重点产业，推动形成创新引领、协同发展、产融结合、供需匹配、优质高效、绿色低碳、全球布局的产业供应链体系，促进发展实体经济，助力供给侧结构性改革，筑牢现代化经济体系的坚实基础。

（三）试点目标。

通过试点，打造"五个一批"，即创新一批适合我国国情的供应链技术和模式，构建一批整合能力强、协同效率高的供应链平台，培育一批行业带动能力强的供应链领先企业，形成一批供应链体系完整、国际竞争力强的产业集群，总结一批可复制推广的供应链创新发展和政府治理实践经验。

通过试点，现代供应链成为培育新增长点、形成新动能的重要领域，成为供给侧结构性改革的重要抓手，成为"一带一路"建设和形成全面开放新格局的重要载体。

二、试点城市重点任务

（一）推动完善重点产业供应链体系。

一是建立健全农业供应链。结合本地特色农业，优先选择粮食、果蔬、茶叶、药材、乳制品、蛋品、肉品、水产品、酒等重要产品，立足区域特色优势，充分发挥农业产业化龙头企业示范引领作用，推动供应链资源集聚和共享，打造联结农户、新型农业经营主体、农产品加工流通企业和最终消费者的紧密型农产品供应链，构建完善全产业链各环节相互衔接配套的绿色可追溯农业供应链体系。

二是积极发展工业供应链。结合本地主导产业，优先选择钢铁、煤炭、水泥、玻璃等相关产业，推动企业打造供需对接、资源整合的供应链协同平台，提高产业协同效率，推动降成本、去库存和去产能，助力供给侧结构性改革。

在与消费升级密切相关的产业中，优先选择家电、汽车、电子、纺织等，推动企业构建对接个性化需求和柔性化生产的智能制造供应链协同平台，提高产品和服务质量，满足人民日益增长的美好生活需要。

针对必须抢占制高点的战略新兴产业，充分调动各方资源，打造合作紧密、分工明确、集成联动的政产学研一体化的供应链创新网络，推进大型飞机、机器人、发动机、集成电路等关键技术攻关和产业发展。

三是创新发展流通供应链。推动企业与供应商、生产商实现系统对接，构建流通与生产深度融合的供应链协同平台，实现供应链需求、库存和物流实时共享可视。

推动企业建设运营规范的商品现货交易平台，提供供应链增值服务，提高资源配置效率。促进传统实体商品交易市场转型升级，打造线上线下融合的供应链交易平台，促进市场与产业融合发展。

鼓励传统流通企业向供应链服务企业转型，建设供应链综合服务平台，提供研发、设计、采购、生产、物流和分销等一体化供应链服务，提高流通效率，降低流通成本。

推进城市居民生活供应链体系建设，发展集信息推送、消费互动、物流配送等功能为一体的社区商业，满足社区居民升级消费需求，提高居民生活智能化和便利化水平。

（二）规范发展供应链金融服务实体经济。

推动供应链核心企业与商业银行、相关企业等开展合作，创新供应链金融服务模式，发挥上海票据交易所、中征应收账款融资服务平台和动产融资统一登记公示系统等金融基础设施作用，在有效防范风险的基础上，积极稳妥开展供应链金融业务，为资金进入实体经济提供安全通道，为符合条件的中小微企业提供成本相对较低、高效快捷的金融服务。

推动政府、银行与核心企业加强系统互联互通和数据共享，加强供应链金融监管，打击融资性贸易、恶意重复抵质押、恶意转让质物等违法行为，建立失信企业惩戒机制，推动供应链金融市场规范运行，确保资金流向实体经济。

（三）融入全球供应链打造"走出去"战略升级版。

推动本地优势产业对接并融入全球供应链体系，开展更大范围、更高水平、更深层次的国际合作，向全球价值链中高端跃升，打造更具全球竞争力的产业集群。

支持和鼓励企业积极开展对外贸易与投资合作，加强与"一带一路"沿线国家的互联互通，设立境外研发中心、分销服务网络、物流配送中心、海外仓等，提高全球范围内供应链协同和配置资源的能力，促进重要资源能源、重要农产品、关键零部件来源的多元化和目标市场的多样化。

（四）发展全过程全环节的绿色供应链体系。

推动深化政府绿色采购，行政机关和使用财政资金的其他组织应当优先采购和使用节能、节水、节材等环保产品、设备和设施，并建立相应的考核体系。研究制定重点产业企业绿色供应链构建指南，建立健全环保信用评价、信息强制性披露等制度，依法依规公开供应链全环节的环境违法信息。

支持环境保护技术装备、资源综合利用和环境服务等环境保护产业的发展。加大对绿色产品、绿色包装的宣传力度，鼓励开展"快递业＋回收业"定向合作，引导崇尚自然、追求健康的消费理念，培育绿色消费市场。

（五）构建优质高效的供应链质量促进体系。

加强供应链质量标准体系建设，推广《服务质量信息公开规范》和《服务质量评价工作通用指南》，建立供应链服务质量信息清单制度。加强全链条质量监管，开发适应供应链管理需求的质量管理工具，引入第三方质量治理机制，探索建立供应链服务质量监测体系并实施有针对性的质量改进。

引导企业树立质量第一的意识，提高服务质量，创新服务模式，优化服务流程，为客户提供安全、诚信、优质、高效的服务。鼓励企业加强供应链品牌建设，创建一批高价值供应链品牌。

（六）探索供应链政府公共服务和治理新模式。

以完善政策、优化服务、加强监管为重点，改革相关体制机制，出台相关支持政策措施，宣传推广供应链思维、理念和技术，营造供应链创新与应用的良好环境。积极打造供应链公共服务平台，研究设立供应链创新产业投资基金，建设供应链科技创新中心，支持供应链前沿技术、基础软件、先进模式等的研究与推广。加强供应链标准体系、信用体系和人才体系等支撑建设。

三、试点企业重点任务

试点企业应围绕试点目标，发挥龙头带动作用，加强与供应链上下游企业的协同和整合，着力完善产业供应链体系，促进产业降本增效、节能环保、绿色发展和创新转型。

（一）提高供应链管理和协同水平。

普及供应链思维，完善供应链管理制度，加强企业信息化升级，加强标准化建设，培养供应链专业人才，提高与上下游企业协同能力，形成分工协作的网络体系，积极"走出去"开展对外贸易投资合作，构建全球供应链，提升全球资源配置效率。

（二）加强供应链技术和模式创新。

积极与高校、研究机构等开展合作，建设供应链研究中心或实验室，开展供应链技术创新和软硬件研发，推广应用供应链新技术、新模式，促进整个产业供应链数字化、智能化和国际化。

（三）建设和完善各类供应链平台。

以平台为重要载体完善供应链体系，加强与上下游企业实现系统和数据对接，充分发挥供应链平台的资源集聚、供需对接和信息服务等功能，构建跨界融合的产业供应链生态。

（四）规范开展供应链金融业务。

有条件的企业可加强与商业银行、平台企业等合作，创新供应链金融业务模式，优化供应链资金流，积极稳妥、依法依规开展供应链金融业务。

（五）积极倡导供应链全程绿色化。

以全过程、全链条、全环节的绿色发展为导向，优先采购和使用节能、节水、节材等环保产品、设备和设施，促进形成科技含量高、资源消耗低、环境污染少的产业供应链。

四、组织实施程序

（一）积极组织申报。

省级商务主管部门会同工业和信息化、环境保护、农业主管部门、人民银行、质量技术监督（市场监管）部门和原银监会派出机构，建立试点工作协调机制，共同组织本地各城市和企业申报，并将《供应链创新与应用城市试点方案》（附件1）、《供应链创新与应用试点企业申报表》（附件2）以及《申报供应链创新与应用试点单位汇总表》（附件3）（含电子版）一式八份报商务部（市场建设司）。申报截止日期为2018

年5月31日。

申报城市应拥有较好的产业基础，重点产业集群在全国具有较强的影响和带动能力，拥有比较完善的产业配套体系；具有较好的供应链发展软硬基础设施，现代信息技术应用规模较大。自由贸易试验区可独立申报。

申报企业应具有独立法人资格，具有较高的供应链管理能力，较完善的供应链管理制度，较强的供应链人才力量，建有业内较大影响的供应链平台，对行业发展具有重要影响和示范带动作用。中央企业可由国务院相关部门推荐申报，也可直接向商务部申报。

（二）编制试点方案。

申报试点的城市应编制《供应链创新与应用城市试点方案》。实施方案要依托本市优势和特色产业，聚焦一项或多项试点任务，科学谋划供应链推动产业发展的总体思路、目标任务、试点内容和保障措施。

申报试点的企业应按要求填写《供应链创新与应用试点企业申报表》。申报企业要围绕试点目标和任务，提出加强供应链协同和整合、完善产业供应链体系的目标和举措。

（三）确定试点城市和试点企业。

商务部会同工业和信息化部、生态环境部、农业农村部、人民银行、国家市场监督管理总局、中国银行保险监督管理委员会和中国物流与采购联合会共同组织专家对申报材料进行评审，通过竞争性择优确定试点城市和试点企业。

（四）试点实施并及时报送进展情况。

各试点城市和试点企业应每季度上报试点情况。试点取得的重大进展，或遇到的重大问题和困难，应及时报告。省级商务主管部门将有关情况统一报商务部。试点企业是中央企业的，由中央企业直接上报商务部。

（五）绩效评估和经验总结。

商务部将会同有关部门对试点进行中期评估和终期评估，对于中期评估表现优秀的城市和企业，研究给予相关激励政策；根据终期评估结果，对试点效果显著、绩效评估为优的城市授予"全国供应链创新与应用示范城市"称号，对行业引领能力强、绩效评估为优的企业授予"全国供应链创新与应用示范企业"称号。同时总结可复制推广的实践经验。

五、工作要求

（一）加强组织领导和工作协调。

要加强试点的组织领导，建立相关部门参与的工作协调机制，制定试点方案，明确责任分工，加强统筹协调，确保工作顺利推进。各级商务、工业和信息化、环境保护、农业、人民银行、质量技术监督（市场监管）等部门和原银监会派出机构要密切配合，共同做好试点的组织实施、监督、评估和总结推广等工作，及时帮助协调解决试点的困难和问题。

（二）加强业务指导和政策支持。

鼓励试点城市整合国家、省级预算内投资等各项资金，引导社会资本设立供应链创新产业投资基金，支持供应链创新和应用项目。试点城市有关部门在安排相关投资时，对于符合条件的供应链创新发展项目予以倾斜。

各级商务、工业和信息化、农业、环境保护和质量技术监督（市场监管）部门要加强对流通、工业、农业供应链以及供应链全程绿色化和供应链质量标准等方面的业务指导，研究出台相关财政、税收、金融、土地等方面的政策措施，加大对试点的支持力度。

各级人民银行和原银监会派出机构要加强对供应链金融发展的指导和监督，研究相关支持政策，对内外资企业和机构一视同仁，营造公平竞争的市场环境。优先支持符合条件的试点企业发行公司信用类债券，提高事中事后风险管理水平，推动供应链金融健康稳定发展。

各级商务等行业主管部门要指导和支持相关行业组织探索建立供应链绩效指数评价体系，为各地建立供应链公共服务平台提供技术支持，为试点城市和试点企业进行专业指导和业务培训等。

（三）做好宣传和总结推广工作。

各级商务、工业和信息化、环境保护、农业、人民银行、质量技术监督（市场监管）部门和原银监会派出机构要及时梳理总结试点中出现的典型案例，在各类媒体进行宣传报道。试点中形成的先进模式和经验要及时推广，扩大试点效果。

《中国银保监会办公厅关于推动供应链金融服务实体经济的指导意见》

银保监办发〔2019〕155号

各银保监局，各政策性银行、大型银行、股份制银行，邮储银行，外资银行，各保险集团（控股）公司、保险公司、保险资产管理公司，银行业协会、保险业协会：

为深入贯彻党中央、国务院关于推进供应链创新与应用的决策部署，指导银行保险机构规范开展供应链金融业务，推动供应链金融创新，提升金融服务实体经济质效，进一步改善小微企业、民营企业金融服务，现提出以下意见：

一、总体要求和基本原则

（一）总体要求

银行保险机构应依托供应链核心企业，基于核心企业与上下游链条企业之间的真实交易，整合物流、信息流、资金流等各类信息，为供应链上下游链条企业提供融资、结算、现金管理等一揽子综合金融服务。

（二）基本原则

银行保险机构在开展供应链金融业务时应坚持以下基本原则：一是

坚持精准金融服务，以市场需求为导向，重点支持符合国家产业政策方向、主业集中于实体经济、技术先进、有市场竞争力的产业链链条企业。二是坚持交易背景真实，严防虚假交易、虚构融资、非法获利现象。三是坚持交易信息可得，确保直接获取第一手的原始交易信息和数据。四是坚持全面管控风险，既要关注核心企业的风险变化，也要监测上下游链条企业的风险。

二、规范创新供应链金融业务模式

（三）提供全产业链金融服务

鼓励银行业金融机构在充分保障客户信息安全的前提下，将金融服务向上游供应前端和下游消费终端延伸，提供覆盖全产业链的金融服务。应根据产业链特点和各交易环节融资需求，量身定制供应链综合金融服务方案。

（四）依托核心企业

鼓励银行业全融机构加强与供应链核心企业的合作，推动核心企业为上下游链条企业增信或向银行提供有效信息，实现全产业链协同健康发展。对于上游企业供应链融资业务，推动核心企业将账款直接付款至专户。对于下游企业供应链融资业务，推动核心企业协助银行整合"三流"信息，并合理承担担保、回购、差额补足等责任。

（五）创新发展在线业务

鼓励银行业金融机构在依法合规、信息交互充分、风险管控有效的基础上，运用互联网、物联网、区块链、生物识别、人工智能等技术，与核心企业等合作搭建服务上下游链条企业的供应链金融服务平台，完善风控技术和模型，创新发展在线金融产品和服务，实施在线审批和放款，更好满足企业融资需求。

（六）优化结算业务

银行业金融机构应根据供应链上下游链条企业的行业结算特点，以及不同交易环节的结算需求，拓展符合企业实际的支付结算和现金管理服务，提升供应链支付结算效率。

（七）发展保险业务

保险机构应根据供应链发展特点，在供应链融资业务中稳妥开展各类信用保证保险业务，为上下游链条企业获取融资提供增信支持。

（八）加强小微民营企业金融服务

鼓励银行保险机构加强对供应链上下游小微企业、民营企业的金融支持，提高金融服务的覆盖面、可得性和便利性，合理确定贷款期限，努力降低企业融资成本。

（九）加强"三农"金融服务

鼓励银行保险机构开展农业供应链金融服务和创新，支持订单农户参加农业保险，将金融服务延伸至种植户、养殖户等终端农户，以核心企业带动农村企业和农户发展，促进乡村振兴。

三、完善供应链金融业务管理体系

（十）加强业务集中管理

鼓励银行保险机构成立供应链金融业务管理部门（中心），加强供应链金融业务的集中统一管理，统筹推进供应链金融业务创新发展，加快培育专业人才队伍。

（十一）合理配置供应链融资额度

银行业金融机构应合理核定供应链核心企业、上下游链条企业的授信额度，基于供应链上下游交易情况，对不同主体分别实施额度管理，满足供应链有效融资需求。其中，对于由核心企业承担最终偿付责任的供应链融资业务，应全额纳入核心企业授信进行统一管理，并遵守大额风险暴露的相关监管要求。

（十二）实施差别化信贷管理

在有效控制风险的前提下，银行业金融机构可根据在线供应链金融业务的特点，制定有针对性的信贷管理办法，通过在线审核交易单据确保交易真实性，通过与供应链核心企业、全国和地方信用信息共享平台等机构的信息共享，依托工商、税务、司法、征信等数据，采取在线信息分析与线下抽查相结合的方式，开展贷款"三查"工作。

（十三）完善激励约束机制

银行保险机构应健全供应链金融业务激励约束及容错纠错机制，科学设置考核指标体系。对于供应链上下游小微企业贷款，应落实好不良贷款容忍度、尽职免责等政策。

（十四）推动银保合作

支持银行业金融机构和保险机构加强沟通协商，在客户拓展、系统开发、信息共享、业务培训、欠款追偿等多个环节开展合作。协同加强全面风险管理，共同防范骗贷骗赔风险。

四、加强供应链金融风险管控

（十五）加强总体风险管控

银行业金融机构应建立健全面向供应链金融全链条的风险控制体系，根据供应链金融业务特点，提高事前、事中、事后各个环节的风险管理针对性和有效性，确保资金流向实体经济。

（十六）加强核心企业风险管理

银行业金融机构应加强对核心企业经营状况、核心企业与上下游链条企业交易情况的监控，分析供应链历史交易记录，加强对物流、信息流、资金流和第三方数据等信息的跟踪管理。银行保险机构应明确核心企业准入标准和名单动态管理机制，加强对核心企业所处行业发展前景的研判，及时开展风险预警、核查与处置。

（十七）加强真实性审查

银行业金融机构在开展供应链融资业务时，应对交易真实性和合理性进行尽职审核与专业判断。鼓励银行保险机构将物联网、区块链等新技术嵌入交易环节，运用移动感知视频、电子围栏、卫星定位、无线射频识别等技术，对物流及库存商品实施远程监测，提升智能风控水平。

（十八）加强合规管理

银行保险机构应加强供应链金融业务的合规管理，切实按照回归本源、专注主业的要求，合规审慎开展业务创新，禁止借金融创新之名违法违规展业或变相开办未经许可的业务。不得借供应链金融之名搭建提供撮合和报价等中介服务的多边资产交易平台。

（十九）加强信息科技系统建设

银行保险机构应加强信息科技系统建设，鼓励开发供应链金融专项信息科技系统，加强运维管理，保障数据安全，借助系统提升风控技术和能力。

五、优化供应链金融发展的外部环境

（二十）加强产品推介

银行保险机构应加强供应链金融产品的开发与推介，及时宣传供应链金融服务小微企业、民营企业进展情况。

（二十一）促进行业交流

银行业和保险业自律组织应组织推动行业交流，总结推广银行保险机构在供应链金融领域的良好实践和经验，促进供应链金融持续健康发展。

（二十二）提高监管有效性

各级监管部门应根据供应链金融业务特点，加强供应链金融风险监管，规范银行业金融机构和保险机构的业务合作，对于业务经营中的不审慎和违法违规行为，及时采取监管措施。

《中国银保监会关于推动银行业和保险业高质量发展的指导意见》（节选）

银保监发〔2019〕52号

（十一）加大民营企业和小微企业金融产品创新。银行保险机构要按照竞争中性原则，一视同仁、公平对待各类所有制企业。加大对符合产业发展方向、主业相对集中于实体经济、技术先进、产品有市场但暂时遇到困难的民营企业的支持力度。鼓励银行业金融机构通过单列信贷计划、实行内部资金转移定价优惠等形式，强化服务民营企业和小微企业的资源保障。加大对民营企业和小微企业的续贷支持力度，提高信用贷款和中长期贷款比重。积极稳妥发展供应链金融服务。探索金融科技在客户信用评价、授信准入、风险管理等环节的应用，有效提升金融服务覆盖面。在风险可控的前提下，发展民营企业和小微企业贷款保证保险。支持银行与国家融资担保基金、国家农业信贷担保联盟开展合作，明确风险分担比例，降低担保费用和企业融资成本。

《关于进一步做好供应链创新与应用试点工作的通知》

商建函〔2020〕111 号

各省、自治区、直辖市、计划单列市及新疆生产建设兵团商务、工业和信息化、生态环境、农业农村、市场监管部门，中国人民银行各分行、营业管理部、各省会（首府）中心支行、各副省级城市中心支行，各银保监局，中国物流与采购联合会各分支机构：

为深入贯彻落实习近平总书记关于统筹推进新冠肺炎疫情防控和经济社会发展的系列重要讲话精神，发挥供应链创新与应用试点工作在推动复工复产、稳定全球供应链、助力脱贫攻坚等方面的重要作用，进一步充实试点内容，加快工作进度，现就有关事项通知如下：

一、推动供应链协同复工复产

供应链畅通是推动大中小企业整体配套协同复工复产、促进产供销有机衔接和内外贸有效贯通的重要前提，也是实现"六稳"工作的重要基础。各地要密切关注和把握国际国内疫情形势和经济形势变化，指导试点城市和试点企业及时研判供应链运行过程中的问题，因地制宜、因时制宜调整工作着力点和应对举措，围绕用工、资金、原材料供应等关键问题，精准施策，打通"堵点"、补上"断点"，千方百计创造有利于复工复产的条件，提高复工复产效率，畅通产业循环、市场循环和经济社会循环。

试点城市要落实分区分级精准防控和精准复工复产要求，加快推动和帮助供应链龙头企业和在全球供应链中有重要影响的企业复工复产。针对本地重点产业情况和特点，梳理供应链关键流程、关键环节，及时疏通解决制约企业复工复产的物流运输、人员流动、资金融通、原材料供应等问题，特别要做好跨区域政府间协同对接。

试点企业要勇担社会责任，充分发挥龙头带动作用，加强与供应链上下游企业协同，协助配套企业解决技术、设备、资金、原辅料等实际困难。通过保障原材料供应、加快重点项目实施进度、加大预付款比例、及时结算支付等多种方式，缓解上下游中小企业经营和资金压力。发挥各类供应链平台资源集聚、供需对接和信息服务等功能优势，积极接入各方信息系统，为企业复工复产提供交易、物流、金融、信用、资讯等综合服务，促进供应链尽快恢复和重建，实现资源要素的高效整合和精准匹配。

二、完成好新形势下试点各项工作任务

在应对新冠肺炎疫情过程中，试点城市和试点企业充分利用供应链资源整合和高效协同优势，在支持疫情防控、保障市场供应、推动复工复产等方面发挥了重要作用，但也反映出供应链安全性和协同性方面存在一些短板弱项。同时市场新需求、新业态、新模式加快发展也给供应链创新与应用工作提出了新的要求。今年，试点工作要在原有试点任务基础上，重点加强以下五个方面工作。

（一）加强供应链安全建设。

试点城市要将供应链安全建设作为试点工作的重要内容，加强对重点产业供应链的分析与评估，厘清供应链关键节点、重要设施和主要一、二级供应商等情况及地域分布，排查供应链风险点，优化产业供应链布局。探索建立跨区域、跨部门、跨产业的信息沟通、设施联通、物流畅通、资金融通、人员流通、政务联动等协同机制，研究建立基于事件的产业供应链预警体系和应急处置预案，加强对重点产业和区域的风险预警管理。

试点企业要增强供应链风险防范意识，针对疫情防控过程中出现的安全问题，举一反三，研究制定供应链安全防控措施。把供应链安全作为企业发展战略的重要组成部分，建立供应链风险预警系统，制定和实施供应链多元化发展战略，着力在网络布局、流程管控、物流保障、应急储备、技术和人员管理等方面增强供应链弹性，提升风险防范和抵御能力，促进供应链全链条安全、稳定、可持续发展。

（二）加快推进供应链数字化和智能化发展。

试点城市要加大以信息技术为核心的新型基础设施投入，积极应用区块链、大数据等现代供应链管理技术和模式，加快数字化供应链公共服务平台建设，推动政府治理能力和治理体系现代化。加快推动智慧物流园区、智能仓储、智能货柜和供应链技术创新平台的科学规划与布局，补齐供应链硬件设施短板。

试点企业要主动适应新冠肺炎疫情带来的生产、流通、消费模式变化，加快物联网、大数据、边缘计算、区块链、5G、人工智能、增强现实/虚拟现实等新兴技术在供应链领域的集成应用，加强数据标准统一和资源线上对接，推广应用在线采购、车货匹配、云仓储等新业态、新模式、新场景，促进企业数字化转型，实现供应链即时、可视、可感知，提高供应链整体应变能力和协同能力。鼓励有条件的企业搭建技术水平高、集成能力强、行业应用广的数字化平台，开放共享供应链智能化技术与应用，积极推广云制造、云服务平台，赋能中小企业。

（三）促进稳定全球供应链。

试点城市要积极促进产供销有机衔接、内外贸有效贯通，支持外贸、外资、商贸流通和电子商务企业，加强与贸易伙伴的沟通协调，着力保订单、保履约、保市场，全力支持外贸重点企业、重点项目和重要订单，促进全球供应链开放、稳定、安全。创新和优化招商引资、展会服务模式，持续推进投资促进和招商工作，保障各类经贸活动正常开展。

试点企业要努力克服困难，加快重点工程建设，按时按约、保质保量完成各项订单。积极参与"百城千业万企"对标达标提升专项行动，瞄准国际先进标准，提高产品质量和服务水平。加强在重大项目中的协同与合作，共同开拓第三方市场。探索建立高效安全的物流枢纽和通道，优化、整合境外分销和服务网络资源。稳妥有序推进共建"一带一路"，优化国别产业布局，加强重大项目建设，更好带动装备、技术、标准和服务走出去，进一步提高我供应链全球化能力和水平。

（四）助力决战决胜脱贫攻坚。

今年是脱贫攻坚决战决胜之年，各地要认真贯彻落实打赢脱贫攻坚战、全面建成小康社会重大战略部署，推动产业供应链向贫困地区延伸，因地制宜支援贫困地区优势产业发展，带动贫困地区就业，促进贫困地区资源优势转化为经济优势。聚焦重点帮扶领域、优势特色产业供应链薄弱环节，着力加大对"三区三州"深度贫困地区的政策、资金支持力度。

试点企业要积极推动资源、项目、用工等积极向贫困地区倾斜，发挥技术、渠道、市场等优势，加大贫困地区农产品、中药材、矿产、生态等资源市场开发力度，带动贫困地区相关配套产业发展和就业增长，增强贫困地区经济"造血"功能。涉农相关企业要大力发展农产品集采配送、分拣包装、冷藏保鲜、仓储运输、初加工等设施设备，促进与农户（贫困户）、新型农业经营主体的全面、深入、精准对接。加快构建集智慧农业、电商平台、智慧物流为一体的农产品供应链体系，提升农产品商品化、规模化、标准化、品牌化水平，提高农产品附加值。

（五）充分利用供应链金融服务实体企业。

支持试点企业基于真实交易场景，根据需要开展应收账款、仓单和存货质押和预付款融资。提高企业应收账款的透明度和标准化，持票企业可通过贴现、标准化票据融资。

银行业金融机构要加强与供应链核心企业合作，支持核心企业通过信贷、债券等方式融资，用于向中小企业支付现金，降低中小企业流动性压力和融资成本。鼓励有条件的银行业金融机构应用金融科技，加强与供应链核心企业、政府部门相关系统对接，推动供应链上的资金、信息、物流等数字化和可控化，为链条上的客户提供方便快捷的供应链融资服务。

金融机构要创新供应链风险识别和风险管理机制，建立基于核心企业、真实交易行为、上下游企业一体化的风险评估体系，提升金融供给能力，快速响应企业的结算、融资和财务管理需求。

金融机构规范开展供应链相关的资产证券化、提供资管产品等表外融资服务，应强化信息披露和投资者适当性管理，加强投资者保护，警惕虚增、虚构应收账款行为。非金融机构不得借供应链之名违规从事金融业务和规避宏观调控管理。

三、工作要求

（一）扎实推进试点工作。

试点城市和试点企业要结合试点中期评估反馈意见和今年重点工作方向，制定针对性的整改落实措施，进一步完善工作思路和具体实施方案。对照工作方案和台账，认真检查完成情况，对标对表，抓紧抓实，加快试点工作进度，按要求及时填报季报和年度总结报告，确保试点工作各项任务目标按期高质量完成，取得实际效果。试点中期评估结果，可登录商务部业务统一平台供应链信息管理应用查询。

根据试点动态调整机制，对存在违法违规行为或重大风险隐患的、未按照台账推进试点或者进展缓慢的城市和企业，将取消其试点资格。

（二）加强业务协同指导。

各级商务、工业和信息化、生态环境、农业农村、人民银行、市场监管和银行保险监管部门要加大复工复产政策落实力度，加强对困难行业和中小微企业扶持，积极落实援企稳岗、复工复产等疫情应对政策，精准扎实有序推动供应链全面复工复产。对符合条件的重点商贸流通企业、物流与供应链服务企业，支持金融机构落实复工复产金融支持政策。

要发挥供应链创新与应用试点工作协调机制作用，加强日常检查监督，及时了解、掌握试点进展。坚持问题导向，及时研究解决供应链创新与应用过程中的突出问题，力争在体制机制、政策促进和制度标准建设等方面有所突破。

指导各地加强供应链领域"政产研学用"有机融合，积极研究供应链发展的新趋势、新技术和新模式。支持相关行业组织加强行业研究、数据统计、标准制修订和国际交流，提供供应链咨询、人才培训、职业资格认定等服务，推动建设供应链公共服务平台。

（三）加快复制推广典型经验。

各地要立足本地实际，做好试点经验的复制推广工作，总结试点城市和试点企业在应对新冠肺炎疫情、推动供应链协同复工复产，特别是创新推进试点工作好的做法和经验，及时报商务部。

《中国人民银行、工业和信息化部、司法部等关于规范发展供应链金融支持供应链产业链稳定循环和优化升级的意见》

银发〔2020〕226 号

为坚决贯彻党中央、国务院关于扎实做好"六稳"工作、全面落实"六保"任务决策部署，做好金融支持稳企业保就业工作，精准服务供应链产业链完整稳定，提升整体运行效率，促进经济良性循环和优化布局，现就供应链金融规范、发展和创新提出以下意见。

一、准确把握供应链金融的内涵和发展方向

（一）提高供应链产业链运行效率，降低企业成本。供应链金融是指从供应链产业链整体出发，运用金融科技手段，整合物流、资金流、信息流等信息，在真实交易背景下，构建供应链中占主导地位的核心企业与上下游企业一体化的金融供给体系和风险评估体系，提供系统性的金融解决方案，以快速响应产业链上企业的结算、融资、财务管理等综合需求，降低企业成本，提升产业链各方价值。

（二）支持供应链产业链稳定升级和国家战略布局。供应链金融应以服务供应链产业链完整稳定为出发点和宗旨，顺应产业组织形态的变化，加快创新和规范发展，推动产业链修复重构和优化升级，加大对国家战略布局及关键领域的支持力度，充分发挥市场在资源配置中的决定性作用，促进经济结构调整。

（三）坚持市场主体的专业优势和市场定位，加强协同配合。金融机构、核心企业、仓储及物流企业、科技平台应聚焦主业，立足于各自专业优势和市场定位，加强共享与合作，深化信息协同效应和科技赋能，推动供应链金融场景化和生态化，提高线上化和数字化水平，推进产业链条信息透明、周转安全、产销稳定，为产业链的市场竞争能力和延伸拓展能力提供支撑。

（四）注重市场公平有序和产业良性循环。核心企业应严格遵守《保障中小企业款项支付条例》有关规定，及时支付中小微企业款项，合理有序扩张商业信用，保障中小微企业的合法权益，塑造大中小微企业共生共赢的产业生态。

二、稳步推动供应链金融规范、发展和创新

（五）提升产业链整体金融服务水平。推动金融机构、核心企业、政府部门、第三方专业机构等各方加强信息共享，依托核心企业构建上下游一体化、数字化、智能化的信息系统、信用评估和风险管理体系，动态把握中小微企业的经营状况，建立金融机构与实体企业之间更加稳定紧密的关系。鼓励银行等金融机构为产业链提供结算、融资和财务管理等系统化的综合解决方案，提高金融服务的整体性和协同性。（人民银行、银保监会、国资委负责）

（六）探索提升供应链融资结算线上化和数字化水平。在供应链交易信息清晰可视、现金流和风险可控的条件下，银行可通过供应链上游企业融资试点的方式，开展线上贷前、贷中、贷后"三查"。支持探索使用电子签章在线签署合同，进行身份认证核查、远程视频签约验证。支持银行间电子认证互通互认。（人民银行、银保监会负责）

（七）加大对核心企业的支持力度。在有效控制风险的前提下，综合运用信贷、债券等工具，支持核心企业提高融资能力和流动性管理水平，畅通和稳定上下游产业链条。支持核心企业发行债券融资支付上下游企业账款，发挥核心企业对产业链的资金支持作用。对先进制造业、现代服务业、贸易高质量发展等国家战略及关键领域的核心企业，银行等金融机构、债券管理部门可建立绿色通道，及时响应融资需求。（人民银行、银保监会负责）

（八）提升应收账款的标准化和透明度。支持金融机构与人民银行认可的供应链票据平台对接，支持核心企业签发供应链票据，鼓励银行为供应链票据提供更便利的贴现、质押等融资，支持中小微企业通过标准化票据从债券市场融资，提高商业汇票签发、流转和融资效率。（人民银行负责）

（九）提高中小微企业应收账款融资效率。鼓励核心企业通过应收账款融资服务平台进行确权，为中小微企业应收账款融资提供便利，降低中小微企业成本。银行等金融机构应积极与应收账款融资服务平台对

接，减少应收账款确权的时间和成本，支持中小微企业高效融资。（人民银行、工业和信息化部、国资委负责）

（十）支持打通和修复全球产业链。金融机构应提升国际产业链企业金融服务水平，充分利用境内外分支机构联动支持外贸转型升级基地建设、开拓多元化市场、出口产品转内销、加工贸易向中西部梯度转移等，支持出口企业与境外合作伙伴恢复商贸往来，通过提供买方信贷、出口应收账款融资、保单融资等方式支持出口企业接单履约，运用好出口信用保险分担风险损失。（人民银行、银保监会、外汇局、商务部负责）

（十一）规范发展供应链存货、仓单和订单融资。在基于真实交易背景、风险可控的前提下，金融机构可选取流通性强、价值价格体系健全的动产，开展存货、仓单融资。金融机构应切实应用科技手段提高风险控制水平，与核心企业及仓储、物流、运输等环节的管理系统实现信息互联互通，及时核验存货、仓单、订单的真实性和有效性。（银保监会、人民银行、商务部负责）

（十二）增强对供应链金融的风险保障支持。保险机构应积极嵌入供应链环节，增加营业中断险、仓单财产保险等供应链保险产品供给，提供抵押质押、纯信用等多种形式的保证保险业务，扩大承保覆盖面，做好供应链保险理赔服务，提高理赔效率。（银保监会负责）

三、加强供应链金融配套基础设施建设

（十三）完善供应链票据平台功能。加强供应链票据平台的票据签发、流转、融资相关系统功能建设，加快推广与核心企业、金融机构、第三方科技公司的供应链平台互联互通，明确各类平台接入标准和流程规则，完善供应链信息与票据信息的匹配，探索建立交易真实性甄别和监测预警机制。（人民银行负责）

（十四）推动动产和权利担保统一登记公示。建立统一的动产和权利担保登记公示系统,逐步实现市场主体在一个平台上办理动产和权利担保登记。加强统一的动产和权利担保登记公示系统的数字化和要素标准化建设,支持金融机构通过接口方式批量办理查询和登记,提高登记公示办理效率。(人民银行、市场监管总局负责)

四、完善供应链金融政策支持体系

(十五)优化供应链融资监管与审查规则。根据供应链金融业务的具体特征,对金融产品设计、尽职调查、审批流程和贷后管理实施差异化监管。在还款主体明确、偿还资金封闭可控的情况下,银行在审查核心企业对上下游企业提供融资时,可侧重于对核心企业的信用和交易真实性的审查。(银保监会、人民银行负责)

(十六)建立信用约束机制。加快实施商业汇票信息披露制度,强化市场化约束机制。建立商业承兑汇票与债券交叉信息披露机制,核心企业在债券发行和商业承兑汇票信息披露中,应同时披露债券违约信息和商业承兑汇票逾期信息,加强信用风险防控。(人民银行负责)

五、防范供应链金融风险

(十七)加强核心企业信用风险防控。金融机构应根据核心企业及供应链整体状况,建立基于核心企业贷款、债券、应付账款等一揽子风险识别和防控机制,充分利用现有平台,加强对核心企业应付账款的风险识别和风险防控。对于由核心企业承担最终偿付责任的供应链融资业务,遵守大额风险暴露的相关监管要求。(银保监会、人民银行负责)

(十八)防范供应链金融业务操作风险。金融机构应加强金融科技运用,通过"金融科技+供应链场景"实现核心企业"主体信用"、交易标的"物的信用"、交易信息产生的"数据信用"一体化的信息系统和风控系统,建立全流程线上资金监控模式,增强操作制度的严密性,强化操作制度的执行力。(银保监会、人民银行负责)

(十九)严格防控虚假交易和重复融资风险。银行等金融机构对供应链融资要严格交易真实性审核，警惕虚增、虚构应收账款、存货及重复抵押质押行为。对以应收账款为底层资产的资产证券化、资产管理产品，承销商及资产管理人应切实履行尽职调查及必要的风控程序，强化对信息披露和投资者适当性的要求。（银保监会、人民银行负责）

（二十）防范金融科技应用风险。供应链金融各参与方应合理运用区块链、大数据、人工智能等新一代信息技术，持续加强供应链金融服务平台、信息系统等的安全保障、运行监控与应急处置能力，切实防范信息安全、网络安全等风险。（人民银行、银保监会负责）

六、严格对供应链金融的监管约束

（二十一）强化支付纪律和账款确权。供应链大型企业应当按照《保障中小企业款项支付条例》要求，将逾期尚未支付中小微企业款项的合同数量、金额等信息纳入企业年度报告，通过国家企业信用信息公示系统向社会公示。对于公示的供应链大型企业，逾期尚未支付中小微企业款项且双方无分歧的，债券管理部门应限制其新增债券融资，各金融机构应客观评估其风险，审慎提供新增融资。（人民银行、银保监会、工业和信息化部、市场监管总局负责）

（二十二）维护产业生态良性循环。核心企业不得一边故意占用上下游企业账款、一边通过关联机构提供应收账款融资赚取利息。各类供应链金融服务平台应付账款的流转应采用合法合规的金融工具，不得封闭循环和限定融资服务方。核心企业、第三方供应链平台公司以供应链金融的名义挤占中小微企业利益的，相关部门应及时纠偏。（人民银行、银保监会、国资委负责）

（二十三）加强供应链金融业务监管。开展供应链金融业务应严格遵守国家宏观调控和产业政策，不得以各种供应链金融产品规避国家宏观调控要求。各类保理公司、小额贷款公司、财务公司开展供应链金融业务的，应严格遵守业务范围，加强对业务合规性和风险的管理，不得无牌或超出牌照载明的业务范围开展金融业务。各类第三方供应链平台公司不得以供应链金融的名义变相开展金融业务，不得以供应链金融的名义向中小微企业收取质价不符的服务费用。（银保监会、人民银行负责）

《国务院办公厅关于印发加强信用信息共享应用促进中小微企业融资实施方案的通知》

国办发〔2021〕52号

中小微企业是稳增长、促就业、保民生的重要力量。近年来，金融供给侧结构性改革深入推进，社会信用体系不断完善，有效促进了中小微企业融资。但受银企信息不对称等因素制约，中小微企业贷款可得性不高、信用贷款占比偏低等问题仍然存在。为进一步发挥信用信息对中小微企业融资的支持作用，推动建立缓解中小微企业融资难融资贵问题的长效机制，根据《中共中央办公厅　国务院办公厅关于促进中小企业健康发展的指导意见》部署和《政府工作报告》要求，制定本实施方案。

一、总体要求

（一）指导思想。

以习近平新时代中国特色社会主义思想为指导，深入贯彻落实党的十九大和十九届历次全会精神，按照党中央、国务院决策部署，充分发挥各类信用信息平台作用，在切实保障信息安全和市场主体权益的前提下，加强信用信息共享整合，深化大数据应用，支持创新优化融资模式，加强对中小微企业的金融服务，不断提高中小微企业贷款覆盖率、可得性和便利度，助力中小微企业纾困发展，为扎实做好"六稳"工作、全面落实"六保"任务、加快构建新发展格局、推动高质量发展提供有力支撑。

（二）基本原则。

需求导向，充分共享。以支持银行等金融机构提升服务中小微企业能力为出发点，充分发挥各类信用信息平台作用，多种方式归集共享各类涉企信用信息，破解银企信息不对称难题。

创新应用，防控风险。充分运用大数据等技术，完善信用评价体系，创新金融产品和服务，加大信贷资源向中小微企业倾斜力度。建立健全风险识别、监测、分担、处置等机制，提升风险防范能力。

多方参与，协同联动。健全信用信息共享协调机制，发挥政府在组织协调、信息整合等方面的作用，加快构建政府与银行、保险、担保、信用服务等机构协同联动的工作格局，形成工作合力。

依法依规，保护权益。强化信息分级分类管理，规范信息使用权限和程序，加强信息安全保护，防止信息泄露和非法使用。依法查处侵权行为，保护商业秘密和个人隐私，维护市场主体合法权益。

二、加强信用信息共享整合

（三）健全信息共享网络。省级人民政府要在充分利用现有地方信用信息共享平台、征信平台、综合金融服务平台等信息系统的基础上，统筹建立或完善地方融资信用服务平台，鼓励有条件的市县结合实际建立相关融资信用服务平台。依托已建成的全国中小企业融资综合信用服务平台（以下简称全国融资信用服务平台），横向联通国家企业信用信息公示系统和有关行业领域信息系统，纵向对接地方各级融资信用服务平台，构建全国一体化融资信用服务平台网络，与全国一体化政务服务平台等数据共享交换通道做好衔接。（国家发展改革委、人民银行、银保监会牵头，各地区各有关部门和单位按职责分工负责）

（四）扩大信息共享范围。进一步整合市场主体注册登记、行政许可、行政处罚、司法判决及执行、严重失信主体名单、荣誉表彰、政策支持等公共信用信息，不断提高数据准确性、完整性和及时性。以中小微企业、个体工商户融资业务需求为导向，在依法依规、确保信息安全的前提下，逐步将纳税、社会保险费和住房公积金缴纳、进出口、水电气、不动产、知识产权、科技研发等信息纳入共享范围，打破"数据壁垒"和"信息孤岛"。鼓励企业通过"自愿填报＋信用承诺"等方式补充完善自身信息，畅通信息共享渠道。（国家发展改革委、人民银行、银保监会牵头，最高人民法院、人力资源社会保障部、自然资源部、生态环境部、住房城乡建设部、农业农村部、海关总署、税务总局、市场监管总局、国家版权局、国家知识产权局等有关部门和单位及各地区按职责分工负责）

（五）优化信息共享方式。立足工作实际，灵活采取物理归集、系统接口调用、数据核验等多种方式共享相关信息。已实现全国集中管理的信息原则上在国家层面共享，由国家有关部门和单位负责与全国融资信用服务平台共享，在完成"总对总"对接前可以根据实际需求先行推进地方层面共享；其他信息在地方层面共享，由地方人民政府负责归集整合，以适当方式与地方融资信用服务平台共享。充分利用现有信息共享机制和渠道，凡已实现共享的信息，不再要求有关部门和单位重复提供。全国融资信用服务平台要根据有关部门和单位工作需要，依法依规同步共享所归集的信用信息，加强信息使用和管理的有效衔接。建立相关工作机制，支持有需求的银行、保险、担保、信用服务等机构（以下统称接入机构）接入融资信用服务平台。（各地区各有关部门和单位按职责分工负责）

（六）优化信用信息服务。各级融资信用服务平台按照公益性原则，依法依规向接入机构提供基础性信息服务，并将相关信息使用情况及时反馈数据提供单位。对依法公开的信息，应当整合形成标准化信用信息报告供接入机构查询，鼓励有条件的融资信用服务平台根据接入机构需求，按照区域、行业等维度批量推送相关信息。对涉及商业秘密等不宜公开的信息，未经信息主体授权不得向接入机构提供原始明细数据，主要通过数据提供单位与融资信用服务平台联合建模等方式供接入机构使用，或经信息主体授权后提供数据查询、核验等服务，实现数据"可用不可见"。在切实加强监管的基础上，稳妥引入企业征信机构依法依规参与平台建设和运营。（国家发展改革委、工业和信息化部、人民银行、银保监会及各地区按职责分工负责）

三、深化信用信息开发利用

（七）完善信用评价体系。各级融资信用服务平台要建立完善中小微企业信用评价指标体系，对中小微企业开展全覆盖信用评价，供银行等接入机构参考使用。鼓励接入机构根据自身业务特点和市场定位，充分利用内外部信息资源，完善信用评价模型，实现对中小微企业的精准"画像"。鼓励接入机构依法依规将相关信息向融资信用服务平台和有关部门开放共享。（国家发展改革委、工业和信息化部、人民银行、银保监会及各地区按职责分工负责）

（八）强化风险监测处置。各级融资信用服务平台要加强对获得贷款企业信用状况的动态监测，分析研判潜在风险并及时推送相关机构参考。依托融资信用服务平台等，探索建立中小微企业贷款"线上公证"、"线上仲裁"机制和金融互联网法庭，高效处置金融纠纷。对依法认定的恶意逃废债等行为，各有关部门和单位要依法依规开展联合惩戒。（国家发展改革委、最高人民法院、司法部、人民银行、银保监会等有关部门和单位及各地区按职责分工负责）

四、保障信息主体合法权益

（九）规范信息管理使用。各数据提供单位要按照相关法律法规和党中央、国务院政策文件要求，明确相关信息的共享公开属性和范围。各级融资信用服务平台要建立信息分级分类管理和使用制度。信息主体有权免费查询其在融资信用服务平台上的所有信息，并可按照有关规定提起异议申诉和申请信用修复。未经脱敏处理或信息主体明确授权，不得对外提供涉及商业秘密或个人隐私的信息。（各地区各有关部门和单位按职责分工负责）

（十）加强信息安全保障。各级融资信用服务平台应当建立完备的信息安全管理制度，强化信息安全技术保障，对接入机构进行信息安全评估，提升信息安全风险监测、预警、处置能力。接入机构要加强内部信息安全管理，严格遵守国家有关规定和融资信用服务平台信息管理要求，获取的信息不得用于为企业提供融资支持以外的活动。严肃查处非法获取、传播、泄露、出售信息等违法违规行为。（各地区各有关部门和单位按职责分工负责）

五、保障措施

（十一）加强组织协调。国家发展改革委、工业和信息化部、人民银行、银保监会要会同有关部门和单位建立健全加强信用信息共享应用促进中小微企业融资工作协调机制，做好与国家政务数据共享协调机制的衔接，设立工作专班负责推动相关信息共享，通报工作成效。人民银行、银保监会要依法依规对涉及的相关金融机构和金融业务进行监督管理。各有关部门和单位要加快实现本领域相关信息系统与融资信用服务平台互联互通，推动信用信息应用服务。地方各级人民政府要加大工作力度，按照本实施方案要求统筹建立或完善地方融资信用服务平台，做好本行政区域内信用信息共享应用相关工作。（国家发展改革委、工业和信息化部、人民银行、银保监会牵头，最高人民法院、司法部、财政部、人力资源社会保障部、自然资源部、生态环境部、住房城乡建设部、农业农村部、海关总署、税务总局、市场监管总局、国家版权局、国家知识产权局等有关部门和单位及各地区按职责分工负责）

（十二）强化政策支持。地方人民政府要对地方融资信用服务平台建设予以合理保障。鼓励有条件的地方建立中小微企业信用贷款市场化风险分担补偿机制，合理分担信用风险。鼓励有条件的地方为符合产业政策导向、信用状况良好的中小微企业提供贷款贴息，对为中小微企业提供有效担保的政府性融资担保机构予以补贴。充分发挥国家融资担保基金引导作用，增强地方政府性融资担保机构增信能力，推动完善政府性融资担保体系。（财政部、银保监会及各地区按职责分工负责）

（十三）做好宣传引导。创建一批加强信用信息共享应用促进中小微企业融资示范地区、示范银行、示范平台，强化正面引导，推广先进经验。组织动员银行、保险、担保、信用服务等机构广泛参与，加强中小微企业融资服务供给，不断提升中小微企业获得感。充分发挥部门、地方、行业组织、新闻媒体等作用，通过召开新闻发布会、制作新媒体产品等多种形式，全面准确解读政策，大力宣传工作成效、典型案例和创新做法，营造良好舆论环境。（国家发展改革委、工业和信息化部、人民银行、银保监会牵头，各地区各有关部门和单位按职责分工负责）

《国家发展改革委等部门
关于推动平台经济规范健康持续发展的若干意见》（节选）

发改高技〔2021〕1872号

五、赋能经济转型发展

（十四）赋能制造业转型升级。

支持平台企业依托市场、数据优势，赋能生产制造环节，发展按需生产、以销定产、个性化定制等新型制造模式。鼓励平台企业加强与行业龙头企业合作，提升企业一体化数字化生产运营能力，推进供应链数字化、智能化升级，带动传统行业整体数字化转型。探索推动平台企业与产业集群合作，补齐区域产业转型发展短板，推动提升区域产业竞争力。引导平台企业积极参与工业互联网创新发展工程，开展关键技术攻关、公共平台培育，推动构建多层次、系统化的工业互联网平台体系。深入实施普惠性"上云用数赋智"行动，支持中小企业从数据上云逐步向管理上云、业务上云升级。实施中小企业数字化赋能专项行动，鼓励推广传统产业数字化、绿色化、智能化优秀实践。

《中国人民银行等四部门印发金融标准化 "十四五" 发展规划》（节选）

银发〔2022〕18 号

五、标准化支撑金融产品和服务创新

（十六）加强产业链供应链金融标准保障。

推动供应链交易数据与金融机构共享的流程、接口、使用、安全等数字信息管理技术标准建设。加强统一的动产和权利担保登记公示系统的数字化和要素标准建设，支持金融机构通过接口方式批量办理查询和登记，提高登记公示办理效率。制定银行间电子认证互通互认等标准，助推提升供应链融资结算线上化和数字化水平。研制科技金融产品标准，助力完善金融支持创新体系。

第二章　供应链金融业务相关法律规范

供应链金融中传统融资模式有三种，即"应收账款""存货""预付款"。应收账款融资交易下的具体业务模式主要包括应收账款转让、应收账款质押等；存货融资交易下的具体业务模式主要包括动产担保相关业务、仓单相关业务；预付款融资交易下的具体业务模式主要包括保兑仓业务、信用证业务等。除供应链传统融资模式，本书将融资租赁业务作为补充。虽然融资租赁业务主要是由融资租赁公司开展，较少涉及供应链的成员企业，与供应链金融业务模式存在差异，但是两者也可以进行融合发展，共同解决中小企业融资难问题。

此外，供应链金融中的重要支付手段票据以及确认、保护权利的登记，可以应用在各个融资业务场景中，是供应链金融实务操作的重要的一环，本书将票据以及权利登记法律法规作为一种分类，以供读者参考。因此，下文将按照"应收账款""存货""预付款""融资租赁""票据""权利登记"五个方面对供应链金融中涉及的法律法规作出梳理。

一、保理相关法律法规

应收账款类业务模式中所涉及的最为重要的法律关系就是保理关系。保理是指卖方将其现在或将来的基于其与买方订立的货物销售/服务合同等交易所产生的应收账款转让给保理商，由保理商向其提供资金融通、买方资信评估、销售账户管理、信用风险担保、账款催收等一系列服务的综合金融服务方式。在供应链金融中，涉及保理的常见业务包括直接保理、反向保理、保理池和票据保理等，其中涉及的法律关系较为复杂，因此我国也出台了多部法律法规进行规范。

在法律及司法解释、司法实践层面，最重要的是《民法典》关于保理合同的具体规定以及《最高人民法院关于适用〈中华人民共和国民法典〉有关担保制度的解释》中的有关规定，北京、上海、天津等城市关于商业保理的地方性规定亦比较具有代表性；在司法解释层面，作为全国最早发展商业保理试点区域之一，天津法院审理保理相关案件数量众多，天津高院发布的审判会议纪要具有非常重要的参考意义，因此本书在编制时将天津高院出台的相关会议纪要也选入以供参考。在部门规章层面，银保监会和人民银行发布的关于商业保理和银行保理的规则都需要予以关注。除此之外，资产证券化作为一种与供应链具有密切关系的资管交易类型，与其相关规范也以列表形式整理至附录章，供读者参阅。

※ 法律 ※

《中华人民共和国民法典》（节选）

中华人民共和国主席令第 45 号

第六章　合同的变更和转让

第五百四十三条　当事人协商一致，可以变更合同。

第五百四十四条　当事人对合同变更的内容约定不明确的，推定为未变更。

第五百四十五条　债权人可以将债权的全部或者部分转让给第三人，但是有下列情形之一的除外：

（一）根据债权性质不得转让；

（二）按照当事人约定不得转让；

（三）依照法律规定不得转让。

当事人约定非金钱债权不得转让的，不得对抗善意第三人。当事人约定金钱债权不得转让的，不得对抗第三人。

第五百四十六条　债权人转让债权，未通知债务人的，该转让对债务人不发生效力。

债权转让的通知不得撤销，但是经受让人同意的除外。

第五百四十七条　债权人转让债权的，受让人取得与债权有关的从权利，但是该从权利专属于债权人自身的除外。

受让人取得从权利不因该从权利未办理转移登记手续或者未转移占有而受到影响。

第五百四十八条　债务人接到债权转让通知后，债务人对让与人的抗辩，可以向受让人主张。

第五百四十九条　有下列情形之一的，债务人可以向受让人主张抵销：

（一）债务人接到债权转让通知时，债务人对让与人享有债权，且债务人的债权先于转让的债权到期或者同时到期；

（二）债务人的债权与转让的债权是基于同一合同产生。

第五百五十条　因债权转让增加的履行费用，由让与人负担。

第五百五十一条　债务人将债务的全部或者部分转移给第三人的，应当经债权人同意。

债务人或者第三人可以催告债权人在合理期限内予以同意，债权人未作表示的，视为不同意。

第五百五十二条　第三人与债务人约定加入债务并通知债权人，或者第三人向债权人表示愿意加入债务，债权人未在合理期限内明确拒绝的，债权人可以请求第三人在其愿意承担的债务范围内和债务人承担连带债务。

第五百五十三条 债务人转移债务的，新债务人可以主张原债务人对债权人的抗辩；原债务人对债权人享有债权的，新债务人不得向债权人主张抵销。

第五百五十四条 债务人转移债务的，新债务人应当承担与主债务有关的从债务，但是该从债务专属于原债务人自身的除外。

第五百五十五条 当事人一方经对方同意，可以将自己在合同中的权利和义务一并转让给第三人。

第五百五十六条 合同的权利和义务一并转让的，适用债权转让、债务转移的有关规定。

第十六章 保理合同

第七百六十一条 保理合同是应收账款债权人将现有的或者将有的应收账款转让给保理人，保理人提供资金融通、应收账款管理或者催收、应收账款债务人付款担保等服务的合同。

第七百六十二条 保理合同的内容一般包括业务类型、服务范围、服务期限、基础交易合同情况、应收账款信息、保理融资款或者服务报酬及其支付方式等条款。

保理合同应当采用书面形式。

第七百六十三条 应收账款债权人与债务人虚构应收账款作为转让标的，与保理人订立保理合同的，应收账款债权人不得以应收账款不存在为由对抗保理人，但是保理人明知虚构的除外。

第七百六十四条 保理人向应收账款债务人发出应收账款转让通知的，应当表明保理人身份并附有必要凭证。

第七百六十五条 应收账款债务人接到应收账款转让通知后，应收账款债权人与债务人无正当理由协商变更或者终止基础交易合同，对保理人产生不利影响的，对保理人不发生效力。

第七百六十六条 当事人约定有追索权保理的，保理人可以向应收账款债权人主张返还保理融资款本息或者回购应收账款债权，也可以向应收账款债务人主张应收账款债权。保理人向应收账款债务人主张应收账款债权，在扣除保理融资款本息和相关费用后有剩余的，剩余部分应当返还给应收账款债权人。

第七百六十七条 当事人约定无追索权保理的，保理人应当向应收账款债务人主张应收账款债权，保理人取得超过保理融资款本息和相关费用的部分，无需向应收账款债权人返还。

第七百六十八条 应收账款债权人就同一应收账款订立多个保理合同，致使多个保理人主张权利的，已经登记的先于未登记的取得应收账款；均已经登记的，按照登记时间的先后顺序取得应收账款；均未登记的，由最先到达应收账款债务人的转让通知中载明的保理人取得应收账款；既未登记也未通知的，按照保理融资款或者服务报酬的比例取得应收账款。

第七百六十九条 本章没有规定的，适用本编第六章债权转让的有关规定。

※ 部门规章及规范性文件 ※

《中国银保监会办公厅关于加强商业保理企业监督管理的通知》

（银保监办发〔2019〕205号）

各省、自治区、直辖市、计划单列市、新疆生产建设兵团地方金融监督管理局：

为规范商业保理企业经营行为，加强监督管理，压实监管责任，防范化解风险，促进商业保理行业健康发展，现就有关事项通知如下：

一、依法合规经营

（一）商业保理企业开展业务，应遵守《合同法》等法律法规的有关规定，回归本源，专注主业，诚实守信，合规经营，不断提升服务实体经济质效。

（二）商业保理企业应完善公司治理，健全内部控制制度和风险管理体系，防范化解各类风险，保障安全稳健运行。

（三）商业保理业务是供应商将其基于真实交易的应收账款转让给商业保理企业，由商业保理企业向其提供以下服务：

1. 保理融资；

2. 销售分户（分类）账管理；

3. 应收账款催收；

4. 非商业性坏账担保。

商业保理企业应主要经营商业保理业务，同时还可经营客户资信调查与评估、与商业保理相关的咨询服务。

（四）商业保理企业不得有以下行为或经营以下业务：

1. 吸收或变相吸收公众存款；

2. 通过网络借贷信息中介机构、地方各类交易场所、资产管理机构以及私募投资基金等机构融入资金；

3. 与其他商业保理企业拆借或变相拆借资金；

4. 发放贷款或受托发放贷款；

5. 专门从事或受托开展与商业保理无关的催收业务、讨债业务；

6. 基于不合法基础交易合同、寄售合同、权属不清的应收账款、因票据或其他有价证券而产生的付款请求权等开展保理融资业务；

7. 国家规定不得从事的其他活动。

（五）商业保理企业可以向银保监会监管的银行和非银行金融机构融资，也可以通过股东借款、发行债券、再保理等渠道融资。融资来源必须符合国家相关法律法规规定。

（六）商业保理企业应积极转变业务模式，逐步提高正向保理业务比重，惠及更多供应链上下游中小企业；重点支持符合国家产业政策方向、主业集中于实体经济、技术先进、有市场竞争力的产业链上下游中小企业，助力实体经济和中小企业发展。

二、加强监督管理

（七）商业保理企业应遵守以下监管要求：

1. 受让同一债务人的应收账款，不得超过风险资产总额的50%；

2. 受让以其关联企业为债务人的应收账款，不得超过风险资产总额的40%；

3. 将逾期90天未收回或未实现的保理融资款纳入不良资产管理；

4. 计提的风险准备金，不得低于融资保理业务期末余额的1%；

5. 风险资产不得超过净资产的10倍。

（八）各地方金融监督管理局（以下简称金融监管局）要重点分析商业保理企业的财务状况、业务开展情况及经营风险，评价公司治理、内部控制、风险管理措施有效性，关注风险的外溢和交叉传染。

（九）各金融监管局要全面持续收集商业保理企业的经营管理和风险信息，清晰连续地了解和掌握企业基本状况，要求其定期报送报表资料，包括财务会计、统计报表、经营管理资料及其他资料。

（十）各金融监管局要结合非现场监管发现的问题和风险监管要求，加大现场检查的力度，提升现场检查的深度和广度，提高检查的质量和效率。

现场检查可采取询问商业保理企业工作人员、查阅复制与检查事项相关的文件、资料、系统数据等方式，并可委托第三方中介机构实施。

（十一）商业保理企业应在下列事项发生后10个工作日内向金融监管局报告：

1. 单笔金额超过净资产5%的重大关联交易；

2. 单笔金额超过净资产10%的重大债务；

3. 单笔金额超过净资产 20% 的或有负债；

4. 超过净资产 10% 的重大损失或赔偿责任；

5. 重大待决诉讼、仲裁。

（十二）各金融监管局可根据风险监管需要，采取窗口指导、提高信息报送频率、督促开展自查、做出风险提示和通报、进行监管约谈、开展现场检查等常规性监管措施。

三、稳妥推进分类处置

（十三）各金融监管局要通过信息交叉比对、实地走访、接受信访投诉等方式，继续核查辖内商业保理企业的数量和风险底数，按照经营风险、违法违规情形划分为正常经营、非正常经营和违法违规经营等三类。

（十四）正常经营类是指依法合规经营的企业。各金融监管局要对正常经营类商业保理企业按注册地审核其营业执照、公司章程、股东名单、高级管理人员名单和简历、经审计的近两年的资产负债表、利润表、现金流量表及规定的其他资料。对于接受并配合监管、在注册地有经营场所且登录"商业保理信息管理系统"或金融监管局指定信息系统完整填报信息的企业，各金融监管局要在报银保监会审核后分批分次进行公示，纳入监管名单。

（十五）非正常经营类主要是指"失联"和"空壳"等经营异常的企业。其中，"失联"企业是指满足以下条件之一的企业：无法取得联系；在企业登记住所实地排查无法找到；虽然可以联系到企业工作人员，但其并不知情也不能联系到企业实际控制人；连续 3 个月未按监管要求报送月报。"空壳"企业是指满足以下条件之一的企业：上一年度市场监管部门年度报告显示无经营；近 6 个月监管月报显示无经营；近 6 个月无纳税记录或"零申报"；近 6 个月无社保缴纳记录。

各金融监管局要督促非正常经营类和违法违规经营类企业整改。

非正常经营类企业整改验收合格的，可纳入监管名单；拒绝整改或整改验收不合格的，各金融监管局要协调市场监管部门将其纳入异常经营名录，劝导其申请变更企业名称和业务范围、自愿注销或依法吊销营业执照。

（十六）违法违规经营类是指经营行为违反法律法规和本通知规定的企业。违法违规情节较轻且整改验收合格的，可纳入监管名单；整改验收不合格或违法违规情节严重的，各金融监管局要依法处罚或取缔，涉嫌违法犯罪的及时移送公安机关依法查处。

四、严把市场准入关

（十七）在商业保理企业市场准入管理办法出台前，各金融监管局要协调市场监管部门严控商业保理企业登记注册。确有必要新设的，要与市场监管部门建立会商机制。严格控制商业保理企业变更注册地址，禁止跨省、自治区、直辖市、计划单列市变更注册地址。

（十八）各金融监管局要严格审核监管名单内商业保理企业股权变更申请，对新股东的背景实力、入股动机、入股资金来源等加强审查，严禁新股东以债务资金或委托资金等非自有资金入股商业保理企业。

五、压实监管责任

（十九）银保监会负责制定商业保理企业业务经营和监管规则。各省（区、市）人民政府负责对辖内商业保理企业实施监督管理。各金融监管局具体负责统一归口监管。除新设审批和行政处罚外，各金融监管局可授权省级以下地方金融监管部门负责其他监管工作。建立专职监管员制度，专职监管员的人数、能力要与被监管对象数量相匹配。

（二十）各金融监管局要推动成立商业保理行业清理规范工作领导小组，组长由省（区、市）人民政府分管负责人担任，办公室设在金融监管局，成员单位包括市场监管、公安、人民银行、银保监、税务等部门。主要职责是：研究解决辖内商业保理行业重大问题，制定相关政策措施，加强工作指导，确保 2020 年 6 月末前完成存量商业保理企业清理规范工作，并向银保监会报告。

（二十一）商业保理企业住所地金融监管局要牵头负责跨区域经营商业保理企业的监管，加强与分支机构所在地金融监管局的协调配合，定期共享跨区域经营的商业保理企业分支机构名单和经营信息，避免重复监管和监管真空。

六、优化营商环境

（二十二）各金融监管局要推动出台风险补偿、奖励、贴息等政策，引导商业保理企业更好为中小微企业提供融资服务。

自由贸易试验区内的商业保理企业可以按照有关规定享受自由贸易试验区关于商业保理企业和支持企业发展的各项优惠政策。

（二十三）鼓励和支持银行保险机构与监管名单内商业保理企业进行合作，按照平等、自愿、公平和诚实信用原则提供融资。

鼓励银行业金融机构向商业保理企业提供境外合作渠道支持，助力商业保理企业拓展国际业务。支持保险公司在风险可控前提下，研究探索与商业保理企业加强业务合作，提供保险保障服务，增强商业保理企业风险抵御能力。

（二十四）各金融监管局要加强对商业保理行业重大问题的研究，深入总结行业发展经验，综合研判本地商业保理行业的发展现状与潜在问题，持续引导商业保理行业高质量发展。

（二十五）地方商业保理行业协会要积极发挥作用，加大对商业保理行业的宣传和普及力度，提升社会认知度；引导企业诚实守信、公平竞争、依法合规经营；通过培训、交流等方式，不断提高从业人员合规意识、内控和风险管理水平，促进行业健康发展。

《商业银行保理业务管理暂行办法》

中国银行业监督管理委员会令（2014 年第 5 号）

第一章　总　则

第一条　为规范商业银行保理业务经营行为，加强保理业务审慎经营管理，促进保理业务健康发展，根据《中华人民共和国合同法》、《中华人民共和国物权法》、《中华人民共和国银行业监督管理法》、《中华人民共和国商业银行法》等法律法规，制定本办法。

第二条　中华人民共和国境内依法设立的商业银行经营保理业务，应当遵守本办法。

第三条　商业银行开办保理业务，应当遵循依法合规、审慎经营、平等自愿、公平诚信的原则。

第四条　商业银行开办保理业务应当妥善处理业务发展与风险管理的关系。

第五条　中国银监会及其派出机构依照本办法及有关法律法规对商业银行保理业务实施监督管理。

第二章　定义和分类

第六条　本办法所称保理业务是以债权人转让其应收账款为前提，集应收账款催收、管理、坏账担保及融资于一体的综合性金融服务。债权人将其应收账款转让给商业银行，由商业银行向其提供下列服务中至少一项的，即为保理业务：

（一）应收账款催收：商业银行根据应收账款账期，主动或应债权人要求，采取电话、函件、上门等方式或运用法律手段等对债务人进行催收。

（二）应收账款管理：商业银行根据债权人的要求，定期或不定期向其提供关于应收账款的回收情况、逾期账款情况、对账单等财务和统计报表，协助其进行应收账款管理。

（三）坏账担保：商业银行与债权人签订保理协议后，为债务人核定信用额度，并在核准额度内，对债权人无商业纠纷的应收账款，提供约定的付款担保。

（四）保理融资：以应收账款合法、有效转让为前提的银行融资服务。

以应收账款为质押的贷款，不属于保理业务范围。

第七条 商业银行应当按照"权属确定，转让明责"的原则，严格审核并确认债权的真实性，确保应收账款初始权属清晰确定、历次转让凭证完整、权责无争议。

第八条 本办法所称应收账款，是指企业因提供商品、服务或者出租资产而形成的金钱债权及其产生的收益，但不包括因票据或其他有价证券而产生的付款请求权。

第九条 本办法所指应收账款的转让，是指与应收账款相关的全部权利及权益的让渡。

第十条 保理业务分类：

（一）国内保理和国际保理

按照基础交易的性质和债权人、债务人所在地，分为国际保理和国内保理。

国内保理是债权人和债务人均在境内的保理业务。

国际保理是债权人和债务人中至少有一方在境外（包括保税区、自贸区、境内关外等）的保理业务。

（二）有追索权保理和无追索权保理

按照商业银行在债务人破产、无理拖欠或无法偿付应收账款时，是否可以向债权人反转让应收账款、要求债权人回购应收账款或归还融资，分为有追索权保理和无追索权保理。

有追索权保理是指在应收账款到期无法从债务人处收回时，商业银行可以向债权人反转让应收账款、要求债权人回购应收账款或归还融资。有追索权保理又称回购型保理。

无追索权保理是指应收账款在无商业纠纷等情况下无法得到清偿的，由商业银行承担应收账款的坏账风险。无追索权保理又称买断型保理。

（三）单保理和双保理

按照参与保理服务的保理机构个数，分为单保理和双保理。

单保理是由一家保理机构单独为买卖双方提供保理服务。

双保理是由两家保理机构分别向买卖双方提供保理服务。

买卖双方保理机构为同一银行不同分支机构的，原则上可视作双保理。商业银行应当在相关业务管理办法中同时明确作为买方保理机构和卖方保理机构的职责。

有保险公司承保买方信用风险的银保合作，视同双保理。

第三章 保理融资业务管理

第十一条 商业银行应当按照本办法对具体保理融资产品进行定义，根据自身情况确定适当的业务范围，制定保理融资客户准入标准。

第十二条 双保理业务中，商业银行应当对合格买方保理机构制定准入标准，对于买方保理机构为非银行机构的，应当采取名单制管理，并制定严格的准入准出标准与程序。

第十三条 商业银行应当根据自身内部控制水平和风险管理能力，制定适合叙做保理融资业务的应收账款标准，规范应收账款范围。商业银行不得基于不合法基础交易合同、寄售合同、未来应收账款、权属不清的应收账款、因票据或其他有价证券而产生的付款请求权等开展保理融资业务。

未来应收账款是指合同项下卖方义务未履行完毕的预期应收账款。

权属不清的应收账款是指权属具有不确定性的应收账款，包括但不限于已在其他银行或商业保理公司等第三方办理出质或转让的应收账款。获得质权人书面同意解押并放弃抵质押权利和获得受让人书面同意转让应收账款权属的除外。

因票据或其他有价证券而产生的付款请求权是指票据或其他有价证券的持票人无需持有票据或有价证券产生的基础交易应收账款单据，仅依据票据或有价证券本身即可向票据或有价证券主债务人请求按票据或有价证券上记载的金额付款的权利。

第十四条　商业银行受理保理融资业务时，应当严格审核卖方和/或买方的资信、经营及财务状况，分析拟做保理融资的应收账款情况，包括是否出质、转让以及账龄结构等，合理判断买方的付款意愿、付款能力以及卖方的回购能力，审查买卖合同等资料的真实性与合法性。对因提供服务、承接工程或其他非销售商品原因所产生的应收账款，或买卖双方为关联企业的应收账款，应当从严审查交易背景真实性和定价的合理性。

第十五条　商业银行应当对客户和交易等相关情况进行有效的尽职调查，重点对交易对手、交易商品及贸易习惯等内容进行审核，并通过审核单据原件或银行认可的电子贸易信息等方式，确认相关交易行为真实合理存在，避免客户通过虚开发票或伪造贸易合同、物流、回款等手段恶意骗取融资。

第十六条　单保理融资中，商业银行除应当严格审核基础交易的真实性外，还需确定卖方或买方一方比照流动资金贷款进行授信管理，严格实施受理与调查、风险评估与评价、支付和监测等全流程控制。

第十七条　商业银行办理单保理业务时，应当在保理合同中原则上要求卖方开立用于应收账款回笼的保理专户等相关账户。商业银行应当指定专人对保理专户资金进出情况进行监控，确保资金首先用于归还银行融资。

第十八条　商业银行应当充分考虑融资利息、保理手续费、现金折扣、历史收款记录、行业特点等应收账款稀释因素，合理确定保理业务融资比例。

第十九条　商业银行开展保理融资业务，应当根据应收账款的付款期限等因素合理确定融资期限。商业银行可将应收账款到期日与融资到期日间的时间期限设置为宽限期。宽限期应当根据买卖双方历史交易记录、行业惯例等因素合理确定。

第二十条　商业银行提供保理融资时，有追索权保理按融资金额计入债权人征信信息；无追索权保理不计入债权人及债务人征信信息。商业银行进行担保付款或垫款时，应当按保理业务的风险实质，决定计入债权人或债务人的征信信息。

第四章　保理业务风险管理

第二十一条　商业银行应当科学审慎制定贸易融资业务发展战略，并纳入全行统一战略规划，建立科学有效的贸易融资业务决策程序和激励约束机制，有效防范与控制保理业务风险。

第二十二条　商业银行应当制定详细规范的保理业务管理办法和操作规程，明确业务范围、相关部门职能分工、授信和融资制度、业务操作流程以及风险管控、监测和处置等政策。

第二十三条　商业银行应当定期评估保理业务政策和程序的有效性，加强内部审计监督，确保业务稳健运行。

第二十四条　保理业务规模较大、复杂度较高的商业银行，必须设立专门的保理业务部门或团队，配备专业的从业人员，负责产品研发、业务操作、日常管理和风险控制等工作。

第二十五条　商业银行应当直接开展保理业务，不得将应收账款的催收、管理等业务外包给第三方机构。

第二十六条　商业银行应当将保理业务纳入统一授信管理，明确各类保理业务涉及的风险类别，对卖方融资风险、买方付款风险、保理机构风险分别进行专项管理。

第二十七条　商业银行应当建立全行统一的保理业务授权管理体系，由总行自上而下实施授权管理，不得办理未经授权或超授权的保理业务。

第二十八条　商业银行应当针对保理业务建立完整的前中后台管理流程，前中后台应当职责明晰并相对独立。

第二十九条　商业银行应当将保理业务的风险管理纳入全面风险管理体系，动态关注卖方或买方经营、管理、财务及资金流向等风险信息，定期与卖方或买方对账，有效管控保理业务风险。

第三十条　商业银行应当加强保理业务IT系统建设。保理业务规模较大、复杂程度较高的银行应当建立电子化业务操作和管理系统，对授信额度、交易数据和业务流程等方面进行实时监控，并做好数据存储及备份工作。

第三十一条　当发生买方信用风险，保理银行履行垫付款义务后，应当将垫款计入表内，列为不良贷款进行管理。

第三十二条　商业银行应当按照《商业银行资本管理办法（试行）》要求，按保理业务的风险实质，计量风险加权资产，并计提资本。

第五章　法律责任

第三十三条　商业银行违反本办法规定经营保理业务的，由银监会及其派出机构责令其限期改正。商业银行有下列情形之一的，银监会及其派出机构可采取《中华人民共和国银行业监督管理法》第三十七条规定的监管措施：

（一）未按要求制定保理业务管理办法和操作规程即开展保理业务的；

（二）违反本办法第十三条、十六条规定叙做保理业务的；

（三）业务审查、融资管理、风险处置等流程未尽职的。

第三十四条　商业银行经营保理业务时存在下列情形之一的，银监会及其派出机构除按本办法第三十三条采取监管措施外，还可根据《中华人民共和国银行业监督管理法》第四十六、第四十八条实施处罚：

（一）因保理业务经营管理不当发生信用风险重大损失、出现严重操作风险损失事件的；

（二）通过非公允关联交易或变相降低标准违规办理保理业务的；

（三）未真实准确对垫款等进行会计记录或以虚假会计处理掩盖保理业务风险实质的；

（四）严重违反本办法规定的其他情形。

第六章　附　则

第三十五条　政策性银行、外国银行分行、农村合作银行、农村信用社、财务公司等其他银行业金融机构开展保理业务的，参照本办法执行。

第三十六条　中国银行业协会应当充分发挥自律、协调、规范职能，建立并持续完善银行保理业务的行业自律机制。

第三十七条　本办法由中国银监会负责解释。

《动产和权利担保统一登记办法》

中国人民银行令（〔2021〕第 7 号）

第一章　总　则

第一条　为规范动产和权利担保统一登记，保护担保当事人和利害关系人的合法权益，根据《中华人民共和国民法典》《优化营商环境条例》《国务院关于实施动产和权利担保统一登记的决定》（国发〔2020〕18 号）等相关法律法规规定，制定本办法。

第二条　纳入动产和权利担保统一登记范围的担保类型包括：

（一）生产设备、原材料、半成品、产品抵押；

（二）应收账款质押；

（三）存款单、仓单、提单质押；

（四）融资租赁；

（五）保理；

（六）所有权保留；

（七）其他可以登记的动产和权利担保，但机动车抵押、船舶抵押、航空器抵押、债券质押、基金份额质押、股权质押、知识产权中的财产权质押除外。

第三条 本办法所称应收账款是指应收账款债权人因提供一定的货物、服务或设施而获得的要求应收账款债务人付款的权利以及依法享有的其他付款请求权，包括现有的以及将有的金钱债权，但不包括因票据或其他有价证券而产生的付款请求权，以及法律、行政法规禁止转让的付款请求权。

本办法所称的应收账款包括下列权利：

（一）销售、出租产生的债权，包括销售货物，供应水、电、气、暖，知识产权的许可使用，出租动产或不动产等；

（二）提供医疗、教育、旅游等服务或劳务产生的债权；

（三）能源、交通运输、水利、环境保护、市政工程等基础设施和公用事业项目收益权；

（四）提供贷款或其他信用活动产生的债权；

（五）其他以合同为基础的具有金钱给付内容的债权。

第四条 中国人民银行征信中心（以下简称征信中心）是动产和权利担保的登记机构，具体承担服务性登记工作，不开展事前审批性登记，不对登记内容进行实质审查。

征信中心建立基于互联网的动产融资统一登记公示系统（以下简称统一登记系统）为社会公众提供动产和权利担保登记和查询服务。

第五条　中国人民银行对征信中心登记和查询服务有关活动进行督促指导。

第二章　登记与查询

第六条　纳入统一登记范围的动产和权利担保登记通过统一登记系统办理。

第七条　担保权人办理登记。担保权人办理登记前，应当与担保人就登记内容达成一致。

担保权人也可以委托他人办理登记。委托他人办理登记的，适用本办法关于担保权人办理登记的规定。

第八条　担保权人办理登记时，应当注册为统一登记系统的用户。

第九条　登记内容包括担保权人和担保人的基本信息、担保财产的描述、登记期限。

担保权人或担保人为法人、非法人组织的，应当填写法人、非法人组织的法定注册名称、住所、法定代表人或负责人姓名，金融机构编码、统一社会信用代码、全球法人识别编码等机构代码或编码以及其他相关信息。

担保权人或担保人为自然人的，应当填写有效身份证件号码、有效身份证件载明的地址等信息。

担保权人可以与担保人约定将主债权金额、担保范围、禁止或限制转让的担保财产等项目作为登记内容。对担保财产进行概括性描述的，应当能够合理识别担保财产。

最高额担保应登记最高债权额。

第十条　担保权人应当将填写完毕的登记内容提交统一登记系统。统一登记系统记录提交时间并分配登记编号，生成初始登记证明和修改码提供给担保权人。

第十一条　担保权人应当根据主债权履行期限合理确定登记期限。

登记期限最短 1 个月，最长不超过 30 年。

第十二条 在登记期限届满前，担保权人可以申请展期。

担保权人可以多次展期，每次展期期限最短 1 个月，最长不超过 30 年。

第十三条 登记内容存在遗漏、错误等情形或登记内容发生变化的，担保权人应当办理变更登记。

担保权人在原登记中增加新的担保财产的，新增加的部分视为新的登记。

第十四条 担保权人办理登记时所填写的担保人法定注册名称或有效身份证件号码变更的，担保权人应当自变更之日起 4 个月内办理变更登记。

第十五条 担保权人办理展期、变更登记的，应当与担保人就展期、变更事项达成一致。

第十六条 有下列情形之一的，担保权人应当自该情形发生之日起 10 个工作日内办理注销登记：

（一）主债权消灭；

（二）担保权利实现；

（三）担保权人放弃登记载明的担保财产之上的全部担保权；

（四）其他导致所登记权利消灭的情形。

担保权人迟延办理注销登记，给他人造成损害的，应当承担相应的法律责任。

第十七条 担保权人凭修改码办理展期、变更登记、注销登记。

第十八条 担保人或其他利害关系人认为登记内容错误的，可以要求担保权人办理变更登记或注销登记。担保权人不同意变更或注销的，担保人或其他利害关系人可以办理异议登记。

办理异议登记的担保人或其他利害关系人可以自行注销异议登记。

第十九条　担保人或其他利害关系人应当自异议登记办理完毕之日起 7 日内通知担保权人。

第二十条　担保人或其他利害关系人自异议登记之日起 30 日内，未就争议起诉或提请仲裁并在统一登记系统提交案件受理通知的，征信中心撤销异议登记。

第二十一条　应担保人或其他利害关系人、担保权人的申请，征信中心根据对担保人或其他利害关系人、担保权人生效的人民法院判决、裁定或仲裁机构裁决等法律文书撤销相关登记。

第二十二条　担保权人办理变更登记和注销登记、担保人或其他利害关系人办理异议登记后，统一登记系统记录登记时间、分配登记编号，并生成变更登记、注销登记或异议登记证明。

第二十三条　担保权人开展动产和权利担保融资业务时，应当严格审核确认担保财产的真实性，并在统一登记系统中查询担保财产的权利负担状况。

第二十四条　担保权人、担保人和其他利害关系人应当按照统一登记系统提示项目如实登记，并对登记内容的真实性、完整性和合法性负责。因担保权人或担保人名称填写错误，担保财产描述不能够合理识别担保财产等情形导致不能正确公示担保权利的，其法律后果由当事人自行承担。办理登记时，存在提供虚假材料等行为给他人造成损害的，应当承担相应的法律责任。

第二十五条　任何法人、非法人组织和自然人均可以在注册为统一登记系统的用户后，查询动产和权利担保登记信息。

第二十六条　担保人为法人、非法人组织的，查询人以担保人的法定注册名称进行查询。

担保人为自然人的，查询人以担保人的身份证件号码进行查询。

第二十七条　征信中心根据查询人的申请，提供查询证明。

第二十八条 担保权人、担保人或其他利害关系人、查询人可以通过证明编号在统一登记系统对登记证明和查询证明进行验证。

第三章 征信中心的职责

第二十九条 征信中心应当建立登记信息内部控制制度，采取技术措施和其他必要措施，做好统一登记系统建设和维护工作，保障系统安全、稳定运行，建立高效运转的服务体系，不断提高服务效率和质量，防止登记信息泄露、丢失，保护当事人合法权益。

第三十条 征信中心应当制定登记操作规则和内部管理制度，并报中国人民银行备案。

第三十一条 登记注销、登记期限届满或登记撤销后，征信中心应当对登记记录进行电子化离线保存，保存期限为 15 年。

第四章 附 则

第三十二条 征信中心按照国务院价格主管部门批准的收费标准收取登记服务费用。

第三十三条 本办法由中国人民银行负责解释。

第三十四条 本办法自 2022 年 2 月 1 日起施行。《应收账款质押登记办法》（中国人民银行令〔2019〕第 4 号发布）同时废止。

《中国银保监会关于印发〈融资租赁公司非现场监管规程〉的通知》

银保监规〔2022〕3 号

第一章 总 则

第一条 为明确融资租赁公司非现场监管的职责分工，规范非现场监管的程序、内容、方法和报告路径，完善非现场监管报表制度，提升非现场监管质量，依据《融资租赁公司监督管理暂行办法》等有关监管制度，制定本规程。

第二条 本规程所称非现场监管是指地方金融监管部门根据监管需

要，通过收集融资租赁公司相关报表数据、经营管理情况和其他内外部资料等信息，对信息进行交叉比对和分析处理，及时作出经营评价和风险预警，并采取相应措施的监管过程。

第三条　银保监会负责制定统一的融资租赁公司非现场监管规则和监管报表，督促指导各地方金融监管部门开展非现场监管工作，加强监管信息共享。

第四条　各地方金融监管部门承担融资租赁公司非现场监管主体责任，负责本地区融资租赁公司法人机构非现场监管工作。

融资租赁公司跨省、自治区、直辖市设立的分支机构和特殊项目公司（SPV），其非现场监管工作由融资租赁公司法人机构注册地地方金融监管部门负责，分支机构和特殊项目公司（SPV）所在地地方金融监管部门予以配合。

分支机构和特殊项目公司（SPV）的监管指标和业务指标与融资租赁公司法人机构合并计算。

建立分支机构、特殊项目公司（SPV）所在地与融资租赁公司法人机构注册地监管协作机制，共享融资租赁公司法人机构及其分支机构、特殊项目公司（SPV）监管信息。

第五条　地方金融监管部门在对本地区融资租赁公司实施非现场监管时，应当坚持风险为本原则，持续全面识别、监测、评估融资租赁公司风险状况。

第六条　地方金融监管部门在对本地区融资租赁公司实施非现场监管时，应当以融资租赁公司法人机构为主要监管对象，遵循法人监管原则，强化法人责任。

第七条　融资租赁公司非现场监管包括信息收集与核实、风险监测与评估、信息报送与使用、监管措施四个阶段。

第二章　信息收集与核实

第八条　各地方金融监管部门应当督促指导融资租赁公司建立和落

实非现场监管信息报送制度，按照银保监会和地方金融监管部门有关要求报送各项数据信息和非数据信息，确保报送信息的真实、准确、及时、完整。

第九条 各地方金融监管部门应当要求融资租赁公司建立重大事项报告制度，在下列事项发生后 5 个工作日内向地方金融监管部门报告：重大关联交易、重大待决诉讼仲裁及地方金融监管部门规定需要报送的其他重大事项。

第十条 本规程为非现场监管的统一规范，地方金融监管部门可以根据履行职责的需要，要求融资租赁公司报送本规程规定之外的文件和资料，全面收集融资租赁公司经营情况和风险状况。

第十一条 各地方金融监管部门应当密切关注政府部门、评级机构、新闻媒体等发布的外部信息，督促指导融资租赁公司防控相关业务风险。

对反映融资租赁公司经营管理中重大变化事项的信息，应当及时予以核实，并采取相应监管措施。

第十二条 各地方金融监管部门应当加强数据审核工作，利用信息技术手段，从报表完整性、逻辑关系、异动情况等方面进行审核。

第十三条 各地方金融监管部门应当根据持续监管的需要，对融资租赁公司的数据质量管理和指标准确性进行确认和证实。确认和证实方式包括但不限于问询、约谈、要求补充材料、专项评估、实地走访和现场检查等。

第十四条 各地方金融监管部门应当按照档案管理有关规定对非现场监管资料进行收集、分类、整理，确保资料完整并及时归档。

第三章 风险监测与评估

第十五条 各地方金融监管部门应当对融资租赁公司报送的各种信息资料进行分析处理，持续监测、评估融资租赁公司风险。

各地方金融监管部门对融资租赁公司的非现场监管，应当重点关注融资租赁公司的外部经营环境变化、公司治理状况、内部控制状况、风险管理能力、资产质量状况、流动性指标等。

第十六条　各地方金融监管部门应当加大对融资租赁公司信用风险、流动性风险的监督检查力度。结合其他监管手段，认真核实融资租赁公司资产质量和风险，重点核查租赁物是否符合监管要求、是否存在违法违规融资、不良资产是否如实反映、业务集中度和关联度是否超标等情况。

第十七条　对于在非现场监管中发现的融资租赁公司监管指标异常变动等情况，各地方金融监管部门可以采取风险提示、约谈、现场走访、要求整改等措施，并密切监督整改进展。

第十八条　融资租赁公司出现重大风险、突发事件、重大待决诉讼仲裁等情况，各地方金融监管部门应当分析原因，督促指导融资租赁公司及时处置，并按照有关重大风险事件报告制度的要求及时向本级人民政府和上级地方金融监管部门报告。

第十九条　各地方金融监管部门应当结合日常监管工作、非现场监管和现场检查等情况撰写年度监管报告，对非现场监管数据变化、发展趋势特点和运行情况以及现场检查情况等进行分析。年度监管报告应当包括以下内容：

（一）辖内融资租赁行业基本情况及主要变化；

（二）本年度在行业监管方面开展的主要工作，制定的监管规制；

（三）本年度在促进行业发展方面开展的主要工作；

（四）行业优秀做法和主要成绩；

（五）存在的问题和风险情况；

（六）融资租赁公司违规及未达标情况；

（七）下一步工作安排和建议；

（八）其他需要特别说明的情况。

第二十条　各地方金融监管部门可以依法查询金融信用信息基础数据库和市场化征信机构数据库有关融资租赁公司的信息。

各地方金融监管部门可以推荐经营稳健、财务状况良好的融资租赁公司按照规定接入金融信用信息基础数据库。

融资租赁公司可以按照商业合作原则与市场化征信机构合作，依法提供、查询和使用信用信息。

第四章　信息报送与使用

第二十一条　各省、自治区、直辖市地方金融监管局应当通过六类机构监管信息系统向银保监会报送本规程要求收集汇总的报表和撰写的报告。

各省、自治区、直辖市地方金融监管局负责收集的年度报表（附件1－5）应当于次年3月31日前报送银保监会，季度报表（附件6）分别应当于5月5日、8月5日、11月5日、次年2月5日前报送银保监会，年度监管报告应当于次年4月10日前报送本级人民政府和银保监会。

第二十二条　各地方金融监管部门应当建立非现场监管与现场检查等的联动监管机制，将非现场监管分析评估结果作为现场检查、分类监管的重要参考，适时采取相应的监管措施，指导融资租赁公司提高风险管理水平，切实防范化解风险。

第五章　监管措施

第二十三条　各地方金融监管部门可以根据融资租赁公司风险严重程度开展差异化监管，采取提高信息报送频率、要求充实风险管理力量、进行风险提示和监管通报、开展监管谈话、提高现场检查频次等监管措施。

各地方金融监管部门对风险突出的重点机构、重点领域、重点地区应当开展专项检查，严防重大风险隐患，并根据检查结果督促公司限期整改，按照法律、法规和监管规定采取相应措施。

第二十四条　融资租赁公司未按照要求报送数据信息、非数据信息、整改方案等文件和资料，各地方金融监管部门可以根据情节轻重，按照法律、法规和监管规定采取相应措施。

第六章　附　则

第二十五条　各省、自治区、直辖市地方金融监管局可以依照本规程制定融资租赁公司非现场监管实施细则。

第二十六条　本规程由银保监会负责修订和解释。

第二十七条　本规程自印发之日起施行，施行后不再报送《中国银保监会办公厅关于加强小额贷款公司等六类机构监管联系和情况报告的函》（银保监办便函〔2018〕1952号）中附件6《融资租赁公司月度情况表》。

※ 司法实践指导文件及相关业务司法解释 ※

《天津市高级人民法院关于审理保理合同纠纷案件若干问题的审判委员会纪要（一）》（节选）

津高法〔2014〕251号

二、保理法律关系的认定

保理合同是指债权人与保理商之间签订的，约定将现在或将来的、基于债权人与债务人订立的销售商品、提供服务、出租资产等基础合同所产生的应收账款债权转让给保理商，由保理商向债权人提供融资、销售分户账管理、应收账款催收、资信调查与评估、信用风险控制及坏账担保等至少一项服务的合同。

构成保理法律关系，应当同时具备以下几个基本条件：

（1）保理商必须是依照国家规定、经过有关主管部门批准可以开展保理业务的金融机构和商业保理公司；

（2）保理法律关系应当以债权转让为前提；

（3）保理商与债权人应当签订书面保理合同；

（4）保理商应当提供下列服务中的至少一项：融资、销售分户账管理、应收账款催收、资信调查与评估、信用风险控制及坏账担保。

保理商与债权人签订的合同名为保理合同，经审查不符合保理合同的构成要件，实为其他法律关系的，应按照实际法律关系处理。

保理法律关系不同于一般借款关系。保理融资的第一还款来源是债务人支付应收账款，而非债权人直接归还保理融资款。保理法律关系也不同于债权转让关系，保理商接受债务人依基础合同支付的应收账款，在扣除保理融资本息及相关费用后，应将余额返还债权人。

三、保理合同的效力

保理合同是真实意思表示，内容合法，不违反我国法律、行政法规强制性规定的，应认定为有效。

保理合同属于反向保理且符合前款规定的，应认定为有效。

四、案由的确定

保理合同为无名合同，案由可暂定为保理合同纠纷。在司法统计时，将其归入"其他合同纠纷"项下。

五、管辖的确定

保理合同以基础合同的债权转让为前提。保理业务由应收账款转让和保理两部分组成，主要呈现两种诉讼类型：一是保理商以收回保理融资款为主要目的，起诉债权人和债务人或者仅起诉债务人。此时，保理商的法律地位是应收账款债权受让人，基于基础合同的债权转让而主张债务人偿还应收账款，以及因债务人不能偿还时债权人依约所应承担的回购义务，案件审理的重点是基础合同应收账款的偿还。二是保理商仅因保理合同的签订、履行等起诉债权人，如要求支付保理费用等，案件审理的重点是保理合同的履行。

保理商向债权人和债务人或者仅向债务人主张权利时，应当依据《民事诉讼法》的有关规定，结合基础合同中有关管辖的约定确定管辖。

保理商和债权人仅因保理合同的签订、履行等发生纠纷，按照保理合同的约定确定管辖。保理合同中无管辖约定或者约定不明确的，应当由被告住所地或者保理合同履行地法院管辖，保理融资款的发放地为保理合同的履行地。

保理商向债权人、债务人及担保人一并主张权利的，应当根据债权人与债务人之间的基础合同确定管辖。

保理商、债权人与债务人另有管辖约定的，按照其约定确定管辖。

六、当事人的诉讼地位

保理商仅以债权人为被告提起诉讼的，如果案件审理需要查明债权人与债务人之间是否存在基础合同关系、基础合同履行情况，以及债权转让是否通知债务人等事实的，应当根据当事人的举证情况进行审查，必要时可以追加债务人作为第三人参加诉讼。如果保理商与债权人仅就保理合同的权利义务产生纠纷，与基础合同的签订和履行情况无关的，可不追加债务人参加诉讼。

保理商仅以债务人为被告提起诉讼的，如果债务人就基础合同的签订、履行以及享有抗辩权、抵销权等提出抗辩的，应当追加债权人作为第三人参加诉讼。如果债务人仅就是否收到债权转让通知提出异议的，可以不追加债权人参加诉讼，仅需通知债权人以证人身份就相关事实予以说明。

七、法律适用问题

审理保理合同纠纷案件，应以保理合同的约定作为确定各方当事人权利义务的主要依据。

除合同约定的内容之外，应依据《合同法》第一百二十四条无名合同的相关规定，适用《合同法》总则的规定，并可以参照《合同法》分则或者其他法律最相类似的规定。

八、权利冲突的解决

应收账款出质后，不得转让。未经质权人同意转让应收账款，该转让行为属于无权处分行为。

出质人经质权人同意转让应收账款的，应当以其所得的保理融资款和保理回款的余款向质权人提前清偿或者提存。

保理融资款是指债权人将应收账款转让给保理商后，保理商为债权人提供的资金融通款，包括贷款和应收账款转让预付款。保理回款的余款是指债务人依基础合同约定支付的全部应收账款，在保理商扣除融资本息及相关费用后剩余的款项。

九、登记公示和查询的效力

天津市金融工作局、中国人民银行天津分行、天津市商务委员会联合发布的《关于做好应收账款质押及转让业务登记查询工作的通知》（以下简称《通知》）中所列主体受让应收账款时，应当登录中国人民银行征信中心动产融资统一登记平台，对应收账款的权属状况进行查询，未经查询的，不构成善意。

《通知》中所列主体办理应收账款质押、转让业务时，应当对应收账款的权属状况在中国人民银行征信中心动产融资统一登记平台予以登记公示，未经登记的，不能对抗善意保理商。

《天津市高级人民法院关于审理保理合同纠纷案件若干问题的审判委员会纪要（二）》（节选）

津高法〔2015〕146号

二、债权转让通知的形式与效力

除另有约定外，债权人向保理商转让应收账款的，应当通知债务人。未经通知，该应收账款转让对债务人不发生效力。债务人是否收到通知，不影响保理合同的效力。

债权人与保理商在保理合同中约定由保理商通知债务人的，保理商向债务人发送债权转让通知的同时，应当证明应收账款债权转让的事实并表明其保理商身份。

保理商或者债权人与债务人对于债权转让通知的形式有约定的，按照约定的形式通知债务人。约定使用电子签名、数据电文形式，或者约定通过各类电子交易平台在线上采用电子签名、数据电文等形式发送债权转让通知的，以及债务人对债权转让的事实使用电子签名、数据电文形式，或者通过各类电子交易平台在线上采用电子签名、数据电文等形式做出承诺或者确认的，在符合《中华人民共和国电子签名法》相关规定的情况下，可以认定债权转让对债务人发生效力。

保理商或者债权人与债务人未对债权转让通知的形式做出约定的，下列情形可以视为履行了债权转让通知义务：1. 债权人在债权转让通知文件上签章并实际送达债务人；2. 债权人在所转让应收账款的对应发票上明确记载了债权转让主体和内容并实际送达债务人；3. 保理商与债权人、债务人共同签订债权转让协议；4. 经公证证明债权转让通知已经送达债务人，但有相反证据足以推翻公证的除外。

三、债务人对应收账款进行确认的效力

债权人向保理商转让现有的已确定的应收账款债权时，债务人仅对应收账款债权数额、还款期限进行确认的，债务人可以就基础合同项下的应收账款行使抗辩权。债务人对应收账款债权数额、还款期限以及基础合同、交付凭证、发票等内容一并进行确认的，或者保理合同中对应收账款性质、状态等内容的具体表述已作为债权转让通知或者应收账款确认书附件的，根据诚实信用原则，可以作为债务人对基础合同项下的应收账款不持异议的有效证据，但债务人能够提供其他证据足以推翻的除外。债务人仅以应收账款不存在或者基础合同未履行为由提出抗辩的，

不予支持。

债权人向保理商转让未来的应收账款债权时，债务人对应收账款债权进行确认的，不影响其行使基础合同项下的抗辩权。

四、基础合同中债权禁止转让的约定对保理商的影响

债权人与债务人约定债权不得转让的，债权人不得将应收账款全部或者部分转让给保理商，但保理商善意取得应收账款债权的除外。债权人违反基础合同约定转让不得转让的应收账款，如果因此给保理商造成损失，保理商向其主张承担赔偿责任的，应予支持，但保理商在签订保理合同时知道或者应当知道基础合同禁止转让约定的除外。

五、基础合同变更对保理商的影响

保理合同对于基础合同的变更有约定的遵从约定，无约定的，可以按照以下情形处理：1. 保理商可以对保理合同内容做出相应的变更。2. 债权人变更基础合同的行为导致应收账款的有效性、履行期限、付款方式等发生重大变化，致使保理商不能实现合同目的，保理商可以向债权人主张解除保理合同并要求赔偿损失，或者要求债权人依照保理合同约定承担违约责任。

债权转让通知送达债务人，债务人未向保理商作出不变更基础合同承诺的，不承担因基础合同变更给保理商造成损失的赔偿责任。债务人已向保理商作出不变更基础合同承诺的，对于因基础合同变更给保理商造成的损失，如果没有明确责任承担方式，保理商可以主张债务人在债权人承担责任的范围内承担补充赔偿责任。

债权人与债务人恶意串通变更基础合同，损害保理商利益的，保理商依法主张债权人与债务人对造成的损失承担连带责任的，应予支持。

六、债务人的抗辩权和抵销权

债务人收到债权转让通知后，其因基础合同而享有的抗辩权、抵销权可以向保理商主张，债务人明确表示放弃抗辩权、抵销权的除外。

债务人收到债权转让通知后新产生的抗辩事由，如果该抗辩事由的发生基础是在债权转让通知前已经存在的，可以向保理商主张。

七、保理专户中保理回款的性质认定

保理专户又称保理回款专用户，是保理商为债权人提供融资后，双方以债权人名义开立的，或者保理银行开立的、具有银行内部户性质的，用于接收债务人支付的应收账款的专用账户。

对于保理商与债权人约定将保理专户中的保理回款进行质押的，如果该保理专户同时具备以下几个特征，保理专户中的回款可以认定为是债权人"将其金钱以特户、封金、保证金等形式特定化后"，移交保理商占有作为保理融资的担保，在应收账款到期后，保理商可以就保理专户中的回款优先受偿：1. 保理商将应收账款的债权人和债务人、应收账款数额和履行期限、保理专户的账户名称、保理回款数额及预计进账时间等，在"中国人民银行征信中心动产融资统一登记平台"的"应收账款转让登记"项下"保理专户"进行登记公示。2. 每笔保理业务应当开立一个保理专户，如果多笔保理业务开立一个保理专户的，应当证明每笔保理业务与保理专户的相互对应关系。3. 保理商、债权人与保理专户的开户银行签订保理专户监管协议，确保保理专户未存入应收账款回款之外的其他资金，未与债权人的其他账户混用，未作为日常结算使用。

八、保理商的权利救济

债务人应当按照应收账款债权转让通知向保理商或者债权人支付应收账款。债务人知道或者应当知道其向保理商支付应收账款的，如果仍向债权人支付，保理商向债务人主张支付应收账款的，应予支持。

保理合同签订后，债权转让通知送达债务人之前，债务人已经向债权人支付的应收账款，保理合同对此有约定的从约定。保理合同无约定的，保理商向债权人主张给付其所收取的应收账款的，应予支持。

债务人未依约支付全部应收账款时，保理商提出下列主张的，应予支持：1. 应收账款债权转让通知已经送达债务人的，保理商要求债务人支付全部应收账款。2. 债权转让通知没有送达债务人的，保理商要求债权人积极向债务人主张支付全部应收账款，并按保理合同约定将相应款项给付保理商。3. 债权人负有回购义务的，保理商要求债权人返还保理融资本息并支付相关费用。4. 债权人的回购义务履行完毕前，保理商依据保理合同及债权转让通知要求债务人付款或者收取债务人支付的应收账款。

债权人履行回购义务后，保理商应将应收账款及其项下的权利返还债权人，债权人取得基础合同项下对债务人的相应债权，保理商不得再向债务人主张还款。前述所称回购义务是指债权人向保理商转让应收账款后，当发生保理合同约定的情形时，债权人应依约从保理商处购回所转让的应收账款债权。

债务人依约支付全部应收账款的，保理商在扣除保理融资本息及相关费用后，应将保理回款的余款返还债权人。

九、破产抵销权的行使

保理商按保理合同约定享有向债权人主张回购应收账款权利的，如果债权人进入破产程序，保理商可以就其尚未向债权人支付或者足额支付的保理融资款，与其享有的要求债权人回购应收账款的债权，向破产管理人主张抵销。

《最高人民法院关于适用〈中华人民共和国民法典〉有关担保制度的解释》（节选）

法释〔2020〕28 号

第一条 因抵押、质押、留置、保证等担保发生的纠纷，适用本解释。所有权保留买卖、融资租赁、保理等涉及担保功能发生的纠纷，适用本解释的有关规定。

第六十一条 以现有的应收账款出质，应收账款债务人向质权人确认应收账款的真实性后，又以应收账款不存在或者已经消灭为由主张不承担责任的，人民法院不予支持。

以现有的应收账款出质，应收账款债务人未确认应收账款的真实性，质权人以应收账款债务人为被告，请求就应收账款优先受偿，能够举证证明办理出质登记时应收账款真实存在的，人民法院应予支持；质权人不能举证证明办理出质登记时应收账款真实存在，仅以已经办理出质登记为由，请求就应收账款优先受偿的，人民法院不予支持。

以现有的应收账款出质，应收账款债务人已经向应收账款债权人履行了债务，质权人请求应收账款债务人履行债务的，人民法院不予支持，但是应收账款债务人接到质权人要求向其履行的通知后，仍然向应收账款债权人履行的除外。

以基础设施和公用事业项目收益权、提供服务或者劳务产生的债权以及其他将有的应收账款出质，当事人为应收账款设立特定账户，发生法定或者约定的质权实现事由时，质权人请求就该特定账户内的款项优先受偿的，人民法院应予支持；特定账户内的款项不足以清偿债务或者未设立特定账户，质权人请求折价或者拍卖、变卖项目收益权等将有的应收账款，并以所得的价款优先受偿的，人民法院依法予以支持。

第六十六条 同一应收账款同时存在保理、应收账款质押和债权转让，当事人主张参照民法典第七百六十八条的规定确定优先顺序的，人民法院应予支持。

在有追索权的保理中，保理人以应收账款债权人或者应收账款债务人为被告提起诉讼，人民法院应予受理；保理人一并起诉应收账款债权人和应收账款债务人的，人民法院可以受理。

应收账款债权人向保理人返还保理融资款本息或者回购应收账款债权后，请求应收账款债务人向其履行应收账款债务的，人民法院应予支持。

《最高人民法院关于新民间借贷司法解释适用范围问题的批复》

法释〔2020〕27 号

广东省高级人民法院：

你院《关于新民间借贷司法解释有关法律适用问题的请示》（粤高法〔2020〕108 号）收悉。经研究，批复如下：

一、关于适用范围问题。经征求金融监管部门意见，由地方金融监管部门监管的小额贷款公司、融资担保公司、区域性股权市场、典当行、融资租赁公司、商业保理公司、地方资产管理公司等七类地方金融组织，属于经金融监管部门批准设立的金融机构，其因从事相关金融业务引发的纠纷，不适用新民间借贷司法解释。

二、其他两问题已在修订后的司法解释中予以明确，请遵照执行。

三、本批复自 2021 年 1 月 1 日起施行。

《最高人民法院关于审理民间借贷案件适用法律若干问题的规定》（节选）

法释〔2020〕17 号

第二十四条 借贷双方没有约定利息，出借人主张支付利息的，人民法院不予支持。

自然人之间借贷对利息约定不明，出借人主张支付利息的，人民法院不予支持。除自然人之间借贷的外，借贷双方对借贷利息约定不明，出借人主张利息的，人民法院应当结合民间借贷合同的内容，并根据当地或者当事人的交易方式、交易习惯、市场报价利率等因素确定利息。

第二十五条 出借人请求借款人按照合同约定利率支付利息的，人民法院应予支持，但是双方约定的利率超过合同成立时一年期贷款市场报价利率四倍的除外。

前款所称"一年期贷款市场报价利率"，是指中国人民银行授权全国银行间同业拆借中心自 2019 年 8 月 20 日起每月发布的一年期贷款市场报价利率。

第二十六条 借据、收据、欠条等债权凭证载明的借款金额，一般认定为本金。预先在本金中扣除利息的，人民法院应当将实际出借的金额认定为本金。

第二十七条 借贷双方对前期借款本息结算后将利息计入后期借款本金并重新出具债权凭证，如果前期利率没有超过合同成立时一年期贷款市场报价利率四倍，重新出具的债权凭证载明的金额可认定为后期借款本金。超过部分的利息，不应认定为后期借款本金。

按前款计算，借款人在借款期间届满后应当支付的本息之和，超过以最初借款本金与以最初借款本金为基数、以合同成立时一年期贷款市场报价利率四倍计算的整个借款期间的利息之和的，人民法院不予支持。

第二十八条 借贷双方对逾期利率有约定的，从其约定，但是以不超过合同成立时一年期贷款市场报价利率四倍为限。

未约定逾期利率或者约定不明的，人民法院可以区分不同情况处理：

（一）既未约定借期内利率，也未约定逾期利率，出借人主张借款人自逾期还款之日起参照当时一年期贷款市场报价利率标准计算的利息承担逾期还款违约责任的，人民法院应予支持；

（二）约定了借期内利率但是未约定逾期利率，出借人主张借款人自逾期还款之日起按照借期内利率支付资金占用期间利息的，人民法院应予支持。

第二十九条 出借人与借款人既约定了逾期利率，又约定了违约金或者其他费用，出借人可以选择主张逾期利息、违约金或者其他费用，也可以一并主张，但是总计超过合同成立时一年期贷款市场报价利率四倍的部分，人民法院不予支持。

第三十条　借款人可以提前偿还借款，但是当事人另有约定的除外。

借款人提前偿还借款并主张按照实际借款期限计算利息的，人民法院应予支持。

第三十一条　本规定施行后，人民法院新受理的一审民间借贷纠纷案件，适用本规定。

2020 年 8 月 20 日之后新受理的一审民间借贷案件，借贷合同成立于 2020 年 8 月 20 日之前，当事人请求适用当时的司法解释计算自合同成立到 2020 年 8 月 19 日的利息部分的，人民法院应予支持；对于自 2020 年 8 月 20 日到借款返还之日的利息部分，适用起诉时本规定的利率保护标准计算。

本规定施行后，最高人民法院以前作出的相关司法解释与本规定不一致的，以本规定为准。

《最高人民法院对〈关于修订和深化执行民法典融资租赁合同专章的建议〉进行答复》

2022 年 1 月 27 日，最高人民法院在其"全国人大代表全国政协委员联络沟通平台"公布《对十三届全国人大四次会议第 9022 号建议的答复》。

一、关于出租人取回租赁物与主张赔偿损失是分别基于物权和债权而提出的不同主张，不存在抵偿关系的问题。

从立法的体系角度看，根据民法典融资租赁合同章的规定，当事人可以在承租人逾期支付租金（第七百五十二条）、承租人擅自处分租赁物（第七百五十三条）、租赁合同无法继续履行（第七百五十四条）等情形下，行使合同解除权。根据您在建议中关注的问题，我们主要分析承租人逾期支付租金构成根本违约，出租人依据民法典第七百五十二条请求支付全部剩余未付租金，也可以解除合同，收回租赁物时，因租赁物的归属不同，可能产生的不同法律后果。

如果出租人选择请求承租人支付全部剩余未付租金、其他费用和损失（未付租金占有的利息损失等）的，并不适用民法典第七百五十八条的清算规则。根据《最高人民法院关于适用〈中华人民共和国民法典〉有关担保制度的解释》第六十五条的规定，出租人可以在诉讼中主张以拍卖、变卖租赁物所得的价款受偿，也可以请求参照"实现担保物权案件"程序拍卖、变卖租赁物所得的价款受偿。拍卖、变卖租赁物发挥的是担保功能。租赁物已经登记的，出租人享有优先权，租赁物未登记的，不能对抗善意第三人。

如果出租人选择请求解除合同，收回租赁物的，出租人收回租赁物的法律后果会因为租赁物归属不同而有所区别。民法典融资租赁合同章分别规定了租赁物归属出租人或者承租人的不同情形。一是民法典第七百五十七条规定，当事人可以约定租赁物归承租人所有；民法典第七百五十九条规定，当事人约定支付象征性价款时视为约定的租金义务履行完毕后租赁物归承租人。二是根据民法典第七百五十七条规定，当事人可以约定租赁物归出租人所有，在当事人没有约定或者约定不明的情形下认定租赁物归出租人。

进一步而言，当事人约定租赁物归承租人的情况下，应依据民法典第七百五十八条规定适用清算规则，我们需要判断的是合同约定应付租金、其他费用包括有证据证明的实际损失与承租人已支付租金、租赁物残值之间是否存在差额。如果出租人收回的租赁物残值大于承租人欠付租金、其他费用包括有证据证明的实际损失，承租人有权向出租人主张返还剩余部分价值；如果出租人收回的租赁物残值等于承租人欠付租金、其他费用包括有证据证明的实际损失，出租人不再予以返还；如果出租人收回的租赁物残值小于承租人欠付租金、其他费用包括有证据证明的实际损失，承租人还需要向出租人继续承担差额补足的责任。

在合同约定承租人享有留购选择权的情况下，虽然当事人没有明确约定租赁物的归属，但民法典第七百五十九条对当事人的意思表示作出了解释和补充，承租人享有留购选择权视为约定的租金义务履行完毕后租赁物归承租人。然而承租人逾期不支付租金，承租人行使留购选择权的条件不具备，则应依据民法典第七百五十七条的规定，当事人对租赁物归属约定不明确的，租赁物的所有权归出租人。此时，因承租人逾期不支付租金，出租人有权解除合同收回租赁物。承租人返还租赁物是出租人行使物上返还请求权的结果，租赁物并不具有担保功能，并不适用民法典第七百五十八条规定的清算规则。

二、关于承租人已支付大部分租金，但无力支付剩余租金的判断标准难以认定和操作的问题。

如上所述，在合同约定租赁物归承租人的情况下，承租人逾期不支付租金只要符合民法典第七百五十二条规定，出租人就有权主张解除合同收回租赁物，进而依据民法典第七百五十八条规定适用清算规则。"承租人已经支付大部分租金但无力支付剩余租金"的规定并非限制出租人行使合同解除权的条件，出租人行使合同解除权的法律依据是民法典第七百五十二条。在适用民法典第七百五十八条时，如果出租人收回的租赁物残值大于承租人欠付租金、其他费用包括有证据证明的实际损失的，承租人有权向出租人主张返还抵扣的剩余部分价值。

三、关于收回租赁物的价值应考虑到可变现价值，而非简单机械地进行租赁物价值评估，否则极易造成不公平的问题。

如建议中所说，出租人的本意并非取得租赁物的所有权，而是要回收融资款并取得相应的利息，但由于承租人已不能继续支付租金及相关费用了，为了保障出租人的利益，出租人不仅有权主张承租人承担剩余未支付租金及相关费用部分的损失，还有权通过解除合同收回租赁物残值来弥补自身的损失。出租人一旦选择收回租赁物，则要适用民法典第七百五十八条租赁物担保功能的清算规则。《最高人民法院关于适用〈中华人民共和国民法典〉有关担保制度的解释》第六十五条第二款规定了租赁物价值确定的机制：融资租赁合同有约定的按照其约定；融资租赁合同未约定或者约定不明的，可以根据约定的租赁物折旧以及合同到期后租赁物的残值来确定；如果根据前述方法仍难以确定，或者当事人认为依照前述方法确定的价值严重偏离租赁物实际价值的，根据当事人的申请可以委托有资质的机构评估确定，而并非直接引入评估机构对租赁物进行价值评估。

至于能否将租赁物实际市场变现价值作为租赁物价值的确定依据，即能否采取建议中所说的参照所有权保留买卖合同中，以"出卖的合理价格"为准确定标的物价值的做法。这涉及出租人能否自力取回租赁物并向第三人转卖的问题，根据民法典第六百四十二条、第六百四十三条的规定，所有权保留买卖交易中，当事人可以协商取回标的物。从实践情况看，出卖人不能通过协商一致取回标的物，往往是因为买受人已经支付了大部分价款，且标的物的价值又超过了买受人欠付的价款及其他费用，买受人担心出卖人取回标的物后自己无力依据民法典第六百四十三条进行回赎，而出卖人又不能以合理价格转卖标的物并将超出欠付价款及其他费用的部分返还买受人，将导致买受人的利益受损。

因此，民法典一方面允许当事人通过非诉程序实现担保物权，另一方面也允许出卖人通过诉讼程序取回标的物。而民法典第七百五十八条明确了收回租赁物的前提是解除合同，这一规定的法理基础是只有在承租人严重违约导致合同解除的前提下，出租人才能行使取回权，并且是充分考虑到融资租赁交易中承租人的正常生产经营和租赁物使用价值的发挥。在当事人无法就合同解除和租赁物收回达成一致意见时，出租人可起诉到人民法院，请求解除合同、收回租赁物并在执行程序中通过拍卖、变卖等方式确定租赁物价值，或者依据《最高人民法院关于适用〈中华人民共和国民法典〉有关担保制度的解释》第六十五条第一款规定请求参照《中华人民共和国民事诉讼法》"实现担保物权案件"的有关规定处理，而不提倡出租人在合同尚未解除的情形下，采取自力取回的方式。

四、关于统一租赁物所有权登记对抗善意第三人的执行标准，依法保护出租人所有权的问题。

根据《最高人民法院关于适用〈中华人民共和国民法典〉时间效力的若干规定》第二十条规定，民法典施行前成立的合同，依照法律规定或者当事人约定该合同的履行持续至民法典施行后，因民法典施行前履行合同发生争议的，适用当时的法律、司法解释的规定。

在民法典实施之前，当时的法律、法规尚没有规定法定的融资租赁登记机构，但实践中，国内已存在中国人民银行征信中心开发运行的融资租赁登记系统以及商务部开发建设的融资租赁业务登记系统，许多租赁公司以及商业银行通过前述系统的登记、查询，作为保证其租赁物权利的重要支撑。并且《最高人民法院关于审理融资租赁合同纠纷案件适用法律问题的解释》（法释〔2014〕3号）第九条也专门对第三人不适用善意取得的情形作出列举式规定，较为全面地弥补了立法不足，从满足行业急需，引导市场行为的角度出发，对征信中心的融资租赁登记予以认可，有效促进了整个融资租赁行业的健康发展。

为配合民法典的颁布实施，中国人民银行修改了《应收账款质押登记办法》，其中第35条将融资租赁纳入动产和权利担保交易形式。国务院颁布的《关于实施动产和权利担保统一登记的决定》规定，自2021年1月1日起，在全国范围内实施动产和权利担保统一登记，并对纳入动产和权利担保统一登记范围的担保类型、登记系统、统一登记制度等规范的制定主体等作出规定。融资租赁交易中，出租人进行租赁登记以及登记机构、登记程序均已明确。上述行政法规和部门规章的颁布，已经建立起全国统一的动产和权利担保登记系统。今后，融资租赁交易的登记有着统一的平台，司法裁判中判断租赁登记对抗善意第三人的适用标准也是统一的。

五、关于实践中的机动车租赁市场中出现的机动车所有权属于出租人但租赁物登记在承租人名下的问题。

民法典第七百四十五条所指"未经登记，不得对抗善意第三人"，是指出租人对租赁物享有的所有权必须登记才能取得对抗善意第三人的效力。第三人在交易时，负有审查出卖人是否享有处分租赁物权利的义务，租赁物已在法定的登记平台进行登记的前提下，第三人未对租赁物的权属状况进行查询，不应认定为善意。

但是在机动车融资租赁业务当中，出租人对租赁物的权利主张可能发生在两种情形下：一是承租人与第三人发生机动车买卖的真实交易，由于机动车登记在承租人名下，第三人的权益应当予以保护。融资租赁公司明知机动车的登记管理制度与出租人所有权冲突可能产生的风险，仍然开展相关的租赁业务，对此，法律并不能例外作出保护；二是承租人的债权人对承租人名下的租赁物申请强制执行，出租人以其系真实所有权人或者抵押权人为由向人民法院提出执行异议。

实践中，出租人通常会通过办理抵押登记方式对租赁物设定抵押权。如果对租赁物办理了融资租赁（抵押）登记的，是能够对抗保全、执行措施的；如果对租赁物未办理融资租赁（抵押）登记，人民法院基于承租人的债权人的申请对租赁物采取保全或者执行措施的，出租人主张对抵押财产优先受偿的，根据《最高人民法院关于适用〈中华人民共和国民法典〉有关担保制度的解释》第五十四条第三项规定，不应予以支持。

需要说明的是，上述观点仅是我们初步的看法，供您参考。我们将在充分调查研究的基础上，通过遴选指导案例等方式发挥对下指导作用，积极推动金融审判会议纪要出台以进一步完善裁判规则，在条件成熟时，再上升为司法解释。

二、票据相关法律法规

在供应链金融的应收账款类业务中，经常涉及关于票据的保理业务，因此关于票据的有关法律法规同样具有重要地位。梳理关于票据业务有关的法律法规，对于加强票据承兑和贴现资质管理，建立完善信用约束和风险防控机制，保护中小微企业权益，促进票据市场规范发展，均具有重要的意义。

在法律层面，《票据法》对票据及票据行为进行原则上的规定；《商业银行法》对银行经营票据业务做出规定；《刑法》对涉及票据的违法犯罪行为做出规制，提示相关主体在供应链金融交易的全过程中都需防范的票据业务刑事风险。在司法解释层面，《最高人民法院关于审理票据纠纷案件若干问题的规定》《全国法院民商事审判工作会议纪要》也对解决票据纠纷问题提供重要指引。此外，为了进一步规范票据市场交易行为，防范交易风险，行政法规以及部门规章、规范性文件对票据相关行为做出进一步细化的规定，如《票据管理实施办法》《标准化票据管理办法》《支付结算办法》等，为实际操作提供了具体指引。

在供应链金融业务中，汇票承兑、贴现与再贴现也非常重要，最新出台的《商业汇票承兑、贴现与再贴现管理办法（征求意见稿）》将对此发挥重要的规范作用。鉴于该文件尚未生效，故作为附录部分供参考。

※ 法律 ※

《中华人民共和国票据法》

中华人民共和国主席令第 22 号

第一章　总　则

第一条　【立法目的】为了规范票据行为，保障票据活动中当事人的合法权益，维护社会经济秩序，促进社会主义市场经济的发展，制定本法。

第二条　【适用范围】在中华人民共和国境内的票据活动，适用本法。

本法所称票据，是指汇票、本票和支票。

第三条　【票据活动基本原则】票据活动应当遵守法律、行政法规，不得损害社会公共利益。

第四条　【票据行为、票据权利与票据责任】票据出票人制作票据，应当按照法定条件在票据上签章，并按照所记载的事项承担票据责任。

持票人行使票据权利，应当按照法定程序在票据上签章，并出示票据。

其他票据债务人在票据上签章的，按照票据所记载的事项承担票据责任。

本法所称票据权利，是指持票人向票据债务人请求支付票据金额的权利，包括付款请求权和追索权。

本法所称票据责任，是指票据债务人向持票人支付票据金额的义务。

第五条　【票据代理】票据当事人可以委托其代理人在票据上签章，并应当在票据上表明其代理关系。

没有代理权而以代理人名义在票据上签章的，应当由签章人承担票据责任；代理人超越代理权限的，应当就其超越权限的部分承担票据责任。

第六条　【非完全行为能力人盖章的效力】无民事行为能力人或者限制民事行为能力人在票据上签章的，其签章无效，但是不影响其他签章的效力。

第七条　【票据签章】票据上的签章，为签名、盖章或者签名加盖章。

法人和其他使用票据的单位在票据上的签章，为该法人或者该单位的盖章加其法定代表人或者其授权的代理人的签章。

在票据上的签名，应当为该当事人的本名。

第八条　【票据金额的记载】票据金额以中文大写和数码同时记载，二者必须一致，二者不一致的，票据无效。

第九条　【票据的记载事项及其更改】票据上的记载事项必须符合本法的规定。

票据金额、日期、收款人名称不得更改，更改的票据无效。

对票据上的其他记载事项，原记载人可以更改，更改时应当由原记载人签章证明。

第十条　【票据与其基础关系】票据的签发、取得和转让，应当遵循诚实信用的原则，具有真实的交易关系和债权债务关系。

票据的取得，必须给付对价，即应当给付票据双方当事人认可的相对应的代价。

第十一条　【无对价的票据取得】因税收、继承、赠与可以依法无偿取得票据的，不受给付对价的限制。但是，所享有的票据权利不得优于其前手的权利。

前手是指在票据签章人或者持票人之前签章的其他票据债务人。

第十二条　【恶意或重大过失取得票据的效力】以欺诈、偷盗或者胁迫等手段取得票据的，或者明知有前列情形，出于恶意取得票据的，不得享有票据权利。

持票人因重大过失取得不符合本法规定的票据的，也不得享有票据权利。

第十三条 【票据抗辩】票据债务人不得以自己与出票人或者与持票人的前手之间的抗辩事由，对抗持票人。但是，持票人明知存在抗辩事由而取得票据的除外。

票据债务人可以对不履行约定义务的与自己有直接债权债务关系的持票人，进行抗辩。

本法所称抗辩，是指票据债务人根据本法规定对票据债权人拒绝履行义务的行为。

第十四条 【票据的伪造和变造】票据上的记载事项应当真实，不得伪造、变造。伪造、变造票据上的签章和其他记载事项的，应当承担法律责任。

票据上有伪造、变造的签章的，不影响票据上其他真实签章的效力。

票据上其他记载事项被变造的，在变造之前签章的人，对原记载事项负责；在变造之后签章的人，对变造之后的记载事项负责；不能辨别是在票据被变造之前或者之后签章的，视同在变造之前签章。

第十五条 【票据丧失及其救济】票据丧失，失票人可以及时通知票据的付款人挂失止付，但是，未记载付款人或者无法确定付款人及其代理付款人的票据除外。

收到挂失止付通知的付款人，应当暂停支付。

失票人应当在通知挂失止付后三日内，也可以在票据丧失后，依法向人民法院申请公示催告，或者向人民法院提起诉讼。

第十六条 【票据权利的行使与保全】持票人对票据债务人行使票据权利，或者保全票据权利，应当在票据当事人的营业场所和营业时间内进行，票据当事人无营业场所的，应当在其住所进行。

第十七条 【票据时效】票据权利在下列期限内不行使而消灭：

（一）持票人对票据的出票人和承兑人的权利，自票据到期日起二年。见票即付的汇票、本票，自出票日起二年；

（二）持票人对支票出票人的权利，自出票日起六个月；

（三）持票人对前手的追索权，自被拒绝承兑或者被拒绝付款之日起六个月；

（四）持票人对前手的再追索权，自清偿日或者被提起诉讼之日起三个月。

票据的出票日、到期日由票据当事人依法确定。

第十八条 【票据的利益返还请求权】持票人因超过票据权利时效或者因票据记载事项欠缺而丧失票据权利的，仍享有民事权利，可以请求出票人或者承兑人返还其与未支付的票据金额相当的利益。

第二章 汇 票
第一节 出 票

第十九条 【汇票的定义和种类】汇票是出票人签发的，委托付款人在见票时或者在指定日期无条件支付确定的金额给收款人或者持票人的票据。

汇票分为银行汇票和商业汇票。

第二十条 【出票】出票是指出票人签发票据并将其交付给收款人的票据行为。

第二十一条 【出票行为的有效条件】汇票的出票人必须与付款人具有真实的委托付款关系，并且具有支付汇票金额的可靠资金来源。

不得签发无对价的汇票用以骗取银行或者其他票据当事人的资金。

第二十二条 【汇票的绝对应记载事项及其效力】汇票必须记载下列事项：

（一）表明"汇票"的字样；

（二）无条件支付的委托；

（三）确定的金额；

（四）付款人名称；

（五）收款人名称；

（六）出票日期；

（七）出票人签章。

汇票上未记载前款规定事项之一的，汇票无效。

第二十三条 【汇票的相对应记载事项及其效力】汇票上记载付款日期、付款地、出票地等事项的，应当清楚、明确。

汇票上未记载付款日期的，为见票即付。

汇票上未记载付款地的，付款人的营业场所、住所或者经常居住地为付款地。

汇票上未记载出票地的，出票人的营业场所、住所或者经常居住地为出票地。

第二十四条 【不具票据法上效力的记载事项及其效力】汇票上可以记载本法规定事项以外的其他出票事项，但是该记载事项不具有汇票上的效力。

第二十五条 【付款日期的记载】付款日期可以按照下列形式之一记载：

（一）见票即付；

（二）定日付款；

（三）出票后定期付款；

（四）见票后定期付款。

前款规定的付款日期为汇票到期日。

第二十六条 【汇票出票的效力】出票人签发汇票后，即承担保证该汇票承兑和付款的责任。出票人在汇票得不到承兑或者付款时，应当向持票人清偿本法第七十条、第七十一条规定的金额和费用。

第二节　背　书

第二十七条　【汇票权利转让】持票人可以将汇票权利转让给他人或者将一定的汇票权利授予他人行使。

出票人在汇票上记载"不得转让"字样的，汇票不得转让。

持票人行使第一款规定的权利时，应当背书并交付汇票。

背书是指在票据背面或者粘单上记载有关事项并签章的票据行为。

第二十八条　【粘单】票据凭证不能满足背书人记载事项的需要，可以加附粘单，粘附于票据凭证上。

粘单上的第一记载人，应当在汇票和粘单的粘接处签章。

第二十九条　【背书的记载事项】背书由背书人签章并记载背书日期。

背书未记载日期的，视为在汇票到期日前背书。

第三十条　【记名背书】汇票以背书转让或者以背书将一定的汇票权利授予他人行使时，必须记载被背书人名称。

第三十一条　【背书的连续】以背书转让的汇票，背书应当连续。持票人以背书的连续，证明其汇票权利；非经背书转让，而以其他合法方式取得汇票的，依法举证，证明其汇票权利。

前款所称背书连续，是指在票据转让中，转让汇票的背书人与受让汇票的被背书人在汇票上的签章依次前后衔接。

第三十二条　【后手及其责任】以背书转让的汇票，后手应当对其直接前手背书的真实性负责。

后手是指在票据签章人之后签章的其他票据债务人。

第三十三条　【附条件背书、部分背书、分别背书的效力】背书不得附有条件。背书时附有条件的，所附条件不具有汇票上的效力。

将汇票金额的一部分转让的背书或者将汇票金额分别转让给二人以上的背书无效。

第三十四条 【背书人的禁止背书及其效力】背书人在汇票上记载"不得转让"字样，其后手再背书转让的，原背书人对后手的被背书人不承担保证责任。

第三十五条 【委托收款背书和质押背书及其效力】背书记载"委托收款"字样的，被背书人有权代背书人行使被委托的汇票权利。但是，被背书人不得再以背书转让汇票权利。

汇票可以设定质押；质押时应当以背书记载"质押"字样。被背书人依法实现其质权时，可以行使汇票权利。

第三十六条 【不得背书转让的情形】汇票被拒绝承兑、被拒绝付款或者超过付款提示期限的，不得背书转让；背书转让的，背书人应当承担汇票责任。

第三十七条 【背书人义务】背书人以背书转让汇票后，即承担保证其后手所持汇票承兑和付款的责任。背书人在汇票得不到承兑或者付款时，应当向持票人清偿本法第七十条、第七十一条规定的金额和费用。

第三节 承 兑

第三十八条 【承兑的定义】承兑是指汇票付款人承诺在汇票到期日支付汇票金额的票据行为。

第三十九条 【提示承兑及定时付款、出票后定期付款的汇票的提示承兑期间】定日付款或者出票后定期付款的汇票，持票人应当在汇票到期日前向付款人提示承兑。

提示承兑是指持票人向付款人出示汇票，并要求付款人承诺付款的行为。

第四十条 【见票后定期付款汇票的提示承兑期间及在提示承兑期间未提示承兑的效力】见票后定期付款的汇票，持票人应当自出票日起一个月内向付款人提示承兑。

汇票未按照规定期限提示承兑的，持票人丧失对其前手的追索权。

见票即付的汇票无需提示承兑。

第四十一条 【付款人的承兑期间】付款人对向其提示承兑的汇票，应当自收到提示承兑的汇票之日起三日内承兑或者拒绝承兑。

付款人收到持票人提示承兑的汇票时，应当向持票人签发收到汇票的回单。回单上应当记明汇票提示承兑日期并签章。

第四十二条 【承兑的记载】付款人承兑汇票的，应当在汇票正面记载"承兑"字样和承兑日期并签章；见票后定期付款的汇票，应当在承兑时记载付款日期。

汇票上未记载承兑日期的，以前条第一款规定期限的最后一日为承兑日期。

第四十三条 【附条件承兑的效力】付款人承兑汇票，不得附有条件；承兑附有条件的，视为拒绝承兑。

第四十四条 【承兑的效力】付款人承兑汇票后，应当承担到期付款的责任。

第四节 保 证

第四十五条 【汇票保证及保证人的资格】汇票的债务可以由保证人承担保证责任。

保证人由汇票债务人以外的他人担当。

第四十六条 【汇票保证的记载事项和方法】保证人必须在汇票或者粘单上记载下列事项：

（一）表明"保证"的字样；

（二）保证人名称和住所；

（三）被保证人的名称；

（四）保证日期；

（五）保证人签章。

第四十七条　【未载事项的推定】保证人在汇票或者粘单上未记载前条第（三）项的，已承兑的汇票，承兑人为被保证人；未承兑的汇票，出票人为被保证人。

保证人在汇票或者粘单上未记载前条第（四）项的，出票日期为保证日期。

第四十八条　【票据保证的限制】保证不得附有条件；附有条件的，不影响对汇票的保证责任。

第四十九条　【票据保证人的票据责任】保证人对合法取得汇票的持票人所享有的汇票权利，承担保证责任。但是，被保证人的债务因汇票记载事项欠缺而无效的除外。

第五十条　【保证人和被保证人的连带责任】被保证的汇票，保证人应当与被保证人对持票人承担连带责任。汇票到期后得不到付款的，持票人有权向保证人请求付款，保证人应当足额付款。

第五十一条　【共同保证人的连带责任】保证人为二人以上的，保证人之间承担连带责任。

第五十二条　【保证人的追索权】保证人清偿汇票债务后，可以行使持票人对被保证人及其前手的追索权。

第五节　付　款

第五十三条　【提示付款】持票人应当按照下列期限提示付款：

（一）见票即付的汇票，自出票日起一个月内向付款人提示付款；

（二）定日付款、出票后定期付款或者见票后定期付款的汇票，自到期日起十日内向承兑人提示付款。

持票人未按照前款规定期限提示付款的，在作出说明后，承兑人或者付款人仍应当继续对持票人承担付款责任。

通过委托收款银行或者通过票据交换系统向付款人提示付款的，视同持票人提示付款。

第五十四条 【付款人即时足额付款的义务】持票人依照前条规定提示付款的，付款人必须在当日足额付款。

第五十五条 【持票人的签收】持票人获得付款的，应当在汇票上签收，并将汇票交给付款人。持票人委托银行收款的，受委托的银行将代收的汇票金额转账收入持票人账户，视同签收。

第五十六条 【受托收款银行和受托付款银行的责任】持票人委托的收款银行的责任，限于按照汇票上记载事项将汇票金额转入持票人账户。

付款人委托的付款银行的责任，限于按照汇票上记载事项从付款人账户支付汇票金额。

第五十七条 【付款人的审查义务及其过错责任】付款人及其代理付款人付款时，应当审查汇票背书的连续，并审查提示付款人的合法身份证明或者有效证件。

付款人及其代理付款人以恶意或者有重大过失付款的，应当自行承担责任。

第五十八条 【期前付款】对定日付款、出票后定期付款或者见票后定期付款的汇票，付款人在到期日前付款的，由付款人自行承担所产生的责任。

第五十九条 【付款的币种】汇票金额为外币的，按照付款日的市场汇价，以人民币支付。

汇票当事人对汇票支付的货币种类另有约定的，从其约定。

第六十条 【付款的效力】付款人依法足额付款后，全体汇票债务人的责任解除。

第六节 追索权

第六十一条 【追索权的发生】汇票到期被拒绝付款的，持票人可以对背书人、出票人以及汇票的其他债务人行使追索权。

汇票到期日前，有下列情形之一的，持票人也可以行使追索权：

（一）汇票被拒绝承兑的；

（二）承兑人或者付款人死亡、逃匿的；

（三）承兑人或者付款人被依法宣告破产的或者因违法被责令终止业务活动的。

第六十二条 【追索权的行使】持票人行使追索权时，应当提供被拒绝承兑或者被拒绝付款的有关证明。

持票人提示承兑或者提示付款被拒绝的，承兑人或者付款人必须出具拒绝证明，或者出具退票理由书。未出具拒绝证明或者退票理由书的，应当承担由此产生的民事责任。

第六十三条 【拒绝证明的代替－其他有关证明】持票人因承兑人或者付款人死亡、逃匿或者其他原因，不能取得拒绝证明的，可以依法取得其他有关证明。

第六十四条 【拒绝证明的代替－法院司法文书、行政处罚决定】承兑人或者付款人被人民法院依法宣告破产的，人民法院的有关司法文书具有拒绝证明的效力。

承兑人或者付款人因违法被责令终止业务活动的，有关行政主管部门的处罚决定具有拒绝证明的效力。

第六十五条 【追索权的丧失】持票人不能出示拒绝证明、退票理由书或者未按照规定期限提供其他合法证明的，丧失对其前手的追索权。但是，承兑人或者付款人仍应当对持票人承担责任。

第六十六条 【拒绝事由的通知】持票人应当自收到被拒绝承兑或者被拒绝付款的有关证明之日起三日内，将被拒绝事由书面通知其前手；其前手应当自收到通知之日起三日内书面通知其再前手。持票人也可以同时向各汇票债务人发出书面通知。

未按照前款规定期限通知的，持票人仍可以行使追索权。因延期通知给其前手或者出票人造成损失的，由没有按照规定期限通知的汇票当事人，承担对该损失的赔偿责任，但是所赔偿的金额以汇票金额为限。

在规定期限内将通知按照法定地址或者约定的地址邮寄的，视为已经发出通知。

第六十七条 【拒绝事由通知的记载】依照前条第一款所作的书面通知，应当记明汇票的主要记载事项，并说明该汇票已被退票。

第六十八条 【追索权的效力】汇票的出票人、背书人、承兑人和保证人对持票人承担连带责任。

持票人可以不按照汇票债务人的先后顺序，对其中任何一人、数人或者全体行使追索权。

持票人对汇票债务人中的一人或者数人已经进行追索的，对其他汇票债务人仍可以行使追索权。被追索人清偿债务后，与持票人享有同一权利。

第六十九条 【追索权的限制】持票人为出票人的，对其前手无追索权。持票人为背书人的，对其后手无追索权。

第七十条 【追索金额】持票人行使追索权，可以请求被追索人支付下列金额和费用：

（一）被拒绝付款的汇票金额；

（二）汇票金额自到期日或者提示付款日起至清偿日止，按照中国人民银行规定的利率计算的利息；

（三）取得有关拒绝证明和发出通知书的费用。

被追索人清偿债务时，持票人应当交出汇票和有关拒绝证明，并出具所收到利息和费用的收据。

第七十一条 【再追索及再追索金额】被追索人依照前条规定清偿后，可以向其他汇票债务人行使再追索权，请求其他汇票债务人支付下列金额和费用：

（一）已清偿的全部金额；

（二）前项金额自清偿日起至再追索清偿日止，按照中国人民银行规定的利率计算的利息；

（三）发出通知书的费用。

行使再追索权的被追索人获得清偿时，应当交出汇票和有关拒绝证明，并出具所收到利息和费用的收据。

第七十二条 【有关追索人清偿债务的效力】被追索人依照前二条规定清偿债务后，其责任解除。

第三章 本 票

第七十三条 【本票及其范围】本票是出票人签发的，承诺自己在见票时无条件支付确定的金额给收款人或者持票人的票据。

本法所称本票，是指银行本票。

第七十四条 【出票人资格】本票的出票人必须具有支付本票金额的可靠资金来源，并保证支付。

第七十五条 【本票的绝对应记载事项】本票必须记载下列事项：

（一）表明"本票"的字样；

（二）无条件支付的承诺；

（三）确定的金额；

（四）收款人名称；

（五）出票日期；

（六）出票人签章。

本票上未记载前款规定事项之一的，本票无效。

第七十六条 【本票的相应记载事项】本票上记载付款地、出票地等事项的，应当清楚、明确。

本票上未记载付款地的，出票人的营业场所为付款地。

本票上未记载出票地的，出票人的营业场所为出票地。

第七十七条 【见票的效力】本票的出票人在持票人提示见票时，必须承担付款的责任。

第七十八条 【付款期限】本票自出票日起，付款期限最长不得超过二个月。

第七十九条 【逾期提示见票的法律后果】本票的持票人未按照规定期限提示见票的，丧失对出票人以外的前手的追索权。

第八十条 【汇票有关规定对本票的准用】本票的背书、保证、付款行为和追索权的行使，除本章规定外，适用本法第二章有关汇票的规定。

本票的出票行为，除本章规定外，适用本法第二十四条关于汇票的规定。

第四章 支 票

第八十一条 【支票的概念】支票是出票人签发的，委托办理支票存款业务的银行或者其他金融机构在见票时无条件支付确定的金额给收款人或者持票人的票据。

第八十二条 【支票存款帐户的开立】开立支票存款账户，申请人必须使用其本名，并提交证明其身份的合法证件。

开立支票存款账户和领用支票，应当有可靠的资信，并存入一定的资金。

开立支票存款账户，申请人应当预留其本名的签名式样和印鉴。

第八十三条 【现金支票与转帐支票】支票可以支取现金，也可以转账，用于转账时，应当在支票正面注明。

支票中专门用于支取现金的，可以另行制作现金支票，现金支票只能用于支取现金。

支票中专门用于转账的，可以另行制作转账支票，转账支票只能用于转账，不得支取现金。

第八十四条 【支票的绝对应记载事项】支票必须记载下列事项：

（一）表明"支票"的字样；

（二）无条件支付的委托；

（三）确定的金额；

（四）付款人名称；

（五）出票日期；

（六）出票人签章。

支票上未记载前款规定事项之一的，支票无效。

第八十五条 【支票金额的授权补记】支票上的金额可以由出票人授权补记，未补记前的支票，不得使用。

第八十六条 【收款人名称的授权补记与支票的相对应记载事项】支票上未记载收款人名称的，经出票人授权，可以补记。

支票上未记载付款地的，付款人的营业场所为付款地。

支票上未记载出票地的，出票人的营业场所、住所或者经常居住地为出票地。

出票人可以在支票上记载自己为收款人。

第八十七条 【支票资金关系与空头支票的禁止】支票的出票人所签发的支票金额不得超过其付款时在付款人处实有的存款金额。

出票人签发的支票金额超过其付款时在付款人处实有的存款金额的，为空头支票。禁止签发空头支票。

第八十八条 【支票的签章】支票的出票人不得签发与其预留本名的签名式样或者印鉴不符的支票。

第八十九条 【支票出票的效力】出票人必须按照签发的支票金额承担保证向该持票人付款的责任。

出票人在付款人处的存款足以支付支票金额时，付款人应当在当日足额付款。

第九十条 【支票的付款日期】支票限于见票即付，不得另行记载付款日期。另行记载付款日期的，该记载无效。

第九十一条 【提示付款期限】支票的持票人应当自出票日起十日内提示付款；异地使用的支票，其提示付款的期限由中国人民银行另行规定。

超过提示付款期限的，付款人可以不予付款；付款人不予付款的，出票人仍应当对持票人承担票据责任。

第九十二条 【支票付款的效力】付款人依法支付支票金额的，对出票人不再承担受委托付款的责任，对持票人不再承担付款的责任。但是，付款人以恶意或者有重大过失付款的除外。

第九十三条 【汇票的有关规定对支票的准用】支票的背书、付款行为和追索权的行使，除本章规定外，适用本法第二章有关汇票的规定。

支票的出票行为，除本章规定外，适用本法第二十四条、第二十六条关于汇票的规定。

第五章 涉外票据的法律适用

第九十四条 【涉外票据及其法律适用】涉外票据的法律适用，依照本章的规定确定。

前款所称涉外票据，是指出票、背书、承兑、保证、付款等行为中，既有发生在中华人民共和国境内又有发生在中华人民共和国境外的票据。

第九十五条 【国际条约和国际惯例的适用】中华人民共和国缔结或者参加的国际条约同本法有不同规定的，适用国际条约的规定。但是，中华人民共和国声明保留的条款除外。

本法和中华人民共和国缔结或者参加的国际条约没有规定的，可以适用国际惯例。

第九十六条 【票据行为能力的准据法】票据债务人的民事行为能

力，适用其本国法律。

票据债务人的民事行为能力，依照其本国法律为无民事行为能力或者为限制民事行为能力而依照行为地法律为完全民事行为能力的，适用行为地法律。

第九十七条 【票据形式的准据法】汇票、本票出票时的记载事项，适用出票地法律。

支票出票时的记载事项，适用出票地法律，经当事人协议，也可以适用付款地法律。

第九十八条 【票据行为的准据法】票据的背书、承兑、付款和保证行为，适用行为地法律。

第九十九条 【票据追索行使期限的准据法】票据追索权的行使期限，适用出票地法律。

第一百条 【票据权利保全的准据法】票据的提示期限、有关拒绝证明的方式、出具拒绝证明的期限，适用付款地法律。

第一百零一条 【票据权利保护的准据法】票据丧失时，失票人请求保全票据权利的程序，适用付款地法律。

第六章　法律责任

第一百零二条 【票据欺诈行为的刑事责任】有下列票据欺诈行为之一的，依法追究刑事责任：

（一）伪造、变造票据的；

（二）故意使用伪造、变造的票据的；

（三）签发空头支票或者故意签发与其预留的本名签名式样或者印鉴不符的支票，骗取财物的；

（四）签发无可靠资金来源的汇票、本票，骗取资金的；

（五）汇票、本票的出票人在出票时作虚假记载，骗取财物的；

（六）冒用他人的票据，或者故意使用过期或者作废的票据，骗取财物的；

（七）付款人同出票人、持票人恶意串通，实施前六项所列行为之一的。

第一百零三条 【票据欺诈行为的行政责任】有前条所列行为之一，情节轻微，不构成犯罪的，依照国家有关规定给予行政处罚。

第一百零四条 【票据业务中玩忽职守的法律责任】金融机构工作人员在票据业务中玩忽职守，对违反本法规定的票据予以承兑、付款或者保证的，给予处分；造成重大损失，构成犯罪的，依法追究刑事责任。

由于金融机构工作人员因前款行为给当事人造成损失的，由该金融机构和直接责任人员依法承担赔偿责任。

第一百零五条 【付款人故意压票的法律责任】票据的付款人对见票即付或者到期的票据，故意压票，拖延支付的，由金融行政管理部门处以罚款，对直接责任人员给予处分。

票据的付款人故意压票，拖延支付，给持票人造成损失的，依法承担赔偿责任。

第一百零六条 【民事责任】依照本法规定承担赔偿责任以外的其他违反本法规定的行为，给他人造成损失的，应当依法承担民事责任。

第七章　附　则

第一百零七条 【期限的计算】本法规定的各项期限的计算，适用民法通则关于计算期间的规定。

按月计算期限的，按到期月的对日计算；无对日的，月末日为到期日。

第一百零八条 【票据及其格式与印制】汇票、本票、支票的格式应当统一。

票据凭证的格式和印制管理办法，由中国人民银行规定。

第一百零九条 【实施办法的制定】票据管理的具体实施办法，由中国人民银行依照本法制定，报国务院批准后施行。

第一百一十条 【生效日期】本法自 1996 年 1 月 1 日起施行。

《中华人民共和国商业银行法》（节选）
中华人民共和国主席令第 34 号

第三条 商业银行可以经营下列部分或者全部业务：

……

（四）办理票据承兑与贴现；

第四十四条 商业银行办理票据承兑、汇兑、委托收款等结算业务，应当按照规定的期限兑现，收付入账，不得压单、压票或者违反规定退票。有关兑现、收付入账期限的规定应当公布。

第七十三条 商业银行有下列情形之一，对存款人或者其他客户造成财产损害的，应当承担支付迟延履行的利息以及其他民事责任：

（一）无故拖延、拒绝支付存款本金和利息的；

（二）违反票据承兑等结算业务规定，不予兑现，不予收付入账，压单、压票或者违反规定退票的；

（三）非法查询、冻结、扣划个人储蓄存款或者单位存款的；

（四）违反本法规定对存款人或者其他客户造成损害的其他行为。

《中华人民共和国刑法》（节选）
中华人民共和国主席令第 66 号

第一百七十五条之一 【骗取贷款、票据承兑、金融票证罪】以欺骗手段取得银行或者其他金融机构贷款、票据承兑、信用证、保函等，给银行或者其他金融机构造成重大损失的，处三年以下有期徒刑或者拘役，并处或者单处罚金；给银行或者其他金融机构造成特别重大损失或者有其他特别严重情节的，处三年以上七年以下有期徒刑，并处罚金。

单位犯前款罪的，对单位判处罚金，并对其直接负责的主管人员和其他直接责任人员，依照前款的规定处罚。

第一百七十七条 【伪造、变造金融票证罪】有下列情形之一，伪造、变造金融票证的，处五年以下有期徒刑或者拘役，并处或者单处二万元以上二十万元以下罚金；情节严重的，处五年以上十年以下有期徒刑，并处五万元以上五十万元以下罚金；情节特别严重的，处十年以上有期徒刑或者无期徒刑，并处五万元以上五十万元以下罚金或者没收财产：

（一）伪造、变造汇票、本票、支票的；

（二）伪造、变造委托收款凭证、汇款凭证、银行存单等其他银行结算凭证的；

（三）伪造、变造信用证或者附随的单据、文件的；

（四）伪造信用卡的。

单位犯前款罪的，对单位判处罚金，并对其直接负责的主管人员和其他直接责任人员，依照前款的规定处罚。

第一百八十八条 【违规出具金融票证罪】银行或者其他金融机构的工作人员违反规定，为他人出具信用证或者其他保函、票据、存单、资信证明，情节严重的，处五年以下有期徒刑或者拘役；情节特别严重的，处五年以上有期徒刑。

单位犯前款罪的，对单位判处罚金，并对其直接负责的主管人员和其他直接责任人员，依照前款的规定处罚。

第一百八十九条 【对违法票据承兑、付款、保证罪】银行或者其他金融机构的工作人员在票据业务中，对违反票据法规定的票据予以承兑、付款或者保证，造成重大损失的，处五年以下有期徒刑或者拘役；造成特别重大损失的，处五年以上有期徒刑。

单位犯前款罪的，对单位判处罚金，并对其直接负责的主管人员和其他直接责任人员，依照前款的规定处罚。

第一百九十四条 【票据诈骗罪】有下列情形之一，进行金融票据诈骗活动，数额较大的，处五年以下有期徒刑或者拘役，并处二万元以上二十万元以下罚金；数额巨大或者有其他严重情节的，处五年以上十年以下有期徒刑，并处五万元以上五十万元以下罚金；数额特别巨大或者有其他特别严重情节的，处十年以上有期徒刑或者无期徒刑，并处五万元以上五十万元以下罚金或者没收财产：

（一）明知是伪造、变造的汇票、本票、支票而使用的；

（二）明知是作废的汇票、本票、支票而使用的；

（三）冒用他人的汇票、本票、支票的；

（四）签发空头支票或者与其预留印鉴不符的支票，骗取财物的；

（五）汇票、本票的出票人签发无资金保证的汇票、本票或者在出票时作虚假记载，骗取财物的。

※ 行政法规 ※

《票据管理实施办法》
中华人民共和国国务院令第 588 号

第一条 为了加强票据管理，维护金融秩序，根据《中华人民共和国票据法》（以下简称票据法）的规定，制定本办法。

第二条 在中华人民共和国境内的票据管理，适用本办法。

第三条 中国人民银行是票据的管理部门。

票据管理应当遵守票据法和本办法以及有关法律、行政法规的规定，不得损害票据当事人的合法权益。

第四条 票据当事人应当依法从事票据活动，行使票据权利，履行票据义务。

第五条 票据当事人应当使用中国人民银行规定的统一格式的票据。

第六条 银行汇票的出票人，为经中国人民银行批准办理银行汇票业务的银行。

第七条 银行本票的出票人，为经中国人民银行批准办理银行本票业务的银行。

第八条 商业汇票的出票人，为银行以外的企业和其他组织。

向银行申请办理汇票承兑的商业汇票的出票人，必须具备下列条件：

（一）在承兑银行开立存款账户；

（二）资信状况良好，并具有支付汇票金额的可靠资金来源。

第九条 承兑商业汇票的银行，必须具备下列条件：

（一）与出票人具有真实的委托付款关系；

（二）具有支付汇票金额的可靠资金。

第十条 向银行申请办理票据贴现的商业汇票的持票人，必须具备下列条件：

（一）在银行开立存款账户；

（二）与出票人、前手之间具有真实的交易关系和债权债务关系。

第十一条 支票的出票人，为在经中国人民银行批准办理支票存款业务的银行、城市信用合作社和农村信用合作社开立支票存款账户的企业、其他组织和个人。

第十二条 票据法所称"保证人"，是指具有代为清偿票据债务能力的法人、其他组织或者个人。

国家机关、以公益为目的的事业单位、社会团体、企业法人的分支机构和职能部门不得为保证人；但是，法律另有规定的除外。

第十三条 银行汇票上的出票人的签章、银行承兑商业汇票的签章，为该银行的汇票专用章加其法定代表人或者其授权的代理人的签名或者盖章。

银行本票上的出票人的签章，为该银行的本票专用章加其法定代表人或者其授权的代理人的签名或者盖章。

银行汇票专用章、银行本票专用章须经中国人民银行批准。

第十四条 商业汇票上的出票人的签章，为该单位的财务专用章或者公章加其法定代表人或者其授权的代理人的签名或者盖章。

第十五条 支票上的出票人的签章，出票人为单位的，为与该单位在银行预留签章一致的财务专用章或者公章加其法定代表人或者其授权的代理人的签名或者盖章；出票人为个人的，为与该个人在银行预留签章一致的签名或者盖章。

第十六条 票据法所称"本名"，是指符合法律、行政法规以及国家有关规定的身份证件上的姓名。

第十七条 出票人在票据上的签章不符合票据法和本办法规定的，票据无效；背书人、承兑人、保证人在票据上的签章不符合票据法和本办法规定的，其签章无效，但是不影响票据上其他签章的效力。

第十八条 票据法所称"代理付款人"，是指根据付款人的委托，代其支付票据金额的银行、城市信用合作社和农村信用合作社。

第十九条 票据法规定可以办理挂失止付的票据丧失的，失票人可以依照票据法的规定及时通知付款人或者代理付款人挂失止付。

失票人通知票据的付款人或者代理付款人挂失止付时，应当填写挂失止付通知书并签章。挂失止付通知书应当记载下列事项：

（一）票据丧失的时间和事由；

（二）票据种类、号码、金额、出票日期、付款日期、付款人名称、收款人名称；

（三）挂失止付人的名称、营业场所或者住所以及联系方法。

第二十条 付款人或者代理付款人收到挂失止付通知书，应当立即暂停支付。付款人或者代理付款人自收到挂失止付通知书之日起 12 日内没有收到人民法院的止付通知书的，自第 13 日起，挂失止付通知书失效。

第二十一条 付款人或者代理付款人在收到挂失止付通知书前，已经依法向持票人付款的，不再接受挂失止付。

第二十二条 申请人申请开立支票存款账户的，银行、城市信用合作社和农村信用合作社可以与申请人约定在支票上使用支付密码，作为支付支票金额的条件。

第二十三条 保证人应当依照票据法的规定，在票据或者其粘单上记载保证事项。保证人为出票人、付款人、承兑人保证的，应当在票据的正面记载保证事项；保证人为背书人保证的，应当在票据的背面或者其粘单上记载保证事项。

第二十四条 依法背书转让的票据，任何单位和个人不得冻结票据款项；但是，法律另有规定的除外。

第二十五条 票据法第五十五条所称"签收"，是指持票人在票据的正面签章，表明持票人已经获得付款。

第二十六条 通过委托收款银行或者通过票据交换系统向付款人提示付款的，持票人向银行提交票据日为提示付款日。

第二十七条 票据法第六十二条所称"拒绝证明"应当包括下列事项：

（一）被拒绝承兑、付款的票据的种类及其主要记载事项；

（二）拒绝承兑、付款的事实依据和法律依据；

（三）拒绝承兑、付款的时间；

（四）拒绝承兑人、拒绝付款人的签章。

票据法第六十二条所称"退票理由书"应当包括下列事项：

（一）所退票据的种类；

（二）退票的事实依据和法律依据；

（三）退票时间；

（四）退票人签章。

第二十八条　票据法第六十三条规定的"其他有关证明"是指：

（一）医院或者有关单位出具的承兑人、付款人死亡的证明；

（二）司法机关出具的承兑人、付款人逃匿的证明；

（三）公证机关出具的具有拒绝证明效力的文书。

第二十九条　票据法第七十条第一款第（二）项、第七十一条第一款第（二）项规定的"利率"，是指中国人民银行规定的流动资金贷款利率。

第三十条　有票据法第一百零二条所列行为之一，情节轻微，不构成犯罪的，由公安机关依法予以处罚。

第三十一条　签发空头支票或者签发与其预留的签章不符的支票，不以骗取财物为目的的，由中国人民银行处以票面金额5%但不低于1000元的罚款；持票人有权要求出票人赔偿支票金额2%的赔偿金。

第三十二条　金融机构的工作人员在票据业务中玩忽职守，对违反票据法和本办法规定的票据予以承兑、付款、保证或者贴现的，对直接负责的主管人员和其他直接责任人员给予警告、记过、撤职或者开除的处分；造成重大损失，构成犯罪的，依法追究刑事责任。

第三十三条　票据的付款人对见票即付或者到期的票据，故意压票、拖延支付的，由中国人民银行处以压票、拖延支付期间内每日票据金额0.7‰的罚款；对直接负责的主管人员和其他直接责任人员给予警告、记过、撤职或者开除的处分。

第三十四条　违反中国人民银行规定，擅自印制票据的，由中国人民银行责令改正，处以1万元以上20万元以下的罚款；情节严重的，中国人民银行有权提请有关部门吊销其营业执照。

第三十五条　票据的格式、联次、颜色、规格及防伪技术要求和印制，由中国人民银行规定。

中国人民银行在确定票据格式时，可以根据少数民族地区和外国驻华使领馆的实际需要，在票据格式中增加少数民族文字或者外国文字。

第三十六条　本办法自 1997 年 10 月 1 日起施行。

※ 部门规章及规范性文件 ※

《票据交易管理办法》

中国人民银行公告〔2016〕第 29 号

第一章　总　　则

第一条　为规范票据市场交易行为，防范交易风险，维护交易各方合法权益，促进票据市场健康发展，依据《中华人民共和国中国人民银行法》、《中华人民共和国票据法》、《中华人民共和国电子签名法》等有关法律法规，制定本办法。

第二条　市场参与者从事票据交易应当遵守本办法，本办法所称票据包括但不限于纸质或者电子形式的银行承兑汇票、商业承兑汇票等可交易票据。

第三条　票据交易应当遵循公平自愿、诚信自律、风险自担的原则。

第四条　中国人民银行依法对票据市场进行监督管理，并根据宏观调控需要对票据市场进行宏观审慎管理。

第二章　票据市场参与者

第五条　票据市场参与者是指可以从事票据交易的市场主体，包括：

（一）法人类参与者。指金融机构法人，包括政策性银行、商业银行及其授权的分支机构、农村信用社、企业集团财务公司、信托公司、证券公司、基金管理公司、期货公司、保险公司等经金融监督管理部门许可的金融机构。

（二）非法人类参与者。指金融机构等作为资产管理人，在依法合规的前提下，接受客户的委托或者授权，按照与客户约定的投资计划和方式开展资产管理业务所设立的各类投资产品，包括证券投资基金、资产管理计划、银行理财产品、信托计划、保险产品、住房公积金、社会保障基金、企业年金、养老基金等。

（三）中国人民银行确定的其他市场参与者。

第六条 法人类参与者应当符合以下条件：

（一）依法合规设立。

（二）已制定票据业务内部管理制度和操作规程，具有健全的公司治理结构和完善的内部控制、风险管理机制。

（三）有熟悉票据市场和专门从事票据交易的人员。

（四）具备相应的风险识别和承担能力，知悉并承担票据投资风险。

（五）中国人民银行要求的其他条件。

第七条 非法人类参与者应当符合以下条件：

（一）产品设立符合相关法律法规和监管规定，并已依法在相关金融监督管理部门获得批准或者完成备案。

（二）产品已委托具有托管资格的金融机构（以下简称托管人）进行独立托管，托管人对委托人资金实行分账管理、单独核算。

（三）产品管理人具有相关金融监督管理部门批准的资产管理业务资格。

第八条 法人类参与者开展票据交易，应当遵守有关法律法规，强化内控制度建设，完善部门和岗位设置，并采取切实措施持续提高相关人员业务能力。

第九条 非法人类参与者开展票据交易，由其资产管理人代表其行使票据权利并以受托管理的资产承担相应的民事责任。资产管理人从事资管业务的部门、岗位、人员及其管理的资产应当与其自营业务相互独立。

第三章　票据市场基础设施

第十条　票据市场基础设施是指提供票据交易、登记托管、清算结算、信息服务的机构。

第十一条　票据市场基础设施应当经中国人民银行认可。中国人民银行对票据市场基础设施开展票据相关业务进行监督管理。

第十二条　票据市场基础设施可以为市场参与者提供以下服务：

（一）组织票据交易，公布票据交易即时行情。

（二）票据登记托管。

（三）票据交易的清算结算。

（四）票据信息服务。

（五）中国人民银行认可的其他服务。

第十三条　票据市场基础设施按照金融市场基础设施建设有关标准进行系统建设与管理。

第十四条　票据市场基础设施应当从其业务收入中提取一定比例的金额设立风险基金并存入开户银行专门账户，用于弥补因违约交收、技术故障、操作失误、不可抗力等造成的相关损失。

第十五条　上海票据交易所是中国人民银行指定的提供票据交易、登记托管、清算结算和信息服务的机构。

第四章　票据信息登记与电子化

第十六条　纸质票据贴现前，金融机构办理承兑、质押、保证等业务，应当不晚于业务办理的次一工作日在票据市场基础设施完成相关信息登记工作。

纸质商业承兑汇票完成承兑后，承兑人开户行应当根据承兑人委托代其进行承兑信息登记。承兑信息未能及时登记的，持票人有权要求承兑人补充登记承兑信息。

纸质票据票面信息与登记信息不一致的，以纸质票据票面信息为准。

第十七条 贴现人办理纸质票据贴现时，应当通过票据市场基础设施查询票据承兑信息，并在确认纸质票据必须记载事项与已登记承兑信息一致后，为贴现申请人办理贴现，贴现申请人无需提供合同、发票等资料；信息不存在或者纸质票据必须记载事项与已登记承兑信息不一致的，不得办理贴现。

本款所称纸质票据必须记载事项指《中华人民共和国票据法》第二十二条规定的票据必须记载事项。

第十八条 贴现人完成纸质票据贴现后，应当不晚于贴现次一工作日在票据市场基础设施完成贴现信息登记。

第十九条 承兑人或者承兑人开户行收到挂失止付通知或者公示催告等司法文书并确认相关票据未付款的，应当于当日依法暂停支付并在票据市场基础设施登记或者委托开户行在票据市场基础设施登记相关信息。

第二十条 金融机构通过票据市场基础设施进行相关业务信息登记，因信息登记错误给他人造成损失的，应当承担赔偿责任。

第二十一条 贴现人办理纸质票据贴现后，应当在票据上记载"已电子登记权属"字样，该票据不再以纸质形式进行背书转让、设立质押或者其他交易行为。贴现人应当对纸质票据妥善保管。

第二十二条 已贴现票据背书通过电子形式办理。电子形式背书是指在票据市场基础设施以数据电文形式记载的背书，和纸质形式背书具有同等法律效力。

第二十三条 纸质票据电子形式背书后，由票据权利人通过票据市场基础设施通知保管人变更寄存人的方式完成交付。

第二十四条 贴现人可以按市场化原则选择商业银行对纸质票据进

行保证增信。

保证增信行对纸质票据进行保管并为贴现人的偿付责任进行先行偿付。

第二十五条 已贴现票据应当通过票据市场基础设施办理背书转让、质押、保证、提示付款等票据业务。

第二十六条 纸质票据贴现后，其保管人可以向承兑人发起付款确认。付款确认可以采用实物确认或者影像确认。

实物确认是指票据保管人将票据实物送达承兑人或者承兑人开户行，由承兑人在对票据真实性和背书连续性审查的基础上对到期付款责任进行确认。

影像确认是指票据保管人将票据影像信息发送至承兑人或者承兑人开户行，由承兑人在对承兑信息和背书连续性审查的基础上对到期付款责任进行确认。

承兑人要求实物确认的，银行承兑汇票保管人应当将票据送达承兑人，实物确认后，纸质票据由其承兑人代票据权利人妥善保管；商业承兑汇票保管人应当将票据通过承兑人开户行送达承兑人进行实物确认，实物确认后，纸质票据由商业承兑汇票开户行代票据权利人妥善保管。

第二十七条 实物确认与影像确认具有同等效力。承兑人或者承兑人开户行进行付款确认后，除挂失止付、公示催告等合法抗辩情形外，应当在持票人提示付款后付款。

第二十八条 承兑人收到票据影像确认请求或者票据实物后，应当在3个工作日内做出或者委托其开户行做出同意或者拒绝到期付款的应答。拒绝到期付款的，应当说明理由。

第二十九条 票据保管人应当采取切实措施保证纸质票据不被挪用、污损、涂改和灭失，并承担因保管不善引发的相关法律责任。

第三十条 电子商业汇票签发、承兑、质押、保证、贴现等信息应当通过电子商业汇票系统同步传送至票据市场基础设施。

第三十一条 电子商业汇票一经承兑即视同承兑人已进行付款确认。

第五章 票据登记与托管

第三十二条 票据登记是指金融机构将票据权属在票据市场基础设施电子簿记系统予以记载的行为。

第三十三条 票据托管是指票据市场基础设施根据票据权利人委托对其持有票据的相关权益进行管理和维护的行为。

第三十四条 市场参与者应当在票据市场基础设施开立票据托管账户。

市场参与者开立票据托管账户时，应当向票据市场基础设施提出申请，并保证所提交的开户资料真实、准确、完整。

第三十五条 票据托管账户采用实名制，不得出租、出借或者转让。

第三十六条 一个市场参与者只能开立一个票据托管账户，中国人民银行另有规定的除外。

具有法人资格的市场参与者应当以法人名义开立票据托管账户；经法人授权的分支机构应当以分支机构名义开立票据托管账户；非法人市场参与者应当以产品名义单独开立票据托管账户。

第三十七条 贴现人应当于票据交易前在票据市场基础设施完成纸质票据登记工作，确保其提交的票据登记信息真实、有效，并承担相应法律责任。

第三十八条 票据市场基础设施依据电子商业汇票系统相关信息为持票人完成电子票据登记。

第三十九条 因票据的交易过户、非交易过户等原因引起票据托管账户余额变化的，票据市场基础设施应当为权利人办理票据变更登记。

第六章 票据交易

第四十条 票据交易采取全国统一的运营管理模式，通过票据市场基础设施进行。

第四十一条 票据交易包括转贴现、质押式回购和买断式回购等。

转贴现是指卖出方将未到期的已贴现票据向买入方转让的交易行为。

质押式回购是指正回购方在将票据出质给逆回购方融入资金的同时，双方约定在未来某一日期由正回购方按约定金额向逆回购方返还资金、逆回购方向正回购方返还原出质票据的交易行为。

买断式回购是指正回购方将票据卖给逆回购方的同时，双方约定在未来某一日期，正回购方再以约定价格从逆回购方买回票据的交易行为。

第四十二条 市场参与者完成票据登记后即可以开展交易，或者在付款确认、保证增信后开展交易。贴现人申请保证增信的，应当在首次交易前完成。

第四十三条 票据到期后偿付顺序如下：

（一）票据未经承兑人付款确认和保证增信即交易的，若承兑人未付款，应当由贴现人先行偿付。该票据在交易后又经承兑人付款确认的，应当由承兑人付款；若承兑人未付款，应当由贴现人先行偿付。

（二）票据经承兑人付款确认且未保证增信即交易的，应当由承兑人付款；若承兑人未付款，应当由贴现人先行偿付。

（三）票据保证增信后即交易且未经承兑人付款确认的，若承兑人未付款，应当由保证增信行先行偿付；保证增信行未偿付的，应当由贴现人先行偿付。

（四）票据保证增信后且经承兑人付款确认的，应当由承兑人付款；若承兑人未付款，应当由保证增信行先行偿付；保证增信行未偿付的，应当由贴现人先行偿付。

第四十四条 票据交易应当通过票据市场基础设施进行并生成成交单。成交单应当对交易日期、交易品种、交易利率等要素做出明确约定。

票据成交单、票据交易主协议及补充协议（若有）构成交易双方完整的交易合同。

票据交易合同一经成立，交易双方应当认真履行，不得擅自变更或者解除合同。

第四十五条 票据交易无需提供转贴现凭证、贴现凭证复印件、查询查复书及票面复印件等纸质资料。

第四十六条 票据贴现、转贴现的计息期限，从贴现、转贴现之日起至票据到期日止，到期日遇法定节假日的顺延至下一工作日。

第四十七条 质押式回购和买断式回购最短期限为 1 天，并应当小于票据剩余期限。

第四十八条 质押式回购的回购金额不得超过质押票据的票面总额。

第七章　票据交易结算与到期处理

第四十九条 票据交易的结算通过票据市场基础设施电子簿记系统进行，包括票款对付和纯票过户。

票款对付是指结算双方同步办理票据过户和资金支付并互为条件的结算方式。

纯票过户是指结算双方的票据过户与资金支付相互独立的结算方式。

第五十条 市场参与者开展票据交易应当采用票款对付，同一法人分支机构间的票据交易可以采用纯票过户。

第五十一条 已在大额支付系统开立清算账户的市场参与者，应当通过其在大额支付系统的清算账户办理票款对付的资金结算。

未在大额支付系统开立清算账户的市场参与者，应当委托票据市场基础设施代理票款对付的资金结算。

第五十二条 票据市场基础设施代理票款对付的资金结算时，应当通过其在大额支付系统的清算账户进行。票据市场基础设施应当在该账户下，为委托其代理资金结算的市场参与者开立票据结算资金专户。

第五十三条 交易双方应当根据合同约定，确保在约定结算日有用于结算的足额票据和资金。

第五十四条 在票据交易达成后结算完成之前，不得动用该笔交易项下用于结算的票据、资金或者担保物。

第五十五条 办理法院强制执行、税收、债权债务承继、赠与等非交易票据过户的，票据市场基础设施应当要求当事人提交合法有效的法律文件。

第五十六条 持票人在提示付款期内通过票据市场基础设施提示付款的，承兑人应当在提示付款当日进行应答或者委托其开户行进行应答。

承兑人存在合法抗辩事由拒绝付款的，应当在提示付款当日出具或者委托其开户行出具拒绝付款证明，并通过票据市场基础设施通知持票人。

承兑人或者承兑人开户行在提示付款当日未做出应答的，视为拒绝付款，票据市场基础设施提供拒绝付款证明并通知持票人。

第五十七条 商业承兑汇票承兑人在提示付款当日同意付款的，承兑人开户行应当根据承兑人账户余额情况予以处理。

（一）承兑人账户余额足够支付票款的，承兑人开户行应当代承兑人做出同意付款应答，并于提示付款日向持票人付款。

（二）承兑人账户余额不足以支付票款的，则视同承兑人拒绝付款。承兑人开户行应当于提示付款日代承兑人做出拒付应答并说明理由，同时通过票据市场基础设施通知持票人。

第五十八条 银行承兑汇票的承兑人已于到期前进行付款确认的，票据市场基础设施应当根据承兑人的委托于提示付款日代承兑人发送指令划付资金至持票人资金账户。

商业承兑汇票的承兑人已于到期前进行付款确认的，承兑人开户行应当根据承兑人委托于提示付款日扣划承兑人账户资金，并将相应款项划付至持票人资金账户。

第五十九条　保证增信行或者贴现人承担偿付责任时，应当委托票据市场基础设施代其发送指令划付资金至持票人资金账户。

第六十条　承兑人或者出票人付款后，票据保管人应当参照会计档案保管要求对票据进行保管。承兑人进行影像确认并付款的，可以凭票据市场基础设施的提示付款通知、划款通知以及留存的票据底卡联作为会计记账凭证。

第六十一条　票据发生法律纠纷时，依据有权申请人的请求，票据市场基础设施应当出具票据登记、托管和交易流转记录；票据保管人应当提供相应票据实物。

第八章　附　则

第六十二条　票据市场基础设施依照本办法及中国人民银行有关规定制定相关业务规则，报中国人民银行同意后施行。

第六十三条　本办法施行前制定的相关规定，与本办法相抵触的，以本办法为准。

第六十四条　本办法由中国人民银行负责解释。

第六十五条　本办法自公布之日起施行，过渡期按照《中国人民银行办公厅关于做好票据交易平台接入准备工作的通知》（银办发〔2016〕224号）执行。

《标准化票据管理办法》

中国人民银行公告〔2020〕第6号

第一章　总　则

第一条　为规范标准化票据业务，支持中小金融机构流动性，服务中小企业融资和供应链金融发展，根据《中华人民共和国中国人民银行法》、《中华人民共和国信托法》、《中华人民共和国票据法》以及相关法律、行政法规，制定本办法。

第二条　本办法所称标准化票据，是指存托机构归集核心信用要素相似、期限相近的商业汇票组建基础资产池，以基础资产池产生的现金流为偿付支持而创设的等分化受益凭证。

第三条　标准化票据的创设和交易应根据市场需要，遵循公平自愿、诚信自律、风险自担的原则。

第四条　标准化票据属于货币市场工具，中国人民银行依法对标准化票据实施宏观调控和监督管理。

第二章　主要参与机构

第五条　本办法所称存托机构，是指为标准化票据提供基础资产归集、管理、创设及信息服务的机构。

存托机构应依照法律法规规定和存托协议约定，完成每只标准化票据相关的登记、托管、信息披露以及协助完成兑付、追索等，督促原始持票人、承兑人、承销商等相关机构履行法律法规规定及存托协议约定的义务。

第六条　存托机构应符合以下条件：

（一）熟悉票据和债券市场业务的商业银行或证券公司；

（二）具有与开展标准化票据存托业务相适应的从业人员、内控制度和业务设施等；

（三）财务状况良好，组织机构健全，内部控制规范，风险管理有效；

（四）信誉良好，最近两年内无重大违法、违规行为；

（五）法律法规和中国人民银行规定的其他条件。

第七条　本办法所称原始持票人，是指根据存托协议约定将符合条件的商业汇票完成存托，取得相应对价的商业汇票持票人。

原始持票人持有的商业汇票应真实、合法、有效，存托时以背书方式将基础资产权利完整转让，不得存在虚假或欺诈性存托，不得认购或变相认购以自己存托的商业汇票为基础资产的标准化票据。

第八条 本办法所称票据经纪机构，是指受存托机构委托，负责归集基础资产的金融机构。

票据经纪机构应票据业务活跃、市场信誉良好，有独立的票据经纪部门和完善的内控管理机制，具有专业从业人员和经纪渠道，票据经纪机构的票据经纪业务与票据自营业务应严格隔离。

第三章　基础资产

第九条 基础资产应符合以下条件：

（一）承兑人、贴现行、保证人等信用主体的核心信用要素相似、期限相近；

（二）依法合规取得，权属明确、权利完整，无附带质押等权利负担；

（三）可依法转让，无挂失止付、公示催告或被有关机关查封、冻结等限制票据权利的情形；

（四）承兑人、贴现行、保证人等信用主体和原始持票人最近两年内无重大违法、违规行为；

（五）法律法规和中国人民银行规定的其他条件。

第十条 标准化票据的基础资产应独立于存托机构等其他参与人的固有财产。

第十一条 原始持票人、存托机构和标准化票据投资者应通过存托协议明确标准化票据所代表权益和各方权利义务。存托协议应符合法律法规及中国人民银行规定，并至少载明下列事项：

（一）创设目的；

（二）原始持票人、存托机构及相关机构名称和住所；

（三）标准化票据的规模、期限等基本情况；

（四）基础资产的种类、金额、期限、合法合规性、现金流预测分析等基本情况；

（五）基础资产现金流归集与分配程序；

（六）投资者范围和投资者取得标准化票据权利的形式、方法；

（七）标准化票据持有人大会召集程序、规则等安排；

（八）信息披露、风险揭示要求与防范措施；

（九）原始持票人、存托机构、投资者的权利与义务。

投资者认购或受让标准化票据即成为存托协议当事人，视为其同意并遵守存托协议约定。

第十二条 存托机构可自行归集或通过票据经纪机构归集基础资产。存托机构和票据经纪机构应对基础资产的真实性、合法性和有效性进行审查。

存托机构和票据经纪机构公开归集基础资产的，应明确归集规则，保证归集过程公平、公正、公开，严禁欺诈、误导、操纵、串通、利益输送等行为。

第十三条 存托机构应委托票据市场基础设施为基础资产提供登记、托管、清算结算等服务。标准化票据存续期间，基础资产不得被交易、挪用或设置质押等权利负担。

<h2 style="text-align:center">第四章 标准化票据创设</h2>

第十四条 存托机构应在标准化票据创设前披露基础资产清单，并向投资者公布标准化票据的认购公告。公开归集基础资产的，存托机构或票据经纪机构应在基础资产归集前至少 3 个工作日发布基础资产申报公告。

标准化票据认购成功的次一工作日前，票据市场基础设施应完成基础资产的登记托管，标准化票据登记托管机构应完成标准化票据的登记托管。

第十五条 存托机构可自行组织标准化票据认购或委托金融机构承

销。标准化票据的承销适用《全国银行间债券市场金融债券发行管理办法》（中国人民银行令〔2005〕第 1 号发布）关于承销的规定。

第十六条 标准化票据的登记托管、清算结算适用《银行间债券市场债券登记托管结算管理办法》（中国人民银行令〔2009〕第 1 号发布）及中国人民银行有关规定。

第十七条 标准化票据的交易流通适用《全国银行间债券市场债券交易管理办法》（中国人民银行令〔2000〕第 2 号发布）的有关规定，在银行间债券市场和票据市场交易流通。

第十八条 标准化票据适用于现券买卖、回购、远期等交易品种。

第五章 信息披露

第十九条 存托机构应在标准化票据创设前和存续期间依照本办法规定真实、准确、完整、及时披露对标准化票据投资价值判断有实质性影响的信息，不得有虚假记载、误导性陈述和重大遗漏。

第二十条 存托机构应在标准化票据创设前至少 1 个工作日，披露存托协议、基础资产清单、信用主体的信用评级、认购公告等，在认购结束之日起 1 个工作日内披露标准化票据创设结果。

基础资产的信用主体为非上市公司，且在债券市场无信用信息披露的，存托机构应向投资者提供对标准化票据投资价值判断有实质性影响的信息。

第二十一条 存托机构应向投资者充分提示标准化票据可能涉及的各类风险，包括但不限于资产信用风险、集中度风险、操作风险、法律风险、关联关系风险等。

第二十二条 标准化票据存续期间，存托机构应及时披露基础资产兑付信息、信用主体涉及的重大经营问题或诉讼事项等内容。发生任何影响基础资产价值的重大事件，存托机构应自获得相关信息之日起 3 个工作日内向投资者披露。

第六章　投资者保护

第二十三条　标准化票据的持有人依照相关法律法规和合同约定，享有以下权利：

（一）参与标准化票据的收益分配；

（二）依法处置标准化票据；

（三）监督存托机构对基础资产的管理情况，并有权要求其对相关情况作出说明；

（四）按照相关要求参加标准化票据持有人大会，并对审议事项行使表决权；

（五）按规定或约定的时间和方式获得标准化票据相关信息披露文件，查阅或复制标准化票据相关文件；

（六）标准化票据相关合同约定的其他权利。

第二十四条　标准化票据存续期间，发生存托机构变更或解任、存托协议变更、基础资产逾期追索、诉讼等事件以及存托协议中约定的应由标准化票据持有人大会作出决议的其他情形时，应通过召开标准化票据持有人大会审议决定。

标准化票据持有人大会由存托机构召集，存托机构不召集的，持有人可按照存托协议的约定自行召集。

第七章　监督管理

第二十五条　标准化票据的利率、价格等以市场化方式确定，任何机构不得以欺诈、操纵市场等行为获取不正当利益。

第二十六条　标准化票据存托、经纪、承销、信用评级等专业机构及人员应勤勉尽责，严格遵守执业规范和职业道德，按规定和约定履行义务。

专业机构及人员出具的文件含有虚假记载、误导性陈述和重大遗漏的，应按职责范围承担相应的法律责任。

第二十七条　票据市场基础设施、标准化票据登记托管机构等标准化票据相关基础设施，应根据自身职责依照本办法及中国人民银行有关规定，建立相应内部控制和风险管理制度，制定基础资产托管及信息披露等规则，组织市场机构起草标准化票据存托协议标准文本，报中国人民银行备案后施行。

第二十八条　存托机构应于标准化票据创设结束之日起5个工作日内向中国人民银行报告创设情况。标准化票据相关基础设施应每月向中国人民银行报告标准化票据的基础资产管理、创设、登记托管、交易、结算等情况。

第二十九条　中国人民银行依法对标准化票据相关基础设施、存托机构、票据经纪机构、承销机构等进行监督管理。对违反本办法规定的机构和人员，中国人民银行依照《中华人民共和国中国人民银行法》第四十六条的规定进行处罚。

第八章　附　则

第三十条　本办法由中国人民银行负责解释。

第三十一条　本办法自2020年7月28日起施行。

《商业汇票办法》

银发〔1994〕163号

第一条　为保证商业汇票的正常使用和流通，适应社会主义市场经济发展的需要，特制定本办法。

第二条　商业汇票是收款人或付款人（或承兑申请人）签发，由承兑人承兑，并于到期日向收款人或被背书人支付款项的票据。

第三条　商业汇票按其承兑人的不同，分为商业承兑汇票和银行承兑汇票。

商业承兑汇票是由收款人签发，经付款人承兑，或由付款人签发并承兑的票据。

银行承兑汇票是由收款人或承兑申请人签发，并由承兑申请人向开户银行申请，经银行审查同意承兑的票据。

第四条 在银行开立帐户的法人之间根据购销合同进行的商品交易，可使用商业承兑汇票。

国有企业、股份制企业、集体所有制工业企业、供销合作社以及三资企业之间根据购销合同进行的商品交易，可使用银行承兑汇票。其他法人和个人不得使用银行承兑汇票。

商业汇票在同城和异地均可使用。

第五条 签发商业汇票应以商品交易为基础。禁止签发、承兑和贴现无商品交易的商业汇票，严禁利用商业汇票拆借资金和套取银行贴现资金。

第六条 商业汇票一律记名。允许背书转让。

签发人或承兑人在汇票正面记明"不准转让"字样的，该汇票不得背书转让，否则，签发人或承兑人对被背书人不负保证付款的责任。

第七条 商业汇票承兑期限，由交易双方商定，最长不超过六个月。如属分期付款，应一次签发若干张不同期限的汇票，也可按供货进度分次签发汇票。

第八条 商业承兑汇票按双方约定签发。由收款人签发的商业承兑汇票，应交付款人承兑；由付款人签发的商业承兑汇票，应经本人承兑。付款人须在商业承兑汇票正面签署"承兑"字样并加盖预留银行印章后，将商业承兑汇票交给收款人。

第九条 商业承兑汇票的收款人或被背书人，对同城承兑的汇票，应于汇票到期日送交开户银行办理收款；对异地承兑的汇票，应于汇票到期日前五日内送交开户银行办理收款；对逾期的汇票，应于汇票到期日的次日起十日内送交开户银行办理收款，超过期限的，银行不予受理。

付款人应于商业承兑汇票到期前将票款足额交存其开户银行，银行俟到期日凭票将款项划转给收款人、被背书人或贴现银行。

第十条　商业承兑汇票到期日，付款人帐户不足支付时，其开户银行应将商业承兑汇票退给收款人或被背书人，由其自行处理。同时银行对付款人按票面金额处以百分之五但不低于五十元的罚款。

第十一条　银行承兑汇票按双方约定签发。由收款人签发的银行承兑汇票，应交承兑申请人持汇票和购销合同向其开户银行申请承兑；由承兑申请人签发的银行承兑汇票，应由本人持汇票和购销合同向其开户银行申请承兑。

第十二条　银行承兑汇票的承兑银行，必须具备下列条件：

一、参加全国联行或省辖联行（限省内范围使用）；

二、内部管理完善，制度健全；

三、具有到期履行支付票款的能力。

承兑银行的确定，由其上级管理行审定。

第十三条　银行承兑汇票的承兑，非银行金融机构不能办理。交通银行、中信实业银行、光大银行、华夏银行及区域性银行不能向本系统未设立机构的地区承兑银行承兑汇票。

第十四条　银行承兑汇票的承兑权限，按各行规定的贷款审批权限执行。每张汇票承兑金额最高不得超过一千万元。

第十五条　银行在办理银行承兑汇票的承兑时，信贷部门负责按照信贷办法的有关规定和审批程序，以及对企业单位的资信情况、购销合同、汇票的使用对象和汇票记载的内容进行认真审查，必要时可由承兑申请人提供抵押或担保。符合规定和承兑条件的，与承兑申请人签订承兑协议。对不符合规定和承兑条件的，一律不予办理。

会计部门负责汇票记载内容和使用对象的复审，符合规定并具有承兑协议的，在银行承兑汇票上加盖"汇票专用章"，用压数机压印汇票金额，然后将银行承兑汇票和解讫通知交给承兑申请人。

第十六条　银行承兑汇票的承兑银行，应按票面金额向承兑申请人收取万分之五的手续费。手续费每笔不足十元的，按十元计收。

第十七条　银行承兑汇票的收款人或被背书人应在银行承兑汇票到期时，将银行承兑汇票、解讫通知，连同进帐单送交开户银行办理转帐，对逾期的汇票应于汇票到期日的次日起十日内，送交开户银行办理转帐，超过期限的银行不予受理。

第十八条　银行承兑汇票的承兑申请人应于银行承兑汇票到期前将票款足额交存其开户银行。承兑银行侯到期日凭票将款项付给收款人、被背书人或贴现银行。

第十九条　银行承兑汇票的承兑申请人于汇票到期日未能足额交存票款时，承兑银行除凭票向收款人、被背书人或贴现银行无条件付款外，应根据承兑协议规定，对承兑申请人执行扣款，并对尚未扣回的承兑金额每天按万分之五计收罚息。

第二十条　商业汇票的贴现银行除另有规定外必须是贴现申请人的开户银行。银行承兑汇票的贴现银行必须是参加全国联行和省辖联行的银行机构。非银行金融机构不准办理银行承兑汇票的贴现。

第二十一条　商业汇票的收款人或被背书人需要资金时，可持未到期的商业承兑汇票或银行承兑汇票并填写贴现凭证，向其开户银行申请贴现。贴现银行需要资金时，可持未到期的承兑汇票向其他银行转贴现，也可向人民银行申请再贴现。

第二十二条　商业汇票的贴现，信贷部门应按照银行承兑的要求认真审查，会计部门应按照商业汇票会计核算手续的有关规定认真审查。符合规定的，办理贴现手续。

第二十三条　贴现、转贴现和再贴现的期限从其贴现之日起至汇票到期日止。实付贴现金额按票面金额扣除贴现日至汇票到期前一日的利息计算。贴现利率按现有同档次信用贷款利率下浮 3% 执行。

第二十四条 贴现到期，贴现银行应向承兑人收取票款。如收到退回的商业承兑汇票，贴现银行应从贴现申请人帐户内收取票款。

转贴现、再贴现到期，转贴现、再贴现银行向申请贴现的银行收取票款。

第二十五条 银行办理商业汇票的承兑和贴现，必须经信贷、会计部门负责人复审。金额较大的，须报经主管行长批准。

第二十六条 单位或银行对已承兑的商业承兑汇票或银行承兑汇票，负有到期无条件付款的责任，不得以交易纠纷和本身承兑的责任拒付票款。对于持票人用欺骗手段取得票据行使权利时，承兑人对其可以抗辩。但对经背书转让汇票的其他债权人行使权利时，承兑人对其不得提出抗辩。

第二十七条 经背书转让的商业汇票，因不获付款而遭退票时，持票人可以对出票人、背书人和其他债务人行使追索权，票据的各债务人对持票人负连带责任。

第二十八条 签发、承兑空白或内容不完整的商业汇票无效。收款人或被背书人不得收受和转让空白或内容不完整的商业汇票，银行也不得为其办理贴现和票款的结算，否则，由此产生的民事责任和经济纠纷，由责任人共同承担。

第二十九条 单位签发商业汇票必须使用中国人民银行总行统一印刷的商业承兑汇票、银行承兑汇票，否则，收款人和被背书人不得受理，银行也不办理承兑、贴现和票款的结算。

第三十条 商业承兑汇票和银行承兑汇票是空白重要结算凭证，单位和银行的财会部门要按照规定严格管理。

第三十一条 单位和银行违反本办法，签发、承兑、转让、贴现商业汇票，应按照有关规定对其予以处罚。

第三十二条　伪造、变造商业汇票和利用商业汇票进行违法活动构成犯罪的，由司法机关追究刑事责任。

《商业汇票承兑、贴现与再贴现管理办法》

中国人民银行　中国银行保险监督管理委员会令〔2022〕第4号

第一章　总　则

第一条　为了规范商业汇票承兑、贴现与再贴现业务，根据《中华人民共和国票据法》《中华人民共和国中国人民银行法》《中华人民共和国银行业监督管理法》《中华人民共和国商业银行法》等有关法律法规，制定本办法。

第二条　本办法所称商业汇票是出票人签发的，委托付款人在见票时或者在指定日期无条件支付确定的金额给收款人或者持票人的票据，包括但不限于纸质或电子形式的银行承兑汇票、财务公司承兑汇票、商业承兑汇票等。

第三条　电子商业汇票的出票、承兑、贴现、贴现前的背书、质押、保证、提示付款和追索等业务，应当通过人民银行认可的票据市场基础设施办理。供应链票据属于电子商业汇票。

第四条　本办法所称承兑是指付款人承诺在商业汇票到期日无条件支付汇票金额的票据行为。

第五条　本办法所称贴现是指持票人在商业汇票到期日前，贴付一定利息将票据转让至具有贷款业务资质机构的行为。

持票人持有的票据应为依法合规取得，具有真实交易关系和债权债务关系，因税收、继承、赠与依法无偿取得票据的除外。

第六条　本办法所称再贴现是指人民银行对金融机构持有的已贴现未到期商业汇票予以贴现的行为，是中央银行的一种货币政策工具。

第七条　商业汇票的承兑、贴现和再贴现，应当遵循依法合规、公平自愿、诚信自律、风险自担的原则。

第二章　承　兑

第八条　银行承兑汇票是指银行和农村信用合作社承兑的商业汇票。银行主要包括政策性开发性银行、商业银行和农村合作银行。

银行承兑汇票承兑人应在中华人民共和国境内依法设立，具有银保监会或其派出机构颁发的金融许可证，且业务范围包含票据承兑。

第九条　财务公司承兑汇票是指企业集团财务公司承兑的商业汇票。

财务公司承兑汇票承兑人应在中华人民共和国境内依法设立，具有银保监会或其派出机构颁发的金融许可证，且业务范围包含票据承兑。

第十条　商业承兑汇票是由银行、农村信用合作社、财务公司以外的法人或非法人组织承兑的商业汇票。

商业承兑汇票承兑人应为在中华人民共和国境内依法设立的法人及其分支机构和非法人组织。

第十一条　银行、农村信用合作社、财务公司承兑人开展承兑业务时，应当严格审查出票人的真实交易关系和债权债务关系以及承兑风险，出票人应当具有良好资信。承兑的金额应当与真实交易关系和债权债务关系、承兑申请人的偿付能力相匹配。

第十二条　银行、农村信用合作社、财务公司承兑的担保品应当严格管理。

担保品为保证金的，保证金账户应当独立设置，不得挪用或随意提前支取保证金。

第十三条　银行、农村信用合作社、财务公司承兑业务应当纳入存款类金融机构统一授信管理和风险管理框架。

第三章　贴现和再贴现

第十四条　商业汇票的贴现人应为在中华人民共和国境内依法设立的、具有贷款业务资质的法人及其分支机构。

申请贴现的商业汇票持票人应为自然人、在中华人民共和国境内依法设立的法人及其分支机构和非法人组织。

第十五条 申请贴现的持票人取得贴现票据应依法合规，与出票人或前手之间具有真实交易关系和债权债务关系，因税收、继承、赠与依法无偿取得票据的除外。

第十六条 持票人申请贴现，须提交贴现申请、持票人背书的未到期商业汇票以及能够反映真实交易关系和债权债务关系的材料。

第十七条 持票人可以通过票据经纪机构进行票据贴现询价和成交，贴现撮合交易应当通过人民银行认可的票据市场基础设施开展。

第十八条 票据经纪机构应为市场信誉良好、票据业务活跃的金融机构。

票据经纪机构应当具有独立的票据经纪部门和完善的内控管理机制，具有专门的经纪渠道，票据经纪业务与自营业务严格隔离。票据经纪机构应当具有专业的从业人员。

第十九条 转贴现业务按照人民银行和银保监会票据交易有关规定执行。

第二十条 办理商业汇票贴现业务的金融机构，可以申请办理再贴现业务。再贴现业务办理的条件、利率、期限和方式，按照人民银行有关规定执行。

第四章　风险控制

第二十一条 金融机构应当具备健全的票据业务管理制度和内部控制制度，审慎开展商业汇票承兑和贴现业务，采取有效措施防范市场风险、信用风险和操作风险。

第二十二条 商业汇票的承兑人和贴现人应当具备良好的经营和财务状况，最近二年不得发生票据持续逾期或者未按规定披露信息的行为。

商业汇票承兑人对承兑的票据应当具备到期付款的能力。

第二十三条 财务公司承兑人所属的集团法人应当具备良好的经营和财务状况，最近二年不得发生票据持续逾期或者未按规定披露信息的行为，最近二年不得发生重大违法行为，以及其他严重损害市场主体合法权益或社会公共利益的行为。

第二十四条 银行承兑汇票和财务公司承兑汇票的最高承兑余额不得超过该承兑人总资产的15%。银行承兑汇票和财务公司承兑汇票保证金余额不得超过该承兑人吸收存款规模的10%。

人民银行和银保监会可以根据金融机构内控情况设置承兑余额与贷款余额比例上限等其他监管指标。

第二十五条 商业汇票的付款期限应当与真实交易的履行期限相匹配，自出票日起至到期日止，最长不得超过6个月。

第五章　信息披露

第二十六条 商业汇票信息披露按照人民银行有关规定执行，应当遵循及时、真实、准确、完整的原则。

第二十七条 商业承兑汇票承兑人和财务公司承兑汇票承兑人应当按照人民银行规定披露票据主要要素及信用信息。银行承兑汇票承兑人应当披露承兑人信用信息。

第二十八条 贴现人办理商业汇票贴现的，应当按照人民银行规定核对票据披露信息，信息不存在或者记载事项与披露信息不一致的，不得为持票人办理贴现。

第二十九条 商业汇票背书转让时，被背书人可以按照人民银行规定核对票据信息，信息不存在或者记载事项与披露信息不一致的，可以采取有效措施识别票据信息真伪及信用风险，加强风险防范。

第三十条 商业汇票承兑人为非上市公司、在债券市场无信用评级的，鼓励商业汇票流通前由信用评级机构对承兑人进行主体信用评级，并按照人民银行有关规定披露相关信息。

第三十一条 票据市场基础设施按人民银行有关要求对承兑人信息披露情况进行监测，承兑人存在票据持续逾期或披露信息存在虚假、遗漏、延迟的，票据市场基础设施应根据业务规则采取相应处置措施，并向人民银行报告。

第六章　监督管理

第三十二条 人民银行依法监测商业汇票承兑和贴现的运行情况，依法对票据市场进行管理。

第三十三条 人民银行、银保监会按照法定职责对商业汇票的承兑、贴现、风险控制和信息披露进行监督管理。人民银行对再贴现进行监督管理。

第三十四条 票据市场基础设施和办理商业汇票承兑、贴现、再贴现业务的主体，应当按规定和监管需要向人民银行和银保监会报送有关业务数据。

第七章　法律责任

第三十五条 银行承兑汇票、财务公司承兑汇票的承兑限额、付款期限超出规定的，由人民银行及其分支机构、银保监会及其派出机构对承兑人进行警告、通报批评，并由银保监会及其派出机构依法处以罚款。

第三十六条 商业汇票承兑人最近二年发生票据持续逾期或者未按规定披露信息的，金融机构不得为其办理票据承兑、贴现、保证、质押等业务。

第三十七条 金融机构为不具有真实交易关系和债权债务关系（因税收、继承、赠与依法无偿取得票据的除外）的出票人、持票人办理商业汇票承兑、贴现的，由银保监会及其派出机构根据不同情形依法采取暂停其票据业务等监管措施或者实施行政处罚；对直接负责的董事、高级管理人员和其他直接责任人员，依法追究相关责任。

第三十八条 商业汇票出票人、持票人通过欺诈手段骗取金融机构承兑、贴现的，依法承担相应责任；涉嫌构成犯罪的，移送司法机关依法追究刑事责任。

第三十九条 未经依法许可或者违反国家金融管理规定，擅自从事票据贴现的，依照有关法律法规进行处置。

第八章 附 则

第四十条 本办法由人民银行、银保监会负责解释。

第四十一条 本办法第二十四条规定自 2024 年 1 月 1 日起实施。

第四十二条 本办法自 2023 年 1 月 1 日起施行。《商业汇票承兑、贴现与再贴现管理暂行办法》（银发〔1997〕216 号文印发）、《中国人民银行关于切实加强商业汇票承兑贴现和再贴现业务管理的通知》（银发〔2001〕236 号）同时废止。

《电子商业汇票业务管理办法》

中国人民银行令〔2009〕第 2 号

第一章 总 则

第一条 为规范电子商业汇票业务，保障电子商业汇票活动中当事人的合法权益，促进电子商业汇票业务发展，依据《中华人民共和国中国人民银行法》、《中华人民共和国票据法》、《中华人民共和国电子签名法》、《中华人民共和国物权法》、《票据管理实施办法》等有关法律法规，制定本办法。

第二条 电子商业汇票是指出票人依托电子商业汇票系统，以数据电文形式制作的，委托付款人在指定日期无条件支付确定金额给收款人或者持票人的票据。

电子商业汇票分为电子银行承兑汇票和电子商业承兑汇票。

电子银行承兑汇票由银行业金融机构、财务公司（以下统称金融机构）承兑；电子商业承兑汇票由金融机构以外的法人或其他组织承兑。

电子商业汇票的付款人为承兑人。

第三条 电子商业汇票系统是经中国人民银行批准建立，依托网络和计算机技术，接收、存储、发送电子商业汇票数据电文，提供与电子商业汇票货币给付、资金清算行为相关服务的业务处理平台。

第四条 电子商业汇票各当事人应本着诚实信用原则，按照本办法的规定作出票据行为。

第五条 电子商业汇票的出票、承兑、背书、保证、提示付款和追索等业务，必须通过电子商业汇票系统办理。

第六条 电子商业汇票业务主体的类别分为：

（一）直接接入电子商业汇票系统的金融机构（以下简称接入机构）；

（二）通过接入机构办理电子商业汇票业务的金融机构（以下简称被代理机构）；

（三）金融机构以外的法人及其他组织。

电子商业汇票系统对不同业务主体分配不同的类别代码。

第七条 票据当事人办理电子商业汇票业务应具备中华人民共和国组织机构代码。被代理机构、金融机构以外的法人及其他组织办理电子商业汇票业务，应在接入机构开立账户。

第八条 接入机构提供电子商业汇票业务服务，应对客户基本信息的真实性负审核责任，并依据本办法及相关规定，与客户签订电子商业汇票业务服务协议，明确双方的权利和义务。

客户基本信息包括客户名称、账号、组织机构代码和业务主体类别等信息。

第九条 电子商业汇票系统运营者由中国人民银行指定和监管。

第十条 接入机构应按规定向客户和电子商业汇票系统转发电子商业汇票信息，并保证内部系统存储的电子商业汇票信息与电子商业汇票系统存储的相关信息相符。

第十一条 电子商业汇票信息以电子商业汇票系统的记录为准。

第十二条 电子商业汇票以人民币为计价单位。

第二章 基本规定

第十三条 电子商业汇票为定日付款票据。

电子商业汇票的付款期限自出票日起至到期日止，最长不得超过1年。

第十四条 票据当事人在电子商业汇票上的签章，为该当事人可靠的电子签名。

电子签名所需的认证服务应由合法的电子认证服务提供者提供。

可靠的电子签名必须符合《中华人民共和国电子签名法》第十三条第一款的规定。

第十五条 电子商业汇票业务活动中，票据当事人所使用的数据电文和电子签名应符合《中华人民共和国电子签名法》的有关规定。

第十六条 客户开展电子商业汇票活动时，其签章所依赖的电子签名制作数据和电子签名认证证书，应向接入机构指定的电子认证服务提供者的注册审批机构申请。

接入机构为客户提供电子商业汇票业务服务或作为电子商业汇票当事人时，其签章所依赖的电子签名制作数据和电子签名认证证书，应向电子商业汇票系统运营者指定的电子认证服务提供者的注册审批机构申请。

第十七条 接入机构、电子商业汇票系统运营者指定的电子认证服务机构提供者，应对电子签名认证证书申请者的身份真实性负审核责任。

电子认证服务提供者依据《中华人民共和国电子签名法》承担相应责任。

第十八条 接入机构应对通过其办理电子商业汇票业务客户的电子签名真实性负审核责任。

电子商业汇票系统运营者应对接入机构的身份真实性和电子签名真实性负审核责任。

第十九条 电子商业汇票系统应实时接收、处理电子商业汇票信息，并向相关票据当事人的接入机构实时发送该信息；接入机构应实时接收、处理电子商业汇票信息，并向相关票据当事人实时发送该信息。

第二十条 出票人签发电子商业汇票时，应将其交付收款人。

电子商业汇票背书，背书人应将电子商业汇票交付被背书人。

电子商业汇票质押解除，质权人应将电子商业汇票交付出质人。

交付是指票据当事人将电子商业汇票发送给受让人，且受让人签收的行为。

第二十一条 签收是指票据当事人同意接受其他票据当事人的行为申请，签章并发送电子指令予以确认的行为。

驳回是指票据当事人拒绝接受其他票据当事人的行为申请，签章并发送电子指令予以确认的行为。

收款人、被背书人可与接入机构签订协议，委托接入机构代为签收或驳回行为申请，并代理签章。

商业承兑汇票的承兑人应与接入机构签订协议，在符合本办法规定的情况下，由接入机构代为签收或驳回提示付款指令，并代理签章。

第二十二条 出票人或背书人在电子商业汇票上记载了"不得转让"事项的，电子商业汇票不得继续背书。

第二十三条 票据当事人通过电子商业汇票系统作出行为申请，行为接收方未签收且未驳回的，票据当事人可撤销该行为申请。电子商业汇票系统为行为接收方的，票据当事人不得撤销。

第二十四条 电子商业汇票的出票日是指出票人记载在电子商业汇票上的出票日期。电子商业汇票的提示付款日是指提示付款申请的指令进入电子商业汇票系统的日期。电子商业汇票的拒绝付款日是指驳回提示付款申请的指令进入电子商业汇票系统的日期。电子商业汇票追索行为的发生日是指追索通知的指令进入电子商业汇票系统的日期。承兑、背书、保证、质押解除、付款和追索清偿等行为的发生日是指相应的签收指令进入电子商业汇票系统的日期。

第二十五条 电子商业汇票责任解除前，电子商业汇票的承兑人不得撤销原办理电子商业汇票业务的账户，接入机构不得为其办理销户手续。

第二十六条 接入机构终止提供电子商业汇票业务服务的，应按规定由其他接入机构承接其电子商业汇票业务服务。

第三章 票据行为

第一节 出 票

第二十七条 电子商业汇票的出票，是指出票人签发电子商业汇票并交付收款人的票据行为。出票人在电子商业汇票交付收款人前，可办理票据的未用退回。出票人不得在提示付款期后将票据交付收款人。

第二十八条 电子商业汇票的出票人必须为银行业金融机构以外的法人或其他组织。电子银行承兑汇票的出票人应在承兑金融机构开立账户。

第二十九条 电子商业汇票出票必须记载下列事项：

（一）表明"电子银行承兑汇票"或"电子商业承兑汇票"的字样；

（二）无条件支付的委托；

（三）确定的金额；

（四）出票人名称；

（五）付款人名称；

（六）收款人名称；

（七）出票日期；

（八）票据到期日；

（九）出票人签章。

第三十条 出票人可在电子商业汇票上记载自身的评级信息，并对记载信息的真实性负责，但该记载事项不具有票据上的效力。评级信息包括评级机构、信用等级和评级到期日。

第二节 承 兑

第三十一条 电子商业汇票的承兑，是指付款人承诺在票据到期日支付电子商业汇票金额的票据行为。

第三十二条 电子商业汇票交付收款人前，应由付款人承兑。

第三十三条 电子银行承兑汇票由真实交易关系或债权债务关系中的债务人签发，并交由金融机构承兑。

电子银行承兑汇票的出票人与收款人不得为同一人。

第三十四条 电子商业承兑汇票的承兑有以下几种方式：

（一）真实交易关系或债权债务关系中的债务人签发并承兑；

（二）真实交易关系或债权债务关系中的债务人签发，交由第三人承兑；

（三）第三人签发，交由真实交易关系或债权债务关系中的债务人承兑；

（四）收款人签发，交由真实交易关系或债权债务关系中的债务人承兑。

第三十五条 电子银行承兑汇票的出票人应向承兑金融机构提交真实、有效、用以证实真实交易关系或债权债务关系的交易合同或其他证明材料，并在电子商业汇票上作相应记录，承兑金融机构应负责审核。

第三十六条 承兑人应在票据到期日前，承兑电子商业汇票。

第三十七条 承兑人承兑电子商业汇票，必须记载下列事项：

（一）表明"承兑"的字样；

（二）承兑日期；

（三）承兑人签章。

第三十八条 承兑人可在电子商业汇票上记载自身的评级信息，并对记载信息的真实性负责，但该记载事项不具有票据上的效力。评级信息包括评级机构、信用等级和评级到期日。

第三节 转让背书

第三十九条 转让背书是指持票人将电子商业汇票权利依法转让给他人的票据行为。票据在提示付款期后，不得进行转让背书。

第四十条 转让背书应当基于真实、合法的交易关系和债权债务关系，或以税收、继承、捐赠、股利分配等合法行为为基础。

第四十一条 转让背书必须记载下列事项：

（一）背书人名称；

（二）被背书人名称；

（三）背书日期；

（四）背书人签章。

第四节 贴现、转贴现和再贴现

第四十二条 贴现是指持票人在票据到期日前，将票据权利背书转让给金融机构，由其扣除一定利息后，将约定金额支付给持票人的票据行为。

转贴现是指持有票据的金融机构在票据到期日前，将票据权利背书转让给其他金融机构，由其扣除一定利息后，将约定金额支付给持票人的票据行为。

再贴现是指持有票据的金融机构在票据到期日前，将票据权利背书转让给中国人民银行，由其扣除一定利息后，将约定金额支付给持票人的票据行为。

第四十三条 贴现、转贴现和再贴现按照交易方式，分为买断式和回购式。买断式是指贴出人将票据权利转让给贴入人，不约定日后赎回的交易方式。回购式是指贴出人将票据权利转让给贴入人，约定日后赎回的交易方式。电子商业汇票贴现、转贴现和再贴现业务中转让票据权利的票据当事人为贴出人，受让票据权利的票据当事人为贴入人。

第四十四条 电子商业汇票当事人在办理回购式贴现、回购式转贴现和回购式再贴现业务时，应明确赎回开放日、赎回截止日。

赎回开放日是指办理回购式贴现赎回、回购式转贴现赎回和回购式再贴现赎回业务的起始日期。赎回截止日是指办理回购式贴现赎回、回购式转贴现赎回和回购式再贴现赎回业务的截止日期，该日期应早于票据到期日。自赎回开放日起至赎回截止日止，为赎回开放期。

第四十五条 在赎回开放日前，原贴出人、原贴入人不得作出除追索行为外的其他票据行为。回购式贴现、回购式转贴现和回购式再贴现业务的原贴出人、原贴入人应按照协议约定，在赎回开放期赎回票据。

在赎回开放期未赎回票据的，原贴入人在赎回截止日后只可将票据背书给他人或行使票据权利，除票据关系以外的其他权利义务关系由双方协议约定。

第四十六条 持票人申请贴现时，应向贴入人提供用以证明其与直接前手间真实交易关系或债权债务关系的合同、发票等其他材料，并在电子商业汇票上作相应记录，贴入人应负责审查。

第四十七条 电子商业汇票贴现、转贴现和再贴现必须记载下列事项：

（一）贴出人名称；

（二）贴入人名称；

（三）贴现、转贴现或再贴现日期；

（四）贴现、转贴现或再贴现类型；

（五）贴现、转贴现或再贴现利率；

（六）实付金额；

（七）贴出人签章。

实付金额为贴入人实际支付给贴出人的金额。回购式贴现、回购式转贴现和回购式再贴现还应记载赎回开放日和赎回截止日。贴现还应记载贴出人贴现资金入账信息。

第四十八条 电子商业汇票回购式贴现、回购式转贴现和回购式再贴现赎回应作成背书，并记载下列事项：

（一）原贴出人名称；

（二）原贴入人名称；

（三）赎回日期；

（四）赎回利率；

（五）赎回金额；

（六）原贴入人签章。

第四十九条 贴现和转贴现利率、期限等由贴出人与贴入人协商确定。再贴现利率由中国人民银行规定。

第五十条 电子商业汇票贴现、转贴现和再贴现可选择票款对付方式或其他方式清算资金。本办法所称票款对付，是指票据交付和资金交割同时完成，并互为条件的一种交易方式。

第五节 质 押

第五十一条 电子商业汇票的质押，是指电子商业汇票持票人为了给债权提供担保，在票据到期日前在电子商业汇票系统中进行登记，以该票据为债权人设立质权的票据行为。

第五十二条 主债务到期日先于票据到期日，且主债务已经履行完毕的，质权人应按约定解除质押。主债务到期日先于票据到期日，且主债务到期未履行的，质权人可行使票据权利，但不得继续背书。

票据到期日先于主债务到期日的，质权人可在票据到期后行使票据权利，并与出质人协议将兑现的票款用于提前清偿所担保的债权或继续作为债权的担保。

第五十三条 电子商业汇票质押，必须记载下列事项：

（一）出质人名称；

（二）质权人名称；

（三）质押日期；

（四）表明"质押"的字样；

（五）出质人签章。

第五十四条 电子商业汇票质押解除，必须记载下列事项：

（一）表明"质押解除"的字样；

（二）质押解除日期。

第六节　保　证

第五十五条 电子商业汇票的保证，是指电子商业汇票上记载的债务人以外的第三人保证该票据获得付款的票据行为。

第五十六条 电子商业汇票获得承兑前，保证人作出保证行为的，被保证人为出票人。电子商业汇票获得承兑后、出票人将电子商业汇票交付收款人前，保证人作出保证行为的，被保证人为承兑人。出票人将电子商业汇票交付收款人后，保证人作出保证行为的，被保证人为背书人。

第五十七条 电子商业汇票保证，必须记载下列事项：

（一）表明"保证"的字样；

（二）保证人名称；

（三）保证人住所；

（四）被保证人名称；

（五）保证日期；

（六）保证人签章。

第七节　付　款

第五十八条 提示付款是指持票人通过电子商业汇票系统向承兑人请求付款的行为。

持票人应在提示付款期内向承兑人提示付款。

提示付款期自票据到期日起 10 日，最后一日遇法定休假日、大额支付系统非营业日、电子商业汇票系统非营业日顺延。

第五十九条 持票人在票据到期日前提示付款的，承兑人可付款或拒绝付款，或于到期日付款。承兑人拒绝付款或未予应答的，持票人可待票据到期后再次提示付款。

第六十条 持票人在提示付款期内提示付款的，承兑人应在收到提示付款请求的当日至迟次日（遇法定休假日、大额支付系统非营业日、电子商业汇票系统非营业日顺延）付款或拒绝付款。

持票人超过提示付款期提示付款的，接入机构不得拒绝受理。持票人在作出合理说明后，承兑人仍应当承担付款责任，并在上款规定的期限内付款或拒绝付款。

电子商业承兑汇票承兑人在票据到期后收到提示付款请求，且在收到该请求次日起第 3 日（遇法定休假日、大额支付系统非营业日、电子商业汇票系统非营业日顺延）仍未应答的，接入机构应按其与承兑人签订的《电子商业汇票业务服务协议》，进行如下处理：

（一）承兑人账户余额在该日电子商业汇票系统营业截止时足够支付票款的，则视同承兑人同意付款，接入机构应扣划承兑人账户资金支付票款，并在下一日（遇法定休假日、大额支付系统非营业日、电子商业汇票系统非营业日顺延）电子商业汇票系统营业开始时，代承兑人作出付款应答，并代理签章；

（二）承兑人账户余额在该日电子商业汇票系统营业截止时不足以支付票款的，则视同承兑人拒绝付款，接入机构应在下一日（遇法定休假日、大额支付系统非营业日、电子商业汇票系统非营业日顺延）电子商业汇票系统营业开始时，代承兑人作出拒付应答，并代理签章。

第六十一条 接入机构应及时将持票人的提示付款请求通知电子商业承兑汇票的承兑人。通知方式由接入机构与承兑人自行约定。

第六十二条 持票人可选择票款对付方式或其他方式向承兑人提示付款。

第六十三条 电子商业汇票提示付款，必须记载下列事项：

（一）提示付款日期；

（二）提示付款人签章。持票人可与接入机构签订协议，委托接入机构代为提示付款并代理签章。

第六十四条 承兑人付款或拒绝付款，必须记载下列事项：

（一）承兑人名称；

（二）付款日期或拒绝付款日期；

（三）承兑人签章。

承兑人拒绝付款的，还应注明拒绝付款的理由。

第八节 追 索

第六十五条 追索分为拒付追索和非拒付追索。拒付追索是指电子商业汇票到期后被拒绝付款，持票人请求前手付款的行为。

非拒付追索是指存在下列情形之一，持票人请求前手付款的行为：

（一）承兑人被依法宣告破产的；

（二）承兑人因违法被责令终止业务活动的。

第六十六条 持票人在票据到期日前被拒付的，不得拒付追索。持票人在提示付款期内被拒付的，可向所有前手拒付追索。持票人超过提示付款期提示付款被拒付的，若持票人在提示付款期内曾发出过提示付款，则可向所有前手拒付追索；若未在提示付款期内发出过提示付款，则只可向出票人、承兑人拒付追索。

第六十七条 追索时，追索人应当提供拒付证明。拒付追索时，拒付证明为票据信息和拒付理由。非拒付追索时，拒付证明为票据信息和相关法律文件。

第六十八条 持票人因电子商业汇票到期后被拒绝付款或法律法规

规定其他原因，拥有的向票据债务人追索的权利时效规定如下：

（一）持票人对出票人、承兑人追索和再追索权利时效，自票据到期日起2年，且不短于持票人对其他前手的追索和再追索权利时效。

（二）持票人对其他前手的追索权利时效，自被拒绝付款之日起6个月；持票人对其他前手的再追索权利时效，自清偿日或被提起诉讼之日起3个月。

第六十九条 持票人发出追索通知，必须记载下列事项：

（一）追索人名称；

（二）被追索人名称；

（三）追索通知日期；

（四）追索类型；

（五）追索金额；

（六）追索人签章。

第七十条 电子商业汇票清偿，必须记载下列事项：

（一）追索人名称；

（二）清偿人名称；

（三）同意清偿金额；

（四）清偿日期；

（五）清偿人签章。

第四章　信息查询

第七十一条 票据当事人可通过接入机构查询与其相关的电子商业汇票票据信息。

第七十二条 接入机构应记录其与电子商业汇票系统之间发送和接收的电子商业汇票票据信息，并按规定将该信息向客户展示。

票据信息包括票面信息和行为信息。

票面信息是指出票人将票据交付收款人后、其他行为发生前，记载在票据上的所有信息。

行为信息是指票据行为的必须记载事项。

第七十三条 出票人可查询电子商业汇票票面信息。

承兑人在收到提示付款申请前，可查询电子商业汇票票面信息。收到提示付款申请后，可查询该票据的所有票据信息。

收款人、被背书人和保证人可查询自身作出的行为信息及之前的票据信息。

持票人可查询所有票据信息。

在追索阶段，被追索人可查询所有票据信息。

第七十四条 票据当事人对票据信息有异议的，应通过接入机构向电子商业汇票系统运营者提出书面申请，电子商业汇票系统运营者应在10个工作日内按照查询权限办理相关查询业务。

第七十五条 电子商业汇票所有票据行为中，处于待签收状态的接收方可向电子商业汇票系统查询该票据承兑人和行为发起方的电子商业汇票支付信用信息。

第七十六条 电子商业汇票系统仅提供票据当事人的电子商业汇票支付信用信息，不对其进行信用评价或评级。

第五章 法律责任

第七十七条 电子商业汇票发生法律纠纷时，电子商业汇票系统运营者负有出具电子商业汇票系统相关记录的义务。

第七十八条 承兑人应及时足额支付电子商业汇票票款。承兑人故意压票、拖延支付，影响持票人资金使用的，按中国人民银行规定的同档次流动资金贷款利率计付赔偿金。

第七十九条 电子银行承兑汇票的出票人于票据到期日未能足额交存票款时，承兑人除向持票人无条件付款外，对出票人尚未支付的汇票金额转入逾期贷款处理，并按照每天万分之五计收罚息。

第八十条 电子商业汇票相关各方存在下列情形之一，影响电子商业汇票业务处理或造成其他票据当事人资金损失的，应承担相应赔偿责任。中国人民银行有权视情节轻重对其处以警告或 3 万元以下罚款：

（一）作为电子银行承兑汇票承兑人的财务公司、电子商业承兑汇票的承兑人违反《中华人民共和国票据法》、《票据管理实施办法》和本办法规定无理拒付或拖延支付的；

（二）接入机构为客户提供电子商业汇票业务服务，未对客户基本信息尽审核义务的；

（三）为电子商业汇票业务活动提供电子认证服务的电子认证服务提供者，未依据《中华人民共和国电子签名法》承担相应责任的；

（四）接入机构为客户提供电子商业汇票业务服务，未对客户电子签名真实性进行认真审核，造成资金损失的；

（五）电子商业汇票系统运营者未对接入机构身份真实性和电子签名真实性进行认真审核，造成资金损失的；

（六）接入机构因清算资金不足导致电子商业汇票资金清算失败，给票据当事人造成损失的；

（七）接入机构因人为或系统原因未及时转发电子商业汇票信息，给票据当事人造成损失的；

（八）接入机构内部系统存储的电子商业汇票信息与电子商业汇票系统相关信息严重不符，给票据当事人造成损失的；

（九）接入机构的内部系统出现故障，未及时排除，造成重大影响的；

（十）电子商业汇票系统运营者运营的电子商业汇票系统出现故障，未及时排除，造成重大影响的；

（十一）电子商业汇票债务解除前，接入机构违反本办法规定为承兑人撤销账户的；

（十二）其他违反《中华人民共和国票据法》、《票据管理实施办法》及本办法规定的行为。

第八十一条 电子商业汇票当事人应当妥善保管电子签名制作数据，严防泄露。因保管不善造成资金损失的，有关责任方应当依法承担赔偿责任。

第八十二条 金融机构发现利用电子商业汇票从事违法犯罪活动的，应依法履行报告义务。

第六章　附　则

第八十三条 电子商业汇票的数据电文格式和票据显示样式由中国人民银行统一规定。

第八十四条 本办法未尽事宜，遵照《中华人民共和国票据法》、《票据管理实施办法》等法律法规执行。

第八十五条 本办法由中国人民银行负责解释和修订。

第八十六条 本办法自公布之日起施行。

《支付结算办法》

银发〔1997〕393号

第一章　总　则

第一条 为了规范支付结算行为，保障支付结算活动中当事人的合法权益，加速资金周转和商品流通，促进社会主义市场经济的发展，依据《中华人民共和国票据法》（以下简称《票据法》）和《票据管理实施办法》以及有关法律、行政法规，制定本办法。

第二条 中华人民共和国境内人民币的支付结算适用本办法，但中国人民银行另有规定的除外。

第三条 本办法所称支付结算是指单位、个人在社会经济活动中使用票据、信用卡和汇兑、托收承付、委托收款等结算方式进行货币给付及其资金清算的行为。

第四条 支付结算工作的任务，是根据经济往来组织支付结算，准确、及时、安全办理支付结算，按照有关法律、行政法规和本办法的规定管理支付结算，保障支付结算活动的正常进行。

第五条 银行、城市信用合作社、农村信用合作社（以下简称银行）以及单位和个人（含个体工商户），办理支付结算必须遵守国家的法律、行政法规和本办法的各项规定，不得损害社会公共利益。

第六条 银行是支付结算和资金清算的中介机构。未经中国人民银行批准的非银行金融机构和其他单位不得作为中介机构经营支付结算业务。但法律、行政法规另有规定的除外。

第七条 单位、个人和银行应当按照《银行帐户管理办法》的规定开立、使用帐户。

第八条 在银行开立存款帐户的单位和个人办理支付结算，帐户内须有足够的资金保证支付，本办法另有规定的除外。没有开立存款帐户的个人向银行交付款项后，也可以通过银行办理支付结算。

第九条 票据和结算凭证是办理支付结算的工具。单位、个人和银行办理支付结算，必须使用按中国人民银行统一规定印制的票据凭证和统一规定的结算凭证。

未使用按中国人民银行统一规定印制的票据，票据无效；未使用中国人民银行统一规定格式的结算凭证，银行不予受理。

第十条 单位、个人和银行签发票据、填写结算凭证，应按照本办法和附一《正确填写票据和结算凭证的基本规定》记载，单位和银行的名称应当记载全称或者规范化简称。

第十一条 票据和结算凭证上的签章，为签名、盖章或者签名加盖章。

单位、银行在票据上的签章和单位在结算凭证上的签章，为该单位、银行的盖章加其法定代表人或其授权的代理人的签名或盖章。

个人在票据和结算凭证上的签章，应为该个人本名的签名或盖章。

第十二条 票据和结算凭证的金额、出票或签发日期、收款人名称不得更改，更改的票据无效；更改的结算凭证，银行不予受理。

对票据和结算凭证上的其他记载事项，原记载人可以更改，更改时应当由原记载人在更改处签章证明。

第十三条 票据和结算凭证金额以中文大写和阿拉伯数码同时记载，二者必须一致，二者不一致的票据无效；二者不一致的结算凭证，银行不予受理。

少数民族地区和外国驻华使领馆根据实际需要，金额大写可以使用少数民族文字或者外国文字记载。

第十四条 票据和结算凭证上的签章和其他记载事项应当真实，不得伪造、变造。

票据上有伪造、变造的签章的，不影响票据上其他当事人真实签章的效力。

本条所称的伪造是指无权限人假冒他人或虚构人名义签章的行为。签章的变造属于伪造。

本条所称的变造是指无权更改票据内容的人，对票据上签章以外的记载事项加以改变的行为。

第十五条 办理支付结算需要交验的个人有效身份证件是指居民身份证、军官证、警官证、文职干部证、士兵证、户口簿、护照、港澳台同胞回乡证等符合法律、行政法规以及国家有关规定的身份证件。

第十六条 单位、个人和银行办理支付结算必须遵守下列原则：

一、恪守信用，履约付款；

二、谁的钱进谁的帐，由谁支配；

三、银行不垫款。

第十七条 银行以善意且符合规定和正常操作程序审查，对伪造、变造的票据和结算凭证上的签章以及需要交验的个人有效身份证件，未发现异常而支付金额的，对出票人或付款人不再承担受委托付款的责任，对持票人或收款人不再承担付款的责任。

第十八条 依法背书转让的票据，任何单位和个人不得冻结票据款项。但是法律另有规定的除外。

第十九条 银行依法为单位、个人在银行开立的基本存款帐户、一般存款帐户、专用存款帐户和临时存款帐户的存款保密，维护其资金的自主支配权。对单位、个人在银行开立上述存款帐户的存款，除国家法律、行政法规另有规定外，银行不得为任何单位或者个人查询；除国家法律另有规定外，银行不代任何单位或者个人冻结、扣款，不得停止单位、个人存款的正常支付。

第二十条 支付结算实行集中统一和分级管理相结合的管理体制。

中国人民银行总行负责制定统一的支付结算制度，组织、协调、管理、监督全国的支付结算工作，调解、处理银行之间的支付结算纠纷。

中国人民银行省、自治区、直辖市分行根据统一的支付结算制度制定实施细则，报总行备案；根据需要可以制定单项支付结算办法，报经中国人民银行总行批准后执行。中国人民银行分、支行负责组织、协调、管理、监督本辖区的支付结算工作，调解、处理本辖区银行之间的支付结算纠纷。

政策性银行、商业银行总行可以根据统一的支付结算制度，结合本行情况，制定具体管理实施办法，报经中国人民银行总行批准后执行。政策性银行、商业银行负责组织、管理、协调本行内的支付结算工作，调解、处理本行内分支机构之间的支付结算纠纷。

第二章 票 据

第一节 基本规定

第二十一条 本办法所称票据，是指银行汇票、商业汇票、银行本票和支票。

第二十二条 票据的签发、取得和转让，必须具有真实的交易关系和债权债务关系。

票据的取得，必须给付对价。但因税收、继承、赠与可以依法无偿取得票据的，不受给付对价的限制。

第二十三条 银行汇票的出票人在票据上的签章，应为经中国人民银行批准使用的该银行汇票专用章加其法定代表人或其授权经办人的签名或者盖章。银行承兑商业汇票、办理商业汇票转贴现、再贴现时的签章，应为经中国人民银行批准使用的该银行汇票专用章加其法定代表人或其授权经办人的签名或者盖章。银行本票的出票人在票据上的签章，应为经中国人民银行批准使用的该银行本票专用章加其法定代表人或其授权经办人的签名或者盖章。

单位在票据上的签章，应为该单位的财务专用章或者公章加其法定代表人或其授权的代理人的签名或者盖章。个人在票据上的签章，应为该个人的签名或者盖章。

支票的出票人和商业承兑汇票的承兑人在票据上的签章，应为其预留银行的签章。

第二十四条 出票人在票据上的签章不符合《票据法》、《票据管理实施办法》和本办法规定的，票据无效；承兑人、保证人在票据上的签章不符合《票据法》、《票据管理实施办法》和本办法规定的，其签章无效，但不影响其他符合规定签章的效力；背书人在票据上的签章不符合《票据法》、《票据管理实施办法》和本办法规定的，其签章无效，但不影响其前手符合规定签章的效力。

第二十五条 出票人在票据上的记载事项必须符合《票据法》、《票据管理实施办法》和本办法的规定。票据上可以记载《票据法》和本办法规定事项以外的其他出票事项，但是该记载事项不具有票据上的效力，银行不负审查责任。

第二十六条 区域性银行汇票仅限于出票人向本区域内的收款人出票，银行本票和支票仅限于出票人向其票据交换区域内的收款人出票。

第二十七条 票据可以背书转让，但填明"现金"字样的银行汇票、银行本票和用于支取现金的支票不得背书转让。

区域性银行汇票仅限于在本区域内背书转让。银行本票、支票仅限于在其票据交换区域内背书转让。

第二十八条 区域性银行汇票和银行本票、支票出票人向规定区域以外的收款人出票的，背书人向规定区域以外的被背书人转让票据的，区域外的银行不予受理，但出票人、背书人仍应承担票据责任。

第二十九条 票据背书转让时，由背书人在票据背面签章、记载被背书人名称和背书日期。背书未记载日期的，视为在票据到期日前背书。

持票人委托银行收款或以票据质押的，除按上款规定记载背书外，还应在背书人栏记载"委托收款"或"质押"字样。

第三十条 票据出票人在票据正面记载"不得转让"字样的，票据不得转让；其直接后手再背书转让的，出票人对其直接后手的被背书人不承担保证责任，对被背书人提示付款或委托收款的票据，银行不予受理。

票据背书人在票据背面背书人栏记载"不得转让"字样的，其后手再背书转让的，记载"不得转让"字样的背书人对其后手的被背书人不承担保证责任。

第三十一条 票据被拒绝承兑、拒绝付款或者超过付款提示期限的，不得背书转让。背书转让的，背书人应当承担票据责任。

第三十二条 背书不得附有条件。背书附有条件的，所附条件不具有票据上的效力。

第三十三条 以背书转让的票据，背书应当连续。持票人以背书的连续，证明其票据权利。非经背书转让，而以其他合法方式取得票据的，依法举证，证明其票据权利。

背书连续，是指票据第一次背书转让的背书人是票据上记载的收款人，前次背书转让的被背书人是后一次背书转让的背书人，依次前后衔接，最后一次背书转让的被背书人是票据的最后持票人。

第三十四条 票据的背书人应当在票据背面的背书栏依次背书。背书栏不敷背书的，可以使用统一格式的粘单，粘附于票据凭证上规定的粘接处。粘单上的第一记载人，应当在票据和粘单的粘接处签章。

第三十五条 银行汇票、商业汇票和银行本票的债务可以依法由保证人承担保证责任。

保证人必须按照《票据法》的规定在票据上记载保证事项。保证人为出票人、承兑人保证的，应将保证事项记载在票据的正面；保证人为背书人保证的，应将保证事项记载在票据的背面或粘单上。

第三十六条 商业汇票的持票人超过规定期限提示付款的，丧失对其前手的追索权，持票人在作出说明后，仍可以向承兑人请求付款。

银行汇票、银行本票的持票人超过规定期限提示付款的，丧失对出票人以外的前手的追索权，持票人在作出说明后，仍可以向出票人请求付款。

支票的持票人超过规定的期限提示付款的，丧失对出票人以外的前手的追索权。

第三十七条 通过委托收款银行或者通过票据交换系统向付款人或代理付款人提示付款的，视同持票人提示付款；其提示付款日期以持票人向开户银行提交票据日为准。

付款人或代理付款人应于见票当日足额付款。

本条所称"代理付款人"是指根据付款人的委托，代理其支付票据金额的银行。

第三十八条 票据债务人对下列情况的持票人可以拒绝付款：

（一）对不履行约定义务的与自己有直接债权债务关系的持票人；

（二）以欺诈、偷盗或者胁迫等手段取得票据的持票人；

（三）对明知有欺诈、偷盗或者胁迫等情形，出于恶意取得票据的持票人；

（四）明知债务人与出票人或者持票人的前手之间存在抗辩事由而取得票据的持票人；

（五）因重大过失取得不符合《票据法》规定的票据的持票人；

（六）对取得背书不连续票据的持票人；

（七）符合《票据法》规定的其他抗辩事由。

第三十九条 票据债务人对下列情况不得拒绝付款：

（一）与出票人之间有抗辩事由；

（二）与持票人的前手之间有抗辩事由。

第四十条 票据到期被拒绝付款或者在到期前被拒绝承兑，承兑人或付款人死亡、逃匿的，承兑人或付款人被依法宣告破产的或者因违法被责令终止业务活动的，持票人可以对背书人、出票人以及票据的其他债务人行使追索权。

持票人行使追索权，应当提供被拒绝承兑或者被拒绝付款的拒绝证明或者退票理由书以及其他有关证明。

第四十一条 本办法所称"拒绝证明"应当包括下列事项：

（一）被拒绝承兑、付款的票据种类及其主要记载事项；

（二）拒绝承兑、付款的事实依据和法律依据；

（三）拒绝承兑、付款的时间；

（四）拒绝承兑人、拒绝付款人的签章。

第四十二条 本办法所称退票理由书应当包括下列事项：

（一）所退票据的种类；

（二）退票的事实依据和法律依据；

（三）退票时间；

（四）退票人签章。

第四十三条 本办法所称的其他证明是指：

（一）医院或者有关单位出具的承兑人、付款人死亡证明；

（二）司法机关出具的承兑人、付款人逃匿的证明；

（三）公证机关出具的具有拒绝证明效力的文书。

第四十四条 持票人应当自收到被拒绝承兑或者被拒绝付款的有关证明之日起 3 日内，将被拒绝事由书面通知其前手；其前手应当自收到通知之日起 3 日内书面通知其再前手。持票人也可以同时向各票据债务人发出书面通知。

未按照前款规定期限通知的，持票人仍可以行使追索权。

第四十五条 持票人可以不按照票据债务人的先后顺序，对其中任何一人、数人或者全体行使追索权。

持票人对票据债务人中的一人或者数人已经进行追索的，对其他票据债务人仍可以行使追索权。被追索人清偿债务后，与持票人享有同一权利。

第四十六条 持票人行使追索权，可以请求被追索人支付下列金额和费用：

（一）被拒绝付款的票据金额；

（二）票据金额自到期日或者提示付款日起至清偿日止按照中国人民银行规定的同档次流动资金贷款利率计算的利息。

（三）取得有关拒绝证明和发出通知书的费用。

被追索人清偿债务时，持票人应当交出票据和有关拒绝证明，并出具所收到利息和费用的收据。

第四十七条 被追索人依照前条规定清偿后，可以向其他票据债务人行使再追索权，请求其他票据债务人支付下列金额和费用：

（一）已清偿的全部金额；

（二）前项金额自清偿日起至再追索清偿日止，按照中国人民银行规定的同档次流动资金贷款利率计算的利息；

（三）发出通知书的费用。

行使再追索权的被追索人获得清偿时，应当交出票据和有关拒绝证明，并出具所收到利息和费用的收据。

第四十八条 已承兑的商业汇票、支票、填明"现金"字样和代理付款人的银行汇票以及填明"现金"字样的银行本票丧失，可以由失票人通知付款人或者代理付款人挂失止付。

未填明"现金"字样和代理付款人的银行汇票以及未填明"现金"字样的银行本票丧失，不得挂失止付。

第四十九条 允许挂失止付的票据丧失，失票人需要挂失止付的，应填写挂失止付通知书并签章。挂失止付通知书应当记载下列事项：

（一）票据丧失的时间、地点、原因；

（二）票据的种类、号码、金额、出票日期、付款日期、付款人名称、收款人名称；

（三）挂失止付人的姓名、营业场所或者住所以及联系方法。

欠缺上述记载事项之一的，银行不予受理。

第五十条 付款人或者代理付款人收到挂失止付通知书后，查明挂失票据确未付款时，应立即暂停支付。付款人或者代理付款人自收到挂失止付通知书之日起 12 日内没有收到人民法院的止付通知书的，自第 13 日起，持票人提示付款并依法向持票人付款的，不再承担责任。

第五十一条 付款人或者代理付款人在收到挂失止付通知书之前，已经向持票人付款的，不再承担责任。但是，付款人或者代理付款人以恶意或者重大过失付款的除外。

第五十二条 银行汇票的付款地为代理付款人或出票人所在地，银行本票的付款地为出票人所在地，商业汇票的付款地为承兑人所在地，支票的付款地为付款人所在地。

第二节 银行汇票

第五十三条 银行汇票是出票银行签发的，由其在见票时按照实际结算金额无条件支付给收款人或者持票人的票据。

银行汇票的出票银行为银行汇票的付款人。

第五十四条 单位和个人各种款项结算，均可使用银行汇票。

银行汇票可以用于转帐，填明"现金"字样的银行汇票也可以用于支取现金。

第五十五条 银行汇票的出票和付款，全国范围限于中国人民银行和各商业银行参加"全国联行往来"的银行机构办理。跨系统银行签发的转帐银行汇票的付款，应通过同城票据交换将银行汇票和解讫通知提交给同城的有关银行审核支付后抵用。代理付款人不得受理未在本行开立存款帐户的持票人为单位直接提交的银行汇票。省、自治区、直辖市内和跨省、市的经济区域内银行汇票的出票和付款，按照有关规定办理。

银行汇票的代理付款人是代理本系统出票银行或跨系统签约银行审核支付汇票款项的银行。

第五十六条 签发银行汇票必须记载下列事项：

（一）表明"银行汇票"的字样；

（二）无条件支付的承诺；

（三）出票金额；

（四）付款人名称；

（五）收款人名称；

（六）出票日期；

（七）出票人签章。

欠缺记载上列事项之一的，银行汇票无效。

第五十七条 银行汇票的提示付款期限自出票日起 1 个月。

持票人超过付款期限提示付款的，代理付款人不予受理。

第五十八条 申请人使用银行汇票，应向出票银行填写"银行汇票申请书"，填明收款人名称、汇票金额、申请人名称、申请日期等事项并签章，签章为其预留银行的签章。

申请人和收款人均为个人，需要使用银行汇票向代理付款人支取现金的，申请人须在"银行汇票申请书"上填明代理付款人名称，在"汇票金额"栏先填写"现金"字样，后填写汇票金额。

申请人或者收款人为单位的，不得在"银行汇票申请书"上填明"现金"字样。

第五十九条 出票银行受理银行汇票申请书，收妥款项后签发银行汇票，并用压数机压印出票金额，将银行汇票和解讫通知一并交给申请人。

签发转帐银行汇票，不得填写代理付款人名称，但由人民银行代理兑付银行汇票的商业银行，向设有分支机构地区签发转帐银行汇票的除外。

签发现金银行汇票，申请人和收款人必须均为个人，收妥申请人交存的现金后，在银行汇票"出票金额"栏先填写"现金"字样，后填写出票金额，并填写代理付款人名称。申请人或者收款人为单位的，银行不得为其签发现金银行汇票。

第六十条 申请人应将银行汇票和解讫通知一并交付给汇票上记明的收款人。

收款人受理银行汇票时，应审查下列事项：

（一）银行汇票和解讫通知是否齐全、汇票号码和记载的内容是否一致；

（二）收款人是否确为本单位或本人；

（三）银行汇票是否在提示付款期限内；

（四）必须记载的事项是否齐全；

（五）出票人签章是否符合规定，是否有压数机压印的出票金额，并与大写出票金额一致；

（六）出票金额、出票日期、收款人名称是否更改，更改的其他记载事项是否由原记载人签章证明。

第六十一条 收款人受理申请人交付的银行汇票时，应在出票金额以内，根据实际需要的款项办理结算，并将实际结算金额和多余金额准确、清晰地填入银行汇票和解讫通知的有关栏内。未填明实际结算金额和多余金额或实际结算金额超过出票金额的，银行不予受理。

第六十二条 银行汇票的实际结算金额不得更改，更改实际结算金额的银行汇票无效。

第六十三条 收款人可以将银行汇票背书转让给被背书人。

银行汇票的背书转让以不超过出票金额的实际结算金额为准。未填写实际结算金额或实际结算金额超过出票金额的银行汇票不得背书转让。

第六十四条 被背书人受理银行汇票时，除按照第六十条的规定审查外，还应审查下列事项：

（一）银行汇票是否记载实际结算金额，有无更改，其金额是否超过出票金额；

（二）背书是否连续，背书人签章是否符合规定，背书使用粘单的是否按规定签章；

（三）背书人为个人的身份证件。

第六十五条 持票人向银行提示付款时，必须同时提交银行汇票和解讫通知，缺少任何一联，银行不予受理。

第六十六条 在银行开立存款帐户的持票人向开户银行提示付款时，

应在汇票背面"持票人向银行提示付款签章"处签章，签章须与预留银行签章相同，并将银行汇票和解讫通知、进帐单送交开户银行。银行审查无误后办理转帐。

第六十七条 未在银行开立存款帐户的个人持票人，可以向选择的任何一家银行机构提示付款。提示付款时，应在汇票背面"持票人向银行提示付款签章"处签章，并填明本人身份证件名称、号码及发证机关，由其本人向银行提交身份证件及其复印件。银行审核无误后，将其身份证件复印件留存备查，并以持票人的姓名开立应解汇款及临时存款帐户，该帐户只付不收，付完清户，不计付利息。

转帐支付的，应由原持票人向银行填制支款凭证，并由本人交验其身份证件办理支付款项。该帐户的款项只能转入单位或个体工商户的存款帐户，严禁转入储蓄和信用卡帐户。

支取现金的，银行汇票上必须有出票银行按规定填明的"现金"字样，才能办理。未填明"现金"字样，需要支取现金的，由银行按照国家现金管理规定审查支付。

持票人对填明"现金"字样的银行汇票，需要委托他人向银行提示付款的，应在银行汇票背面背书栏签章，记载"委托收款"字样、被委托人姓名和背书日期以及委托人身份证件名称、号码、发证机关。被委托人向银行提示付款时，也应在银行汇票背面"持票人向银行提示付款签章"处签章，记载证件名称、号码及发证机关，并同时向银行交验委托人和被委托人的身份证件和及其复印件。

第六十八条 银行汇票的实际结算金额低于出票金额的，其多余金额由出票银行退交申请人。

第六十九条 持票人超过期限向代理付款银行提示付款不获付款的，须在票据权利时效内向出票银行作出说明，并提供本人身份证件或单位证明，持银行汇票和解讫通知向出票银行请求付款。

第七十条 申请人因银行汇票超过付款提示期限或其他原因要求退款时，应将银行汇票和解讫通知同时提交到出票银行。申请人为单位的，应出具该单位的证明；申请人为个人的，应出具该本人的身份证件。对于代理付款银行查询的该张银行汇票，应在汇票提示付款期满后方能办理退款。出票银行对于转帐银行汇票的退款，只能转入原申请人帐户；对于符合规定填明"现金"字样银行汇票的退款，才能退付现金。

申请人缺少解讫通知要求退款的，出票银行应于银行汇票提示付款期满一个月后办理。

第七十一条 银行汇票丧失，失票人可以凭人民法院出具的其享有票据权利的证明，向出票银行请求付款或退款。

第三节 商业汇票

第七十二条 商业汇票是出票人签发的，委托付款人在指定日期无条件支付确定的金额给收款人或者持票人的票据。

第七十三条 商业汇票分为商业承兑汇票和银行承兑汇票。

商业承兑汇票由银行以外的付款人承兑。

银行承兑汇票由银行承兑。

商业汇票的付款人为承兑人。

第七十四条 在银行开立存款帐户的法人以及其他组织之间，必须具有真实的交易关系或债权债务关系，才能使用商业汇票。

第七十五条 商业承兑汇票的出票人，为在银行开立存款帐户的法人以及其他组织，与付款人具有真实的委托付款关系，具有支付汇票金额的可靠资金来源。

第七十六条 银行承兑汇票的出票人必须具备下列条件：

（一）在承兑银行开立存款帐户的法人以及其他组织；

（二）与承兑银行具有真实的委托付款关系；

（三）资信状况良好，具有支付汇票金额的可靠资金来源。

第七十七条 出票人不得签发无对价的商业汇票用以骗取银行或者其他票据当事人的资金。

第七十八条 签发商业汇票必须记载下列事项：

（一）表明"商业承兑汇票"或"银行承兑汇票"的字样；

（二）无条件支付的委托；

（三）确定的金额；

（四）付款人名称；

（五）收款人名称；

（六）出票日期；

（七）出票人签章。

欠缺记载上列事项之一的，商业汇票无效。

第七十九条 商业承兑汇票可以由付款人签发并承兑，也可以由收款人签发交由付款人承兑。

银行承兑汇票应由在承兑银行开立存款帐户的存款人签发。

第八十条 商业汇票可以在出票时向付款人提示承兑后使用，也可以在出票后先使用再向付款人提示承兑。

定日付款或者出票后定期付款的商业汇票，持票人应当在汇票到期日前向付款人提示承兑。见票后定期付款的汇票，持票人应当自出票日起1个月内向付款人提示承兑。

汇票未按照规定期限提示承兑的，持票人丧失对其前手的追索权。

第八十一条 商业汇票的付款人接到出票人或持票人向其提示承兑的汇票时，应当向出票人或持票人签发收到汇票的回单，记明汇票提示承兑日期并签章。付款人应当在自收到提示承兑的汇票之日起3日内承兑或者拒绝承兑。

付款人拒绝承兑的，必须出具拒绝承兑的证明。

第八十二条 商业汇票的承兑银行，必须具备下列条件：

（一）与出票人具有真实的委托付款关系；

（二）具有支付汇票金额的可靠资金；

（三）内部管理完善，经其法人授权的银行审定。

第八十三条 银行承兑汇票的出票人或持票人向银行提示承兑时，银行的信贷部门负责按照有关规定和审批程序，对出票人的资格、资信、购销合同和汇票记载的内容进行认真审查，必要时可由出票人提供担保。符合规定和承兑条件的，与出票人签订承兑协议。

第八十四条 付款人承兑商业汇票，应当在汇票正面记载"承兑"字样和承兑日期并签章。

第八十五条 付款人承兑商业汇票，不得附有条件；承兑附有条件的，视为拒绝承兑。

第八十六条 银行承兑汇票的承兑银行，应按票面金额向出票人收取万分之五的手续费。

第八十七条 商业汇票的付款期限，最长不得超过6个月。

定日付款的汇票付款期限自出票日起计算，并在汇票上记载具体的到期日。

出票后定期付款的汇票付款期限自出票日起按月计算，并在汇票上记载。

见票后定期付款的汇票付款期限自承兑或拒绝承兑日起按月计算，并在汇票上记载。

第八十八条 商业汇票的提示付款期限，自汇票到期日起10日。

持票人应在提示付款期限内通过开户银行委托收款或直接向付款人提示付款。对异地委托收款的，持票人可匡算邮程，提前通过开户银行委托收款。持票人超过提示付款期限提示付款的，持票人开户银行不予受理。

第八十九条 商业承兑汇票的付款人开户银行收到通过委托收款寄

来的商业承兑汇票，将商业承兑汇票留存，并及时通知付款人。

（一）付款人收到开户银行的付款通知，应在当日通知银行付款。付款人在接到通知日的次日起 3 日内（遇法定休假日顺延，下同）未通知银行付款的，视同付款人承诺付款，银行应于付款人接到通知日的次日起第 4 日（法定休假日顺延，下同）上午开始营业时，将票款划给持票人。

付款人提前收到由其承兑的商业汇票，应通知银行于汇票到期日付款。付款人在接到通知日的次日起 3 日内未通知银行付款，付款人接到通知日的次日起第 4 日在汇票到期日之前的，银行应于汇票到期日将票款划给持票人。

（二）银行在办理划款时，付款人存款帐户不足支付的，应填制付款人未付票款通知书，连同商业承兑汇票邮寄持票人开户银行转交持票人。

（三）付款人存在合法抗辩事由拒绝支付的，应自接到通知日的次日起 3 日内，作成拒绝付款证明送交开户银行，银行将拒绝付款证明和商业承兑汇票邮寄持票人开户银行转交持票人。

第九十条　银行承兑汇票的出票人应于汇票到期前将票款足额交存其开户银行。承兑银行应在汇票到期日或到期日后的见票当日支付票款。

承兑银行存在合法抗辩事由拒绝支付的，应自接到商业汇票的次日起 3 日内，作成拒绝付款证明，连同商业银行承兑汇票邮寄持票人开户银行转交持票人。

第九十一条　银行承兑汇票的出票人于汇票到期日未能足额交存票款时，承兑银行除凭票向持票人无条件付款外，对出票人尚未支付的汇票金额按照每天万分之五计收利息。

第九十二条　商业汇票的持票人向银行办理贴现必须具备下列条件：

（一）在银行开立存款帐户的企业法人以及其他组织；

（二）与出票人或者直接前手之间具有真实的商品交易关系；

（三）提供与其直接前手之间的增值税发票和商品发运单据复印件。

第九十三条 符合条件的商业汇票的持票人可持未到期的商业汇票连同贴现凭证向银行申请贴现。贴现银行可持未到期的商业汇票向其他银行转贴现，也可向中国人民银行申请再贴现。贴现、转贴现、再贴现时，应作成转让背书，并提供贴现申请人与其直接前手之间的增值税发票和商品发运单据复印件。

第九十四条 贴现、转贴现和再贴现的期限从其贴现之日起至汇票到期日止。实付贴现金额按票面金额扣除贴现日至汇票到期前 1 日的利息计算。

承兑人在异地的，贴现、转贴现和再贴现的期限以及贴现利息的计算应另加 3 天的划款日期。

第九十五条 贴现、转贴现、再贴现到期，贴现、转贴现、再贴现银行应向付款人收取票款。不获付款的，贴现、转贴现、再贴现银行应向其前手追索票款。贴现、再贴现银行追索票款时可从申请人的存款帐户收取票款。

第九十六条 存款人领购商业汇票，必须填写"票据和结算凭证领用单"并签章，签章应与预留银行的签章相符。存款帐户结清时，必须将全部剩余空白商业汇票交回银行注销。

第四节 银行本票

第九十七条 银行本票是银行签发的，承诺自己在见票时无条件支付确定的金额给收款人或者持票人的票据。

第九十八条 单位和个人在同一票据交换区域需要支付各种款项，均可以使用银行本票。

银行本票可以用于转帐，注明"现金"字样的银行本票可以用于支取现金。

第九十九条 银行本票分为不定额本票和定额本票两种。

第一百条 银行本票的出票人，为经中国人民银行当地分支行批准办理银行本票业务的银行机构。

第一百零一条 签发银行本票必须记载下列事项：

（一）表明"银行本票"的字样；

（二）无条件支付的承诺；

（三）确定的金额；

（四）收款人名称；

（五）出票日期；

（六）出票人签章。

欠缺记载上列事项之一的，银行本票无效。

第一百零二条 定额银行本票面额为1千元、5千元、1万元和5万元。

第一百零三条 银行本票的提示付款期限自出票日起最长不得超过2个月。

持票人超过付款期限提示付款的，代理付款人不予受理。

银行本票的代理付款人是代理出票银行审核支付银行本票款项的银行。

第一百零四条 申请人使用银行本票，应向银行填写"银行本票申请书"，填明收款人名称、申请人名称、支付金额、申请日期等事项并签章。申请人和收款人均为个人需要支取现金的，应在"支付金额"栏先填写"现金"字样，后填写支付金额。

申请人或收款人为单位的，不得申请签发现金银行本票。

第一百零五条 出票银行受理银行本票申请书，收妥款项签发银行本票。用于转帐的，在银行本票上划去"现金"字样；申请人和收款人均为个人需要支取现金的，在银行本票上划去"转帐"字样。不定额银行本票用压数机压印出票金额。出票银行在银行本票上签章后交给申请人。

申请人或收款人为单位的，银行不得为其签发现金银行本票。

第一百零六条 申请人应将银行本票交付给本票上记明的收款人。

收款人受理银行本票时，应审查下列事项：

（一）收款人是否确为本单位或本人；

（二）银行本票是否在提示付款期限内；

（三）必须记载的事项是否齐全；

（四）出票人签章是否符合规定，不定额银行本票是否有压数机压印的出票金额，并与大写出票金额一致；

（五）出票金额、出票日期、收款人名称是否更改，更改的其他记载事项是否由原记载人签章证明。

第一百零七条 收款人可以将银行本票背书转让给被背书人。

被背书人受理银行本票时，除按照第一百零六条的规定审查外，还应审查下列事项：

（一）背书是否连续，背书人签章是否符合规定，背书使用粘单的是否按规定签章；

（二）背书人为个人的身份证件。

第一百零八条 银行本票见票即付。跨系统银行本票的兑付，持票人开户银行可根据中国人民银行规定的金融机构同业往来利率向出票银行收取利息。

第一百零九条 在银行开立存款帐户的持票人向开户银行提示付款时，应在银行本票背面"持票人向银行提示付款签章"处签章，签章须与预留银行签章相同，并将银行本票、进帐单送交开户银行。银行审查无误后办理转帐。

第一百一十条 未在银行开立存款帐户的个人持票人，凭注明"现金"字样的银行本票向出票银行支取现金的，应在银行本票背面签章，记载本人身份证件名称、号码及发证机关，并交验本人身份证件及其复印件。

持票人对注明"现金"字样的银行本票需要委托他人向出票银行提示付款的，应在银行本票背面"持票人向银行提示付款签章"处签章，记载"委托收款"字样、被委托人姓名和背书日期以及委托人身份证件名称、号码、发证机关。被委托人向出票银行提示付款时，也应在银行本票背面"持票人向银行提示付款签章"处签章，记载证件名称、号码及发证机关，并同时交验委托人和被委托人的身份证件及其复印件。

第一百一十一条　持票人超过提示付款期限不获付款的，在票据权利时效内向出票银行作出说明，并提供本人身份证件或单位证明，可持银行本票向出票银行请求付款。

第一百一十二条　申请人因银行本票超过提示付款期限或其他原因要求退款时，应将银行本票提交到出票银行，申请人为单位的，应出具该单位的证明；申请人为个人的，应出具该本人的身份证件。出票银行对于在本行开立存款帐户的申请人，只能将款项转入原申请人帐户；对于现金银行本票和未在本行开立存款帐户的申请人，才能退付现金。

第一百一十三条　银行本票丧失，失票人可以凭人民法院出具的其享有票据权利的证明，向出票银行请求付款或退款。

第五节　支　票

第一百一十四条　支票是出票人签发的，委托办理支票存款业务的银行在见票时无条件支付确定的金额给收款人或者持票人的票据。

第一百一十五条　支票上印有"现金"字样的为现金支票，现金支票只能用于支取现金。

支票上印有"转帐"字样的为转帐支票，转帐支票只能用于转帐。

支票上未印有"现金"或"转帐"字样的为普通支票，普通支票可以用于支取现金，也可以用于转帐。在普通支票左上角划两条平行线的，为划线支票，划线支票只能用于转帐，不得支取现金。

第一百一十六条 单位和个人在同一票据交换区域的各种款项结算，均可以使用支票。

第一百一十七条 支票的出票人，为在经中国人民银行当地分支行批准办理支票业务的银行机构开立可以使用支票的存款帐户的单位和个人。

第一百一十八条 签发支票必须记载下列事项：

（一）表明"支票"的字样；

（二）无条件支付的委托；

（三）确定的金额；

（四）付款人名称；

（五）出票日期；

（六）出票人签章；

欠缺记载上列事项之一的，支票无效。

支票的付款人为支票上记载的出票人开户银行。

第一百一十九条 支票的金额、收款人名称，可以由出票人授权补记。未补记前不得背书转让和提示付款。

第一百二十条 签发支票应使用炭素墨水或墨汁填写，中国人民银行另有规定的除外。

第一百二十一条 签发现金支票和用于支取现金的普通支票，必须符合国家现金管理的规定。

第一百二十二条 支票的出票人签发支票的金额不得超过付款时在付款人处实有的存款金额。禁止签发空头支票。

第一百二十三条 支票的出票人预留银行签章是银行审核支票付款的依据。银行也可以与出票人约定使用支付密码，作为银行审核支付支票金额的条件。

第一百二十四条 出票人不得签发与其预留银行签章不符的支票；使用支付密码的，出票人不得签发支付密码错误的支票。

第一百二十五条 出票人签发空头支票、签章与预留银行签章不符的支票、使用支付密码地区，支付密码错误的支票，银行应予以退票，并按票面金额处以百分之五但不低于 1 千元的罚款；持票人有权要求出票人赔偿支票金额 2% 的赔偿金。对屡次签发的，银行应停止其签发支票。

第一百二十六条 支票的提示付款期限自出票日起 10 日，但中国人民银行另有规定的除外。超过提示付款期限提示付款的，持票人开户银行不予受理，付款人不予付款。

第一百二十七条 持票人可以委托开户银行收款或直接向付款人提示付款。用于支取现金的支票仅限于收款人向付款人提示付款。

持票人委托开户银行收款的支票，银行应通过票据交换系统收妥后入帐。

持票人委托开户银行收款时，应作委托收款背书，在支票背面背书人签章栏签章、记载"委托收款"字样、背书日期，在被背书人栏记载开户银行名称，并将支票和填制的进帐单送交开户银行。持票人持用于转帐的支票向付款人提示付款时，应在支票背面背书人签章栏签章，并将支票和填制的进帐单交送出票人开户银行。收款人持用于支取现金的支票向付款人提示付款时，应在支票背面"收款人签章"处签章，持票人为个人的，还需交验本人身份证件，并在支票背面注明证件名称、号码及发证机关。

第一百二十八条 出票人在付款人处的存款足以支付支票金额时，付款人应当在见票当日足额付款。

第一百二十九条 存款人领购支票，必须填写"票据和结算凭证领用单"并签章，签章应与预留银行的签章相符。存款帐户结清时，必须将全部剩余空白支票交回银行注销。

第三章 信用卡

第一百三十条 信用卡是指商业银行向个人和单位发行的，凭以向特约单位购物、消费和向银行存取现金，且具有消费信用的特制载体卡片。

第一百三十一条 信用卡按使用对象分为单位卡和个人卡；按信誉等级分为金卡和普通卡。

第一百三十二条 商业银行（包括外资银行、合资银行）、非银行金融机构未经中国人民银行批准不得发行信用卡。

非金融机构、境外金融机构的驻华代表机构不得发行信用卡和代理收单结算业务。

第一百三十三条 申请发行信用卡的银行、非银行金融机构，必须具备下列条件：

（一）符合中国人民银行颁布的商业银行资产负债比例监控指标；

（二）相应的管理机构；

（三）合格的管理人员和技术人员；

（四）健全的管理制度和安全制度；

（五）必要的电信设备和营业场所；

（六）中国人民银行规定的其它条件。

第一百三十四条 商业银行、非银行金融机构开办信用卡业务须报经中国人民银行总行批准；其所属分、支机构开办信用卡业务，须报经辖区内中国人民银行分、支行备案。

第一百三十五条 凡在中国境内金融机构开立基本存款帐户的单位可申领单位卡。单位卡可申领若干张，持卡人资格由申领单位法定代表人或其委托的代理人书面指定和注销。

凡具有完全民事行为能力的公民可申领个人卡。个人卡的主卡持卡人可为其配偶及年满 18 周岁的亲属申领附属卡，申领的附属卡最多不得超过两张，也有权要求注销其附属卡。

第一百三十六条 单位或个人申领信用卡，应按规定填制申请表，连同有关资料一并送交发卡银行。符合条件并按银行要求交存一定金额的备用金后，银行为申领人开立信用卡存款帐户，并发给信用卡。

第一百三十七条 单位卡帐户的资金一律从其基本存款帐户转帐存入，不得交存现金，不得将销货收入的款项存入其帐户。

个人卡帐户的资金以其持有的现金存入或以其工资性款项及属于个人的劳务报酬收入转帐存入。严禁将单位的款项存入个人卡帐户。

第一百三十八条 发卡银行可根据申请人的资信程度，要求其提供担保。担保的方式可采用保证、抵押或质押。

第一百三十九条 信用卡备用金存款利息，按照中国人民银行规定的活期存款利率及计息办法计算。

第一百四十条 信用卡仅限于合法持卡人本人使用，持卡人不得出租或转借信用卡。

第一百四十一条 发卡银行应建立授权审批制度；信用卡结算超过规定限额的必须取得发卡银行的授权。

第一百四十二条 持卡人可持信用卡在特约单位购物、消费。单位卡不得用于 10 万元以上的商品交易、劳务供应款项的结算。

第一百四十三条 持卡人凭卡购物、消费时，需将信用卡和身份证件一并交特约单位。智能卡（下称 IC 卡）、照片卡可免验身份证件。

特约单位不得拒绝受理持卡人合法持有的、签约银行发行的有效信用卡，不得因持卡人使用信用卡而向其收取附加费用。

第一百四十四条 特约单位受理信用卡时，应审查下列事项：

（一）确为本单位可受理的信用卡；

（二）信用卡在有效期内，未列入"止付名单"；

（三）签名条上没有"样卡"或"专用卡"等非正常签名的字样；

（四）信用卡无打孔、剪角、毁坏或涂改的痕迹；

（五）持卡人身份证件或卡片上的照片与持卡人相符，但使用 IC 卡、照片卡或持卡人凭密码在销售点终端上消费、购物，可免验身份证件（下同）；

（六）卡片正面的拼音姓名与卡片背面的签名和身份证件上的姓名一致。

第一百四十五条 特约单位受理信用卡审查无误的，在签购单上压卡，填写实际结算金额、用途、持卡人身份证件号码、特约单位名称和编号。如超过支付限额的，应向发卡银行索权并填写授权号码，交持卡人签名确认，同时核对其签名与卡片背面签名是否一致。无误后，对同意按经办人填写的金额和用途付款的，由持卡人在签购单上签名确认，并将信用卡、身份证件和第一联签购单交还给持卡人。

审查发现问题的，应及时与签约银行联系，征求处理意见。对止付的信用卡，应收回并交还发卡银行。

第一百四十六条 特约单位不得通过压卡、签单和退货等方式支付持卡人现金。

第一百四十七条 特约单位在每日营业终了，应将当日受理的信用卡签购单汇总，计算手续费和净计金额，并填写汇（总）计单和进帐单，连同签购单一并送交收单银行办理进帐。

第一百四十八条 收单银行接到特约单位送交的各种单据，经审查无误后，为特约单位办理进帐。

第一百四十九条 持卡人要求退货的，特约单位应使用退货单办理压（刷）卡，并将退货单金额从当日签购单累计金额中抵减，退货单随签购单一并送交收单银行。

第一百五十条　单位卡一律不得支取现金。

第一百五十一条　个人卡持卡人在银行支取现金时，应将信用卡和身份证件一并交发卡银行或代理银行。IC 卡、照片卡以及凭密码在 POS 上支取现金的可免验身份证件。

发卡银行或代理银行压（刷）卡后，填写取现单，经审查无误，交持卡人签名确认。超过支付限额的，代理银行应向发卡银行索权，并在取现单上填写授权号码。办理付款手续后，将现金、信用卡、身份证件和取现单回单联交给持卡人。

第一百五十二条　发卡银行收到代理银行通过同城票据交换或本系统联行划转的各种单据审核无误后办理付款。

第一百五十三条　信用卡透支额，金卡最高不得超过 1 万元，普通卡最高不得超过 5 千元。

信用卡透支期限最长为 60 天。

第一百五十四条　信用卡透支利息，自签单日或银行记帐日起 15 日内按日息万分之五计算，超过 15 日按日息万分之十计算，超过 30 日或透支金额超过规定限额的，按日息万分之十五计算。透支计息不分段，按最后期限或者最高透支额的最高利率档次计息。

第一百五十五条　持卡人使用信用卡不得发生恶意透支。

恶意透支是指持卡人超过规定限额或规定期限，并且经发卡银行催收无效的透支行为。

第一百五十六条　单位卡在使用过程中，需要向其帐户续存资金的，一律从其基本存款帐户转帐存入。

个人卡在使用过程中，需要向其帐户续存资金的，只限于其持有的现金存入和工资性款项以及属于个人的劳务报酬收入转帐存入。

第一百五十七条　个人卡持卡人或其代理人交存现金，应在发卡银行或其代理银行办理。

持卡人凭信用卡在发卡银行或代理银行交存现金的，银行经审查并收妥现金后，在存款单上压卡，将存款单回单联及信用卡交给持卡人。

持卡人委托他人在不压卡的情况下代为办理交存现金的，代理人应在信用卡存款单上填写持卡人的卡号、姓名、存款金额等内容，并将现金送交银行办理交存手续。

第一百五十八条 发卡银行收到代理银行通过同城票据交换或本系统联行划转的各种单据审核无误后，为持卡人办理收款。

第一百五十九条 持卡人不需要继续使用信用卡的，应持信用卡主动到发卡银行办理销户。

销户时，单位卡帐户余额转入其基本存款帐户，不得提取现金；个人卡帐户可以转帐结清，也可以提取现金。

第一百六十条 持卡人还清透支本息后，属于下列情况之一的，可以办理销户：

（一）信用卡有效期满45天后，持卡人不更换新卡的；

（二）信用卡挂失满45天后，没有附属卡又不更换新卡的；

（三）信用卡被列入止付名单，发卡银行已收回其信用卡45天的；

（四）持卡人死亡，发卡银行已收回其信用卡45天的；

（五）持卡人要求销户或担保人撤销担保，并已交回全部信用卡45天的；

（六）信用卡帐户两年（含）以上未发生交易的；

（七）持卡人违反其他规定，发卡银行认为应该取消资格的。

发卡银行办理销户，应当收回信用卡。有效信用卡无法收回的，应当将其止付。

第一百六十一条 信用卡丧失，持卡人应立即持本人身份证件或其它有效证明，并按规定提供有关情况，向发卡银行或代办银行申请挂失。发卡银行或代办银行审核后办理挂失手续。

第四章　结算方式

第一节　基本规定

第一百六十二条　本办法所称结算方式，是指汇兑、托收承付和委托收款。

第一百六十三条　单位在结算凭证上的签章，应为该单位的财务专用章或者公章加其法定代表人或者其授权的代理人的签名或者盖章。

第一百六十四条　银行办理结算，给单位或个人的收、付款通知和汇兑回单，应加盖该银行的转讫章；银行给单位或个人的托收承付、委托收款的回单和向付款人发出的承付通知，应加盖该银行的业务公章。

第一百六十五条　结算凭证上的记载事项，必须符合本办法的规定。结算凭证上可以记载本办法规定以外的其他记载事项，除国家和中国人民银行另有规定外，该记载事项不具有支付结算的效力。

第一百六十六条　按照本办法的规定必须在结算凭证上记载汇款人、付款人和收款人帐号的，帐号与户名必须一致。

第一百六十七条　银行办理结算向外发出的结算凭证，必须于当日至迟次日寄发；收到的结算凭证，必须及时将款项支付给结算凭证上记载的收款人。

第二节　汇　兑

第一百六十八条　汇兑是汇款人委托银行将其款项支付给收款人的结算方式。

第一百六十九条　单位和个人的各种款项的结算，均可使用汇兑结算方式。

第一百七十条　汇兑分为信汇、电汇两种，由汇款人选择使用。

第一百七十一条　签发汇兑凭证必须记载下列事项：

（一）表明"信汇"或"电汇"的字样；

（二）无条件支付的委托；

（三）确定的金额；

（四）收款人名称；

（五）汇款人名称；

（六）汇入地点、汇入行名称；

（七）汇出地点、汇出行名称；

（八）委托日期；

（九）汇款人签章。

汇兑凭证上欠缺上列记载事项之一的，银行不予受理。

汇兑凭证记载的汇款人名称、收款人名称，其在银行开立存款帐户的，必须记载其帐号。欠缺记载的，银行不予受理。

委托日期是指汇款人向汇出银行提交汇兑凭证的当日。

第一百七十二条　汇兑凭证上记载收款人为个人的，收款人需要到汇入银行领取汇款，汇款人应在汇兑凭证上注明"留行待取"字样；留行待取的汇款，需要指定单位的收款人领取汇款的，应注明收款人的单位名称；信汇凭收款人签章支取的，应在信汇凭证上预留其签章。

汇款人确定不得转汇的，应在汇兑凭证备注栏注明"不得转汇"字样。

第一百七十三条　汇款人和收款人均为个人，需要在汇入银行支取现金的，应在信、电汇凭证的"汇款金额"大写栏，先填写"现金"字样，后填写汇款金额。

第一百七十四条　汇出银行受理汇款人签发的汇兑凭证，经审查无误后，应及时向汇入银行办理汇款，并向汇款人签发汇款回单。

汇款回单只能作为汇出银行受理汇款的依据，不能作为该笔汇款已转入收款人帐户的证明。

第一百七十五条　汇入银行对开立存款帐户的收款人，应将汇给其的款项直接转入收款人帐户，并向其发出收帐通知。

收帐通知是银行将款项确已收入收款人帐户的凭据。

第一百七十六条 未在银行开立存款帐户的收款人，凭信、电汇的取款通知或"留行待取"的，向汇入银行支取款项，必须交验本人的身份证件，在信、电汇凭证上注明证件名称、号码及发证机关，并在"收款人签盖章"处签章；信汇凭签章支取的，收款人的签章必须与预留信汇凭证上的签章相符。银行审查无误后，以收款人的姓名开立应解汇款及临时存款帐户，该帐户只付不收，付完清户，不计付利息。

支取现金的，信、电汇凭证上必须有按规定填明的"现金"字样，才能办理。未填明"现金"字样，需要支取现金的，由汇入银行按照国家现金管理规定审查支付。

收款人需要委托他人向汇入银行支取款项的，应在取款通知上签章，注明本人身份证件名称、号码、发证机关和"代理"字样以及代理人姓名。代理人代理取款时，也应在取款通知上签章，注明其身份证件名称、号码及发证机关，并同时交验代理人和被代理人的身份证件。

转帐支付的，应由原收款人向银行填制支款凭证，并由本人交验其身份证件办理支付款项。该帐户的款项只能转入单位或个体工商户的存款帐户，严禁转入储蓄和信用卡帐户。

转汇的，应由原收款人向银行填制信、电汇凭证，并由本人交验其身份证件。转汇的收款人必须是原收款人。原汇入银行必须在信、电汇凭证上加盖"转汇"戳记。

第一百七十七条 汇款人对汇出银行尚未汇出的款项可以申请撤销。申请撤销时，应出具正式函件或本人身份证件及原信、电汇回单。汇出银行查明确未汇出款项的，收回原信、电汇回单，方可办理撤销。

第一百七十八条 汇款人对汇出银行已经汇出的款项可以申请退汇。对在汇入银行开立存款帐户的收款人，由汇款人与收款人自行联系退汇；对未在汇入银行开立存款帐户的收款人，汇款人应出具正式函件或本人身份证件以及原信、电汇回单，由汇出银行通知汇入银行，经汇入银行核实汇款确未支付，并将款项汇回汇出银行，方可办理退汇。

第一百七十九条 转汇银行不得受理汇款人或汇出银行对汇款的撤销或退汇。

第一百八十条 汇入银行对于收款人拒绝接受的汇款，应即办理退汇。汇入银行对于向收款人发出取款通知，经过 2 个月无法交付的汇款，应主动办理退汇。

第三节 托收承付

第一百八十一条 托收承付是根据购销合同由收款人发货后委托银行向异地付款人收取款项，由付款人向银行承认付款的结算方式。

第一百八十二条 使用托收承付结算方式的收款单位和付款单位，必须是国有企业、供销合作社以及经营管理较好，并经开户银行审查同意的城乡集体所有制工业企业。

第一百八十三条 办理托收承付结算的款项，必须是商品交易，以及因商品交易而产生的劳务供应的款项。代销、寄销、赊销商品的款项，不得办理托收承付结算。

第一百八十四条 收付双方使用托收承付结算必须签有符合《经济合同法》的购销合同，并在合同上订明使用托收承付结算方式。

第一百八十五条 收付双方办理托收承付结算，必须重合同、守信用。收款人对同一付款人发货托收累计 3 次收不回货款的，收款人开户银行应暂停收款人向该付款人办理托收；付款人累计 3 次提出无理拒付的，付款人开户银行应暂停其向外办理托收。

第一百八十六条 收款人办理托收，必须具有商品确已发运的证件（包括铁路、航运、公路等运输部门签发的运单、运单副本和邮局包裹回执）。

没有发运证件，属于下列情况的，可凭其他有关证件办理托收：

（一）内贸、外贸部门系统内商品调拨，自备运输工具发送或自提的；易燃、易爆、剧毒、腐蚀性强的商品，以及电、石油、天然气等必须使用专用工具或线路、管道运输的，可凭付款人确已收到商品的证明（粮食部门凭提货单及发货明细表）。

（二）铁道部门的材料厂向铁道系统供应专用器材，可凭其签发注明车辆号码和发运日期的证明。

（三）军队使用军列整车装运物资，可凭注明车辆号码、发运日期的单据；军用仓库对军内发货，可凭总后勤部签发的提货单副本，各大军区、省军区也可比照办理。

（四）收款人承造或大修理船舶、锅炉和大型机器等，生产周期长，合同规定按工程进度分次结算的，可凭工程进度完工证明书。

（五）付款人购进的商品，在收款人所在地转厂加工、配套的，可凭付款人和承担加工、配套单位的书面证明。

（六）合同规定商品由收款人暂时代为保管的，可凭寄存证及付款人委托保管商品的证明。

（七）使用"铁路集装箱"或将零担凑整车发运商品的，由于铁路只签发一张运单，可凭持有发运证件单位出具的证明。

（八）外贸部门进口商品，可凭国外发来的帐单、进口公司开出的结算帐单。

第一百八十七条　托收承付结算每笔的金额起点为1万元。新华书店系统每笔的金额起点为1千元。

第一百八十八条　托收承付结算款项的划回方法，分邮寄和电报两种，由收款人选用。

第一百八十九条　签发托收承付凭证必须记载下列事项：

（一）表明"托收承付"的字样；

（二）确定的金额；

（三）付款人名称及帐号；

（四）收款人名称及帐号；

（五）付款人开户银行名称；

（六）收款人开户银行名称；

（七）托收附寄单证张数或册数；

（八）合同名称、号码；

（九）委托日期；

（十）收款人签章。

托收承付凭证上欠缺记载上列事项之一的，银行不予受理。

第一百九十条 托收。收款人按照签订的购销合同发货后，委托银行办理托收。

（一）收款人应将托收凭证并附发运证件或其他符合托收承付结算的有关证明和交易单证送交银行。收款人如需取回发运证件，银行应在托收凭证上加盖"已验发运证件"戳记。

对于军品托收，有驻厂军代表检验产品或有指定专人负责财务监督的，收款人还应当填制盖有驻厂军代表或指定人员印章（要在银行预留印模）的结算通知单，将交易单证和发运证件装入密封袋，并在密封袋上填明托收号码；同时，在托收凭证上填明结算通知单和密封袋的号码。然后，将托收凭证和结算通知单送交银行办理托收。

没有驻厂军代表使用代号明件办理托收的，不填结算通知单，但应在交易单证上填写保密代号，按照正常托收办法处理。

（二）收款人开户银行接到托收凭证及其附件后，应当按照托收的范围、条件和托收凭证记载的要求认真进行审查，必要时，还应查验付款人签订的购销合同。凡不符合要求或违反购销合同发货的，不能办理。审查时间最长不得超过次日。

第一百九十一条 承付。付款人开户银行收到托收凭证及其附件后，应当及时通知付款人。通知的方法，可以根据具体情况与付款人签订协议，采取付款人来行自取、派人送达、对距离较远的付款人邮寄等。付款人应在承付期内审查核对，安排资金。

承付货款分为验单付款和验货付款两种，由收付双方商量选用，并在合同中明确规定。

（一）验单付款。验单付款的承付期为3天，从付款人开户银行发出承付通知的次日算起（承付期内遇法定休假日顺延）。

付款人在承付期内，未向银行表示拒绝付款，银行即视作承付，并在承付期满的次日（法定休假日顺延）上午银行开始营业时，将款项主动从付款人的帐户内付出，按照收款人指定的划款方式，划给收款人。

（二）验货付款。验货付款的承付期为10天，从运输部门向付款人发出提货通知的次日算起。对收付双方在合同中明确规定，并在托收凭证上注明验货付款期限的，银行从其规定。

付款人收到提货通知后，应即向银行交验提货通知。付款人在银行发出承付通知的次日起10天内，未收到提货通知的，应在第10天将货物尚未到达的情况通知银行。在第10天付款人没有通知银行的，银行即视作已经验货，于10天期满的次日上午银行开始营业时，将款项划给收款人；在第10天付款人通知银行货物未到，而以后收到提货通知没有及时送交银行，银行仍按10天期满的次日作为划款日期，并按超过的天数，计扣逾期付款赔偿金。

采用验货付款的，收款人必须在托收凭证上加盖明显的"验货付款"字样戳记。托收凭证未注明验货付款，经付款人提出合同证明是验货付款的，银行可按验货付款处理。

（三）不论验单付款还是验货付款，付款人都可以在承付期内提前向银行表示承付，并通知银行提前付款，银行应立即办理划款；因商品的价格、数量或金额变动，付款人应多承付款项的，须在承付期内向银行提出书面通知，银行据以随同当次托收款项划给收款人。

付款人不得在承付货款中，扣抵其他款项或以前托收的货款。

第一百九十二条 逾期付款。付款人在承付期满日银行营业终了时，如无足够资金支付，其不足部分，即为逾期未付款项，按逾期付款处理。

（一）付款人开户银行对付款人逾期支付的款项，应当根据逾期付款金额和逾期天数，按每天万分之五计算逾期付款赔偿金。

逾期付款天数从承付期满日算起。承付期满日银行营业终了时，付款人如无足够资金支付，其不足部分，应当算作逾期1天，计算1天的赔偿金。在承付期满的次日（遇法定休假日，逾期付款赔偿金的天数计算相应顺延，但在以后遇法定休假日应当照算逾期天数）银行营业终了时，仍无足够资金支付，其不足部分，应当算作逾期2天，计算2天的赔偿金。余类推。

银行审查拒绝付款期间，不能算作付款人逾期付款，但对无理的拒绝付款，而增加银行审查时间的，应从承付期满日起计算逾期付款赔偿金。

（二）赔偿金实行定期扣付，每月计算一次，于次月3日内单独划给收款人。在月内有部分付款的，其赔偿金随同部分支付的款项划给收款人，对尚未支付的款项，月终再计算赔偿金，于次月3日内划给收款人；次月又有部分付款时，从当月1日起计算赔偿金，随同部分支付的款项划给收款人，对尚未支付的款项，从当月1日起至月终再计算赔偿金，于第3月3日内划给收款人。第3月仍有部分付款的，按照上述方法计扣赔偿金。

赔偿金的扣付列为企业销货收入扣款顺序的首位。付款人帐户余额不足全额支付时，应排列在工资之前，并对该帐户采取"只收不付"的控制办法，待一次足额扣付赔偿金后，才准予办理其他款项的支付。因此而产生的经济后果，由付款人自行负责。

（三）付款人开户银行对付款人逾期未能付款的情况，应当及时通知收款人开户银行，由其转知收款人。

（四）付款人开户银行要随时掌握付款人帐户逾期未付的资金情况，俟帐户有款时，必须将逾期未付款项和应付的赔偿金及时扣划给收款人，不得拖延扣划。在各单位的流动资金帐户内扣付货款，要严格按照国务院关于国营企业销货收入扣款顺序的规定（即从企业销货收入中预留工资后，按照应缴纳税款、到期贷款、应偿付货款、应上缴利润的顺序）扣款；同类性质的款项按照应付时间的先后顺序扣款。

（五）付款人开户银行对不执行合同规定、三次拖欠货款的付款人，应当通知收款人开户银行转知收款人，停止对该付款人办理托收。收款人不听劝告，继续对该付款人办理托收，付款人开户银行对发出通知的次日起 1 个月之后收到的托收凭证，可以拒绝受理，注明理由，原件退回。

（六）付款人开户银行对逾期未付的托收凭证，负责进行扣款的期限为 3 个月（从承付期满日算起）。在此期限内，银行必须按照扣款顺序陆续扣款。期满时，付款人仍无足够资金支付该笔尚未付清的欠款，银行应于次日通知付款人将有关交易单证（单证已作帐务处理或已部分支付的，可以填制应付款项证明单）在 2 日内退回银行。银行将有关结算凭证连同交易单证或应付款项证明单退回收款人开户银行转交收款人，并将应付的赔偿金划给收款人。

对付款人逾期不退回单证的，开户银行应当自发出通知的第 3 天起，按照该笔尚未付清欠款的金额，每天处以万分之五但不低于 50 元的罚款，并暂停付款人向外办理结算业务，直到退回单证时止。

第一百九十三条 拒绝付款。对下列情况，付款人在承付期内，可向银行提出全部或部分拒绝付款：

（一）没有签订购销合同或购销合同未订明托收承付结算方式的

款项。

（二）未经双方事先达成协议，收款人提前交货或因逾期交货付款人不再需要该项货物的款项。

（三）未按合同规定的到货地址发货的款项。

（四）代销、寄销、赊销商品的款项。

（五）验单付款，发现所列货物的品种、规格、数量、价格与合同规定不符，或货物已到，经查验货物与合同规定或发货清单不符的款项。

（六）验货付款，经查验货物与合同规定或与发货清单不符的款项。

（七）货款已经支付或计算有错误的款项。

不属于上述情况的，付款人不得向银行提出拒绝付款。

外贸部门托收进口商品的款项，在承付期内，订货部门除因商品的质量问题不能提出拒绝付款，应当另行向外贸部门提出索赔外，属于上述其他情况，可以向银行提出全部或部分拒绝付款。

付款人对以上情况提出拒绝付款时，必须填写"拒绝付款理由书"并签章，注明拒绝付款理由，涉及合同的应引证合同上的有关条款。属于商品质量问题，需要提出商品检验部门的检验证明；属于商品数量问题，需要提出数量问题的证明及其有关数量的记录；属于外贸部门进口商品，应当提出国家商品检验或运输等部门出具的证明。

开户银行必须认真审查拒绝付款理由，查验合同。对于付款人提出拒绝付款的手续不全、依据不足、理由不符合规定和不属于本条七种拒绝付款情况的，以及超过承付期拒付和应当部分拒付提为全部拒付的，银行均不得受理，应实行强制扣款。

对于军品的拒绝付款，银行不审查拒绝付款理由。

银行同意部分或全部拒绝付款的，应在拒绝付款理由书上签注意见。部分拒绝付款，除办理部分付款外，应将拒绝付款理由书连同拒付证明和拒付商品清单邮寄收款人开户银行转交收款人。全部拒绝付款，应将拒绝付款理由书连同拒付证明和有关单证邮寄收款人开户银行转交收款人。

第一百九十四条 重办托收。收款人对被无理拒绝付款的托收款项，在收到退回的结算凭证及其所附单证后，需要委托银行重办托收，应当填写四联"重办托收理由书"，将其中三联连同购销合同、有关证据和退回的原托收凭证及交易单证，一并送交银行。经开户银行审查，确属无理拒绝付款，可以重办托收。

第一百九十五条 收款人开户银行对逾期尚未划回，又未收到付款人开户银行寄来逾期付款通知或拒绝付款理由书的托收款项，应当及时发出查询。付款人开户银行要积极查明，及时答复。

第一百九十六条 付款人提出的拒绝付款，银行按照本办法规定审查无法判明是非的，应由收付双方自行协商处理，或向仲裁机关，人民法院申请调解或裁决。

第一百九十七条 未经开户银行批准使用托收承付结算方式的城乡集体所有制工业企业，收款人开户银行不得受理其办理托收；付款人开户银行对其承付的款项应按规定支付款项外，还要对该付款人按结算金额处以百分之五罚款。

第四节 委托收款

第一百九十八条 委托收款是收款人委托银行向付款人收取款项的结算方式。

第一百九十九条 单位和个人凭已承兑商业汇票、债券、存单等付款人债务证明办理款项的结算，均可以使用委托收款结算方式。

第二百条 委托收款在同城、异地均可以使用。

第二百零一条 委托收款结算款项的划回方式，分邮寄和电报两种，由收款人选用。

第二百零二条 签发委托收款凭证必须记载下列事项：

（一）表明"委托收款"的字样；

（二）确定的金额；

（三）付款人名称；

（四）收款人名称；

（五）委托收款凭据名称及附寄单证张数；

（六）委托日期；

（七）收款人签章。

欠缺记载上列事项之一的，银行不予受理。

委托收款以银行以外的单位为付款人的，委托收款凭证必须记载付款人开户银行名称；以银行以外的单位或在银行开立存款帐户的个人为收款人的，委托收款凭证必须记载收款人开户银行名称；未在银行开立存款帐户的个人为收款人的，委托收款凭证必须记载被委托银行名称。欠缺记载的，银行不予受理。

第二百零三条 委托。收款人办理委托收款应向银行提交委托收款凭证和有关的债务证明。

第二百零四条 付款。银行接到寄来的委托收款凭证及债务证明，审查无误办理付款。

（一）以银行为付款人的，银行应在当日将款项主动支付给收款人。

（二）以单位为付款人的，银行应及时通知付款人，按照有关办法规定，需要将有关债务证明交给付款人的应交给付款人，并签收。

付款人应于接到通知的当日书面通知银行付款。

按照有关办法规定，付款人未在接到通知日的次日起 3 日内通知银行付款的，视同付款人同意付款，银行应于付款人接到通知日的次日起第 4 日上午开始营业时，将款项划给收款人。

付款人提前收到由其付款的债务证明，应通知银行于债务证明的到期日付款。付款人未于接到通知日的次日起 3 日内通知银行付款，付款人接到通知日的次日起第 4 日在债务证明到期日之前的，银行应于债务证明到期日将款项划给收款人。

银行在办理划款时，付款人存款帐户不足支付的，应通过被委托银行向收款人发出未付款项通知书。按照有关办法规定，债务证明留存付款人开户银行的，应将其债务证明连同未付款项通知书邮寄被委托银行转交收款人。

第二百零五条 拒绝付款。付款人审查有关债务证明后，对收款人委托收取的款项需要拒绝付款的，可以办理拒绝付款。

（一）以银行为付款人的，应自收到委托收款及债务证明的次日起 3 日内出具拒绝证明连同有关债务证明、凭证寄给被委托银行，转交收款人。

（二）以单位为付款人的，应在付款人接到通知日的次日起 3 日内出具拒绝证明，持有债务证明的，应将其送交开户银行。银行将拒绝证明、债务证明和有关凭证一并寄给被委托银行，转交收款人。

第二百零六条 在同城范围内，收款人收取公用事业费或根据国务院的规定，可以使用同城特约委托收款。

收取公用事业费，必须具有收付双方事先签订的经济合同，由付款人向开户银行授权，并经开户银行同意，报经中国人民银行当地分支行批准。

第五章　结算纪律与责任

第二百零七条 单位和个人办理支付结算，不准签发没有资金保证的票据或远期支票，套取银行信用；不准签发、取得和转让没有真实交易和债权债务的票据，套取银行和他人资金；不准无理拒绝付款，任意占用他人资金；不准违反规定开立和使用帐户。

第二百零八条 银行办理支付结算，不准以任何理由压票、任意退票、截留挪用客户和他行资金；不准无理拒绝支付应由银行支付的票据款项；不准受理无理拒付、不扣少扣滞纳金；不准违章签发、承兑、贴现票据，套取银行资金；不准签发空头银行汇票、银行本票和办理空头汇款；不准在支付结算制度之外规定附加条件，影响汇路畅通；不准违反规定为单位和个人开立帐户；不准拒绝受理、代理他行正常结算业务；不准放弃对企事业单位和个人违反结算纪律的制裁；不准逃避向人民银行转汇大额汇划款项。

第二百零九条 单位、个人和银行按照法定条件在票据上签章的，必须按照所记载的事项承担票据责任。

第二百一十条 单位签发商业汇票后，必须承担保证该汇票承兑和付款的责任。

单位和个人签发支票后，必须承担保证该支票付款的责任。

银行签发银行汇票、银行本票后，即承担该票据付款的责任。

第二百一十一条 商业汇票的背书人背书转让票据后，即承担保证其后手所持票据承兑和付款责任。

银行汇票、银行本票或支票的背书人背书转让票据后，即承担保证其后手所持票据付款的责任。

单位或银行承兑商业汇票后，必须承担该票据付款的责任。

第二百一十二条 票据的保证人应当与被保证人对持票人承担连带责任。

第二百一十三条 变造票据除签章以外的记载事项的，在变造之前签章的人，对原记载事项负责、在变造之后签章的人，对变造之后的记载事项负责；不能辨别在票据被变造之前或者之后签章的，视同在变造之前签章。

第二百一十四条 持票人超过规定期限提示付款的，银行汇票、银行本票的出票人、商业汇票的承兑人，在持票人作出说明后，仍应当继续对持票人承担付款责任；支票的出票人对持票人的追索，仍应当承担清偿责任。

第二百一十五条 付款人及其代理付款人以恶意或者重大过失付款的，应当自行承担责任。

第二百一十六条 商业汇票的付款人在到期前付款的，由付款人自行承担所产生的责任。

第二百一十七条 承兑人或者付款人拒绝承兑或拒绝付款，未按规定出具拒绝证明、或者出具退票理由书的，应当承担由此产生的民事责任。

第二百一十八条 持票人不能出示拒绝证明、退票理由书或者未按规定期限提供其他合法证明丧失对其前手追索权的，承兑人或者付款人应对持票人承担责任。

第二百一十九条 持票人因不获承兑或不获付款，对其前手行使追索权时，票据的出票人、背书人和保证人对持票人承担连带责任。

第二百二十条 持票人行使追索权时，持票人及其前手未按《票据法》规定期限将被拒绝事由书面通知其前手的，因延期通知给其前手或者出票人造成损失的，由没有按照规定期限通知的票据当事人，在票据金额内承担对该损失的赔偿责任。

第二百二十一条 票据债务人在持票人不获付款或不获承兑时，应向持票人清偿《票据法》规定的金额和费用。

第二百二十二条 单位和个人签发空头支票、签章与预留银行签章不符或者支付密码错误的支票，应按照《票据管理实施办法》和本办法的规定承担行政责任。

第二百二十三条 单位为票据的付款人，对见票即付或者到期的票据，故意压票、拖延支付的，应按照《票据管理实施办法》的规定承担行政责任。

第二百二十四条 持卡人必须妥善保管和正确使用其信用卡，否则，应按规定承担因此造成的资金损失。

第二百二十五条 持卡人使用单位卡发生透支的，由其单位承担透支金额的偿还和支付透支利息的责任。持卡人使用个人卡附属卡发生透支的，由其主卡持卡人承担透支金额的偿还和支付透支利息的责任；主卡持卡人丧失偿还能力的，由其附属卡持卡人承担透支金额的偿还和支付透支利息的责任。

第二百二十六条 持卡人办理挂失后，被冒用造成的损失，有关责任人按照信用卡章程的规定承担责任。

第二百二十七条 持卡人违反本办法规定使用信用卡进行商品交易、套取现金以及出租或转借信用卡的，应按规定承担行政责任。

第二百二十八条 单位卡持卡人违反本办法规定，将基本存款帐户以外的存款和销货款收入的款项转入其信用卡帐户的；个人卡持卡人违反本办法规定，将单位的款项转入其信用卡帐户的，应按规定承担行政责任。

第二百二十九条 特约单位受理信用卡时，应当按照规定的操作程序办理，否则，由其承担因此造成的资金损失。

第二百三十条 发卡银行未按规定时间将止付名单发至特约单位的，应由其承担因此造成的资金损失。

第二百三十一条 银行违反本办法规定，未经批准发行信用卡的；帮助持卡人将其基本存款帐户以外的存款或其他款项转入单位卡帐户，将单位的款项转入个人卡帐户的；违反规定帮助持卡人提取现金的，应按规定承担行政责任。

第二百三十二条 非金融机构、非银行金融机构、境外金融机构驻华代表机构违反规定，经营信用卡业务的，应按规定承担行政责任。

第二百三十三条 付款单位对收款单位托收的款项逾期付款，应按照规定承担赔偿责任；付款单位变更开户银行、帐户名称和帐号，未能及时通知收款单位，影响收取款项的，应由付款单位承担逾期付款赔偿责任；付款单位提出的无理拒绝付款，对收款单位重办的托收，应承担自第一次托收承付期满日起逾期付款赔偿责任。

第二百三十四条 单位和个人办理支付结算，未按照本办法的规定填写票据或结算凭证或者填写有误，影响资金使用或造成资金损失；票据或印章丢失，造成资金损失的，由其自行负责。

第二百三十五条 单位和个人违反本办法的规定，银行停止其使用有关支付结算工具，因此造成的后果，由单位和个人自行负责。

第二百三十六条 付款单位到期无款支付，逾期不退回托收承付有关单证的，应按规定承担行政责任。

第二百三十七条 城乡集体所有制工业企业未经银行批准，擅自办理托收承付结算的，应按规定承担行政责任。

第二百三十八条 单位和个人违反《银行帐户管理办法》开立和使用帐户的，应按规定承担行政责任。

第二百三十九条 对单位和个人承担行政责任的处罚，由中国人民银行委托商业银行执行。

第二百四十条 收款人或持票人委托的收款银行的责任，限于收到付款人支付的款项后按照票据和结算凭证上记载的事项将票据或结算凭证记载的金额转入收款人或持票人帐户。

付款人委托的付款银行的责任，限于按照票据和结算凭证上记载事项从付款人帐户支付金额。但托收承付结算中的付款人开户银行，应按照托收承付结算方式有关规定承担责任。

第二百四十一条 银行办理支付结算，因工作差错发生延误，影响客户和他行资金使用的，按中国人民银行规定的同档次流动资金贷款利率计付赔偿金。

第二百四十二条 银行违反规定故意压票、退票、拖延支付，受理无理拒付、擅自拒付退票、有款不扣以及不扣、少扣赔偿金，截留挪用结算资金，影响客户和他行资金使用的，要按规定承担赔偿责任。因重大过失错付或被冒领的，要负责资金赔偿。

第二百四十三条 银行违反本办法规定将支付结算的款项转入储蓄和信用卡帐户的，应按规定承担行政责任。

第二百四十四条 银行违反规定签发空头银行汇票、银行本票和办理空头汇款的，应按照规定承担行政责任。

第二百四十五条 银行违反规定故意压票、退票、拖延支付，受理无理拒付、擅自拒付退票、有款不扣以及不扣、少扣赔偿金，截留、挪用结算资金的，应按规定承担行政责任。

第二百四十六条 银行未按规定通过人民银行办理大额转汇的，应按规定承担行政责任。

第二百四十七条 银行在结算制度之外规定附加条件，影响汇路畅通的，应按规定承担行政责任。

第二百四十八条 银行违反《银行帐户管理办法》开立和管理帐户的，应按规定承担行政责任。

第二百四十九条 违反国家法律、法规和未经中国人民银行批准，作为中介机构经营结算业务的；未经中国人民银行批准，开办银行汇票、银行本票、支票、信用卡业务的，应按规定承担行政责任。

第二百五十条 金融机构的工作人员在票据业务中玩忽职守，对违反规定的票据予以承兑、付款、保证或者贴现的，应按照《票据管理实施办法》的规定承担行政责任或刑事责任。

第二百五十一条 违反本办法规定擅自印制票据的，应按照《票据管理实施办法》的规定承担行政责任。

第二百五十二条 邮电部门在传递票据、结算凭证和拍发电报中，因工作差错而发生积压、丢失、错投、错拍、漏拍、重拍等，造成结算延误，影响单位、个人和银行资金使用或造成资金损失的，由邮电部门负责。

第二百五十三条 伪造、变造票据和结算凭证上的签章或其他记载事项的，应当承担民事责任或刑事责任。

第二百五十四条 有利用票据、信用卡、结算凭证欺诈的行为，构成犯罪的，应依法承担刑事责任。情节轻微，不构成犯罪的，应按照规定承担行政责任。

第六章 附 则

第二百五十五条 本办法规定的各项期限的计算，适用民法通则关于计算期间的规定。期限最后一日是法定休假日的，以休假日的次日为最后一日。

按月计算期限的，按到期月的对日计算；无对日的，月末日为到期日。

本办法所规定的各项期限，可以因不可抗力的原因而中止。不可抗力的原因消失时，期限可以顺延。

第二百五十六条 银行汇票、商业汇票由中国人民银行总行统一格式、联次、颜色、规格，并在中国人民银行总行批准的印制厂印制。由各家银行总行组织定货和管理。

银行本票、支票由中国人民银行总行统一格式、联次、颜色、规格，并在中国人民银行总行批准的印制厂印制，由中国人民银行各省、自治区、直辖市、计划单列市分行负责组织各商业银行定货和管理。

信用卡按中国人民银行的有关规定印制，信用卡结算凭证的格式、联次、颜色、规格由中国人民银行总行统一规定，各发卡银行总行负责印制。

汇兑凭证、托收承付凭证、委托收款凭证由中国人民银行总行统一格式、联次、颜色、规格，由各行负责印制和管理。

第二百五十七条 银行办理各项支付结算业务，根据承担的责任和业务成本以及应付给有关部门的费用，分别收取邮费、电报费、手续费、凭证工本费（信用卡卡片费）、挂失手续费，以及信用卡年费、特约手续费、异地存取款手续费。收费范围，除财政金库全部免收、存款不计息帐户免收邮费、手续费外，对其他单位和个人都要按照规定收取费用。

邮费，单程的每笔按邮局挂号信每件收费标准收费；双程的每笔按邮局挂号信二件收费标准收费；客户要求使用特快专递的，按邮局规定的收费标准收取；超重部分按邮局规定的标准加收。

电报费，每笔按四十五个字照电报费标准收取，超过的字数按每字收费的标准加收。急电均加倍收取电报费。

手续费，按银行规定的标准收取。

银行办理支付结算业务按照附二《支付结算业务收费表》收取手续费和邮电费。

信用卡统一的收费标准，中国人民银行将另行规定。

支票的手续费由经办银行向购买人收取，其他结算的手续费、邮电费一律由经办银行向委托人收取。

凭证工本费，按照不同凭证的成本价格，向领用人收取。

第二百五十八条 各部门、各单位制定的有关规定，涉及支付结算而与本办法有抵触的，一律按照本办法的规定执行。

中国人民银行过去有关支付结算的规定与本办法有抵触的，以本办法为准。

第二百五十九条 本办法由中国人民银行总行负责解释、修改。

第二百六十条 本办法自 1997 年 12 月 1 日起施行。

《中国人民银行关于〈票据法〉和〈支付结算办法〉中有关问题的复函》

银条法〔2000〕29 号

中国工商银行法律事务部：

你部《关于〈票据法〉和〈支付结算办法〉有关问题的请示》收悉。经研究，答复如下：

根据《支付结算办法》第 23 条、第 24 条的规定，单位在票据上的签章，应为该单位的财务专用章或者公章加其法定代表人或其授权的代理人的签名或者盖章。背书人在票据上的签章不符合规定的，其签章无效，由此签章做成的背书相应亦无效。根据《票据法》第 31 条、《支付结算办法》第 33 条的规定，以背书转让的汇票，背书应当连续，持票人以连续的背书，证明其汇票权利。若申请贴现的汇票背书签章不符合法律规定，该背书无效，同时造成该汇票背书不连续。根据《票据法》第 12 条第 2 款的规定，若贴现银行对背书不连续的汇票办理了贴现，其因重大过失取得不符合《票据法》规定的票据，不得享有票据权利。

二〇〇〇年四月三十日

《中国人民银行关于规范和促进电子商业汇票业务发展的通知》

银发〔2016〕224 号

中国人民银行上海总部，各分行、营业管理部，各省会（首府）城市中心支行，深圳市中心支行；国家开发银行，各政策性银行、国有商业银行、股份制商业银行，中国邮政储蓄银行；城市商业银行资金清算中心、农信银资金清算中心：

为充分发挥电子商业汇票（以下简称电票）系统和电票业务优势，防范纸质商业汇票（以下简称纸票）业务风险，加快票据市场电子化进程，现就规范和促进电票业务发展有关事项通知如下：

一、扩大系统覆盖率，扩充系统功能

（一）扩大系统覆盖率，优化电票流通环境。

尚未接入电票系统的银行业金融机构、财务公司（以下统称金融机构）应加快接入，已接入电票系统的金融机构在风险可控的前提下应尽可能提高网点开通率。

各金融机构要完善内部业务系统的电票业务处理功能，支持发起和接收跨行承兑、跨行贴现等业务，支持向被代理接入机构发起和接收各类票据业务，不得对电票的跨行流转设置障碍。各银行业金融机构应同时支持线上、线下两种资金清算方式。已开通线上清算功能的金融机构间开展票据转贴现业务，原则上应采用票款对付（DVP）结算方式。

人民银行上海总部、各分行、营业管理部、省会（首府）城市中心支行、深圳市中心支行（以下统称人民银行省级分支机构）应支持尚未开通电票再贴现业务的人民银行地市中心支行接入电票系统，提供电票再贴现服务。

（二）持续开放电票模拟运行环境，提供测试便利。

人民银行清算总中心应持续开放电票系统模拟运行环境，提高模拟运行环境的容纳量，为金融机构业务测试提供有力支持。需接入模拟运行环境开展测试的金融机构应向清算总中心报送测试需求及计划，清算总中心应在收到金融机构测试申请之日起 1 个月内安排测试，测试周期不得短于 2 个月（金融机构主动结束测试周期的除外）。

（三）全面推广财务公司线上清算功能。

自 2016 年 9 月 1 日起，分批组织符合条件的财务公司开通线上清算功能。拟开通线上清算功能的财务公司应及时将业务需求连同《财务公司线上清算功能权限开通申请表》（见附件）以正式文件通过法人所在地人民银行省级分支机构上报人民银行总行。

（四）增加电票交易主体。

自 2016 年 9 月 1 日起，除银行业金融机构和财务公司以外的、作为银行间债券市场交易主体的其他金融机构可以通过银行业金融机构代理加入电票系统，开展电票转贴现（含买断式和回购式）、提示付款等规定业务。此类被代理机构在电票系统中的主体识别码采用"RC03"，代理机构应通过系统控制，限制被代理非银行金融机构的承兑、贴现和再贴现等业务权限。

二、提高服务水平，简化业务操作

（一）提高服务水平，便利企业使用电票。

各银行业金融机构应着力提升客户服务水平，通过官方网站、宣传折页等途径公布开通电票业务的机构网点、咨询电话，制作简明易懂的业务申请和操作指南，根据客户需求提供集中培训、上门指导等服务。各金融机构应以上下游关系密切的产业链龙头企业或集团企业为重点，带动产业链上下游企业使用电票；可以采取提高综合营销力度、优先办理电票贴现、给予费率优惠等方式，鼓励和引导企业签发、收受、转让电票。有条件的金融机构还应为企业办理柜面电票业务、批量电票业务和集团企业集中管理电票业务提供便利。鼓励金融机构基于协议代理客户发起出票（含提示承兑和交付申请）、转让背书、贴现申请等行为并作出电子签名。中国支付清算协会应组织制定统一的电票客户端功能标准与操作规范，指导金融机构进一步统一和完善网银客户界面应显示的基本功能和操作服务，便利企业办理电票业务。

（二）增强商业信用，发展电子商业承兑汇票。

金融机构应选择资信状况良好、产供销关系稳定的企业，鼓励其签发、收受和转让电子商业承兑汇票；探索采用保函、保证与保贴业务等形式，增强电子商业承兑汇票信用，促进电子商业承兑汇票流通。鼓励电子商业承兑汇票的出票人、承兑人进行信用评级，充分利用电票系统的评级信息登记功能，提高票据信用保障，并严格遵守"恪守信用、履约付款"的结算原则，及时足额兑付到期电子商业承兑汇票。电子商业承兑汇票的收受人可利用电票系统的支付信用查询功能了解出票人和承兑人的资信状况。

（三）提高贸易背景真实性审查效率。

对资信良好的企业申请电票承兑的，金融机构可通过审查合同、发票等材料的影印件，企业电子签名的方式，对电票的真实交易关系和债权债务关系进行在线审核。对电子商务企业申请电票承兑的，金融机构可通过审查电子订单或电子发票的方式，对电票的真实交易关系和债权债务关系进行在线审核。企业申请电票贴现的，无需向金融机构提供合同、发票等资料。

（四）简化转贴现操作。

金融机构办理电票转贴现业务（含买断式和回购式）时，无需再签订线下协议，如有需约定的事项，金融机构可以通过电票系统合同模块签订协议，或在备注栏内加注约定有关事项。

三、规范操作，确保业务有序开展

（一）规范录入组织机构代码。

持加载统一社会信息代码营业执照的企业，在电票系统开展业务时，"组织机构代码"字段应录入统一社会信用代码的第9－第17位主体识别码，录入规则仍按照电票系统报文格式标准中组织机构代码的要求录入10位，第9位固定录入"－"。对未换发统一社会信用代码营业执照的企业，仍按照原业务规则录入组织机构代码。

（二）有效审核电票背书连续性。

对于电票前手被背书人与后手背书人的账号、开户行行号、组织机构代码和身份类别均相同但名称有所不同的，不影响票据背书连续性的认定，承兑人应及时给付票据款项。如确需相关当事人说明的，承兑人应及时通过大额支付系统查询查复报文或其他方式联系相关当事人或当事人开户行予以证实。

（三）严格履行电票付款责任。

持票人在电子银行承兑汇票提示付款期内提示付款的，如提示付款指令于中午12：00前发出，承兑人应在收到提示付款请求的当日（遇法定休假日、大额支付系统非营业日、电票系统非营业日顺延，下同）付款或拒绝付款；如提示付款指令于中午12：00后发出，承兑人应在收到提示付款请求的当日至迟次日付款或拒绝付款。电子商业承兑汇票承兑人的接入机构应及时将持票人的提示付款请求通知承兑人，承兑人在收到请求次日起第三日仍未应答的，接入机构应按协议约定代为应答。

（四）强化电票系统代理接入真实性审核。

直连接入电票系统的金融机构提供电票代理接入服务时，应对被代理机构基本信息及身份的真实性进行审核，且须通过大额支付系统向被代理机构进行核实确认（查询报文内容至少包括申请人全称、法定代表人姓名、营业执照编号、金融许可证编号、查询事项等），被代理机构应给予同意接入或不同意接入的明确答复。

（五）严格落实纸质商业汇票登记制度。

人民银行省级分支机构在办理银行业金融机构票据制版批复时，应按要求审核其加入电票系统开通纸票登记查询功能或委托其他银行业金融机构代理登记纸票业务的相关证明文件。各金融机构应严格落实《纸质商业汇票登记查询管理办法》（银发〔2009〕328号文印发）相关要求。未实现纸票登记信息由系统自动导入或法人机构统一登记的金融机构，应加强对其分支机构登记情况的管理和审查，确保其及时、准确、完整登记相关信息。纸票买入返售（卖出回购）业务的转入行按照转贴现业务登记要求办理登记；原转出行办理纸票赎回业务应参照转贴现业务登记要求办理登记，其中转贴现日期填写纸票赎回日，备注栏注明"赎回"字样。

（六）完善票据业务查询查复制度。

根据《最高人民法院关于人民法院发布公示催告程序中公告有关问题的通知》（法〔2016〕109号）有关规定，各金融机构应在办理票据（含纸票）贴现、转贴现、质押等业务时，通过查询电票系统以及中国法院网、法院公告网、人民法院报网站等方式，及时掌握票据是否被挂失止付或公示催告等信息；应严格执行支付系统查询查复有关规定，全面、如实地向查询行回复票据司法涉诉、冻结等信息，切实防范风险。

四、健全考评机制，强化业务监管

（一）明确工作目标，有效提升电票业务占比。

各金融机构应严格落实电票业务各项制度规定，采取有效措施，规范有序开展电票业务，有效提升电票业务占比，确保办理的电票承兑业务在本机构办理的全部商业汇票承兑业务中金额占比逐年提高。自2017年1月1日起，单张出票金额在300万元以上的商业汇票应全部通过电票办理；自2018年1月1日起，原则上单张出票金额在100万元以上的商业汇票应全部通过电票办理。

（二）建立考核通报机制。

各金融机构应结合本机构实际和本通知要求，制定本机构推广电票应用的细化措施和推进时间表，并对本机构内部系统支持跨行业务和被代理机构业务的功能进行自查，不符合要求的应及时整改优化，于2016年10月15日前以正式文件向人民银行报送细化措施、推进时间表和系统功能改造情况，并于每年1月20日前报送上一年度电票业务推进情况。其中，国家开发银行，各政策性银行、国有商业银行、股份制商业银行、中国邮政储蓄银行、城市商业银行资金清算中心、农信银资金清算中心报送人民银行总行，城市商业银行、农村商业银行、农村合作银行、农村信用社、村镇银行、外资银行、财务公司报送法人所在地人民银行省级分支机构。人民银行总行和省级分支机构建立对金融机构电票业务推广情况的考核评价机制，按年度进行考核督促，对年度考核中未达标的金融机构，予以通报并督促整改。

人民银行省级分支机构应结合辖区实际和本通知要求，制定本辖区推广电票的细化措施和推进时间表，于2016年10月15日前以正式文件报送人民银行总行，并于每年 1 月 20 日前报送上一年度电票业务推进情况。人民银行总行建立对各省级分支机构电票业务推广情况的考核评价机制，按年度进行考核督促，完成情况纳入支付结算工作年度考核。

（三）畅通举报渠道，加大执法检查力度。

人民银行省级分支机构应严肃电票结算和纸票业务登记纪律，公布咨询举报电话、畅通举报机制；在支付结算执法检查中，应重点检查金融机构电票业务开展和推广的情况。对接受举报和执法检查中，发现金融机构存在纸票登记不规范、内部电票系统功能不符合跨行业务要求等违规行为的，应依法严肃查处并督促其及时整改。

请人民银行省级分支机构将本通知转发至辖区内人民银行地市中心支行，各城市商业银行、农村商业银行、农村合作银行、农村信用社、村镇银行、外资银行、财务公司。执行中如遇问题，请及时向人民银行总行反映。

《中国人民银行关于规范商业承兑汇票信息披露的公告》

中国人民银行公告〔2020〕第 19 号

为加强商业承兑汇票信用体系建设，完善市场化约束机制，保障持票人合法权益，现就商业承兑汇票信息披露有关事宜公告如下：

一、承兑人应当于承兑完成日次 1 个工作日内披露每张票据的承兑相关信息，包括出票日期、承兑日期、票据号码、出票人名称、承兑人名称、承兑人社会信用代码、票面金额、票据到期日等。

二、承兑人应当于每月前 10 日内披露承兑信用信息，包括累计承兑发生额、承兑余额、累计逾期发生额、逾期余额等。

三、承兑人对披露信息的真实性、准确性、及时性和完整性负责。

四、企业签收商业承兑汇票前，可以通过中国人民银行认可的票据信息披露平台（以下简称票据信息披露平台）查询票据承兑信息，加强风险识别与防范。

五、金融机构办理商业承兑汇票的贴现、质押、保证等业务前，应当通过票据信息披露平台查询票据承兑信息，票据承兑信息不存在或者票面记载事项与承兑人披露的信息不一致的，金融机构不得办理票据贴现、质押、保证等业务。

六、承兑人披露信息及时、准确、承兑的票据无逾期记录的，金融机构可以优先为承兑人办理银行承兑业务，优先为承兑人承兑的票据办理贴现业务。承兑人披露信息存在延迟、虚假或者承兑的票据持续逾期的，金融机构应当审慎为承兑人办理银行承兑业务，审慎为承兑人承兑的票据办理贴现、质押、保证等业务。

七、承兑人可以通过票据信息披露平台披露其他信用信息。承兑人在债券市场发生违约的，可以通过票据信息披露平台披露债券违约情况。

八、票据市场基础设施应当提供必要的技术支持，协助承兑人及时、高效披露相关信息，并加强监测，对承兑人披露信息延迟、承兑的票据持续逾期以及披露的信息与电子商业汇票系统记载信息不一致等情况进行提示。企业、金融机构发现伪假商业承兑汇票或者冒名承兑等异常情况的，应当及时告知票据市场基础设施。

九、票据市场基础设施根据本公告及中国人民银行有关要求，制定商业承兑汇票信息披露操作细则，报中国人民银行备案后施行，并定期向中国人民银行报告商业承兑汇票信息披露情况。

十、本公告自 2021 年 8 月 1 日起施行。财务公司承兑汇票的信息披露参照本公告执行。

※ 司法解释及地方高院文件 ※

《最高人民法院关于审理票据纠纷案件若干问题的规定》

法释〔2020〕18 号

一、受理和管辖

第一条 因行使票据权利或者票据法上的非票据权利而引起的纠纷，人民法院应当依法受理。

第二条 依照票据法第十条的规定，票据债务人（即出票人）以在票据未转让时的基础关系违法、双方不具有真实的交易关系和债权债务关系、持票人应付对价而未付对价为由，要求返还票据而提起诉讼的，人民法院应当依法受理。

第三条 依照票据法第三十六条的规定，票据被拒绝承兑、被拒绝付款或者汇票、支票超过提示付款期限后，票据持有人背书转让的，被背书人以背书人为被告行使追索权而提起诉讼的，人民法院应当依法受理。

第四条 持票人不先行使付款请求权而先行使追索权遭拒绝提起诉讼的，人民法院不予受理。除有票据法第六十一条第二款和本规定第三条所列情形外，持票人只能在首先向付款人行使付款请求权而得不到付款时，才可以行使追索权。

第五条 付款请求权是持票人享有的第一顺序权利，追索权是持票人享有的第二顺序权利，即汇票到期被拒绝付款或者具有票据法第六十一条第二款所列情形的，持票人请求背书人、出票人以及汇票的其他债务人支付票据法第七十条第一款所列金额和费用的权利。

第六条 因票据纠纷提起的诉讼，依法由票据支付地或者被告住所地人民法院管辖。

票据支付地是指票据上载明的付款地，票据上未载明付款地的，汇票付款人或者代理付款人的营业场所、住所或者经常居住地，本票出票人的营业场所，支票付款人或者代理付款人的营业场所所在地为票据付款地。代理付款人即付款人的委托代理人，是指根据付款人的委托代为支付票据金额的银行、信用合作社等金融机构。

二、票据保全

第七条 人民法院在审理、执行票据纠纷案件时，对具有下列情形之一的票据，经当事人申请并提供担保，可以依法采取保全措施或者执行措施：

（一）不履行约定义务，与票据债务人有直接债权债务关系的票据当事人所持有的票据；

（二）持票人恶意取得的票据；

（三）应付对价而未付对价的持票人持有的票据；

（四）记载有"不得转让"字样而用于贴现的票据；

（五）记载有"不得转让"字样而用于质押的票据；

（六）法律或者司法解释规定有其他情形的票据。

三、举证责任

第八条 票据诉讼的举证责任由提出主张的一方当事人承担。

依照票据法第四条第二款、第十条、第十二条、第二十一条的规定，向人民法院提起诉讼的持票人有责任提供诉争票据。该票据的出票、承兑、交付、背书转让涉嫌欺诈、偷盗、胁迫、恐吓、暴力等非法行为的，持票人对持票的合法性应当负责举证。

第九条 票据债务人依照票据法第十三条的规定，对与其有直接债权债务关系的持票人提出抗辩，人民法院合并审理票据关系和基础关系的，持票人应当提供相应的证据证明已经履行了约定义务。

第十条 付款人或者承兑人被人民法院依法宣告破产的，持票人因行使追索权而向人民法院提起诉讼时，应当向受理法院提供人民法院依法作出的宣告破产裁定书或者能够证明付款人或者承兑人破产的其他证据。

第十一条 在票据诉讼中，负有举证责任的票据当事人应当在一审人民法院法庭辩论结束以前提供证据。因客观原因不能在上述举证期限以内提供的，应当在举证期限届满以前向人民法院申请延期。延长的期限由人民法院根据案件的具体情况决定。

票据当事人在一审人民法院审理期间隐匿票据、故意有证不举，应当承担相应的诉讼后果。

四、票据权利及抗辩

第十二条 票据法第十七条第一款第（一）、（二）项规定的持票人对票据的出票人和承兑人的权利，包括付款请求权和追索权。

第十三条 票据债务人以票据法第十条、第二十一条的规定为由，对业经背书转让票据的持票人进行抗辩的，人民法院不予支持。

第十四条 票据债务人依照票据法第十二条、第十三条的规定，对持票人提出下列抗辩的，人民法院应予支持：

（一）与票据债务人有直接债权债务关系并且不履行约定义务的；

（二）以欺诈、偷盗或者胁迫等非法手段取得票据，或者明知有前列情形，出于恶意取得票据的；

（三）明知票据债务人与出票人或者与持票人的前手之间存在抗辩事由而取得票据的；

（四）因重大过失取得票据的；

（五）其他依法不得享有票据权利的。

第十五条 票据债务人依照票据法第九条、第十七条、第十八条、第二十二条和第三十一条的规定，对持票人提出下列抗辩的，人民法院应予支持：

（一）欠缺法定必要记载事项或者不符合法定格式的；

（二）超过票据权利时效的；

（三）人民法院作出的除权判决已经发生法律效力的；

（四）以背书方式取得但背书不连续的；

（五）其他依法不得享有票据权利的。

第十六条 票据出票人或者背书人被宣告破产的，而付款人或者承兑人不知其事实而付款或者承兑，因此所产生的追索权可以登记为破产债权，付款人或者承兑人为债权人。

第十七条 票据法第十七条第一款第（三）、（四）项规定的持票人对前手的追索权，不包括对票据出票人的追索权。

第十八条 票据法第四十条第二款和第六十五条规定的持票人丧失对其前手的追索权，不包括对票据出票人的追索权。

第十九条 票据法第十七条规定的票据权利时效发生中断的，只对发生时效中断事由的当事人有效。

第二十条 票据法第六十六条第一款规定的书面通知是否逾期，以持票人或者其前手发出书面通知之日为准；以信函通知的，以信函投寄邮戳记载之日为准。

第二十一条 票据法第七十条、第七十一条所称中国人民银行规定的利率，是指中国人民银行规定的企业同期流动资金贷款利率。

第二十二条 代理付款人在人民法院公示催告公告发布以前按照规定程序善意付款后，承兑人或者付款人以已经公示催告为由拒付代理付款人已经垫付的款项的，人民法院不予支持。

五、失票救济

第二十三条 票据丧失后，失票人直接向人民法院申请公示催告或者提起诉讼的，人民法院应当依法受理。

第二十四条 出票人已经签章的授权补记的支票丧失后，失票人依法向人民法院申请公示催告的，人民法院应当依法受理。

第二十五条　票据法第十五条第三款规定的可以申请公示催告的失票人，是指按照规定可以背书转让的票据在丧失票据占有以前的最后合法持票人。

第二十六条　出票人已经签章但未记载代理付款人的银行汇票丧失后，失票人依法向付款人即出票银行所在地人民法院申请公示催告的，人民法院应当依法受理。

第二十七条　超过付款提示期限的票据丧失以后，失票人申请公示催告的，人民法院应当依法受理。

第二十八条　失票人通知票据付款人挂失止付后三日内向人民法院申请公示催告的，公示催告申请书应当载明下列内容：

（一）票面金额；

（二）出票人、持票人、背书人；

（三）申请的理由、事实；

（四）通知票据付款人或者代理付款人挂失止付的时间；

（五）付款人或者代理付款人的名称、通信地址、电话号码等。

第二十九条　人民法院决定受理公示催告申请，应当同时通知付款人及代理付款人停止支付，并自立案之日起三日内发出公告。

第三十条　付款人或者代理付款人收到人民法院发出的止付通知，应当立即停止支付，直至公示催告程序终结。非经发出止付通知的人民法院许可擅自解付的，不得免除票据责任。

第三十一条　公告应当在全国性报纸或者其他媒体上刊登，并于同日公布于人民法院公告栏内。人民法院所在地有证券交易所的，还应当同日在该交易所公布。

第三十二条　依照《中华人民共和国民事诉讼法》（以下简称民事诉讼法）第二百一十九条的规定，公告期间不得少于六十日，且公示催告期间届满日不得早于票据付款日后十五日。

第三十三条 依照民事诉讼法第二百二十条第二款的规定，在公示催告期间，以公示催告的票据质押、贴现，因质押、贴现而接受该票据的持票人主张票据权利的，人民法院不予支持，但公示催告期间届满以后人民法院作出除权判决以前取得该票据的除外。

第三十四条 票据丧失后，失票人在票据权利时效届满以前请求出票人补发票据，或者请求债务人付款，在提供相应担保的情况下因债务人拒绝付款或者出票人拒绝补发票据提起诉讼的，由被告住所地或者票据支付地人民法院管辖。

第三十五条 失票人因请求出票人补发票据或者请求债务人付款遭到拒绝而向人民法院提起诉讼的，被告为与失票人具有票据债权债务关系的出票人、拒绝付款的票据付款人或者承兑人。

第三十六条 失票人为行使票据所有权，向非法持有票据人请求返还票据的，人民法院应当依法受理。

第三十七条 失票人向人民法院提起诉讼的，应向人民法院说明曾经持有票据及丧失票据的情形，人民法院应当根据案件的具体情况，决定当事人是否应当提供担保以及担保的数额。

第三十八条 对于伪报票据丧失的当事人，人民法院在查明事实，裁定终结公示催告或者诉讼程序后，可以参照民事诉讼法第一百一十一条的规定，追究伪报人的法律责任。

六、票据效力

第三十九条 依照票据法第一百零八条以及经国务院批准的《票据管理实施办法》的规定，票据当事人使用的不是中国人民银行规定的统一格式票据的，按照《票据管理实施办法》的规定认定，但在中国境外签发的票据除外。

第四十条 票据出票人在票据上的签章上不符合票据法以及下述规

定的，该签章不具有票据法上的效力：

（一）商业汇票上的出票人的签章，为该法人或者该单位的财务专用章或者公章加其法定代表人、单位负责人或者其授权的代理人的签名或者盖章；

（二）银行汇票上的出票人的签章和银行承兑汇票的承兑人的签章，为该银行汇票专用章加其法定代表人或者其授权的代理人的签名或者盖章；

（三）银行本票上的出票人的签章，为该银行的本票专用章加其法定代表人或者其授权的代理人的签名或者盖章；

（四）支票上的出票人的签章，出票人为单位的，为与该单位在银行预留签章一致的财务专用章或者公章加其法定代表人或者其授权的代理人的签名或者盖章；出票人为个人的，为与该个人在银行预留签章一致的签名或者盖章。

第四十一条　银行汇票、银行本票的出票人以及银行承兑汇票的承兑人在票据上未加盖规定的专用章而加盖该银行的公章，支票的出票人在票据上未加盖与该单位在银行预留签章一致的财务专用章而加盖该出票人公章的，签章人应当承担票据责任。

第四十二条　依照票据法第九条以及《票据管理实施办法》的规定，票据金额的中文大写与数码不一致，或者票据载明的金额、出票日期或者签发日期、收款人名称更改，或者违反规定加盖银行部门印章代替专用章，付款人或者代理付款人对此类票据付款的，应当承担责任。

第四十三条　因更改银行汇票的实际结算金额引起纠纷而提起诉讼，当事人请求认定汇票效力的，人民法院应当认定该银行汇票无效。

第四十四条　空白授权票据的持票人行使票据权利时未对票据必须记载事项补充完全，因付款人或者代理付款人拒绝接收该票据而提起诉讼的，人民法院不予支持。

第四十五条 票据的背书人、承兑人、保证人在票据上的签章不符合票据法以及《票据管理实施办法》规定的，或者无民事行为能力人、限制民事行为能力人在票据上签章的，其签章无效，但不影响人民法院对票据上其他签章效力的认定。

七、票据背书

第四十六条 因票据质权人以质押票据再行背书质押或者背书转让引起纠纷而提起诉讼的，人民法院应当认定背书行为无效。

第四十七条 依照票据法第二十七条的规定，票据的出票人在票据上记载"不得转让"字样，票据持有人背书转让的，背书行为无效。背书转让后的受让人不得享有票据权利，票据的出票人、承兑人对受让人不承担票据责任。

第四十八条 依照票据法第二十七条和第三十条的规定，背书人未记载被背书人名称即将票据交付他人的，持票人在票据被背书人栏内记载自己的名称与背书人记载具有同等法律效力。

第四十九条 依照票据法第三十一条的规定，连续背书的第一背书人应当是在票据上记载的收款人，最后的票据持有人应当是最后一次背书的被背书人。

第五十条 依照票据法第三十四条和第三十五条的规定，背书人在票据上记载"不得转让""委托收款""质押"字样，其后手再背书转让、委托收款或者质押的，原背书人对后手的被背书人不承担票据责任，但不影响出票人、承兑人以及原背书人之前手的票据责任。

第五十一条 依照票据法第五十七条第二款的规定，贷款人恶意或者有重大过失从事票据质押贷款的，人民法院应当认定质押行为无效。

第五十二条 依照票据法第二十七条的规定，出票人在票据上记载"不得转让"字样，其后手以此票据进行贴现、质押的，通过贴现、质押取得票据的持票人主张票据权利的，人民法院不予支持。

第五十三条　依照票据法第三十四条和第三十五条的规定，背书人在票据上记载"不得转让"字样，其后手以此票据进行贴现、质押的，原背书人对后手的被背书人不承担票据责任。

第五十四条　依照票据法第三十五条第二款的规定，以汇票设定质押时，出质人在汇票上只记载了"质押"字样未在票据上签章的，或者出质人未在汇票、粘单上记载"质押"字样而另行签订质押合同、质押条款的，不构成票据质押。

第五十五条　商业汇票的持票人向其非开户银行申请贴现，与向自己开立存款账户的银行申请贴现具有同等法律效力。但是，持票人有恶意或者与贴现银行恶意串通的除外。

第五十六条　违反规定区域出票，背书转让银行汇票，或者违反票据管理规定跨越票据交换区域出票、背书转让银行本票、支票的，不影响出票人、背书人依法应当承担的票据责任。

第五十七条　依照票据法第三十六条的规定，票据被拒绝承兑、被拒绝付款或者超过提示付款期限，票据持有人背书转让的，背书人应当承担票据责任。

第五十八条　承兑人或者付款人依照票据法第五十三条第二款的规定对逾期提示付款的持票人付款与按照规定的期限付款具有同等法律效力。

八、票据保证

第五十九条　国家机关、以公益为目的的事业单位、社会团体作为票据保证人的，票据保证无效，但经国务院批准为使用外国政府或者国际经济组织贷款进行转贷，国家机关提供票据保证的除外。

第六十条　票据保证无效的，票据的保证人应当承担与其过错相应的民事责任。

第六十一条　保证人未在票据或者粘单上记载"保证"字样而另行

签订保证合同或者保证条款的，不属于票据保证，人民法院应当适用《中华人民共和国民法典》的有关规定。

九、法律适用

第六十二条 人民法院审理票据纠纷案件，适用票据法的规定；票据法没有规定的，适用《中华人民共和国民法典》等法律以及国务院制定的行政法规。

中国人民银行制定并公布施行的有关行政规章与法律、行政法规不抵触的，可以参照适用。

第六十三条 票据当事人因对金融行政管理部门的具体行政行为不服提起诉讼的，适用《中华人民共和国行政处罚法》、票据法以及《票据管理实施办法》等有关票据管理的规定。

中国人民银行制定并公布施行的有关行政规章与法律、行政法规不抵触的，可以参照适用。

第六十四条 人民法院对票据法施行以前已经作出终审裁决的票据纠纷案件进行再审，不适用票据法。

十、法律责任

第六十五条 具有下列情形之一的票据，未经背书转让的，票据债务人不承担票据责任；已经背书转让的，票据无效不影响其他真实签章的效力：

（一）出票人签章不真实的；

（二）出票人为无民事行为能力人的；

（三）出票人为限制民事行为能力人的。

第六十六条 依照票据法第十四条、第一百零二条、第一百零三条的规定，伪造、变造票据者除应当依法承担刑事、行政责任外，给他人造成损失的，还应当承担民事赔偿责任。被伪造签章者不承担票据责任。

第六十七条 对票据未记载事项或者未完全记载事项作补充记载，

补充事项超出授权范围的，出票人对补充后的票据应当承担票据责任。给他人造成损失的，出票人还应当承担相应的民事责任。

第六十八条 付款人或者代理付款人未能识别出伪造、变造的票据或者身份证件而错误付款，属于票据法第五十七条规定的"重大过失"，给持票人造成损失的，应当依法承担民事责任。付款人或者代理付款人承担责任后有权向伪造者、变造者依法追偿。

持票人有过错的，也应当承担相应的民事责任。

第六十九条 付款人及其代理付款人有下列情形之一的，应当自行承担责任：

（一）未依照票据法第五十七条的规定对提示付款人的合法身份证明或者有效证件以及汇票背书的连续性履行审查义务而错误付款的；

（二）公示催告期间对公示催告的票据付款的；

（三）收到人民法院的止付通知后付款的；

（四）其他以恶意或者重大过失付款的。

第七十条 票据法第六十三条所称"其他有关证明"是指：

（一）人民法院出具的宣告承兑人、付款人失踪或者死亡的证明、法律文书；

（二）公安机关出具的承兑人、付款人逃匿或者下落不明的证明；

（三）医院或者有关单位出具的承兑人、付款人死亡的证明；

（四）公证机构出具的具有拒绝证明效力的文书。

承兑人自己作出并发布的表明其没有支付票款能力的公告，可以认定为拒绝证明。

第七十一条 当事人因申请票据保全错误而给他人造成损失的，应当依法承担民事责任。

第七十二条 因出票人签发空头支票、与其预留本名的签名式样或者印鉴不符的支票给他人造成损失的，支票的出票人和背书人应当依法承担民事责任。

第七十三条 人民法院在审理票据纠纷案件时，发现与本案有牵连但不属同一法律关系的票据欺诈犯罪嫌疑线索的，应当及时将犯罪嫌疑线索提供给有关公安机关，但票据纠纷案件不应因此而中止审理。

第七十四条 依据票据法第一百零四条的规定，由于金融机构工作人员在票据业务中玩忽职守，对违反票据法规定的票据予以承兑、付款、贴现或者保证，给当事人造成损失的，由该金融机构与直接责任人员依法承担连带责任。

第七十五条 依照票据法第一百零六条的规定，由于出票人制作票据，或者其他票据债务人未按照法定条件在票据上签章，给他人造成损失的，除应当按照所记载事项承担票据责任外，还应当承担相应的民事责任。

持票人明知或者应当知道前款情形而接受的，可以适当减轻出票人或者票据债务人的责任。

《全国法院民商事审判工作会议纪要》（节选）

法〔2019〕254号

九、关于票据纠纷案件的审理

会议认为，人民法院在审理票据纠纷案件时，应当注意区分票据的种类和功能，正确理解票据行为无因性的立法目的，在维护票据流通性功能的同时，依法认定票据行为的效力，依法确认当事人之间的权利义务关系以及保护合法持票人的权益，防范和化解票据融资市场风险，维护票据市场的交易安全。

100.【合谋伪造贴现申请材料的后果】贴现行的负责人或者有权从事该业务的工作人员与贴现申请人合谋，伪造贴现申请人与其前手之间具有真实的商品交易关系的合同、增值税专用发票等材料申请贴现，贴现行主张其享有票据权利的，人民法院不予支持。对贴现行因支付资金而产生的损失，按照基础关系处理。

101.【民间贴现行为的效力】票据贴现属于国家特许经营业务，合法持票人向不具有法定贴现资质的当事人进行"贴现"的，该行为应当认定无效，贴现款和票据应当相互返还。当事人不能返还票据的，原合法持票人可以拒绝返还贴现款。人民法院在民商事案件审理过程中，发现不具有法定资质的当事人以"贴现"为业的，因该行为涉嫌犯罪，应当将有关材料移送公安机关。民商事案件的审理必须以相关刑事案件的审理结果为依据的，应当中止诉讼，待刑事案件审结后，再恢复案件的审理。案件的基本事实无须以相关刑事案件的审理结果为依据的，人民法院应当继续审理。

根据票据行为无因性原理，在合法持票人向不具有贴现资质的主体进行"贴现"，该"贴现"人给付贴现款后直接将票据交付其后手，其后手支付对价并记载自己为被背书人后，又基于真实的交易关系和债权债务关系将票据进行背书转让的情形下，应当认定最后持票人为合法持票人。

102.【转贴现协议】转贴现是通过票据贴现持有票据的商业银行为了融通资金，在票据到期日之前将票据权利转让给其他商业银行，由转贴现行在收取一定的利息后，将转贴现款支付给持票人的票据转让行为。转贴现行提示付款被拒付后，依据转贴现协议的约定，请求未在票据上背书的转贴现申请人按照合同法律关系返还转贴现款并赔偿损失的，案由应当确定为合同纠纷。转贴现合同法律关系有效成立的，对于原告的诉讼请求，人民法院依法予以支持。当事人虚构转贴现事实，或者当事人之间不存在真实的转贴现合同法律关系的，人民法院应当向当事人释明按照真实交易关系提出诉讼请求，并按照真实交易关系和当事人约定本意依法确定当事人的责任。

103.【票据清单交易、封包交易案件中的票据权利】审判实践中，以票据贴现为手段的多链条融资模式引发的案件应当引起重视。这种交易俗称票据清单交易、封包交易，是指商业银行之间就案涉票据订立转贴现或者回购协议，附以票据清单，或者将票据封包作为质押，双方约定按照票据清单中列明的基本信息进行票据转贴现或者回购，但往往并不进行票据交付和背书。实务中，双方还往往再订立一份代保管协议，约定由原票据持有人代对方继续持有票据，从而实现合法、合规的形式要求。

出资银行仅以参与交易的单个或者部分银行为被告提起诉讼行使票据追索权，被告能够举证证明票据交易存在诸如不符合正常转贴现交易顺序的倒打款、未进行背书转让、票据未实际交付等相关证据，并据此主张相关金融机构之间并无转贴现的真实意思表示，抗辩出资银行不享有票据权利的，人民法院依法予以支持。

出资银行在取得商业承兑汇票后又将票据转贴现给其他商业银行，持票人向其前手主张票据权利的，人民法院依法予以支持。

104.【票据清单交易、封包交易案件的处理原则】在村镇银行、农信社等作为直贴行，农信社、农商行、城商行、股份制银行等多家金融机构共同开展以商业承兑汇票为基础的票据清单交易、封包交易引发的纠纷案件中，在商业承兑汇票的出票人等实际用资人不能归还票款的情况下，为实现纠纷的一次性解决，出资银行以实际用资人和参与交易的其他金融机构为共同被告，请求实际用资人归还本息、参与交易的其他金融机构承担与其过错相适应的赔偿责任的，人民法院依法予以支持。

出资银行仅以整个交易链条的部分当事人为被告提起诉讼的，人民法院应当向其释明，其应当申请追加参与交易的其他当事人作为共同被告。出资银行拒绝追加实际用资人为被告的，人民法院应当驳回其诉讼请求；出资银行拒绝追加参与交易的其他金融机构为被告的，人民法院在确定其他金融机构的过错责任范围时，应当将未参加诉讼的当事人应当承担的相应份额作为考量因素，相应减轻本案当事人的责任。在确定参与交易的其他金融机构的过错责任范围时，可以参照其收取的"通道费""过桥费"等费用的比例以及案件的其他情况综合加以确定。

105.【票据清单交易、封包交易案件中的民刑交叉问题】人民法院在案件审理过程中，如果发现公安机关已经就实际用资人、直贴行、出资银行的工作人员涉嫌骗取票据承兑罪、伪造印章罪等立案侦查，一方当事人根据《最高人民法院关于在审理经济纠纷案件中涉及经济犯罪嫌疑若干问题的规定》第11条的规定申请将案件移送公安机关的，因该节事实对于查明出资银行是否为正当持票人，以及参与交易的其他金融机构的抗辩理由能否成立存在重要关联，人民法院应当将有关材料移送公安机关。民商事案件的审理必须以相关刑事案件的审理结果为依据的，应当中止诉讼，待刑事案件审结后，再恢复案件的审理。案件的基本事实无须以相关刑事案件的审理结果为依据的，人民法院应当继续案件的审理。

参与交易的其他商业银行以公安机关已经对其工作人员涉嫌受贿、伪造印章等犯罪立案侦查为由请求将案件移送公安机关的，因该节事实并不影响相关当事人民事责任的承担，人民法院应当根据《最高人民法院关于在审理经济纠纷案件中涉及经济犯罪嫌疑若干问题的规定》第10条的规定继续审理。

106.【恶意申请公示催告的救济】公示催告程序本为对合法持票人进行失票救济所设，但实践中却沦为部分票据出卖方在未获得票款情形下，通过伪报票据丧失事实申请公示催告、阻止合法持票人行使票据权利的工具。对此，民事诉讼法司法解释已经作出了相应规定。适用时，应当区别付款人是否已经付款等情形，作出不同认定：

（1）在除权判决作出后，付款人尚未付款的情况下，最后合法持票人可以根据《民事诉讼法》第 223 条的规定，在法定期限内请求撤销除权判决，待票据恢复效力后再依法行使票据权利。最后合法持票人也可以基于基础法律关系向其直接前手退票并请求其直接前手另行给付基础法律关系项下的对价。

（2）除权判决作出后，付款人已经付款的，因恶意申请公示催告并持除权判决获得票款的行为损害了最后合法持票人的权利，最后合法持票人请求申请人承担侵权损害赔偿责任的，人民法院依法予以支持。

三、存货类业务相关法律法规

应收账款融资是以已经形成或未来兑现的承诺对应的财产价值为融资依据，而在存货类融资中，融资的依据往往是实实在在的货物。企业的供应链成本中很重要的一部分就是库存成本。供应链上的企业可以加强上下游的信息沟通，从而盘活存货，控制库存成本，以存货进行融资可以帮助库存占用资金加快周转速度，提高流动性。存货类融资交易主要包括现货融资以及仓单融资两大类。

现货融资是指以动产提供抵押或质押进行融资，实务操作中具体也可分为设定静态抵/质押授信和动态抵/质押授信。在法律层面，《民法典》对动产抵押、动产质权做出相关规定。在司法解释及法院文件层面，《担保制度解释》对抵押、质押、保证等涉及担保功能类交易发生的纠纷进行具体的规定，《全国法院民商事审判工作会议纪要》对动产担保物权和非典型性担保做出具体规定。此外，国务院也出台了一系列文件对动产融资予以支持，如《国务院办公厅关于印发要素市场化配置综合改革试点总体方案的通知》等。

仓单融资是指核心企业提供由仓库或者其他第三方物流公司出具的非期货交割用仓单作为质押物，并对仓单出质背书，由金融机构提供融资。就相关交易，《民法典》对权利质权进行了规定，《担保制度解释》对仓单等权利质权的规定予以细化。

※ 法律 ※

《中华人民共和国民法典》（节选）

中华人民共和国主席令第 45 号

第四分编　担保物权

第十六章　一般规定

第三百八十六条　担保物权人在债务人不履行到期债务或者发生当事人约定的实现担保物权的情形，依法享有就担保财产优先受偿的权利，但是法律另有规定的除外。

第三百八十七条　债权人在借贷、买卖等民事活动中，为保障实现其债权，需要担保的，可以依照本法和其他法律的规定设立担保物权。

第三人为债务人向债权人提供担保的，可以要求债务人提供反担保。反担保适用本法和其他法律的规定。

第三百八十八条　设立担保物权，应当依照本法和其他法律的规定订立担保合同。担保合同包括抵押合同、质押合同和其他具有担保功能的合同。担保合同是主债权债务合同的从合同。主债权债务合同无效的，担保合同无效，但是法律另有规定的除外。

担保合同被确认无效后，债务人、担保人、债权人有过错的，应当根据其过错各自承担相应的民事责任。

第三百八十九条　担保物权的担保范围包括主债权及其利息、违约金、损害赔偿金、保管担保财产和实现担保物权的费用。当事人另有约定的，按照其约定。

第三百九十条　担保期间，担保财产毁损、灭失或者被征收等，担保物权人可以就获得的保险金、赔偿金或者补偿金等优先受偿。被担保债权的履行期限未届满的，也可以提存该保险金、赔偿金或者补偿金等。

第三百九十一条 第三人提供担保，未经其书面同意，债权人允许债务人转移全部或者部分债务的，担保人不再承担相应的担保责任。

第三百九十二条 被担保的债权既有物的担保又有人的担保的，债务人不履行到期债务或者发生当事人约定的实现担保物权的情形，债权人应当按照约定实现债权；没有约定或者约定不明确，债务人自己提供物的担保的，债权人应当先就该物的担保实现债权；第三人提供物的担保的，债权人可以就物的担保实现债权，也可以请求保证人承担保证责任。提供担保的第三人承担担保责任后，有权向债务人追偿。

第三百九十三条 有下列情形之一的，担保物权消灭：

（一）主债权消灭；

（二）担保物权实现；

（三）债权人放弃担保物权；

（四）法律规定担保物权消灭的其他情形。

第十七章　抵押权

第一节　一般抵押权

第三百九十四条 为担保债务的履行，债务人或者第三人不转移财产的占有，将该财产抵押给债权人的，债务人不履行到期债务或者发生当事人约定的实现抵押权的情形，债权人有权就该财产优先受偿。

前款规定的债务人或者第三人为抵押人，债权人为抵押权人，提供担保的财产为抵押财产。

第三百九十五条 债务人或者第三人有权处分的下列财产可以抵押：

（一）建筑物和其他土地附着物；

（二）建设用地使用权；

（三）海域使用权；

（四）生产设备、原材料、半成品、产品；

（五）正在建造的建筑物、船舶、航空器；

（六）交通运输工具；

（七）法律、行政法规未禁止抵押的其他财产。

抵押人可以将前款所列财产一并抵押。

第三百九十六条 企业、个体工商户、农业生产经营者可以将现有的以及将有的生产设备、原材料、半成品、产品抵押，债务人不履行到期债务或者发生当事人约定的实现抵押权的情形，债权人有权就抵押财产确定时的动产优先受偿。

第三百九十七条 以建筑物抵押的，该建筑物占用范围内的建设用地使用权一并抵押。以建设用地使用权抵押的，该土地上的建筑物一并抵押。

抵押人未依据前款规定一并抵押的，未抵押的财产视为一并抵押。

第三百九十八条 乡镇、村企业的建设用地使用权不得单独抵押。以乡镇、村企业的厂房等建筑物抵押的，其占用范围内的建设用地使用权一并抵押。

第三百九十九条 下列财产不得抵押：

（一）土地所有权；

（二）宅基地、自留地、自留山等集体所有土地的使用权，但是法律规定可以抵押的除外；

（三）学校、幼儿园、医疗机构等为公益目的成立的非营利法人的教育设施、医疗卫生设施和其他公益设施；

（四）所有权、使用权不明或者有争议的财产；

（五）依法被查封、扣押、监管的财产；

（六）法律、行政法规规定不得抵押的其他财产。

第四百条 设立抵押权，当事人应当采用书面形式订立抵押合同。抵押合同一般包括下列条款：

（一）被担保债权的种类和数额；

（二）债务人履行债务的期限；

（三）抵押财产的名称、数量等情况；

（四）担保的范围。

第四百零一条 抵押权人在债务履行期限届满前，与抵押人约定债务人不履行到期债务时抵押财产归债权人所有的，只能依法就抵押财产优先受偿。

第四百零二条 以本法第三百九十五条第一款第一项至第三项规定的财产或者第五项规定的正在建造的建筑物抵押的，应当办理抵押登记。抵押权自登记时设立。

第四百零三条 以动产抵押的，抵押权自抵押合同生效时设立；未经登记，不得对抗善意第三人。

第四百零四条 以动产抵押的，不得对抗正常经营活动中已经支付合理价款并取得抵押财产的买受人。

第四百零五条 抵押权设立前，抵押财产已经出租并转移占有的，原租赁关系不受该抵押权的影响。

第四百零六条 抵押期间，抵押人可以转让抵押财产。当事人另有约定的，按照其约定。抵押财产转让的，抵押权不受影响。

抵押人转让抵押财产的，应当及时通知抵押权人。抵押权人能够证明抵押财产转让可能损害抵押权的，可以请求抵押人将转让所得的价款向抵押权人提前清偿债务或者提存。转让的价款超过债权数额的部分归抵押人所有，不足部分由债务人清偿。

第四百零七条 抵押权不得与债权分离而单独转让或者作为其他债权的担保。债权转让的，担保该债权的抵押权一并转让，但是法律另有规定或者当事人另有约定的除外。

第四百零八条 抵押人的行为足以使抵押财产价值减少的，抵押权人有权请求抵押人停止其行为；抵押财产价值减少的，抵押权人有权请求恢复抵押财产的价值，或者提供与减少的价值相应的担保。抵押人不恢复抵押财产的价值，也不提供担保的，抵押权人有权请求债务人提前清偿债务。

第四百零九条 抵押权人可以放弃抵押权或者抵押权的顺位。抵押权人与抵押人可以协议变更抵押权顺位以及被担保的债权数额等内容。但是，抵押权的变更未经其他抵押权人书面同意的，不得对其他抵押权人产生不利影响。

债务人以自己的财产设定抵押，抵押权人放弃该抵押权、抵押权顺位或者变更抵押权的，其他担保人在抵押权人丧失优先受偿权益的范围内免除担保责任，但是其他担保人承诺仍然提供担保的除外。

第四百一十条 债务人不履行到期债务或者发生当事人约定的实现抵押权的情形，抵押权人可以与抵押人协议以抵押财产折价或者以拍卖、变卖该抵押财产所得的价款优先受偿。协议损害其他债权人利益的，其他债权人可以请求人民法院撤销该协议。

抵押权人与抵押人未就抵押权实现方式达成协议的，抵押权人可以请求人民法院拍卖、变卖抵押财产。

抵押财产折价或者变卖的，应当参照市场价格。

第四百一十一条 依据本法第三百九十六条规定设定抵押的，抵押财产自下列情形之一发生时确定：

（一）债务履行期限届满，债权未实现；

（二）抵押人被宣告破产或者解散；

（三）当事人约定的实现抵押权的情形；

（四）严重影响债权实现的其他情形。

第四百一十二条 债务人不履行到期债务或者发生当事人约定的实现抵押权的情形，致使抵押财产被人民法院依法扣押的，自扣押之日起，抵押权人有权收取该抵押财产的天然孳息或者法定孳息，但是抵押权人未通知应当清偿法定孳息义务人的除外。

前款规定的孳息应当先充抵收取孳息的费用。

第四百一十三条 抵押财产折价或者拍卖、变卖后，其价款超过债权数额的部分归抵押人所有，不足部分由债务人清偿。

第四百一十四条 同一财产向两个以上债权人抵押的，拍卖、变卖抵押财产所得的价款依照下列规定清偿：

（一）抵押权已经登记的，按照登记的时间先后确定清偿顺序；

（二）抵押权已经登记的先于未登记的受偿；

（三）抵押权未登记的，按照债权比例清偿。

其他可以登记的担保物权，清偿顺序参照适用前款规定。

第四百一十五条 同一财产既设立抵押权又设立质权的，拍卖、变卖该财产所得的价款按照登记、交付的时间先后确定清偿顺序。

第四百一十六条 动产抵押担保的主债权是抵押物的价款，标的物交付后十日内办理抵押登记的，该抵押权人优先于抵押物买受人的其他担保物权人受偿，但是留置权人除外。

第四百一十七条 建设用地使用权抵押后，该土地上新增的建筑物不属于抵押财产。该建设用地使用权实现抵押权时，应当将该土地上新增的建筑物与建设用地使用权一并处分。但是，新增建筑物所得的价款，抵押权人无权优先受偿。

第四百一十八条 以集体所有土地的使用权依法抵押的，实现抵押权后，未经法定程序，不得改变土地所有权的性质和土地用途。

第四百一十九条 抵押权人应当在主债权诉讼时效期间行使抵押权；未行使的，人民法院不予保护。

第二节　最高额抵押权

第四百二十条　为担保债务的履行，债务人或者第三人对一定期间内将要连续发生的债权提供担保财产的，债务人不履行到期债务或者发生当事人约定的实现抵押权的情形，抵押权人有权在最高债权额限度内就该担保财产优先受偿。

最高额抵押权设立前已经存在的债权，经当事人同意，可以转入最高额抵押担保的债权范围。

第四百二十一条　最高额抵押担保的债权确定前，部分债权转让的，最高额抵押权不得转让，但是当事人另有约定的除外。

第四百二十二条　最高额抵押担保的债权确定前，抵押权人与抵押人可以通过协议变更债权确定的期间、债权范围以及最高债权额。但是，变更的内容不得对其他抵押权人产生不利影响。

第四百二十三条　有下列情形之一的，抵押权人的债权确定：

（一）约定的债权确定期间届满；

（二）没有约定债权确定期间或者约定不明确，抵押权人或者抵押人自最高额抵押权设立之日起满二年后请求确定债权；

（三）新的债权不可能发生；

（四）抵押权人知道或者应当知道抵押财产被查封、扣押；

（五）债务人、抵押人被宣告破产或者解散；

（六）法律规定债权确定的其他情形。

第四百二十四条　最高额抵押权除适用本节规定外，适用本章第一节的有关规定。

第十八章　质权

第一节　动产质权

第四百二十五条　为担保债务的履行，债务人或者第三人将其动产出质给债权人占有的，债务人不履行到期债务或者发生当事人约定的实现质权的情形，债权人有权就该动产优先受偿。

前款规定的债务人或者第三人为出质人，债权人为质权人，交付的动产为质押财产。

第四百二十六条 法律、行政法规禁止转让的动产不得出质。

第四百二十七条 设立质权，当事人应当采用书面形式订立质押合同。

质押合同一般包括下列条款：

（一）被担保债权的种类和数额；

（二）债务人履行债务的期限；

（三）质押财产的名称、数量等情况；

（四）担保的范围；

（五）质押财产交付的时间、方式。

第四百二十八条 质权人在债务履行期限届满前，与出质人约定债务人不履行到期债务时质押财产归债权人所有的，只能依法就质押财产优先受偿。

第四百二十九条 质权自出质人交付质押财产时设立。

第四百三十条 质权人有权收取质押财产的孳息，但是合同另有约定的除外。

前款规定的孳息应当先充抵收取孳息的费用。

第四百三十一条 质权人在质权存续期间，未经出质人同意，擅自使用、处分质押财产，造成出质人损害的，应当承担赔偿责任。

第四百三十二条 质权人负有妥善保管质押财产的义务；因保管不善致使质押财产毁损、灭失的，应当承担赔偿责任。

质权人的行为可能使质押财产毁损、灭失的，出质人可以请求质权人将质押财产提存，或者请求提前清偿债务并返还质押财产。

第四百三十三条 因不可归责于质权人的事由可能使质押财产毁损

或者价值明显减少，足以危害质权人权利的，质权人有权请求出质人提供相应的担保；出质人不提供的，质权人可以拍卖、变卖质押财产，并与出质人协议将拍卖、变卖所得的价款提前清偿债务或者提存。

第四百三十四条　质权人在质权存续期间，未经出质人同意转质，造成质押财产毁损、灭失的，应当承担赔偿责任。

第四百三十五条　质权人可以放弃质权。债务人以自己的财产出质，质权人放弃该质权的，其他担保人在质权人丧失优先受偿权益的范围内免除担保责任，但是其他担保人承诺仍然提供担保的除外。

第四百三十六条　债务人履行债务或者出质人提前清偿所担保的债权的，质权人应当返还质押财产。

债务人不履行到期债务或者发生当事人约定的实现质权的情形，质权人可以与出质人协议以质押财产折价，也可以就拍卖、变卖质押财产所得的价款优先受偿。

质押财产折价或者变卖的，应当参照市场价格。

第四百三十七条　出质人可以请求质权人在债务履行期限届满后及时行使质权；质权人不行使的，出质人可以请求人民法院拍卖、变卖质押财产。

出质人请求质权人及时行使质权，因质权人怠于行使权利造成出质人损害的，由质权人承担赔偿责任。

第四百三十八条　质押财产折价或者拍卖、变卖后，其价款超过债权数额的部分归出质人所有，不足部分由债务人清偿。

第四百三十九条　出质人与质权人可以协议设立最高额质权。

最高额质权除适用本节有关规定外，参照适用本编第十七章第二节的有关规定。

第二节　权利质权

第四百四十条　债务人或者第三人有权处分的下列权利可以出质：

（一）汇票、本票、支票；

（二）债券、存款单；

（三）仓单、提单；

（四）可以转让的基金份额、股权；

（五）可以转让的注册商标专用权、专利权、著作权等知识产权中的财产权；

（六）现有的以及将有的应收账款；

（七）法律、行政法规规定可以出质的其他财产权利。

第四百四十一条 以汇票、本票、支票、债券、存款单、仓单、提单出质的，质权自权利凭证交付质权人时设立；没有权利凭证的，质权自办理出质登记时设立。法律另有规定的，依照其规定。

第四百四十二条 汇票、本票、支票、债券、存款单、仓单、提单的兑现日期或者提货日期先于主债权到期的，质权人可以兑现或者提货，并与出质人协议将兑现的价款或者提取的货物提前清偿债务或者提存。

第四百四十三条 以基金份额、股权出质的，质权自办理出质登记时设立。

基金份额、股权出质后，不得转让，但是出质人与质权人协商同意的除外。出质人转让基金份额、股权所得的价款，应当向质权人提前清偿债务或者提存。

第四百四十四条 以注册商标专用权、专利权、著作权等知识产权中的财产权出质的，质权自办理出质登记时设立。

知识产权中的财产权出质后，出质人不得转让或者许可他人使用，但是出质人与质权人协商同意的除外。出质人转让或者许可他人使用出质的知识产权中的财产权所得的价款，应当向质权人提前清偿债务或者提存。

第四百四十五条 以应收账款出质的，质权自办理出质登记时设立。

应收账款出质后，不得转让，但是出质人与质权人协商同意的除外。出质人转让应收账款所得的价款，应当向质权人提前清偿债务或者提存。

第四百四十六条 权利质权除适用本节规定外，适用本章第一节的有关规定。

第十九章　留置权

第四百四十七条 债务人不履行到期债务，债权人可以留置已经合法占有的债务人的动产，并有权就该动产优先受偿。

前款规定的债权人为留置权人，占有的动产为留置财产。

第四百四十八条 债权人留置的动产，应当与债权属于同一法律关系，但是企业之间留置的除外。

第四百四十九条 法律规定或者当事人约定不得留置的动产，不得留置。

第四百五十条 留置财产为可分物的，留置财产的价值应当相当于债务的金额。

第四百五十一条 留置权人负有妥善保管留置财产的义务；因保管不善致使留置财产毁损、灭失的，应当承担赔偿责任。

第四百五十二条 留置权人有权收取留置财产的孳息。

前款规定的孳息应当先充抵收取孳息的费用。

第四百五十三条 留置权人与债务人应当约定留置财产后的债务履行期限；没有约定或者约定不明确的，留置权人应当给债务人六十日以上履行债务的期限，但是鲜活易腐等不易保管的动产除外。债务人逾期未履行的，留置权人可以与债务人协议以留置财产折价，也可以就拍卖、变卖留置财产所得的价款优先受偿。

留置财产折价或者变卖的，应当参照市场价格。

第四百五十四条 债务人可以请求留置权人在债务履行期限届满后行使留置权；留置权人不行使的，债务人可以请求人民法院拍卖、变卖留置财产。

第四百五十五条 留置财产折价或者拍卖、变卖后，其价款超过债权数额的部分归债务人所有，不足部分由债务人清偿。

第四百五十六条 同一动产上已经设立抵押权或者质权，该动产又被留置的，留置权人优先受偿。

第四百五十七条 留置权人对留置财产丧失占有或者留置权人接受债务人另行提供担保的，留置权消灭。

第三编 合同

第二分编 典型合同

第二十二章 仓储合同

第九百零四条 仓储合同是保管人储存存货人交付的仓储物，存货人支付仓储费的合同。

第九百零五条 仓储合同自保管人和存货人意思表示一致时成立。

第九百零六条 储存易燃、易爆、有毒、有腐蚀性、有放射性等危险物品或者易变质物品的，存货人应当说明该物品的性质，提供有关资料。

存货人违反前款规定的，保管人可以拒收仓储物，也可以采取相应措施以避免损失的发生，因此产生的费用由存货人负担。

保管人储存易燃、易爆、有毒、有腐蚀性、有放射性等危险物品的，应当具备相应的保管条件。

第九百零七条 保管人应当按照约定对入库仓储物进行验收。保管人验收时发现入库仓储物与约定不符合的，应当及时通知存货人。保管人验收后，发生仓储物的品种、数量、质量不符合约定的，保管人应当承担赔偿责任。

第九百零八条 存货人交付仓储物的，保管人应当出具仓单、入库单等凭证。

第九百零九条 保管人应当在仓单上签名或者盖章。仓单包括下列事项：

（一）存货人的姓名或者名称和住所；

（二）仓储物的品种、数量、质量、包装及其件数和标记；

（三）仓储物的损耗标准；

（四）储存场所；

（五）储存期限；

（六）仓储费；

（七）仓储物已经办理保险的，其保险金额、期间以及保险人的名称；

（八）填发人、填发地和填发日期。

第九百一十条 仓单是提取仓储物的凭证。存货人或者仓单持有人在仓单上背书并经保管人签名或者盖章的，可以转让提取仓储物的权利。

第九百一十一条 保管人根据存货人或者仓单持有人的要求，应当同意其检查仓储物或者提取样品。

第九百一十二条 保管人发现入库仓储物有变质或者其他损坏的，应当及时通知存货人或者仓单持有人。

第九百一十三条 保管人发现入库仓储物有变质或者其他损坏，危及其他仓储物的安全和正常保管的，应当催告存货人或者仓单持有人作出必要的处置。因情况紧急，保管人可以作出必要的处置；但是，事后应当将该情况及时通知存货人或者仓单持有人。

第九百一十四条 当事人对储存期限没有约定或者约定不明确的，存货人或者仓单持有人可以随时提取仓储物，保管人也可以随时请求存货人或者仓单持有人提取仓储物，但是应当给予必要的准备时间。

第九百一十五条 储存期限届满，存货人或者仓单持有人应当凭仓单、入库单等提取仓储物。存货人或者仓单持有人逾期提取的，应当加收仓储费；提前提取的，不减收仓储费。

第九百一十六条 储存期限届满，存货人或者仓单持有人不提取仓储物的，保管人可以催告其在合理期限内提取；逾期不提取的，保管人可以提存仓储物。

第九百一十七条 储存期内，因保管不善造成仓储物毁损、灭失的，保管人应当承担赔偿责任。因仓储物本身的自然性质、包装不符合约定或者超过有效储存期造成仓储物变质、损坏的，保管人不承担赔偿责任。

第九百一十八条 本章没有规定的，适用保管合同的有关规定。

《中华人民共和国期货和衍生品法》（节选）

中华人民共和国主席令第 111 号

第二节 期货交易

第二十二条 期货交易实行保证金制度，期货结算机构向结算参与人收取保证金，结算参与人向交易者收取保证金。保证金用于结算和履约保障。

保证金的形式包括现金，国债、股票、基金份额、标准仓单等流动性强的有价证券，以及国务院期货监督管理机构规定的其他财产。以有价证券等作为保证金的，可以依法通过质押等具有履约保障功能的方式进行。

期货结算机构、结算参与人收取的保证金的形式、比例等应当符合国务院期货监督管理机构的规定。

交易者进行标准化期权合约交易的，卖方应当缴纳保证金，买方应当支付权利金。

前款所称权利金是指买方支付的用于购买标准化期权合约的资金。

第三节　衍生品交易

第三十四条　进行衍生品交易，可以依法通过质押等方式提供履约保障。

※ 国务院规范性文件 ※

《国务院关于实施动产和权利担保统一登记的决定》

国发〔2020〕18 号

各省、自治区、直辖市人民政府，国务院各部委、各直属机构：

为贯彻落实党中央、国务院决策部署，进一步提高动产和权利担保融资效率，优化营商环境，促进金融更好服务实体经济，现作出如下决定：

一、自 2021 年 1 月 1 日起，在全国范围内实施动产和权利担保统一登记。

二、纳入动产和权利担保统一登记范围的担保类型包括：

（一）生产设备、原材料、半成品、产品抵押；

（二）应收账款质押；

（三）存款单、仓单、提单质押；

（四）融资租赁；

（五）保理；

（六）所有权保留；

（七）其他可以登记的动产和权利担保，但机动车抵押、船舶抵押、航空器抵押、债券质押、基金份额质押、股权质押、知识产权中的财产权质押除外。

三、纳入统一登记范围的动产和权利担保，由当事人通过中国人民银行征信中心（以下简称征信中心）动产融资统一登记公示系统自主办理登记，并对登记内容的真实性、完整性和合法性负责。登记机构不对登记内容进行实质审查。

四、中国人民银行要加强对征信中心的督促指导。征信中心具体承担服务性登记工作，不得开展事前审批性登记。征信中心要做好系统建设和维护工作，保障系统安全、稳定运行，建立高效运转的服务体系，不断提高服务效率和质量。

五、国家市场监督管理总局不再承担"管理动产抵押物登记"职责。中国人民银行负责制定生产设备、原材料、半成品、产品抵押和应收账款质押统一登记制度，推进登记服务便利化。中国人民银行、国家市场监督管理总局应当明确生产设备、原材料、半成品、产品抵押登记的过渡安排，妥善做好存量信息的查询、变更、注销服务和数据移交工作，确保有关工作的连续性、稳定性、有效性。

各地区、各相关部门要相互协作、密切配合，认真落实本决定部署的各项工作，努力优化营商环境。

《国务院办公厅关于印发要素市场化配置综合改革试点总体方案的通知》（节选）

国办发〔2021〕51 号

（十三）增加有效金融服务供给。依托全国信用信息共享平台，加大公共信用信息共享整合力度。充分发挥征信平台和征信机构作用，建立公共信用信息同金融信息共享整合机制。推广"信易贷"模式，用好供应链票据平台、动产融资统一登记公示系统、应收账款融资服务平台，鼓励金融机构开发与中小微企业需求相匹配的信用产品。探索建立中小企业坏账快速核销制度。探索银行机构与外部股权投资机构深化合作，开发多样化的科技金融产品。支持在零售交易、生活缴费、政务服务等场景试点使用数字人民币。支持完善中小银行和农村信用社治理结构，增强金融普惠性。

《国务院关于开展营商环境创新试点工作的意见》（节选）

国发〔2021〕24 号

（十三）优化经常性涉企服务。加快建立健全高效便捷、优质普惠的市场主体全生命周期服务体系，健全常态化政企沟通机制和营商环境投诉处理机制。完善动产和权利担保统一登记制度，有针对性地逐步整合各类动产和权利担保登记系统，提升企业动产和权利融资便利度。持续优化企业办税服务，深化"多税合一"申报改革，试行代征税款电子缴税并开具电子完税证明。进一步提升不动产登记涉税、继承等业务办理便利度。推进水电气暖等"一站式"便捷服务，加快实现报装、查询、缴费等业务全程网办。推进电子证照、电子签章在银行开户、贷款、货物报关、项目申报、招投标等领域全面应用和互通互认。推进公安服务"一窗通办"。推行涉企事项"一网通办"、"一照通办"，全面实行惠企政策"免申即享"、快速兑现。

附件：首批营商环境创新试点改革事项清单

改革事项：优化经常性涉企服务；序号 79；主要内容：便利开展机动车、船舶、知识产权等动产和权利担保融资，推动机动车、船舶、知识产权等担保登记主管部门探索建立以担保人名称为索引的电子数据库，实现对试点城市相关担保品登记状态信息的在线查询、修改和撤销。相关担保信息与人民银行征信中心动产融资统一登记公示系统共享互通，实现各类登记信息的统一查询。主管部门和单位：人民银行、公安部、交通运输部、国家版权局、国家知识产权局。

※ 司法解释 ※

《全国法院民商事审判工作会议纪要》（节选）

法〔2019〕254号

四、关于担保纠纷案件的审理

会议认为，要注意担保法及其司法解释与物权法对独立担保、混合担保、担保期间等有关制度的不同规定，根据新的规定优于旧的规定的法律适用规则，优先适用物权法的规定。从属性是担保的基本属性，要慎重认定独立担保行为的效力，将其严格限定在法律或者司法解释明确规定的情形。要根据区分原则，准确认定担保合同效力。要坚持物权法定、公示公信原则，区分不动产与动产担保物权在物权变动、效力规则等方面的异同，准确适用法律。要充分发挥担保对缓解融资难融资贵问题的积极作用，不轻易否定新类型担保、非典型担保的合同效力及担保功能。

（一）关于担保的一般规则

54. 【独立担保】从属性是担保的基本属性，但由银行或者非银行金融机构开立的独立保函除外。独立保函纠纷案件依据《最高人民法院关于审理独立保函纠纷案件若干问题的规定》处理。需要进一步明确的是：凡是由银行或者非银行金融机构开立的符合该司法解释第一条、第三条规定情形的保函，无论是用于国际商事交易还是用于国内商事交易，均不影响保函的效力。银行或者非银行金融机构之外的当事人开立的独立保函，以及当事人有关排除担保从属性的约定，应当认定无效。但是，根据"无效法律行为的转换"原理，在否定其独立担保效力的同时，应当将其认定为从属性担保。此时，如果主合同有效，则担保合同有效，担保人与主债务人承担连带保证责任。主合同无效，则该所谓的独立担保也随之无效，担保人无过错的，不承担责任；担保人有过错的，其承担民事责任的部分，不应超过债务人不能清偿部分的三分之一。

55.【担保责任的范围】担保人承担的担保责任范围不应当大于主债务，是担保从属性的必然要求。当事人约定的担保责任的范围大于主债务的，如针对担保责任约定专门的违约责任、担保责任的数额高于主债务、担保责任约定的利息高于主债务利息、担保责任的履行期先于主债务履行期届满，等等，均应当认定大于主债务部分的约定无效，从而使担保责任缩减至主债务的范围。

56.【混合担保中担保人之间的追偿问题】被担保的债权既有保证又有第三人提供的物的担保的，担保法司法解释第三十八条明确规定，承担了担保责任的担保人可以要求其他担保人清偿其应当分担的份额。但《物权法》第一百七十六条并未作出类似规定，根据《物权法》第一百七十八条关于"担保法与本法的规定不一致的，适用本法"的规定，承担了担保责任的担保人向其他担保人追偿的，人民法院不予支持，但担保人在担保合同中约定可以相互追偿的除外。

57.【借新还旧的担保物权】贷款到期后，借款人与贷款人订立新的借款合同，将新贷用于归还旧贷，旧贷因清偿而消灭，为旧贷设立的担保物权也随之消灭。贷款人以旧贷上的担保物权尚未进行涂销登记为由，主张对新贷行使担保物权的，人民法院不予支持，但当事人约定继续为新贷提供担保的除外。

58.【担保债权的范围】以登记作为公示方式的不动产担保物权的担保范围，一般应当以登记的范围为准。但是，我国目前不动产担保物权登记，不同地区的系统设置及登记规则并不一致，人民法院在审理案件时应当充分注意制度设计上的差别，作出符合实际的判断：一是多数省区市的登记系统未设置"担保范围"栏目，仅有"被担保主债权数额（最高债权数额）"的表述，且只能填写固定数字。而当事人在合同中又往往约定担保物权的担保范围包括主债权及其利息、违约金等附属债权，致使合同约定的担保范围与登记不一致。显然，这种不一致是由于该地区登记系统设置及登记规则造成的该地区的普遍现象。人民法院以合同约定认定担保物权的担保范围，是符合实际的妥当选择。二是一些省区市不动产登记系统设置与登记规则比较规范，担保物权登记范围与合同约定一致在该地区是常态或者普遍现象，人民法院在审理案件时，应当以登记的担保范围为准。

59.【主债权诉讼时效届满的法律后果】抵押权人应当在主债权的诉讼时效期间内行使抵押权。抵押权人在主债权诉讼时效届满前未行使抵押权，抵押人在主债权诉讼时效届满后请求涂销抵押权登记的，人民法院依法予以支持。

以登记作为公示方法的权利质权，参照适用前款规定。

（三）关于动产担保物权

63.【流动质押的设立与监管人的责任】在流动质押中，经常由债权人、出质人与监管人订立三方监管协议，此时应当查明监管人究竟是受债权人的委托还是受出质人的委托监管质物，确定质物是否已经交付债权人，从而判断质权是否有效设立。如果监管人系受债权人的委托监管质物，则其是债权人的直接占有人，应当认定完成了质物交付，质权有效设立。监管人违反监管协议约定，违规向出质人放货、因保管不善导致质物毁损灭失，债权人请求监管人承担违约责任的，人民法院依法予以支持。

如果监管人系受出质人委托监管质物，表明质物并未交付债权人，应当认定质权未有效设立。尽管监管协议约定监管人系受债权人的委托监管质物，但有证据证明其并未履行监管职责，质物实际上仍由出质人管领控制的，也应当认定质物并未实际交付，质权未有效设立。此时，债权人可以基于质押合同的约定请求质押人承担违约责任，但其范围不得超过质权有效设立时质押人所应当承担的责任。监管人未履行监管职责的，债权人也可以请求监管人承担违约责任。

64.【浮动抵押的效力】企业将其现有的以及将有的生产设备、原材料、半成品及产品等财产设定浮动抵押后，又将其中的生产设备等部分财产设定了动产抵押，并都办理了抵押登记的，根据《物权法》第199条的规定，登记在先的浮动抵押优先于登记在后的动产抵押。

65.【动产抵押权与质权竞存】同一动产上同时设立质权和抵押权的，应当参照适用《物权法》第199条的规定，根据是否完成公示以及公示先后情况来确定清偿顺序：质权有效设立、抵押权办理了抵押登记的，按照公示先后确定清偿顺序；顺序相同的，按照债权比例清偿；质权有效设立，抵押权未办理抵押登记的，质权优先于抵押权；质权未有效设立，抵押权未办理抵押登记的，因此时抵押权已经有效设立，故抵押权优先受偿。

根据《物权法》第178条规定的精神，担保法司法解释第79条第1款不再适用。

（四）关于非典型担保

66.【担保关系的认定】当事人订立的具有担保功能的合同，不存在法定无效情形的，应当认定有效。虽然合同约定的权利义务关系不属于物权法规定的典型担保类型，但是其担保功能应予肯定。

67.【约定担保物权的效力】债权人与担保人订立担保合同，约定以法律、行政法规未禁止抵押或者质押的财产设定以登记作为公示方法的担保，因无法定的登记机构而未能进行登记的，不具有物权效力。当事人请求按照担保合同的约定就该财产折价、变卖或者拍卖所得价款等方式清偿债务的，人民法院依法予以支持，但对其他权利人不具有对抗效力和优先性。

71.【让与担保】债务人或者第三人与债权人订立合同，约定将财产形式上转让至债权人名下，债务人到期清偿债务，债权人将该财产返还给债务人或第三人，债务人到期没有清偿债务，债权人可以对财产拍卖、变卖、折价偿还债权的，人民法院应当认定合同有效。合同如果约定债务人到期没有清偿债务，财产归债权人所有的，人民法院应当认定该部分约定无效，但不影响合同其他部分的效力。

当事人根据上述合同约定，已经完成财产权利变动的公示方式转让至债权人名下，债务人到期没有清偿债务，债权人请求确认财产归其所有的，人民法院不予支持，但债权人请求参照法律关于担保物权的规定对财产拍卖、变卖、折价优先偿还其债权的，人民法院依法予以支持。债务人因到期没有清偿债务，请求对该财产拍卖、变卖、折价偿还所欠债权人合同项下债务的，人民法院亦应依法予以支持。

《最高人民法院关于适用〈中华人民共和国民法典〉有关担保制度的解释》

法释〔2020〕28号

一、关于一般规定

第一条 因抵押、质押、留置、保证等担保发生的纠纷，适用本解释。所有权保留买卖、融资租赁、保理等涉及担保功能发生的纠纷，适用本解释的有关规定。

第二条 当事人在担保合同中约定担保合同的效力独立于主合同，或者约定担保人对主合同无效的法律后果承担担保责任，该有关担保独立性的约定无效。主合同有效的，有关担保独立性的约定无效不影响担保合同的效力；主合同无效的，人民法院应当认定担保合同无效，但是法律另有规定的除外。

因金融机构开立的独立保函发生的纠纷，适用《最高人民法院关于审理独立保函纠纷案件若干问题的规定》。

第三条　当事人对担保责任的承担约定专门的违约责任，或者约定的担保责任范围超出债务人应当承担的责任范围，担保人主张仅在债务人应当承担的责任范围内承担责任的，人民法院应予支持。

担保人承担的责任超出债务人应当承担的责任范围，担保人向债务人追偿，债务人主张仅在其应当承担的责任范围内承担责任的，人民法院应予支持；担保人请求债权人返还超出部分的，人民法院依法予以支持。

第四条　有下列情形之一，当事人将担保物权登记在他人名下，债务人不履行到期债务或者发生当事人约定的实现担保物权的情形，债权人或者其受托人主张就该财产优先受偿的，人民法院依法予以支持：

（一）为债券持有人提供的担保物权登记在债券受托管理人名下；

（二）为委托贷款人提供的担保物权登记在受托人名下；

（三）担保人知道债权人与他人之间存在委托关系的其他情形。

第五条　机关法人提供担保的，人民法院应当认定担保合同无效，但是经国务院批准为使用外国政府或者国际经济组织贷款进行转贷的除外。

居民委员会、村民委员会提供担保的，人民法院应当认定担保合同无效，但是依法代行村集体经济组织职能的村民委员会，依照村民委员会组织法规定的讨论决定程序对外提供担保的除外。

第六条　以公益为目的的非营利性学校、幼儿园、医疗机构、养老机构等提供担保的，人民法院应当认定担保合同无效，但是有下列情形之一的除外：

（一）在购入或者以融资租赁方式承租教育设施、医疗卫生设施、养老服务设施和其他公益设施时，出卖人、出租人为担保价款或者租金实现而在该公益设施上保留所有权；

（二）以教育设施、医疗卫生设施、养老服务设施和其他公益设施以外的不动产、动产或者财产权利设立担保物权。

登记为营利法人的学校、幼儿园、医疗机构、养老机构等提供担保，当事人以其不具有担保资格为由主张担保合同无效的，人民法院不予支持。

第七条 公司的法定代表人违反公司法关于公司对外担保决议程序的规定，超越权限代表公司与相对人订立担保合同，人民法院应当依照民法典第六十一条和第五百零四条等规定处理：

（一）相对人善意的，担保合同对公司发生效力；相对人请求公司承担担保责任的，人民法院应予支持。

（二）相对人非善意的，担保合同对公司不发生效力；相对人请求公司承担赔偿责任的，参照适用本解释第十七条的有关规定。

法定代表人超越权限提供担保造成公司损失，公司请求法定代表人承担赔偿责任的，人民法院应予支持。

第一款所称善意，是指相对人在订立担保合同时不知道且不应当知道法定代表人超越权限。相对人有证据证明已对公司决议进行了合理审查，人民法院应当认定其构成善意，但是公司有证据证明相对人知道或者应当知道决议系伪造、变造的除外。

第八条 有下列情形之一，公司以其未依照公司法关于公司对外担保的规定作出决议为由主张不承担担保责任的，人民法院不予支持：

（一）金融机构开立保函或者担保公司提供担保；

（二）公司为其全资子公司开展经营活动提供担保；

（三）担保合同系由单独或者共同持有公司三分之二以上对担保事项有表决权的股东签字同意。

上市公司对外提供担保，不适用前款第二项、第三项的规定。

第九条 相对人根据上市公司公开披露的关于担保事项已经董事会或者股东大会决议通过的信息，与上市公司订立担保合同，相对人主张担保合同对上市公司发生效力，并由上市公司承担担保责任的，人民法院应予支持。

相对人未根据上市公司公开披露的关于担保事项已经董事会或者股东大会决议通过的信息，与上市公司订立担保合同，上市公司主张担保合同对其不发生效力，且不承担担保责任或者赔偿责任的，人民法院应予支持。

相对人与上市公司已公开披露的控股子公司订立的担保合同，或者相对人与股票在国务院批准的其他全国性证券交易场所交易的公司订立的担保合同，适用前两款规定。

第十条 一人有限责任公司为其股东提供担保，公司以违反公司法关于公司对外担保决议程序的规定为由主张不承担担保责任的，人民法院不予支持。公司因承担担保责任导致无法清偿其他债务，提供担保时的股东不能证明公司财产独立于自己的财产，其他债权人请求该股东承担连带责任的，人民法院应予支持。

第十一条 公司的分支机构未经公司股东（大）会或者董事会决议以自己的名义对外提供担保，相对人请求公司或者其分支机构承担担保责任的，人民法院不予支持，但是相对人不知道且不应当知道分支机构对外提供担保未经公司决议程序的除外。

金融机构的分支机构在其营业执照记载的经营范围内开立保函，或者经有权从事担保业务的上级机构授权开立保函，金融机构或者其分支机构以违反公司法关于公司对外担保决议程序的规定为由主张不承担担保责任的，人民法院不予支持。金融机构的分支机构未经金融机构授权提供保函之外的担保，金融机构或者其分支机构主张不承担担保责任的，人民法院应予支持，但是相对人不知道且不应当知道分支机构对外提供担保未经金融机构授权的除外。

担保公司的分支机构未经担保公司授权对外提供担保，担保公司或者其分支机构主张不承担担保责任的，人民法院应予支持，但是相对人不知道且不应当知道分支机构对外提供担保未经担保公司授权的除外。

公司的分支机构对外提供担保，相对人非善意，请求公司承担赔偿责任的，参照本解释第十七条的有关规定处理。

第十二条　法定代表人依照民法典第五百五十二条的规定以公司名义加入债务的，人民法院在认定该行为的效力时，可以参照本解释关于公司为他人提供担保的有关规则处理。

第十三条　同一债务有两个以上第三人提供担保，担保人之间约定相互追偿及分担份额，承担了担保责任的担保人请求其他担保人按照约定分担份额的，人民法院应予支持；担保人之间约定承担连带共同担保，或者约定相互追偿但是未约定分担份额的，各担保人按照比例分担向债务人不能追偿的部分。

同一债务有两个以上第三人提供担保，担保人之间未对相互追偿作出约定且未约定承担连带共同担保，但是各担保人在同一份合同书上签字、盖章或者按指印，承担了担保责任的担保人请求其他担保人按照比例分担向债务人不能追偿部分的，人民法院应予支持。

除前两款规定的情形外，承担了担保责任的担保人请求其他担保人分担向债务人不能追偿部分的，人民法院不予支持。

第十四条　同一债务有两个以上第三人提供担保，担保人受让债权的，人民法院应当认定该行为系承担担保责任。受让债权的担保人作为债权人请求其他担保人承担担保责任的，人民法院不予支持；该担保人请求其他担保人分担相应份额的，依照本解释第十三条的规定处理。

第十五条　最高额担保中的最高债权额，是指包括主债权及其利息、违约金、损害赔偿金、保管担保财产的费用、实现债权或者实现担保物权的费用等在内的全部债权，但是当事人另有约定的除外。

登记的最高债权额与当事人约定的最高债权额不一致的，人民法院应当依据登记的最高债权额确定债权人优先受偿的范围。

第十六条 主合同当事人协议以新贷偿还旧贷，债权人请求旧贷的担保人承担担保责任的，人民法院不予支持；债权人请求新贷的担保人承担担保责任的，按照下列情形处理：

（一）新贷与旧贷的担保人相同的，人民法院应予支持；

（二）新贷与旧贷的担保人不同，或者旧贷无担保新贷有担保的，人民法院不予支持，但是债权人有证据证明新贷的担保人提供担保时对以新贷偿还旧贷的事实知道或者应当知道的除外。

主合同当事人协议以新贷偿还旧贷，旧贷的物的担保人在登记尚未注销的情形下同意继续为新贷提供担保，在订立新的贷款合同前又以该担保财产为其他债权人设立担保物权，其他债权人主张其担保物权顺位优先于新贷债权人的，人民法院不予支持。

第十七条 主合同有效而第三人提供的担保合同无效，人民法院应当区分不同情形确定担保人的赔偿责任：

（一）债权人与担保人均有过错的，担保人承担的赔偿责任不应超过债务人不能清偿部分的二分之一；

（二）担保人有过错而债权人无过错的，担保人对债务人不能清偿的部分承担赔偿责任；

（三）债权人有过错而担保人无过错的，担保人不承担赔偿责任。

主合同无效导致第三人提供的担保合同无效，担保人无过错的，不承担赔偿责任；担保人有过错的，其承担的赔偿责任不应超过债务人不能清偿部分的三分之一。

第十八条 承担了担保责任或者赔偿责任的担保人，在其承担责任的范围内向债务人追偿的，人民法院应予支持。

同一债权既有债务人自己提供的物的担保，又有第三人提供的担保，承担了担保责任或者赔偿责任的第三人，主张行使债权人对债务人享有的担保物权的，人民法院应予支持。

第十九条 担保合同无效，承担了赔偿责任的担保人按照反担保合同的约定，在其承担赔偿责任的范围内请求反担保人承担担保责任的，人民法院应予支持。

反担保合同无效的，依照本解释第十七条的有关规定处理。当事人仅以担保合同无效为由主张反担保合同无效的，人民法院不予支持。

第二十条 人民法院在审理第三人提供的物的担保纠纷案件时，可以适用民法典第六百九十五条第一款、第六百九十六条第一款、第六百九十七条第二款、第六百九十九条、第七百条、第七百零一条、第七百零二条等关于保证合同的规定。

第二十一条 主合同或者担保合同约定了仲裁条款的，人民法院对约定仲裁条款的合同当事人之间的纠纷无管辖权。

债权人一并起诉债务人和担保人的，应当根据主合同确定管辖法院。

债权人依法可以单独起诉担保人且仅起诉担保人的，应当根据担保合同确定管辖法院。

第二十二条 人民法院受理债务人破产案件后，债权人请求担保人承担担保责任，担保人主张担保债务自人民法院受理破产申请之日起停止计息的，人民法院对担保人的主张应予支持。

第二十三条 人民法院受理债务人破产案件，债权人在破产程序中申报债权后又向人民法院提起诉讼，请求担保人承担担保责任的，人民法院依法予以支持。

担保人清偿债权人的全部债权后，可以代替债权人在破产程序中受偿；在债权人的债权未获全部清偿前，担保人不得代替债权人在破产程序中受偿，但是有权就债权人通过破产分配和实现担保债权等方式获得清偿总额中超出债权的部分，在其承担担保责任的范围内请求债权人返还。

债权人在债务人破产程序中未获全部清偿，请求担保人继续承担担保责任的，人民法院应予支持；担保人承担担保责任后，向和解协议或者重整计划执行完毕后的债务人追偿的，人民法院不予支持。

第二十四条　债权人知道或者应当知道债务人破产，既未申报债权也未通知担保人，致使担保人不能预先行使追偿权的，担保人就该债权在破产程序中可能受偿的范围内免除担保责任，但是担保人因自身过错未行使追偿权的除外。

二、关于保证合同

第二十五条　当事人在保证合同中约定了保证人在债务人不能履行债务或者无力偿还债务时才承担保证责任等类似内容，具有债务人应当先承担责任的意思表示的，人民法院应当将其认定为一般保证。

当事人在保证合同中约定了保证人在债务人不履行债务或者未偿还债务时即承担保证责任、无条件承担保证责任等类似内容，不具有债务人应当先承担责任的意思表示的，人民法院应当将其认定为连带责任保证。

第二十六条　一般保证中，债权人以债务人为被告提起诉讼的，人民法院应予受理。债权人未就主合同纠纷提起诉讼或者申请仲裁，仅起诉一般保证人的，人民法院应当驳回起诉。

一般保证中，债权人一并起诉债务人和保证人的，人民法院可以受理，但是在作出判决时，除有民法典第六百八十七条第二款但书规定的情形外，应当在判决书主文中明确，保证人仅对债务人财产依法强制执行后仍不能履行的部分承担保证责任。

债权人未对债务人的财产申请保全，或者保全的债务人的财产足以清偿债务，债权人申请对一般保证人的财产进行保全的，人民法院不予准许。

第二十七条　一般保证的债权人取得对债务人赋予强制执行效力的

公证债权文书后，在保证期间内向人民法院申请强制执行，保证人以债权人未在保证期间内对债务人提起诉讼或者申请仲裁为由主张不承担保证责任的，人民法院不予支持。

第二十八条　一般保证中，债权人依据生效法律文书对债务人的财产依法申请强制执行，保证债务诉讼时效的起算时间按照下列规则确定：

（一）人民法院作出终结本次执行程序裁定，或者依照民事诉讼法第二百五十七条第三项、第五项的规定作出终结执行裁定的，自裁定送达债权人之日起开始计算；

（二）人民法院自收到申请执行书之日起一年内未作出前项裁定的，自人民法院收到申请执行书满一年之日起开始计算，但是保证人有证据证明债务人仍有财产可供执行的除外。

一般保证的债权人在保证期间届满前对债务人提起诉讼或者申请仲裁，债权人举证证明存在民法典第六百八十七条第二款但书规定情形的，保证债务的诉讼时效自债权人知道或者应当知道该情形之日起开始计算。

第二十九条　同一债务有两个以上保证人，债权人以其已经在保证期间内依法向部分保证人行使权利为由，主张已经在保证期间内向其他保证人行使权利的，人民法院不予支持。

同一债务有两个以上保证人，保证人之间相互有追偿权，债权人未在保证期间内依法向部分保证人行使权利，导致其他保证人在承担保证责任后丧失追偿权，其他保证人主张在其不能追偿的范围内免除保证责任的，人民法院应予支持。

第三十条　最高额保证合同对保证期间的计算方式、起算时间等有约定的，按照其约定。

最高额保证合同对保证期间的计算方式、起算时间等没有约定或者约定不明，被担保债权的履行期限均已届满的，保证期间自债权确定之日起开始计算；被担保债权的履行期限尚未届满的，保证期间自最后到期债权的履行期限届满之日起开始计算。

前款所称债权确定之日，依照民法典第四百二十三条的规定认定。

第三十一条　一般保证的债权人在保证期间内对债务人提起诉讼或者申请仲裁后，又撤回起诉或者仲裁申请，债权人在保证期间届满前未再行提起诉讼或者申请仲裁，保证人主张不再承担保证责任的，人民法院应予支持。

连带责任保证的债权人在保证期间内对保证人提起诉讼或者申请仲裁后，又撤回起诉或者仲裁申请，起诉状副本或者仲裁申请书副本已经送达保证人的，人民法院应当认定债权人已经在保证期间内向保证人行使了权利。

第三十二条　保证合同约定保证人承担保证责任直至主债务本息还清时为止等类似内容的，视为约定不明，保证期间为主债务履行期限届满之日起六个月。

第三十三条　保证合同无效，债权人未在约定或者法定的保证期间内依法行使权利，保证人主张不承担赔偿责任的，人民法院应予支持。

第三十四条　人民法院在审理保证合同纠纷案件时，应当将保证期间是否届满、债权人是否在保证期间内依法行使权利等事实作为案件基本事实予以查明。

债权人在保证期间内未依法行使权利的，保证责任消灭。保证责任消灭后，债权人书面通知保证人要求承担保证责任，保证人在通知书上签字、盖章或者按指印，债权人请求保证人继续承担保证责任的，人民法院不予支持，但是债权人有证据证明成立了新的保证合同的除外。

第三十五条　保证人知道或者应当知道主债权诉讼时效期间届满仍然提供保证或者承担保证责任，又以诉讼时效期间届满为由拒绝承担保证责任或者请求返还财产的，人民法院不予支持；保证人承担保证责任后向债务人追偿的，人民法院不予支持，但是债务人放弃诉讼时效抗辩的除外。

第三十六条 第三人向债权人提供差额补足、流动性支持等类似承诺文件作为增信措施，具有提供担保的意思表示，债权人请求第三人承担保证责任的，人民法院应当依照保证的有关规定处理。

第三人向债权人提供的承诺文件，具有加入债务或者与债务人共同承担债务等意思表示的，人民法院应当认定为民法典第五百五十二条规定的债务加入。

前两款中第三人提供的承诺文件难以确定是保证还是债务加入的，人民法院应当将其认定为保证。

第三人向债权人提供的承诺文件不符合前三款规定的情形，债权人请求第三人承担保证责任或者连带责任的，人民法院不予支持，但是不影响其依据承诺文件请求第三人履行约定的义务或者承担相应的民事责任。

三、关于担保物权

（一）担保合同与担保物权的效力

第三十七条 当事人以所有权、使用权不明或者有争议的财产抵押，经审查构成无权处分的，人民法院应当依照民法典第三百一十一条的规定处理。

当事人以依法被查封或者扣押的财产抵押，抵押权人请求行使抵押权，经审查查封或者扣押措施已经解除的，人民法院应予支持。抵押人以抵押权设立时财产被查封或者扣押为由主张抵押合同无效的，人民法院不予支持。

以依法被监管的财产抵押的，适用前款规定。

第三十八条 主债权未受全部清偿，担保物权人主张就担保财产的全部行使担保物权的，人民法院应予支持，但是留置权人行使留置权的，应当依照民法典第四百五十条的规定处理。

担保财产被分割或者部分转让，担保物权人主张就分割或者转让后的担保财产行使担保物权的，人民法院应予支持，但是法律或者司法解释另有规定的除外。

第三十九条　主债权被分割或者部分转让，各债权人主张就其享有的债权份额行使担保物权的，人民法院应予支持，但是法律另有规定或者当事人另有约定的除外。

主债务被分割或者部分转移，债务人自己提供物的担保，债权人请求以该担保财产担保全部债务履行的，人民法院应予支持；第三人提供物的担保，主张对未经其书面同意转移的债务不再承担担保责任的，人民法院应予支持。

第四十条　从物产生于抵押权依法设立前，抵押权人主张抵押权的效力及于从物的，人民法院应予支持，但是当事人另有约定的除外。

从物产生于抵押权依法设立后，抵押权人主张抵押权的效力及于从物的，人民法院不予支持，但是在抵押权实现时可以一并处分。

第四十一条　抵押权依法设立后，抵押财产被添附，添附物归第三人所有，抵押权人主张抵押权效力及于补偿金的，人民法院应予支持。

抵押权依法设立后，抵押财产被添附，抵押人对添附物享有所有权，抵押权人主张抵押权的效力及于添附物的，人民法院应予支持，但是添附导致抵押财产价值增加的，抵押权的效力不及于增加的价值部分。

抵押权依法设立后，抵押人与第三人因添附成为添附物的共有人，抵押权人主张抵押权的效力及于抵押人对共有物享有的份额的，人民法院应予支持。

本条所称添附，包括附合、混合与加工。

第四十二条　抵押权依法设立后，抵押财产毁损、灭失或者被征收等，抵押权人请求按照原抵押权的顺位就保险金、赔偿金或者补偿金等优先受偿的，人民法院应予支持。

给付义务人已经向抵押人给付了保险金、赔偿金或者补偿金，抵押权人请求给付义务人向其给付保险金、赔偿金或者补偿金的，人民法院不予支持，但是给付义务人接到抵押权人要求向其给付的通知后仍然向抵押人给付的除外。

抵押权人请求给付义务人向其给付保险金、赔偿金或者补偿金的，人民法院可以通知抵押人作为第三人参加诉讼。

第四十三条 当事人约定禁止或者限制转让抵押财产但是未将约定登记，抵押人违反约定转让抵押财产，抵押权人请求确认转让合同无效的，人民法院不予支持；抵押财产已经交付或者登记，抵押权人请求确认转让不发生物权效力的，人民法院不予支持，但是抵押权人有证据证明受让人知道的除外；抵押权人请求抵押人承担违约责任的，人民法院依法予以支持。

当事人约定禁止或者限制转让抵押财产且已经将约定登记，抵押人违反约定转让抵押财产，抵押权人请求确认转让合同无效的，人民法院不予支持；抵押财产已经交付或者登记，抵押权人主张转让不发生物权效力的，人民法院应予支持，但是因受让人代替债务人清偿债务导致抵押权消灭的除外。

第四十四条 主债权诉讼时效期间届满后，抵押权人主张行使抵押权的，人民法院不予支持；抵押人以主债权诉讼时效期间届满为由，主张不承担担保责任的，人民法院应予支持。主债权诉讼时效期间届满前，债权人仅对债务人提起诉讼，经人民法院判决或者调解后未在民事诉讼法规定的申请执行时效期间内对债务人申请强制执行，其向抵押人主张行使抵押权的，人民法院不予支持。

主债权诉讼时效期间届满后，财产被留置的债务人或者对留置财产享有所有权的第三人请求债权人返还留置财产的，人民法院不予支持；债务人或者第三人请求拍卖、变卖留置财产并以所得价款清偿债务的，人民法院应予支持。

主债权诉讼时效期间届满的法律后果，以登记作为公示方式的权利质权，参照适用第一款的规定；动产质权、以交付权利凭证作为公示方式的权利质权，参照适用第二款的规定。

第四十五条 当事人约定当债务人不履行到期债务或者发生当事人约定的实现担保物权的情形，担保物权人有权将担保财产自行拍卖、变卖并就所得的价款优先受偿的，该约定有效。因担保人的原因导致担保物权人无法自行对担保财产进行拍卖、变卖，担保物权人请求担保人承担因此增加的费用的，人民法院应予支持。

当事人依照民事诉讼法有关"实现担保物权案件"的规定，申请拍卖、变卖担保财产，被申请人以担保合同约定仲裁条款为由主张驳回申请的，人民法院经审查后，应当按照以下情形分别处理：

（一）当事人对担保物权无实质性争议且实现担保物权条件已经成就的，应当裁定准许拍卖、变卖担保财产；

（二）当事人对实现担保物权有部分实质性争议的，可以就无争议的部分裁定准许拍卖、变卖担保财产，并告知可以就有争议的部分申请仲裁；

（三）当事人对实现担保物权有实质性争议的，裁定驳回申请，并告知可以向仲裁机构申请仲裁。

债权人以诉讼方式行使担保物权的，应当以债务人和担保人作为共同被告。

（二）不动产抵押

第四十六条 不动产抵押合同生效后未办理抵押登记手续，债权人请求抵押人办理抵押登记手续的，人民法院应予支持。

抵押财产因不可归责于抵押人自身的原因灭失或者被征收等导致不能办理抵押登记，债权人请求抵押人在约定的担保范围内承担责任的，人民法院不予支持；但是抵押人已经获得保险金、赔偿金或者补偿金等，债权人请求抵押人在其所获金额范围内承担赔偿责任的，人民法院依法予以支持。

因抵押人转让抵押财产或者其他可归责于抵押人自身的原因导致不能办理抵押登记，债权人请求抵押人在约定的担保范围内承担责任的，人民法院依法予以支持，但是不得超过抵押权能够设立时抵押人应当承担的责任范围。

第四十七条 不动产登记簿就抵押财产、被担保的债权范围等所作的记载与抵押合同约定不一致的，人民法院应当根据登记簿的记载确定抵押财产、被担保的债权范围等事项。

第四十八条 当事人申请办理抵押登记手续时，因登记机构的过错致使其不能办理抵押登记，当事人请求登记机构承担赔偿责任的，人民法院依法予以支持。

第四十九条 以违法的建筑物抵押的，抵押合同无效，但是一审法庭辩论终结前已经办理合法手续的除外。抵押合同无效的法律后果，依照本解释第十七条的有关规定处理。

当事人以建设用地使用权依法设立抵押，抵押人以土地上存在违法的建筑物为由主张抵押合同无效的，人民法院不予支持。

第五十条 抵押人以划拨建设用地上的建筑物抵押，当事人以该建设用地使用权不能抵押或者未办理批准手续为由主张抵押合同无效或者不生效的，人民法院不予支持。抵押权依法实现时，拍卖、变卖建筑物所得的价款，应当优先用于补缴建设用地使用权出让金。

当事人以划拨方式取得的建设用地使用权抵押，抵押人以未办理批准手续为由主张抵押合同无效或者不生效的，人民法院不予支持。已经依法办理抵押登记，抵押权人主张行使抵押权的，人民法院应予支持。抵押权依法实现时所得的价款，参照前款有关规定处理。

第五十一条 当事人仅以建设用地使用权抵押，债权人主张抵押权的效力及于土地上已有的建筑物以及正在建造的建筑物已完成部分的，人民法院应予支持。债权人主张抵押权的效力及于正在建造的建筑物的续建部分以及新增建筑物的，人民法院不予支持。

当事人以正在建造的建筑物抵押，抵押权的效力范围限于已办理抵押登记的部分。当事人按照担保合同的约定，主张抵押权的效力及于续建部分、新增建筑物以及规划中尚未建造的建筑物的，人民法院不予支持。

抵押人将建设用地使用权、土地上的建筑物或者正在建造的建筑物分别抵押给不同债权人的，人民法院应当根据抵押登记的时间先后确定清偿顺序。

第五十二条 当事人办理抵押预告登记后，预告登记权利人请求就抵押财产优先受偿，经审查存在尚未办理建筑物所有权首次登记、预告登记的财产与办理建筑物所有权首次登记时的财产不一致、抵押预告登记已经失效等情形，导致不具备办理抵押登记条件的，人民法院不予支持；经审查已经办理建筑物所有权首次登记，且不存在预告登记失效等情形的，人民法院应予支持，并应当认定抵押权自预告登记之日起设立。

当事人办理了抵押预告登记，抵押人破产，经审查抵押财产属于破产财产，预告登记权利人主张就抵押财产优先受偿的，人民法院应当在受理破产申请时抵押财产的价值范围内予以支持，但是在人民法院受理破产申请前一年内，债务人对没有财产担保的债务设立抵押预告登记的除外。

（三）动产与权利担保

第五十三条 当事人在动产和权利担保合同中对担保财产进行概括描述，该描述能够合理识别担保财产的，人民法院应当认定担保成立。

第五十四条 动产抵押合同订立后未办理抵押登记，动产抵押权的效力按照下列情形分别处理：

（一）抵押人转让抵押财产，受让人占有抵押财产后，抵押权人向受让人请求行使抵押权的，人民法院不予支持，但是抵押权人能够举证证明受让人知道或者应当知道已经订立抵押合同的除外；

（二）抵押人将抵押财产出租给他人并移转占有，抵押权人行使抵押权的，租赁关系不受影响，但是抵押权人能够举证证明承租人知道或者应当知道已经订立抵押合同的除外；

（三）抵押人的其他债权人向人民法院申请保全或者执行抵押财产，人民法院已经作出财产保全裁定或者采取执行措施，抵押权人主张对抵押财产优先受偿的，人民法院不予支持；

（四）抵押人破产，抵押权人主张对抵押财产优先受偿的，人民法院不予支持。

第五十五条 债权人、出质人与监管人订立三方协议，出质人以通过一定数量、品种等概括描述能够确定范围的货物为债务的履行提供担保，当事人有证据证明监管人系受债权人的委托监管并实际控制该货物的，人民法院应当认定质权于监管人实际控制货物之日起设立。监管人违反约定向出质人或者其他人放货、因保管不善导致货物毁损灭失，债权人请求监管人承担违约责任的，人民法院依法予以支持。

在前款规定情形下，当事人有证据证明监管人系受出质人委托监管该货物，或者虽然受债权人委托但是未实际履行监管职责，导致货物仍由出质人实际控制的，人民法院应当认定质权未设立。债权人可以基于质押合同的约定请求出质人承担违约责任，但是不得超过质权有效设立时出质人应当承担的责任范围。监管人未履行监管职责，债权人请求监管人承担责任的，人民法院依法予以支持。

第五十六条 买受人在出卖人正常经营活动中通过支付合理对价取得已被设立担保物权的动产，担保物权人请求就该动产优先受偿的，人民法院不予支持，但是有下列情形之一的除外：

（一）购买商品的数量明显超过一般买受人；

（二）购买出卖人的生产设备；

（三）订立买卖合同的目的在于担保出卖人或者第三人履行债务；

（四）买受人与出卖人存在直接或者间接的控制关系；

（五）买受人应当查询抵押登记而未查询的其他情形。

前款所称出卖人正常经营活动，是指出卖人的经营活动属于其营业执照明确记载的经营范围，且出卖人持续销售同类商品。前款所称担保物权人，是指已经办理登记的抵押权人、所有权保留买卖的出卖人、融资租赁合同的出租人。

第五十七条 担保人在设立动产浮动抵押并办理抵押登记后又购入或者以融资租赁方式承租新的动产，下列权利人为担保价款债权或者租金的实现而订立担保合同，并在该动产交付后十日内办理登记，主张其权利优先于在先设立的浮动抵押权的，人民法院应予支持：

（一）在该动产上设立抵押权或者保留所有权的出卖人；

（二）为价款支付提供融资而在该动产上设立抵押权的债权人；

（三）以融资租赁方式出租该动产的出租人。

买受人取得动产但未付清价款或者承租人以融资租赁方式占有租赁物但是未付清全部租金，又以标的物为他人设立担保物权，前款所列权利人为担保价款债权或者租金的实现而订立担保合同，并在该动产交付后十日内办理登记，主张其权利优先于买受人为他人设立的担保物权的，人民法院应予支持。

同一动产上存在多个价款优先权的，人民法院应当按照登记的时间先后确定清偿顺序。

第五十八条 以汇票出质，当事人以背书记载"质押"字样并在汇票上签章，汇票已经交付质权人的，人民法院应当认定质权自汇票交付质权人时设立。

第五十九条　存货人或者仓单持有人在仓单上以背书记载"质押"字样，并经保管人签章，仓单已经交付质权人的，人民法院应当认定质权自仓单交付质权人时设立。没有权利凭证的仓单，依法可以办理出质登记的，仓单质权自办理出质登记时设立。

出质人既以仓单出质，又以仓储物设立担保，按照公示的先后确定清偿顺序；难以确定先后的，按照债权比例清偿。

保管人为同一货物签发多份仓单，出质人在多份仓单上设立多个质权，按照公示的先后确定清偿顺序；难以确定先后的，按照债权比例受偿。

存在第二款、第三款规定的情形，债权人举证证明其损失系由出质人与保管人的共同行为所致，请求出质人与保管人承担连带赔偿责任的，人民法院应予支持。

第六十条　在跟单信用证交易中，开证行与开证申请人之间约定以提单作为担保的，人民法院应当依照民法典关于质权的有关规定处理。

在跟单信用证交易中，开证行依据其与开证申请人之间的约定或者跟单信用证的惯例持有提单，开证申请人未按照约定付款赎单，开证行主张对提单项下货物优先受偿的，人民法院应予支持；开证行主张对提单项下货物享有所有权的，人民法院不予支持。

在跟单信用证交易中，开证行依据其与开证申请人之间的约定或者跟单信用证的惯例，通过转让提单或者提单项下货物取得价款，开证申请人请求返还超出债权部分的，人民法院应予支持。

前三款规定不影响合法持有提单的开证行以提单持有人身份主张运输合同项下的权利。

第六十一条　以现有的应收账款出质，应收账款债务人向质权人确认应收账款的真实性后，又以应收账款不存在或者已经消灭为由主张不承担责任的，人民法院不予支持。

以现有的应收账款出质，应收账款债务人未确认应收账款的真实性，质权人以应收账款债务人为被告，请求就应收账款优先受偿，能够举证证明办理出质登记时应收账款真实存在的，人民法院应予支持；质权人不能举证证明办理出质登记时应收账款真实存在，仅以已经办理出质登记为由，请求就应收账款优先受偿的，人民法院不予支持。

以现有的应收账款出质，应收账款债务人已经向应收账款债权人履行了债务，质权人请求应收账款债务人履行债务的，人民法院不予支持，但是应收账款债务人接到质权人要求向其履行的通知后，仍然向应收账款债权人履行的除外。

以基础设施和公用事业项目收益权、提供服务或者劳务产生的债权以及其他将有的应收账款出质，当事人为应收账款设立特定账户，发生法定或者约定的质权实现事由时，质权人请求就该特定账户内的款项优先受偿的，人民法院应予支持；特定账户内的款项不足以清偿债务或者未设立特定账户，质权人请求折价或者拍卖、变卖项目收益权等将有的应收账款，并以所得的价款优先受偿的，人民法院依法予以支持。

第六十二条 债务人不履行到期债务，债权人因同一法律关系留置合法占有的第三人的动产，并主张就该留置财产优先受偿的，人民法院应予支持。第三人以该留置财产并非债务人的财产为由请求返还的，人民法院不予支持。

企业之间留置的动产与债权并非同一法律关系，债务人以该债权不属于企业持续经营中发生的债权为由请求债权人返还留置财产的，人民法院应予支持。

企业之间留置的动产与债权并非同一法律关系，债权人留置第三人的财产，第三人请求债权人返还留置财产的，人民法院应予支持。

四、关于非典型担保

第六十三条 债权人与担保人订立担保合同，约定以法律、行政法规尚未规定可以担保的财产权利设立担保，当事人主张合同无效的，人民法院不予支持。当事人未在法定的登记机构依法进行登记，主张该担保具有物权效力的，人民法院不予支持。

第六十四条　在所有权保留买卖中，出卖人依法有权取回标的物，但是与买受人协商不成，当事人请求参照民事诉讼法"实现担保物权案件"的有关规定，拍卖、变卖标的物的，人民法院应予准许。

出卖人请求取回标的物，符合民法典第六百四十二条规定的，人民法院应予支持；买受人以抗辩或者反诉的方式主张拍卖、变卖标的物，并在扣除买受人未支付的价款以及必要费用后返还剩余款项的，人民法院应当一并处理。

第六十五条　在融资租赁合同中，承租人未按照约定支付租金，经催告后在合理期限内仍不支付，出租人请求承租人支付全部剩余租金，并以拍卖、变卖租赁物所得的价款受偿的，人民法院应予支持；当事人请求参照民事诉讼法"实现担保物权案件"的有关规定，以拍卖、变卖租赁物所得价款支付租金的，人民法院应予准许。

出租人请求解除融资租赁合同并收回租赁物，承租人以抗辩或者反诉的方式主张返还租赁物价值超过欠付租金以及其他费用的，人民法院应当一并处理。当事人对租赁物的价值有争议的，应当按照下列规则确定租赁物的价值：

（一）融资租赁合同有约定的，按照其约定；

（二）融资租赁合同未约定或者约定不明的，根据约定的租赁物折旧以及合同到期后租赁物的残值来确定；

（三）根据前两项规定的方法仍然难以确定，或者当事人认为根据前两项规定的方法确定的价值严重偏离租赁物实际价值的，根据当事人的申请委托有资质的机构评估。

第六十六条　同一应收账款同时存在保理、应收账款质押和债权转让，当事人主张参照民法典第七百六十八条的规定确定优先顺序的，人民法院应予支持。

在有追索权的保理中，保理人以应收账款债权人或者应收账款债务人为被告提起诉讼，人民法院应予受理；保理人一并起诉应收账款债权人和应收账款债务人的，人民法院可以受理。

应收账款债权人向保理人返还保理融资款本息或者回购应收账款债权后，请求应收账款债务人向其履行应收账款债务的，人民法院应予支持。

第六十七条 在所有权保留买卖、融资租赁等合同中，出卖人、出租人的所有权未经登记不得对抗的"善意第三人"的范围及其效力，参照本解释第五十四条的规定处理。

第六十八条 债务人或者第三人与债权人约定将财产形式上转移至债权人名下，债务人不履行到期债务，债权人有权对财产折价或者以拍卖、变卖该财产所得价款偿还债务的，人民法院应当认定该约定有效。当事人已经完成财产权利变动的公示，债务人不履行到期债务，债权人请求参照民法典关于担保物权的有关规定就该财产优先受偿的，人民法院应予支持。

债务人或者第三人与债权人约定将财产形式上转移至债权人名下，债务人不履行到期债务，财产归债权人所有的，人民法院应当认定该约定无效，但是不影响当事人有关提供担保的意思表示的效力。当事人已经完成财产权利变动的公示，债务人不履行到期债务，债权人请求对该财产享有所有权的，人民法院不予支持；债权人请求参照民法典关于担保物权的规定对财产折价或者以拍卖、变卖该财产所得的价款优先受偿的，人民法院应予支持；债务人履行债务后请求返还财产，或者请求对财产折价或者以拍卖、变卖所得的价款清偿债务的，人民法院应予支持。

债务人与债权人约定将财产转移至债权人名下，在一定期间后再由债务人或者其指定的第三人以交易本金加上溢价款回购，债务人到期不履行回购义务，财产归债权人所有的，人民法院应当参照第二款规定处理。回购对象自始不存在的，人民法院应当依照民法典第一百四十六条第二款的规定，按照其实际构成的法律关系处理。

第六十九条 股东以将其股权转移至债权人名下的方式为债务履行提供担保，公司或者公司的债权人以股东未履行或者未全面履行出资义务、抽逃出资等为由，请求作为名义股东的债权人与股东承担连带责任的，人民法院不予支持。

第七十条 债务人或者第三人为担保债务的履行，设立专门的保证金账户并由债权人实际控制，或者将其资金存入债权人设立的保证金账户，债权人主张就账户内的款项优先受偿的，人民法院应予支持。当事人以保证金账户内的款项浮动为由，主张实际控制该账户的债权人对账户内的款项不享有优先受偿权的，人民法院不予支持。

在银行账户下设立的保证金分户，参照前款规定处理。

当事人约定的保证金并非为担保债务的履行设立，或者不符合前两款规定的情形，债权人主张就保证金优先受偿的，人民法院不予支持，但是不影响当事人依照法律的规定或者按照当事人的约定主张权利。

五、附则

第七十一条 本解释自 2021 年 1 月 1 日起施行。

《最高人民法院关于适用〈中华人民共和国民事诉讼法〉的解释》（节选）

法释〔2022〕11 号

第三百六十条 实现票据、仓单、提单等有权利凭证的权利质权案件，可以由权利凭证持有人住所地人民法院管辖；无权利凭证的权利质权，由出质登记地人民法院管辖。

四、预付款类业务相关法律法规

当供应链的下游企业为弱势方时，在供应链金融业务中，上游企业要求下游企业预付账款之后才向其发放原材料、半成品等。这样一来，下游企业面临账期较长、资金可能被长期占有的风险，如果下游企业的资金有限，则很有可能无法承担购买商品的流动资金运转压力。因此，下游企业为了解决资金周转困难的问题，可进行预付款融资，以某笔或者多笔预付账款进行融资，从而获得银行提供的资金支持。预付款类融资的主要业务包括先款后货、保兑仓交易、信用证授信等。

先款后货即下游企业向金融机构交纳一定比例保证金并申请授信，由金融机构向上游企业预付全额货款，上游企业收到全额货款后将货物交付给金融机构指定的仓储/物流机构，下游企业以采购的上述货物向金融机构提供质押/抵押担保，并一次性或分批次向金融机构偿还融资款项后提取相应货物。在该过程中，前一段交易属于预付款融资范畴，后一段交易属于质押融资，担保方式表现为先信用，后质押。相关的法律法规集中于《民法典》保证合同以及动产质押的相关规定之中。

保兑仓属于先款后货的一种变形，即在买方向银行等金融机构预付一定保证金的前提下，银行支付买方采购货物全额货款给核心企业（卖方）。随后，买方分次向银行提交提货保证金，银行再分次通知卖方向客户发货。保兑仓的担保方式为保证担保，相关法律法规集中规定在《民法典》、《担保制度解释》有关保证合同的相关规定、《全国法院民商事审判工作会议纪要》、《最高人民法院关于当前商事审判工作中的若干具体问题》。鉴于本章第三节中司法解释部分已包括了《担保制度解释》全文，故本节不再重复摘录。

信用证授信是指在企业之间的商品交易中，银行依照买方的申请开具符合信用证条款的单据作为支付货款的付款承诺。信用证的相关法律法规集中在《国内信用证结算办法》《最高人民法院关于审理信用证纠纷案件若干问题的规定》。

※ 法律 ※

《中华人民共和国民法典》（节选）
中华人民共和国主席令第 45 号

第三编　合　同

第二分编　典型合同

第十三章　保证合同
第一节　一般规定

第六百八十一条　保证合同是为保障债权的实现，保证人和债权人约定，当债务人不履行到期债务或者发生当事人约定的情形时，保证人履行债务或者承担责任的合同。

第六百八十二条　保证合同是主债权债务合同的从合同。主债权债务合同无效的，保证合同无效，但是法律另有规定的除外。

保证合同被确认无效后，债务人、保证人、债权人有过错的，应当根据其过错各自承担相应的民事责任。

第六百八十三条　机关法人不得为保证人，但是经国务院批准为使用外国政府或者国际经济组织贷款进行转贷的除外。

以公益为目的的非营利法人、非法人组织不得为保证人。

第六百八十四条　保证合同的内容一般包括被保证的主债权的种类、数额，债务人履行债务的期限，保证的方式、范围和期间等条款。

第六百八十五条　保证合同可以是单独订立的书面合同，也可以是主债权债务合同中的保证条款。

第三人单方以书面形式向债权人作出保证，债权人接收且未提出异议的，保证合同成立。

第六百八十六条 保证的方式包括一般保证和连带责任保证。

当事人在保证合同中对保证方式没有约定或者约定不明确的，按照一般保证承担保证责任。

第六百八十七条 当事人在保证合同中约定，债务人不能履行债务时，由保证人承担保证责任的，为一般保证。

一般保证的保证人在主合同纠纷未经审判或者仲裁，并就债务人财产依法强制执行仍不能履行债务前，有权拒绝向债权人承担保证责任，但是有下列情形之一的除外：

（一）债务人下落不明，且无财产可供执行；

（二）人民法院已经受理债务人破产案件；

（三）债权人有证据证明债务人的财产不足以履行全部债务或者丧失履行债务能力；

（四）保证人书面表示放弃本款规定的权利。

第六百八十八条 当事人在保证合同中约定保证人和债务人对债务承担连带责任的，为连带责任保证。

连带责任保证的债务人不履行到期债务或者发生当事人约定的情形时，债权人可以请求债务人履行债务，也可以请求保证人在其保证范围内承担保证责任。

第六百八十九条 保证人可以要求债务人提供反担保。

第六百九十条 保证人与债权人可以协商订立最高额保证的合同，约定在最高债权额限度内就一定期间连续发生的债权提供保证。

最高额保证除适用本章规定外，参照适用本法第二编最高额抵押权的有关规定。

第二节　保证责任

第六百九十一条　保证的范围包括主债权及其利息、违约金、损害赔偿金和实现债权的费用。当事人另有约定的，按照其约定。

第六百九十二条　保证期间是确定保证人承担保证责任的期间，不发生中止、中断和延长。

债权人与保证人可以约定保证期间，但是约定的保证期间早于主债务履行期限或者与主债务履行期限同时届满的，视为没有约定；没有约定或者约定不明确的，保证期间为主债务履行期限届满之日起六个月。

债权人与债务人对主债务履行期限没有约定或者约定不明确的，保证期间自债权人请求债务人履行债务的宽限期届满之日起计算。

第六百九十三条　一般保证的债权人未在保证期间对债务人提起诉讼或者申请仲裁的，保证人不再承担保证责任。

连带责任保证的债权人未在保证期间请求保证人承担保证责任的，保证人不再承担保证责任。

第六百九十四条　一般保证的债权人在保证期间届满前对债务人提起诉讼或者申请仲裁的，从保证人拒绝承担保证责任的权利消灭之日起，开始计算保证债务的诉讼时效。

连带责任保证的债权人在保证期间届满前请求保证人承担保证责任的，从债权人请求保证人承担保证责任之日起，开始计算保证债务的诉讼时效。

第六百九十五条　债权人和债务人未经保证人书面同意，协商变更主债权债务合同内容，减轻债务的，保证人仍对变更后的债务承担保证责任；加重债务的，保证人对加重的部分不承担保证责任。

债权人和债务人变更主债权债务合同的履行期限，未经保证人书面同意的，保证期间不受影响。

第六百九十六条　债权人转让全部或者部分债权，未通知保证人的，该转让对保证人不发生效力。

保证人与债权人约定禁止债权转让，债权人未经保证人书面同意转让债权的，保证人对受让人不再承担保证责任。

第六百九十七条 债权人未经保证人书面同意，允许债务人转移全部或者部分债务，保证人对未经其同意转移的债务不再承担保证责任，但是债权人和保证人另有约定的除外。

第三人加入债务的，保证人的保证责任不受影响。

第六百九十八条 一般保证的保证人在主债务履行期限届满后，向债权人提供债务人可供执行财产的真实情况，债权人放弃或者怠于行使权利致使该财产不能被执行的，保证人在其提供可供执行财产的价值范围内不再承担保证责任。

第六百九十九条 同一债务有两个以上保证人的，保证人应当按照保证合同约定的保证份额，承担保证责任；没有约定保证份额的，债权人可以请求任何一个保证人在其保证范围内承担保证责任。

第七百条 保证人承担保证责任后，除当事人另有约定外，有权在其承担保证责任的范围内向债务人追偿，享有债权人对债务人的权利，但是不得损害债权人的利益。

第七百零一条 保证人可以主张债务人对债权人的抗辩。债务人放弃抗辩的，保证人仍有权向债权人主张抗辩。

第七百零二条 债务人对债权人享有抵销权或者撤销权的，保证人可以在相应范围内拒绝承担保证责任。

《中华人民共和国刑法》（节选）
中华人民共和国主席令第 66 号

第一百九十五条 【信用证诈骗罪】有下列情形之一，进行信用证诈骗活动的，处五年以下有期徒刑或者拘役，并处二万元以上二十万元以下罚金；数额巨大或者有其他严重情节的，处五年以上十年以下有期徒刑，并处五万元以上五十万元以下罚金；数额特别巨大或者有其他特别严重情节的，处十年以上有期徒刑或者无期徒刑，并处五万元以上五十万元以下罚金或者没收财产：

（一）使用伪造、变造的信用证或者附随的单据、文件的；

（二）使用作废的信用证的；

（三）骗取信用证的；

（四）以其他方法进行信用证诈骗活动的。

※ 部门规章及规范性文件 ※

《国内信用证结算办法》

中国人民银行、中国银行业监督管理委员会公告〔2016〕第 10 号

第一章 总 则

第一条 为适应国内贸易活动需要，促进经济发展，依据《中华人民共和国中国人民银行法》、《中华人民共和国银行业监督管理法》、《中华人民共和国商业银行法》以及有关法律法规，制定本办法。

第二条 本办法所称国内信用证（以下简称信用证），是指银行（包括政策性银行、商业银行、农村合作银行、村镇银行和农村信用社）依照申请人的申请开立的、对相符交单予以付款的承诺。

前款规定的信用证是以人民币计价、不可撤销的跟单信用证。

第三条 本办法适用于银行为国内企事业单位之间货物和服务贸易提供的信用证服务。服务贸易包括但不限于运输、旅游、咨询、通讯、建筑、保险、金融、计算机和信息、专有权利使用和特许、广告宣传、电影音像等服务项目。

第四条 信用证业务的各方当事人应当遵守中华人民共和国的法律、

法规以及本办法的规定，遵守诚实信用原则，认真履行义务，不得利用信用证进行欺诈等违法犯罪活动，不得损害社会公共利益。

第五条 信用证的开立和转让，应当具有真实的贸易背景。

第六条 信用证只限于转账结算，不得支取现金。

第七条 信用证与作为其依据的贸易合同相互独立，即使信用证含有对此类合同的任何援引，银行也与该合同无关，且不受其约束。

银行对信用证作出的付款、确认到期付款、议付或履行信用证项下其他义务的承诺，不受申请人与开证行、申请人与受益人之间关系而产生的任何请求或抗辩的制约。

受益人在任何情况下，不得利用银行之间或申请人与开证行之间的契约关系。

第八条 在信用证业务中，银行处理的是单据，而不是单据所涉及的货物或服务。

第二章 定 义

第九条 信用证业务当事人

（一）申请人指申请开立信用证的当事人，一般为货物购买方或服务接受方。

（二）受益人指接受信用证并享有信用证权益的当事人，一般为货物销售方或服务提供方。

（三）开证行指应申请人申请开立信用证的银行。

（四）通知行指应开证行的要求向受益人通知信用证的银行。

（五）交单行指向信用证有效地点提交信用证项下单据的银行。

（六）转让行指开证行指定的办理信用证转让的银行。

（七）保兑行指根据开证行的授权或要求对信用证加具保兑的银行。

（八）议付行指开证行指定的为受益人办理议付的银行，开证行应指定一家或任意银行作为议付信用证的议付行。

第十条 信用证的有关日期和期限

（一）开证日期指开证行开立信用证的日期。信用证未记载生效日的，开证日期即为信用证生效日期。

（二）有效期指受益人向有效地点交单的截止日期。

（三）最迟货物装运日或服务提供日指信用证规定的货物装运或服务提供的截止日期。最迟货物装运日或服务提供日不得晚于信用证有效期。信用证未作规定的，有效期视为最迟货物装运日或服务提供日。

（四）付款期限指开证行收到相符单据后，按信用证条款规定进行付款的期限。信用证按付款期限分为即期信用证和远期信用证。

即期信用证，开证行应在收到相符单据次日起五个营业日内付款。

远期信用证，开证行应在收到相符单据次日起五个营业日内确认到期付款，并在到期日付款。远期的表示方式包括：单据日后定期付款、见单后定期付款、固定日付款等可确定到期日的方式。信用证付款期限最长不超过一年。

（五）交单期指信用证项下所要求的单据提交到有效地的有效期限，以当次货物装运日或服务提供日开始计算。未规定该期限的，默认为货物装运日或服务提供日后十五天。任何情况下，交单不得迟于信用证有效期。

第十一条 信用证有效地点

信用证有效地点指信用证规定的单据提交地点，即开证行、保兑行（转让行、议付行）所在地。如信用证规定有效地点为保兑行（转让行、议付行）所在地，则开证行所在地也视为信用证有效地点。

第十二条 转运、分批装运或分次提供服务、分期装运或分期提供服务

（一）转运指信用证项下货物在规定的装运地（港到卸货地、港）的运输途中，将货物从一运输工具卸下再装上另一运输工具。

（二）分批装运或分次提供服务指信用证规定的货物或服务在信用证规定的数量、内容或金额内部分或分次交货或部分或分次提供。

（三）分期装运或分期提供服务指信用证规定的货物或服务在信用证规定的分期时间表内装运或提供。任何一期未按信用证规定期限装运或提供的，信用证对该期及以后各期均告失效。

第三章　信用证业务办理
第一节　开　证

第十三条　开证银行与申请人在开证前应签订明确双方权利义务的协议。开证行可要求申请人交存一定数额的保证金，并可根据申请人资信情况要求其提供抵押、质押、保证等合法有效的担保。

开证申请人申请开立信用证，须提交其与受益人签订的贸易合同。

开证行应根据贸易合同及开证申请书等文件，合理、审慎设置信用证付款期限、有效期、交单期、有效地点。

第十四条　信用证的基本条款

信用证应使用中文开立，记载条款包括：

（一）表明"国内信用证"的字样。

（二）开证申请人名称及地址。

（三）开证行名称及地址。

（四）受益人名称及地址。

（五）通知行名称。

（六）开证日期。开证日期格式应按年、月、日依次书写。

（七）信用证编号。

（八）不可撤销信用证。

（九）信用证有效期及有效地点。

（十）是否可转让。可转让信用证须记载"可转让"字样并指定一家转让行。

（十一）是否可保兑。保兑信用证须记载"可保兑"字样并指定一家保兑行。

（十二）是否可议付。议付信用证须记载"议付"字样并指定一家或任意银行作为议付行。

（十三）信用证金额。金额须以大、小写同时记载。

（十四）付款期限。

（十五）货物或服务描述。

（十六）溢短装条款（如有）。

（十七）货物贸易项下的运输交货或服务贸易项下的服务提供条款。

货物贸易项下运输交货条款：

1. 运输或交货方式。

2. 货物装运地（港），目的地、交货地（港）。

3. 货物是否分批装运、分期装运和转运，未作规定的，视为允许货物分批装运和转运。

4. 最迟货物装运日。

服务贸易项下服务提供条款：

1. 服务提供方式。

2. 服务提供地点。

3. 服务是否分次提供、分期提供，未作规定的，视为允许服务分次提供。

4. 最迟服务提供日。

5. 服务贸易项下双方认为应记载的其他事项。

（十八）单据条款，须注明据以付款或议付的单据，至少包括发票，表明货物运输或交付、服务提供的单据，如运输单据或货物收据、服务接受方的证明或服务提供方或第三方的服务履约证明。

（十九）交单期。

（二十）信用证项下相关费用承担方。未约定费用承担方时，由业务委托人或申请人承担相应费用。

（二十一）表明"本信用证依据《国内信用证结算办法》开立"的开证行保证文句。

（二十二）其他条款。

第十五条　信用证开立方式

开立信用证可以采用信开和电开方式。信开信用证，由开证行加盖业务用章（信用证专用章或业务专用章，下同），寄送通知行，同时应视情况需要以双方认可的方式证实信用证的真实有效性；电开信用证，由开证行以数据电文发送通知行。

第十六条　开证行的义务

开证行自开立信用证之时起，即受信用证内容的约束。

第二节　保　兑

第十七条　保兑是指保兑行根据开证行的授权或要求，在开证行承诺之外做出的对相符交单付款、确认到期付款或议付的确定承诺。

第十八条　保兑行自对信用证加具保兑之时起即不可撤销地承担对相符交单付款、确认到期付款或议付的责任。

第十九条　指定银行拒绝按照开证行授权或要求对信用证加具保兑时，应及时通知开证行，并可仅通知信用证而不加具保兑。

第二十条　开证行对保兑行的偿付义务不受开证行与受益人关系的约束。

第三节　修　改

第二十一条　信用证的修改

（一）开证申请人需对已开立的信用证内容修改的，应向开证行提出修改申请，明确修改的内容。

（二）增额修改的，开证行可要求申请人追加增额担保；付款期限修改的，不得超过本办法规定的信用证付款期限的最长期限。

（三）开证行发出的信用证修改书中应注明本次修改的次数。

（四）信用证受益人同意或拒绝接受修改的，应提供接受或拒绝修改的通知。如果受益人未能给予通知，当交单与信用证以及尚未接受的修改的要求一致时，即视为受益人已做出接受修改的通知，并且该信用证修改自此对受益人形成约束。

对同一修改的内容不允许部分接受，部分接受将被视作拒绝接受修改。

（五）开证行自开出信用证修改书之时起，即不可撤销地受修改内容的约束。

第二十二条 保兑行有权选择是否将其保兑扩展至修改。保兑行将其保兑扩展至修改的，自作出此类扩展通知时，即不可撤销地受其约束；保兑行不对修改加具保兑的，应及时告知开证行并在给受益人的通知中告知受益人。

第四节 通 知

第二十三条 信用证及其修改的通知

（一）通知行的确定。

通知行可由开证申请人指定，如开证申请人没有指定，开证行有权指定通知行。通知行可自行决定是否通知。通知行同意通知的，应于收到信用证次日起 3 个营业日内通知受益人；拒绝通知的，应于收到信用证次日起 3 个营业日内告知开证行。

开证行发出的信用证修改书，应通过原信用证通知行办理通知。

（二）通知行的责任。

1. 通知行收到信用证或信用证修改书，应认真审查内容表面是否完整、清楚，核验开证行签字、印章、所用密押是否正确等表面真实性，或另以电讯方式证实。核验无误的，应填制信用证通知书或信用证修改通知书，连同信用证或信用证修改书正本交付受益人。

通知行通知信用证或信用证修改的行为，表明其已确信信用证或修改的表面真实性，而且其通知准确反映了其收到的信用证或修改的内容。

2. 通知行确定信用证或信用证修改书签字、印章、密押不符的，应即时告知开证行；表面内容不清楚、不完整的，应即时向开证行查询补正。

3. 通知行在收到开证行回复前，可先将收到的信用证或信用证修改书通知受益人，并在信用证通知书或信用证修改通知书上注明该通知仅供参考，通知行不负任何责任。

第二十四条 开证行应于收到通知行查询次日起2个营业日内，对通知行做出答复或提供其所要求的必要内容。

第二十五条 通知行应于收到受益人同意或拒绝修改通知书次日起3个营业日内告知开证行，在受益人告知通知行其接受修改或以交单方式表明接受修改之前，原信用证（或含有先前被接受的修改的信用证）条款对受益人仍然有效。

开证行收到通知行发来的受益人拒绝修改的通知，信用证视为未做修改，开证行应于收到通知次日起2个营业日内告知开证申请人。

<h3 style="text-align:center">第五节 转 让</h3>

第二十六条 转让是指由转让行应第一受益人的要求，将可转让信用证的部分或者全部转为可由第二受益人兑用。

可转让信用证指特别标注"可转让"字样的信用证。

第二十七条 对于可转让信用证，开证行必须指定转让行，转让行可为开证行。转让行无办理信用证转让的义务，除非其明确同意。转让行仅办理转让，并不承担信用证项下的付款责任，但转让行是保兑行或开证行的除外。

第二十八条 可转让信用证只能转让一次，即只能由第一受益人转让给第二受益人，已转让信用证不得应第二受益人的要求转让给任何其后的受益人，但第一受益人不视为其后的受益人。

已转让信用证指已由转让行转为可由第二受益人兑用的信用证。

第二十九条 第二受益人拥有收取转让后信用证款项的权利并承担相应的义务。

第三十条 已转让信用证必须转载原证条款，包括保兑（如有），但下列项目除外：

可用第一受益人名称替代开证申请人名称；如果原信用证特别要求开证申请人名称应在除发票以外的任何单据中出现时，转让行转让信用证时须反映该项要求。

信用证金额、单价可以减少，有效期、交单期可以缩短，最迟货物装运日或服务提供日可以提前。

投保比例可以增加。

有效地点可以修改为转让行所在地。

第三十一条 转让交单

（一）第一受益人有权以自己的发票替换第二受益人的发票后向开证行或保兑行索偿，以支取发票间的差额，但第一受益人以自己的发票索偿的金额不得超过原信用证金额。

（二）转让行应于收到第二受益人单据次日起 2 个营业日内通知第一受益人换单，第一受益人须在收到转让行换单通知次日起 5 个营业日内且在原信用证交单期和有效期内换单。

（三）若第一受益人提交的发票导致了第二受益人的交单中本不存在的不符点，转让行应在发现不符点的下一个营业日内通知第一受益人在 5 个营业日内且在原信用证交单期和有效期内修正。

（四）如第一受益人未能在规定的期限内换单，或未对其提交的发票导致的第二受益人交单中本不存在的不符点予以及时修正的，转让行有权将第二受益人的单据随附已转让信用证副本、信用证修改书副本及修改确认书（如有）直接寄往开证行或保兑行，并不再对第一受益人承担责任。

开证行或保兑行将依据已转让信用证副本、信用证修改书副本及修改确认书（如有）来审核第二受益人的交单是否与已转让信用证相符。

（五）第二受益人或者代表第二受益人的交单行的交单必须交给转让行，信用证另有规定的除外。

第三十二条 部分转让

若原信用证允许分批装运或分次提供服务，则第一受益人可将信用证部分或全部转让给一个或数个第二受益人，并由第二受益人分批装运或分次提供服务。

第三十三条 第一受益人的任何转让要求须说明是否允许以及在何条件下允许将修改通知第二受益人。已转让信用证须明确说明该项条款。

如信用证转让的第二受益人为多名，其中一名或多名第二受益人对信用证修改的拒绝不影响其他第二受益人接受修改。对接受者而言，该已转让信用证即被相应修改，而对拒绝修改的第二受益人而言，该信用证未被修改。

第三十四条 开证行或保兑行对第二受益人提交的单据不得以索款金额与单价的减少，投保比例的增加，以及受益人名称与原信用证规定的受益人名称不同而作为不符交单予以拒付。

转让行应在收到开证行付款、确认到期付款函（电）次日起2个营业日内对第二受益人付款、发出开证行已确认到期付款的通知。

转让行可按约定向第一受益人收取转让费用，并在转让信用证时注明须由第二受益人承担的费用。

第六节 议 付

第三十五条 议付指可议付信用证项下单证相符或在开证行或保兑行已确认到期付款的情况下，议付行在收到开证行或保兑行付款前购买单据、取得信用证项下索款权利，向受益人预付或同意预付资金的行为。

议付行审核并转递单据而没有预付或没有同意预付资金不构成议付。

第三十六条 信用证未明示可议付，任何银行不得办理议付；信用证明示可议付，如开证行仅指定一家议付行，未被指定为议付行的银行不得办理议付，被指定的议付行可自行决定是否办理议付。

保兑行对以其为议付行的议付信用证加具保兑，在受益人请求议付时，须承担对受益人相符交单的议付责任。

指定议付行非保兑行且未议付时，保兑行仅承担对受益人相符交单的付款责任。

第三十七条 受益人可对议付信用证在信用证交单期和有效期内向议付行提示单据、信用证正本、信用证通知书、信用证修改书正本及信用证修改通知书（如有），并填制交单委托书和议付申请书，请求议付。

议付行在受理议付申请的次日起 5 个营业日内审核信用证规定的单据并决定议付的，应在信用证正本背面记明议付日期、业务编号、议付金额、到期日并加盖业务用章。

议付行拒绝议付的，应及时告知受益人。

第三十八条 索偿

议付行将注明付款提示的交单面函（寄单通知书）及单据寄开证行或保兑行索偿资金。除信用证另有约定外，索偿金额不得超过单据金额。

开证行、保兑行负有对议付行符合本办法的议付行为的偿付责任，该偿付责任独立于开证行、保兑行对受益人的付款责任并不受其约束。

第三十九条 追索权的行使

议付行议付时，必须与受益人书面约定是否有追索权。若约定有追索权，到期不获付款议付行可向受益人追索。若约定无追索权，到期不获付款议付行不得向受益人追索，议付行与受益人约定的例外情况或受益人存在信用证欺诈的情形除外。

保兑行议付时，对受益人不具有追索权，受益人存在信用证欺诈的情形除外。

第七节　寄单索款

第四十条　受益人委托交单行交单，应在信用证交单期和有效期内填制信用证交单委托书，并提交单据和信用证正本及信用证通知书、信用证修改书正本及信用证修改通知书（如有）。交单行应在收单次日起五个营业日内对其审核相符的单据寄单。

第四十一条　交单行应合理谨慎地审查单据是否相符，但非保兑行的交单行对单据相符性不承担责任，交单行与受益人另有约定的除外。

第四十二条　交单行在交单时，应附寄一份交单面函（寄单通知书），注明单据金额、索偿金额、单据份数、寄单编号、索款路径、收款账号、受益人名称、申请人名称、信用证编号等信息，并注明此次交单是在正本信用证项下进行并已在信用证正本背面批注交单情况。

受益人直接交单时，应提交信用证正本及信用证通知书、信用证修改书正本及信用证修改通知书（如有）、开证行（保兑行、转让行、议付行）认可的身份证明文件。

第四十三条　交单行在确认受益人交单无误后，应在发票的"发票联"联次批注"已办理交单"字样或加盖"已办理交单"戳记，注明交单日期及交单行名称。

交单行寄单后，须在信用证正本背面批注交单日期、交单金额和信用证余额等交单情况。

第八节　付　款

第四十四条　开证行或保兑行在收到交单行寄交的单据及交单面函（寄单通知书）或受益人直接递交的单据的次日起5个营业日内，及时核对是否为相符交单。单证相符或单证不符但开证行或保兑行接受不符点的，对即期信用证，应于收到单据次日起5个营业日内支付相应款项给交单行或受益人（受益人直接交单时，本节下同）；对远期信用证，应于收到单据次日起5个营业日内发出到期付款确认书，并于到期日支付款项给交单行或受益人。

第四十五条　开证行或保兑行付款后，应在信用证相关业务系统或信用证正本或副本背面记明付款日期、业务编号、来单金额、付款金额、信用证余额，并将信用证有关单据交开证申请人或寄开证行。

若受益人提交了相符单据或开证行已发出付款承诺，即使申请人交存的保证金及其存款账户余额不足支付，开证行仍应在规定的时间内付款。对申请人提供抵押、质押、保函等担保的，按《中华人民共和国担保法》、《中华人民共和国物权法》的有关规定索偿。

第四十六条　开证行或保兑行审核单据发现不符并决定拒付的，应在收到单据的次日起5个营业日内一次性将全部不符点以电子方式或其他快捷方式通知交单行或受益人。如开证行或保兑行未能按规定通知不符点，则无权宣称交单不符。

开证行或保兑行审核单据发现不符并拒付后，在收到交单行或受益人退单的要求之前，开证申请人接受不符点的，开证行或保兑行独立决定是否付款、出具到期付款确认书或退单；开证申请人不接受不符点的，开证行或保兑行可将单据退交单行或受益人。

第四十七条　开证行或保兑行拒付时，应提供书面拒付通知。拒付通知应包括如下内容：

（一）开证行或保兑行拒付。

（二）开证行或保兑行拒付所依据的每一个不符点。

（三）开证行或保兑行拒付后可选择以下意见处理单据：

1. 开证行或保兑行留存单据听候交单行或受益人的进一步指示。

2. 开证行留存单据直到其从开证申请人处收到放弃不符点的通知并同意接受该放弃，或者其同意接受对不符点的放弃之前从交单行或受益人处收到进一步指示。

3. 开证行或保兑行将退回单据。

4. 开证行或保兑行将按之前从交单行或受益人处获得的指示处理。

第四十八条 开证行或保兑行付款后，对受益人不具有追索权，受益人存在信用证欺诈的情形除外。

第九节 注 销

第四十九条 信用证注销是指开证行对信用证未支用的金额解除付款责任的行为。

（一）开证行、保兑行、议付行未在信用证有效期内收到单据的，开证行可在信用证逾有效期一个月后予以注销。具体处理办法由各银行自定。

（二）其他情况下，须经开证行、已办理过保兑的保兑行、已办理过议付的议付行、已办理过转让的转让行与受益人协商同意，或受益人、上述保兑行（议付行、转让行）声明同意注销信用证，并与开证行就全套正本信用证收回达成一致后，信用证方可注销。

第四章 单据审核标准

第五十条 银行收到单据时，应仅以单据本身为依据，认真审核信用证规定的所有单据，以确定是否为相符交单。

相符交单指与信用证条款、本办法的相关适用条款、信用证审单规则及单据之内、单据之间相互一致的交单。

第五十一条 银行只对单据进行表面审核。

银行不审核信用证没有规定的单据。银行收到此类单据，应予退还或将其照转。

如信用证含有一项条件，却未规定用以表明该条件得到满足的单据，银行将视为未作规定不予理会，但提交的单据中显示的相关信息不得与上述条件冲突。

第五十二条 信用证要求提交运输单据、保险单据和发票以外的单据时，应对单据的出单人及其内容作出明确规定。未作规定的，只要所提交的单据内容表面形式满足单据功能且与信用证及其他规定单据不矛盾，银行可予接受。

除发票外，其他单据中的货物或服务或行为描述可使用统称，但不得与信用证规定的描述相矛盾。

发票须是税务部门统一监制的原始正本发票。

第五十三条 信用证要求某种单据提交多份的，所提交的该种单据中至少应有一份正本。

除信用证另有规定外，银行应将任何表面上带有出单人的原始签名或印章的单据视为正本单据（除非单据本身表明其非正本），但此款不适用于增值税发票或其他类型的税务发票。

第五十四条 所有单据的出单日期均不得迟于信用证的有效期、交单期截止日以及实际交单日期。

受益人和开证申请人的开户银行、账号和地址出现在任何规定的单据中时，无须与信用证或其他规定单据中所载相同。

第五十五条 信用证审单规则由行业协会组织会员单位拟定并推广执行。行业协会应根据信用证业务开展实际，适时修订审单规则。

第五章 附 则

第五十六条 信用证凭证、信用证修改书、交单面函（寄单通知书）等格式、联次由行业协会制定并推荐使用，各银行参照其范式制作。

第五十七条 银行办理信用证业务的各项手续费收费标准，由各银行按照服务成本、依据市场定价原则制定，并遵照《商业银行服务价格管理办法》（中国银监会 国家发展改革委令2014年第1号）相关要求向客户公示并向管理部门报告。

第五十八条 本办法规定的各项期限的计算，适用民法通则关于计算期间的规定。期限最后一日是法定节假日的，顺延至下一个营业日，但信用证规定的装运日或服务提供日不得顺延。

本办法规定的营业日指可办理信用证业务的银行工作日。

第五十九条 本办法由中国人民银行会同中国银行业监督管理委员会解释。

第六十条 本办法自 2016 年 10 月 8 日起施行。

※ 司法解释及地方高院文件 ※

《最高人民法院关于审理信用证纠纷案件若干问题的规定》

法释〔2020〕18 号

根据《中华人民共和国民法典》《中华人民共和国涉外民事关系法律适用法》《中华人民共和国民事诉讼法》等法律，参照国际商会《跟单信用证统一惯例》等相关国际惯例，结合审判实践，就审理信用证纠纷案件的有关问题，制定本规定。

第一条 本规定所指的信用证纠纷案件，是指在信用证开立、通知、修改、撤销、保兑、议付、偿付等环节产生的纠纷。

第二条 人民法院审理信用证纠纷案件时，当事人约定适用相关国际惯例或者其他规定的，从其约定；当事人没有约定的，适用国际商会《跟单信用证统一惯例》或者其他相关国际惯例。

第三条 开证申请人与开证行之间因申请开立信用证而产生的欠款纠纷、委托人和受托人之间因委托开立信用证产生的纠纷、担保人为申请开立信用证或者委托开立信用证提供担保而产生的纠纷以及信用证项下融资产生的纠纷，适用本规定。

第四条 因申请开立信用证而产生的欠款纠纷、委托开立信用证纠纷和因此产生的担保纠纷以及信用证项下融资产生的纠纷应当适用中华人民共和国相关法律。涉外合同当事人对法律适用另有约定的除外。

第五条 开证行在作出付款、承兑或者履行信用证项下其他义务的承诺后，只要单据与信用证条款、单据与单据之间在表面上相符，开证行应当履行在信用证规定的期限内付款的义务。当事人以开证申请人与受益人之间的基础交易提出抗辩的，人民法院不予支持。具有本规定第八条的情形除外。

第六条 人民法院在审理信用证纠纷案件中涉及单证审查的，应当根据当事人约定适用的相关国际惯例或者其他规定进行；当事人没有约定的，应当按照国际商会《跟单信用证统一惯例》以及国际商会确定的相关标准，认定单据与信用证条款、单据与单据之间是否在表面上相符。

信用证项下单据与信用证条款之间、单据与单据之间在表面上不完全一致，但并不导致相互之间产生歧义的，不应认定为不符点。

第七条 开证行有独立审查单据的权利和义务，有权自行作出单据与信用证条款、单据与单据之间是否在表面上相符的决定，并自行决定接受或者拒绝接受单据与信用证条款、单据与单据之间的不符点。

开证行发现信用证项下存在不符点后，可以自行决定是否联系开证申请人接受不符点。开证申请人决定是否接受不符点，并不影响开证行最终决定是否接受不符点。开证行和开证申请人另有约定的除外。

开证行向受益人明确表示接受不符点的，应当承担付款责任。

开证行拒绝接受不符点时，受益人以开证申请人已接受不符点为由要求开证行承担信用证项下付款责任的，人民法院不予支持。

第八条 凡有下列情形之一的，应当认定存在信用证欺诈：

（一）受益人伪造单据或者提交记载内容虚假的单据；

（二）受益人恶意不交付货物或者交付的货物无价值；

（三）受益人和开证申请人或者其他第三方串通提交假单据，而没有真实的基础交易；

（四）其他进行信用证欺诈的情形。

第九条 开证申请人、开证行或者其他利害关系人发现有本规定第八条的情形，并认为将会给其造成难以弥补的损害时，可以向有管辖权的人民法院申请中止支付信用证项下的款项。

第十条 人民法院认定存在信用证欺诈的，应当裁定中止支付或者判决终止支付信用证项下款项，但有下列情形之一的除外：

（一）开证行的指定人、授权人已按照开证行的指令善意地进行了付款；

（二）开证行或者其指定人、授权人已对信用证项下票据善意地作出了承兑；

（三）保兑行善意地履行了付款义务；

（四）议付行善意地进行了议付。

第十一条 当事人在起诉前申请中止支付信用证项下款项符合下列条件的，人民法院应予受理：

（一）受理申请的人民法院对该信用证纠纷案件享有管辖权；

（二）申请人提供的证据材料证明存在本规定第八条的情形；

（三）如不采取中止支付信用证项下款项的措施，将会使申请人的合法权益受到难以弥补的损害；

（四）申请人提供了可靠、充分的担保；

（五）不存在本规定第十条的情形。

当事人在诉讼中申请中止支付信用证项下款项的，应当符合前款第（二）、（三）、（四）、（五）项规定的条件。

第十二条 人民法院接受中止支付信用证项下款项申请后，必须在四十八小时内作出裁定；裁定中止支付的，应当立即开始执行。

人民法院作出中止支付信用证项下款项的裁定，应当列明申请人、被申请人和第三人。

第十三条 当事人对人民法院作出中止支付信用证项下款项的裁定

有异议的，可以在裁定书送达之日起十日内向上一级人民法院申请复议。上一级人民法院应当自收到复议申请之日起十日内作出裁定。

复议期间，不停止原裁定的执行。

第十四条 人民法院在审理信用证欺诈案件过程中，必要时可以将信用证纠纷与基础交易纠纷一并审理。

当事人以基础交易欺诈为由起诉的，可以将与案件有关的开证行、议付行或者其他信用证法律关系的利害关系人列为第三人；第三人可以申请参加诉讼，人民法院也可以通知第三人参加诉讼。

第十五条 人民法院通过实体审理，认定构成信用证欺诈并且不存在本规定第十条的情形的，应当判决终止支付信用证项下的款项。

第十六条 保证人以开证行或者开证申请人接受不符点未征得其同意为由请求免除保证责任的，人民法院不予支持。保证合同另有约定的除外。

第十七条 开证申请人与开证行对信用证进行修改未征得保证人同意的，保证人只在原保证合同约定的或者法律规定的期间和范围内承担保证责任。保证合同另有约定的除外。

第十八条 本规定自 2006 年 1 月 1 日起施行。

《最高人民法院关于人民法院能否对信用证开证保证金采取冻结和扣划措施问题的规定》

法释〔2020〕21 号

信用证开证保证金属于有进出口经营权的企业向银行申请对国外（境外）方开立信用证而备付的具有担保支付性质的资金。为了严肃执法和保护当事人的合法权益，现就有关冻结、扣划信用证开证保证金的问题规定如下：

一、人民法院在审理或执行案件时，依法可以对信用证开证保证金采取冻结措施，但不得扣划。如果当事人、开证银行认为人民法院冻结和扣划的某项资金属于信用证开证保证金的，应当依法提出异议并提供有关证据予以证明。人民法院审查后，可按以下原则处理：对于确系信用证开证保证金的，不得采取扣划措施；如果开证银行履行了对外支付义务，根据该银行的申请，人民法院应当立即解除对信用证开证保证金相应部分的冻结措施；如果申请开证人提供的开证保证金是外汇，当事人又举证证明信用证的受益人提供的单据与信用证条款相符时，人民法院应当立即解除冻结措施。

二、如果银行因信用证无效、过期，或者因单证不符而拒付信用证款项并且免除了对外支付义务，以及在正常付出了信用证款项并从信用证开证保证金中扣除相应款额后尚有剩余，即在信用证开证保证金账户存款已丧失保证金功能的情况下，人民法院可以依法采取扣划措施。

三、人民法院对于为逃避债务而提供虚假证据证明属信用证开证保证金的单位和个人，应当依照民事诉讼法的有关规定严肃处理。

《全国法院民商事审判工作会议纪要》（节选）

法〔2019〕254号

68.【保兑仓交易】保兑仓交易作为一种新类型融资担保方式，其基本交易模式是，以银行信用为载体、以银行承兑汇票为结算工具、由银行控制货权、卖方（或者仓储方）受托保管货物并以承兑汇票与保证金之间的差额作为担保。其基本的交易流程是：卖方、买方和银行订立三方合作协议，其中买方向银行缴存一定比例的承兑保证金，银行向买方签发以卖方为收款人的银行承兑汇票，买方将银行承兑汇票交付卖方作为货款，银行根据买方缴纳的保证金的一定比例向卖方签发提货单，卖方根据提货单向买方交付对应金额的货物，买方销售货物后，将货款再缴存为保证金。

在三方协议中，一般来说，银行的主要义务是及时签发承兑汇票并按约定方式将其交给卖方，卖方的主要义务是根据银行签发的提货单发货，并在买方未及时销售或者回赎货物时，就保证金与承兑汇票之间的差额部分承担责任。银行为保障自身利益，往往还会约定卖方要将货物交给由其指定的当事人监管，并设定质押，从而涉及监管协议以及流动质押等问题。实践中，当事人还可能在前述基本交易模式基础上另行作出其他约定，只要不违反法律、行政法规的效力性强制性规定，这些约定应当认定有效。

一方当事人因保兑仓交易纠纷提起诉讼的，人民法院应当以保兑仓交易合同作为审理案件的基本依据，但买卖双方没有真实买卖关系的除外。

69.【无真实贸易背景的保兑仓交易】保兑仓交易以买卖双方有真实买卖关系为前提。双方无真实买卖关系的，该交易属于名为保兑仓交易实为借款合同，保兑仓交易因构成虚伪意思表示而无效，被隐藏的借款合同是当事人的真实意思表示，如不存在其他合同无效情形，应当认定有效。保兑仓交易认定为借款合同关系的，不影响卖方和银行之间担保关系的效力，卖方仍应当承担担保责任。

70.【保兑仓交易的合并审理】当事人就保兑仓交易中的不同法律关系的相对方分别或者同时向同一人民法院起诉的，人民法院可以根据民事诉讼法司法解释第221条的规定，合并审理。当事人未起诉某一方当事人的，人民法院可以依职权追加未参加诉讼的当事人为第三人，以便查明相关事实，正确认定责任。

《最高人民法院关于当前商事审判工作中的若干具体问题》（节选）

八、关于保兑仓纠纷案件的审理问题

保兑仓交易作为一种新类型融资担保交易，应用于大宗商品流通的

各个环节，形式多样。其基本交易模式为：卖方、买方和银行三方签订保兑仓合作协议；买方向银行申请开具银行承兑汇票；银行根据买方保证金缴存情况，向卖方发出发货指令；卖方按照银行发货指令向买方发货；卖方对银行承兑汇票敞口部分以货物回购作为担保。

除此之外，有的保兑仓合作协议还约定银行对货物有抵押权或质押权，或者卖方向银行承担连带保证责任；有的保兑仓交易模式还引入仓储方或物流企业来加强银行对货物的控制，或者引入担保方对银行承兑汇票垫款独立进行担保。目前，保兑仓合同纠纷主要涉及相关合同的效力、担保的性质及物权效果、权利义务的认定及审理程序等方面的问题。

对此，我们已着手进行调研。就几个主要问题，我先提一些意见。

第一，要依法认定保兑仓交易模式下相关合同的效力。

保兑仓交易模式中当事人间可能形成买卖、融资、担保、仓储、票据、资金监管类金融服务等多种法律关系。对这些交易关系，法院要严格依据《合同法》第五十二条的规定，从鼓励金融创新、促进商事交易、保障交易安全的角度，确认相关合同效力，不轻易认定合同无效。交易模式中某一环节合同无效，不宜当然否定其他环节交易的法律效力。

另一方面，保兑仓模式参与主体广、交易环节多、资金渠道长，很容易被作为虚假交易的一种手段规避金融监管，除非引发诉讼，日常监管很难发现。法院在具体案件审理中则比较容易发现这类情况。如果有充分的证据证明保兑仓交易并不真实，应视情形分别按照《合同法》第五十二条第（三）项或第（五）项的规定对相关合同效力予以否定。

第二，要正确适用《合同法》和《物权法》，确定各方当事人权利、义务和责任。

保兑仓虽然存在一般的交易模式，但在不同保兑仓交易中，当事人通过交易安排设计的各方权利义务可能不尽一致，此时应当遵循合同相对性，按照不同的法律关系和约定分别确定各方当事人的权利义务。当然，现实中各种约定的表述不尽相同，在审判中对理解有分歧的问题要按照《合同法》第一百二十五条第一款规定的解释方法来明确。

保兑仓交易模式的核心是融资担保，各方为保障银行贷款安全会作出退款承诺、回购担保、抵押质押等有担保功能的交易安排，在审理中要正确适用《合同法》《物权法》等相关法律规定，依法认定相关担保约定的效力，区分合同效力与物权效力，确定各方当事人的权利、义务和责任。

第三，要理顺审理程序，为认定保兑仓交易中当事人权利义务提供程序保障。

保兑仓交易下，不同法律关系中当事人发生的纠纷一般可以分别审理。但是，如果债权人同时向债务人、担保人、仓储方主张承担相应责任的，应一并进行审理，以便正确区分各自的权利和义务，依法认定各自的责任顺位，避免出现重复受偿；如果当事人分别向同一法院起诉的，按照《民事诉讼法》司法解释第二百二十一条的规定可以合并审理；如果案件的处理结果同保兑仓交易中的其他当事人有法律上利害关系，应根据《民事诉讼法》第五十六条的规定通知其作为第三人参加诉讼；如果保兑仓交易中的其他当事人参加诉讼有利于案件事实的查明，可依据《民事诉讼法》第七十二条及《民事诉讼法》司法解释第一百一十七条的规定通知其出庭作证。

《最高人民法院关于严禁随意止付信用证项下款项的通知》
法〔2003〕103号

各省、自治区、直辖市高级人民法院，各受理涉外商事案件的中级人民法院及各海事法院：

今年（2003年）以来，国际钢材市场价格大幅下跌。受其影响，我国国内部分钢材产品价格也呈下降趋势。进口成本与内销差价的急剧缩小直接影响了钢材进口商的商业利益。一些进口商遂要求银行寻找单据理由对外拒付，或者寻找一些非常牵强的所谓"欺诈"理由申请法院止付信用证项下款项。一些法院随意裁定止付所涉信用证项下的款项，已经对外造成了不良影响。为了维护我国法院和我国银行的国际形象，现通知如下：

1. 严格坚持信用证独立性原则。信用证是独立于基础交易的单据交易，只要受益人所提交的单据表面上符合信用证的要求，开证行就负有在规定的期限内付款的义务。信用证交易与基础交易属于两个不同的法律关系，一般情况下不得因为基础交易发生纠纷而裁定止付开证行所开立信用证项下的款项。

2. 严格坚持信用证欺诈例外原则适用的条件。只有在有充分的证据证明信用证项下存在欺诈，且银行在合理的时间内尚未对外付款的情况下，人民法院才可以根据开证申请人的请求，并在其提供担保的情况下裁定止付信用证项下款项。但如果信用证已经承兑并转让或者信用证已经议付，仍不得裁定止付。

各级人民法院应当对止付信用证项下款项高度重视，严禁在不符合条件的情况下随意裁定止付有关信用证项下款项，已经作出错误止付裁定的，相关人民法院应当立即予以纠正。

特此通知。

第三章　供应链金融科技相关法律规范

　　核心企业往往是一个行业的龙头企业，其供应链数据可能被识别为重要数据，受到以《数据安全法》《网络安全法》为代表的数据、网络安全相关法律规范的调整。数据、网络安全合规成为核心企业和供应链金融平台需要重视的领域。此外，作为供应链金融业务中的重要角色之一的金融机构及资金融出主体也应对金融数据安全予以重点关注。

　　目前，基于《数据安全法》和《网络安全法》形成的直接下位文件《网络数据安全管理条例（征求意见稿）》尚未生效，但是其与《数据安全法》和《网络安全法》的联系非常紧密，是数据合规审查时的重要参考依据，因此本书将其纳入正文。具体到金融领域，供应链金融平台也需遵守《金融信息服务管理规定》等相关规定，规范相关金融信息的业务。核心企业与数据相关的资产可能构成法律意义上的关键信息基础设施，在此基础上的供应链数据属于重要数据，因此核心企业应重点关注关键信息基础设施的相关规则，包括《关键信息基础设施安全保护条例》《网络安全审查办法》等。

　　从另一个角度看，供应链金融业务与电子票证关系密切，核验标准化电子票证的信息，规范电子票证的流转、交易流程，也是需要关注的重点。人民银行颁布的《电子商业汇票系统数字证书管理办法》对构建电子票据业务系统有较强的借鉴意义，相关证明文件的传递、公示流程也可参考人民银行下属征信中心颁布的《动产融资统一登记公示系统操作规则》。

最后，作为供应链金融底层技术之一的区块链具有不可篡改、可追溯等特征，是传递核心企业信用的可靠技术，能起到保障交易信息、票证内容和供应链数据真实的作用，还可通过智能合约减少履约风险。国家在支持供应链金融相关政策中，着重强调区块链技术的重要性，既有的供应链金融平台也有成功运用区块链技术的案例。《区块链信息服务管理规定》是目前与区块链业务直接相关的文件，最高人民法院也颁布了多个司法解释和典型案例肯定了区块链证据的效力，为区块链技术的运用提供了司法支持。

除了以上领域的规范之外，搭建供应链金融系统平台本身也涉及计算机软件相关的法律规范与线上运营时所需遵守的相关规则。由于篇幅所限，这部分规范以及数据与网络安全、电子签章与数字证书识别和区块链领域中相对分散或者效力层级较低的规范，均列于"附录"一章，供读者参阅。

※ 法律 ※

《中华人民共和国数据安全法》

中华人民共和国主席令第 84 号

第一章 总 则

第一条 为了规范数据处理活动，保障数据安全，促进数据开发利用，保护个人、组织的合法权益，维护国家主权、安全和发展利益，制定本法。

第二条 在中华人民共和国境内开展数据处理活动及其安全监管，适用本法。

在中华人民共和国境外开展数据处理活动，损害中华人民共和国国家安全、公共利益或者公民、组织合法权益的，依法追究法律责任。

第三条 本法所称数据，是指任何以电子或者其他方式对信息的记录。

数据处理，包括数据的收集、存储、使用、加工、传输、提供、公开等。

数据安全，是指通过采取必要措施，确保数据处于有效保护和合法利用的状态，以及具备保障持续安全状态的能力。

第四条 维护数据安全，应当坚持总体国家安全观，建立健全数据安全治理体系，提高数据安全保障能力。

第五条 中央国家安全领导机构负责国家数据安全工作的决策和议事协调，研究制定、指导实施国家数据安全战略和有关重大方针政策，统筹协调国家数据安全的重大事项和重要工作，建立国家数据安全工作协调机制。

第六条 各地区、各部门对本地区、本部门工作中收集和产生的数据及数据安全负责。

工业、电信、交通、金融、自然资源、卫生健康、教育、科技等主管部门承担本行业、本领域数据安全监管职责。

公安机关、国家安全机关等依照本法和有关法律、行政法规的规定，在各自职责范围内承担数据安全监管职责。

国家网信部门依照本法和有关法律、行政法规的规定，负责统筹协调网络数据安全和相关监管工作。

第七条 国家保护个人、组织与数据有关的权益，鼓励数据依法合理有效利用，保障数据依法有序自由流动，促进以数据为关键要素的数字经济发展。

第八条 开展数据处理活动，应当遵守法律、法规，尊重社会公德和伦理，遵守商业道德和职业道德，诚实守信，履行数据安全保护义务，承担社会责任，不得危害国家安全、公共利益，不得损害个人、组织的合法权益。

第九条 国家支持开展数据安全知识宣传普及，提高全社会的数据安全保护意识和水平，推动有关部门、行业组织、科研机构、企业、个人等共同参与数据安全保护工作，形成全社会共同维护数据安全和促进发展的良好环境。

第十条 相关行业组织按照章程，依法制定数据安全行为规范和团体标准，加强行业自律，指导会员加强数据安全保护，提高数据安全保护水平，促进行业健康发展。

第十一条 国家积极开展数据安全治理、数据开发利用等领域的国际交流与合作，参与数据安全相关国际规则和标准的制定，促进数据跨境安全、自由流动。

第十二条 任何个人、组织都有权对违反本法规定的行为向有关主管部门投诉、举报。收到投诉、举报的部门应当及时依法处理。

有关主管部门应当对投诉、举报人的相关信息予以保密，保护投诉、举报人的合法权益。

第二章　数据安全与发展

第十三条 国家统筹发展和安全，坚持以数据开发利用和产业发展促进数据安全，以数据安全保障数据开发利用和产业发展。

第十四条 国家实施大数据战略，推进数据基础设施建设，鼓励和支持数据在各行业、各领域的创新应用。

省级以上人民政府应当将数字经济发展纳入本级国民经济和社会发展规划，并根据需要制定数字经济发展规划。

第十五条 国家支持开发利用数据提升公共服务的智能化水平。提供智能化公共服务，应当充分考虑老年人、残疾人的需求，避免对老年人、残疾人的日常生活造成障碍。

第十六条 国家支持数据开发利用和数据安全技术研究，鼓励数据开发利用和数据安全等领域的技术推广和商业创新，培育、发展数据开发利用和数据安全产品、产业体系。

第十七条 国家推进数据开发利用技术和数据安全标准体系建设。国务院标准化行政主管部门和国务院有关部门根据各自的职责，组织制定并适时修订有关数据开发利用技术、产品和数据安全相关标准。国家支持企业、社会团体和教育、科研机构等参与标准制定。

第十八条 国家促进数据安全检测评估、认证等服务的发展，支持数据安全检测评估、认证等专业机构依法开展服务活动。

国家支持有关部门、行业组织、企业、教育和科研机构、有关专业机构等在数据安全风险评估、防范、处置等方面开展协作。

第十九条 国家建立健全数据交易管理制度，规范数据交易行为，培育数据交易市场。

第二十条 国家支持教育、科研机构和企业等开展数据开发利用技术和数据安全相关教育和培训，采取多种方式培养数据开发利用技术和数据安全专业人才，促进人才交流。

第三章 数据安全制度

第二十一条 国家建立数据分类分级保护制度，根据数据在经济社会发展中的重要程度，以及一旦遭到篡改、破坏、泄露或者非法获取、非法利用，对国家安全、公共利益或者个人、组织合法权益造成的危害程度，对数据实行分类分级保护。国家数据安全工作协调机制统筹协调有关部门制定重要数据目录，加强对重要数据的保护。

关系国家安全、国民经济命脉、重要民生、重大公共利益等数据属于国家核心数据，实行更加严格的管理制度。

各地区、各部门应当按照数据分类分级保护制度，确定本地区、本部门以及相关行业、领域的重要数据具体目录，对列入目录的数据进行重点保护。

第二十二条　国家建立集中统一、高效权威的数据安全风险评估、报告、信息共享、监测预警机制。国家数据安全工作协调机制统筹协调有关部门加强数据安全风险信息的获取、分析、研判、预警工作。

第二十三条　国家建立数据安全应急处置机制。发生数据安全事件，有关主管部门应当依法启动应急预案，采取相应的应急处置措施，防止危害扩大，消除安全隐患，并及时向社会发布与公众有关的警示信息。

第二十四条　国家建立数据安全审查制度，对影响或者可能影响国家安全的数据处理活动进行国家安全审查。

依法作出的安全审查决定为最终决定。

第二十五条　国家对与维护国家安全和利益、履行国际义务相关的属于管制物项的数据依法实施出口管制。

第二十六条　任何国家或者地区在与数据和数据开发利用技术等有关的投资、贸易等方面对中华人民共和国采取歧视性的禁止、限制或者其他类似措施的，中华人民共和国可以根据实际情况对该国家或者地区对等采取措施。

第四章　数据安全保护义务

第二十七条　开展数据处理活动应当依照法律、法规的规定，建立健全全流程数据安全管理制度，组织开展数据安全教育培训，采取相应的技术措施和其他必要措施，保障数据安全。利用互联网等信息网络开展数据处理活动，应当在网络安全等级保护制度的基础上，履行上述数据安全保护义务。

重要数据的处理者应当明确数据安全负责人和管理机构，落实数据安全保护责任。

第二十八条　开展数据处理活动以及研究开发数据新技术，应当有利于促进经济社会发展，增进人民福祉，符合社会公德和伦理。

第二十九条　开展数据处理活动应当加强风险监测，发现数据安全缺陷、漏洞等风险时，应当立即采取补救措施；发生数据安全事件时，应当立即采取处置措施，按照规定及时告知用户并向有关主管部门报告。

第三十条 重要数据的处理者应当按照规定对其数据处理活动定期开展风险评估，并向有关主管部门报送风险评估报告。

风险评估报告应当包括处理的重要数据的种类、数量，开展数据处理活动的情况，面临的数据安全风险及其应对措施等。

第三十一条 关键信息基础设施的运营者在中华人民共和国境内运营中收集和产生的重要数据的出境安全管理，适用《中华人民共和国网络安全法》的规定；其他数据处理者在中华人民共和国境内运营中收集和产生的重要数据的出境安全管理办法，由国家网信部门会同国务院有关部门制定。

第三十二条 任何组织、个人收集数据，应当采取合法、正当的方式，不得窃取或者以其他非法方式获取数据。

法律、行政法规对收集、使用数据的目的、范围有规定的，应当在法律、行政法规规定的目的和范围内收集、使用数据。

第三十三条 从事数据交易中介服务的机构提供服务，应当要求数据提供方说明数据来源，审核交易双方的身份，并留存审核、交易记录。

第三十四条 法律、行政法规规定提供数据处理相关服务应当取得行政许可的，服务提供者应当依法取得许可。

第三十五条 公安机关、国家安全机关因依法维护国家安全或者侦查犯罪的需要调取数据，应当按照国家有关规定，经过严格的批准手续，依法进行，有关组织、个人应当予以配合。

第三十六条 中华人民共和国主管机关根据有关法律和中华人民共和国缔结或者参加的国际条约、协定，或者按照平等互惠原则，处理外国司法或者执法机构关于提供数据的请求。非经中华人民共和国主管机关批准，境内的组织、个人不得向外国司法或者执法机构提供存储于中华人民共和国境内的数据。

第五章 政务数据安全与开放

第三十七条 国家大力推进电子政务建设，提高政务数据的科学性、准确性、时效性，提升运用数据服务经济社会发展的能力。

第三十八条 国家机关为履行法定职责的需要收集、使用数据，应当在其履行法定职责的范围内依照法律、行政法规规定的条件和程序进行；对在履行职责中知悉的个人隐私、个人信息、商业秘密、保密商务信息等数据应当依法予以保密，不得泄露或者非法向他人提供。

第三十九条 国家机关应当依照法律、行政法规的规定，建立健全数据安全管理制度，落实数据安全保护责任，保障政务数据安全。

第四十条 国家机关委托他人建设、维护电子政务系统，存储、加工政务数据，应当经过严格的批准程序，并应当监督受托方履行相应的数据安全保护义务。受托方应当依照法律、法规的规定和合同约定履行数据安全保护义务，不得擅自留存、使用、泄露或者向他人提供政务数据。

第四十一条 国家机关应当遵循公正、公平、便民的原则，按照规定及时、准确地公开政务数据。依法不予公开的除外。

第四十二条 国家制定政务数据开放目录，构建统一规范、互联互通、安全可控的政务数据开放平台，推动政务数据开放利用。

第四十三条 法律、法规授权的具有管理公共事务职能的组织为履行法定职责开展数据处理活动，适用本章规定。

第六章 法律责任

第四十四条 有关主管部门在履行数据安全监管职责中，发现数据处理活动存在较大安全风险的，可以按照规定的权限和程序对有关组织、个人进行约谈，并要求有关组织、个人采取措施进行整改，消除隐患。

第四十五条 开展数据处理活动的组织、个人不履行本法第二十七条、第二十九条、第三十条规定的数据安全保护义务的，由有关主管部门责令改正，给予警告，可以并处五万元以上五十万元以下罚款，对直接负责的主管人员和其他直接责任人员可以处一万元以上十万元以下罚款；拒不改正或者造成大量数据泄露等严重后果的，处五十万元以上二百万元以下罚款，并可以责令暂停相关业务、停业整顿、吊销相关业务许可证或者吊销营业执照，对直接负责的主管人员和其他直接责任人员处五万元以上二十万元以下罚款。

违反国家核心数据管理制度，危害国家主权、安全和发展利益的，由有关主管部门处二百万元以上一千万元以下罚款，并根据情况责令暂停相关业务、停业整顿、吊销相关业务许可证或者吊销营业执照；构成犯罪的，依法追究刑事责任。

第四十六条 违反本法第三十一条规定，向境外提供重要数据的，由有关主管部门责令改正，给予警告，可以并处十万元以上一百万元以下罚款，对直接负责的主管人员和其他直接责任人员可以处一万元以上十万元以下罚款；情节严重的，处一百万元以上一千万元以下罚款，并可以责令暂停相关业务、停业整顿、吊销相关业务许可证或者吊销营业执照，对直接负责的主管人员和其他直接责任人员处十万元以上一百万元以下罚款。

第四十七条 从事数据交易中介服务的机构未履行本法第三十三条规定的义务的，由有关主管部门责令改正，没收违法所得，处违法所得一倍以上十倍以下罚款，没有违法所得或者违法所得不足十万元的，处十万元以上一百万元以下罚款，并可以责令暂停相关业务、停业整顿、吊销相关业务许可证或者吊销营业执照；对直接负责的主管人员和其他直接责任人员处一万元以上十万元以下罚款。

第四十八条 违反本法第三十五条规定，拒不配合数据调取的，由有关主管部门责令改正，给予警告，并处五万元以上五十万元以下罚款，对直接负责的主管人员和其他直接责任人员处一万元以上十万元以下罚款。

违反本法第三十六条规定，未经主管机关批准向外国司法或者执法机构提供数据的，由有关主管部门给予警告，可以并处十万元以上一百万元以下罚款，对直接负责的主管人员和其他直接责任人员可以处一万元以上十万元以下罚款；造成严重后果的，处一百万元以上五百万元以下罚款，并可以责令暂停相关业务、停业整顿、吊销相关业务许可证或者吊销营业执照，对直接负责的主管人员和其他直接责任人员处五万元以上五十万元以下罚款。

第四十九条 国家机关不履行本法规定的数据安全保护义务的，对直接负责的主管人员和其他直接责任人员依法给予处分。

第五十条 履行数据安全监管职责的国家工作人员玩忽职守、滥用职权、徇私舞弊的，依法给予处分。

第五十一条 窃取或者以其他非法方式获取数据，开展数据处理活动排除、限制竞争，或者损害个人、组织合法权益的，依照有关法律、行政法规的规定处罚。

第五十二条 违反本法规定，给他人造成损害的，依法承担民事责任。

违反本法规定，构成违反治安管理行为的，依法给予治安管理处罚；构成犯罪的，依法追究刑事责任。

第七章 附 则

第五十三条 开展涉及国家秘密的数据处理活动，适用《中华人民共和国保守国家秘密法》等法律、行政法规的规定。

在统计、档案工作中开展数据处理活动，开展涉及个人信息的数据处理活动，还应当遵守有关法律、行政法规的规定。

第五十四条 军事数据安全保护的办法，由中央军事委员会依据本法另行制定。

第五十五条 本法自 2021 年 9 月 1 日起施行。

《中华人民共和国网络安全法》
中华人民共和国主席令（第 53 号）

第一章 总 则

第一条 为了保障网络安全，维护网络空间主权和国家安全、社会公共利益，保护公民、法人和其他组织的合法权益，促进经济社会信息化健康发展，制定本法。

第二条 在中华人民共和国境内建设、运营、维护和使用网络，以及网络安全的监督管理，适用本法。

第三条 国家坚持网络安全与信息化发展并重，遵循积极利用、科学发展、依法管理、确保安全的方针，推进网络基础设施建设和互联互通，鼓励网络技术创新和应用，支持培养网络安全人才，建立健全网络安全保障体系，提高网络安全保护能力。

第四条 国家制定并不断完善网络安全战略，明确保障网络安全的基本要求和主要目标，提出重点领域的网络安全政策、工作任务和措施。

第五条 国家采取措施，监测、防御、处置来源于中华人民共和国境内外的网络安全风险和威胁，保护关键信息基础设施免受攻击、侵入、干扰和破坏，依法惩治网络违法犯罪活动，维护网络空间安全和秩序。

第六条 国家倡导诚实守信、健康文明的网络行为，推动传播社会主义核心价值观，采取措施提高全社会的网络安全意识和水平，形成全社会共同参与促进网络安全的良好环境。

第七条 国家积极开展网络空间治理、网络技术研发和标准制定、打击网络违法犯罪等方面的国际交流与合作，推动构建和平、安全、开放、合作的网络空间，建立多边、民主、透明的网络治理体系。

第八条　国家网信部门负责统筹协调网络安全工作和相关监督管理工作。国务院电信主管部门、公安部门和其他有关机关依照本法和有关法律、行政法规的规定，在各自职责范围内负责网络安全保护和监督管理工作。

县级以上地方人民政府有关部门的网络安全保护和监督管理职责，按照国家有关规定确定。

第九条　网络运营者开展经营和服务活动，必须遵守法律、行政法规，尊重社会公德，遵守商业道德，诚实信用，履行网络安全保护义务，接受政府和社会的监督，承担社会责任。

第十条　建设、运营网络或者通过网络提供服务，应当依照法律、行政法规的规定和国家标准的强制性要求，采取技术措施和其他必要措施，保障网络安全、稳定运行，有效应对网络安全事件，防范网络违法犯罪活动，维护网络数据的完整性、保密性和可用性。

第十一条　网络相关行业组织按照章程，加强行业自律，制定网络安全行为规范，指导会员加强网络安全保护，提高网络安全保护水平，促进行业健康发展。

第十二条　国家保护公民、法人和其他组织依法使用网络的权利，促进网络接入普及，提升网络服务水平，为社会提供安全、便利的网络服务，保障网络信息依法有序自由流动。

任何个人和组织使用网络应当遵守宪法法律，遵守公共秩序，尊重社会公德，不得危害网络安全，不得利用网络从事危害国家安全、荣誉和利益，煽动颠覆国家政权、推翻社会主义制度，煽动分裂国家、破坏国家统一，宣扬恐怖主义、极端主义，宣扬民族仇恨、民族歧视，传播暴力、淫秽色情信息，编造、传播虚假信息扰乱经济秩序和社会秩序，以及侵害他人名誉、隐私、知识产权和其他合法权益等活动。

第十三条　国家支持研究开发有利于未成年人健康成长的网络产品

和服务，依法惩治利用网络从事危害未成年人身心健康的活动，为未成年人提供安全、健康的网络环境。

第十四条 任何个人和组织有权对危害网络安全的行为向网信、电信、公安等部门举报。收到举报的部门应当及时依法作出处理；不属于本部门职责的，应当及时移送有权处理的部门。

有关部门应当对举报人的相关信息予以保密，保护举报人的合法权益。

第二章 网络安全支持与促进

第十五条 国家建立和完善网络安全标准体系。国务院标准化行政主管部门和国务院其他有关部门根据各自的职责，组织制定并适时修订有关网络安全管理以及网络产品、服务和运行安全的国家标准、行业标准。

国家支持企业、研究机构、高等学校、网络相关行业组织参与网络安全国家标准、行业标准的制定。

第十六条 国务院和省、自治区、直辖市人民政府应当统筹规划，加大投入，扶持重点网络安全技术产业和项目，支持网络安全技术的研究开发和应用，推广安全可信的网络产品和服务，保护网络技术知识产权，支持企业、研究机构和高等学校等参与国家网络安全技术创新项目。

第十七条 国家推进网络安全社会化服务体系建设，鼓励有关企业、机构开展网络安全认证、检测和风险评估等安全服务。

第十八条 国家鼓励开发网络数据安全保护和利用技术，促进公共数据资源开放，推动技术创新和经济社会发展。

国家支持创新网络安全管理方式，运用网络新技术，提升网络安全保护水平。

第十九条 各级人民政府及其有关部门应当组织开展经常性的网络安全宣传教育，并指导、督促有关单位做好网络安全宣传教育工作。

大众传播媒介应当有针对性地面向社会进行网络安全宣传教育。

第二十条 国家支持企业和高等学校、职业学校等教育培训机构开展网络安全相关教育与培训，采取多种方式培养网络安全人才，促进网络安全人才交流。

第三章 网络运行安全
第一节 一般规定

第二十一条 国家实行网络安全等级保护制度。网络运营者应当按照网络安全等级保护制度的要求，履行下列安全保护义务，保障网络免受干扰、破坏或者未经授权的访问，防止网络数据泄露或者被窃取、篡改：

（一）制定内部安全管理制度和操作规程，确定网络安全负责人，落实网络安全保护责任；

（二）采取防范计算机病毒和网络攻击、网络侵入等危害网络安全行为的技术措施；

（三）采取监测、记录网络运行状态、网络安全事件的技术措施，并按照规定留存相关的网络日志不少于六个月；

（四）采取数据分类、重要数据备份和加密等措施；

（五）法律、行政法规规定的其他义务。

第二十二条 网络产品、服务应当符合相关国家标准的强制性要求。网络产品、服务的提供者不得设置恶意程序；发现其网络产品、服务存在安全缺陷、漏洞等风险时，应当立即采取补救措施，按照规定及时告知用户并向有关主管部门报告。

网络产品、服务的提供者应当为其产品、服务持续提供安全维护；在规定或者当事人约定的期限内，不得终止提供安全维护。

网络产品、服务具有收集用户信息功能的，其提供者应当向用户明示并取得同意；涉及用户个人信息的，还应当遵守本法和有关法律、行政法规关于个人信息保护的规定。

第二十三条 网络关键设备和网络安全专用产品应当按照相关国家标准的强制性要求，由具备资格的机构安全认证合格或者安全检测符合要求后，方可销售或者提供。国家网信部门会同国务院有关部门制定、公布网络关键设备和网络安全专用产品目录，并推动安全认证和安全检测结果互认，避免重复认证、检测。

第二十四条 网络运营者为用户办理网络接入、域名注册服务，办理固定电话、移动电话等入网手续，或者为用户提供信息发布、即时通讯等服务，在与用户签订协议或者确认提供服务时，应当要求用户提供真实身份信息。用户不提供真实身份信息的，网络运营者不得为其提供相关服务。

国家实施网络可信身份战略，支持研究开发安全、方便的电子身份认证技术，推动不同电子身份认证之间的互认。

第二十五条 网络运营者应当制定网络安全事件应急预案，及时处置系统漏洞、计算机病毒、网络攻击、网络侵入等安全风险；在发生危害网络安全的事件时，立即启动应急预案，采取相应的补救措施，并按照规定向有关主管部门报告。

第二十六条 开展网络安全认证、检测、风险评估等活动，向社会发布系统漏洞、计算机病毒、网络攻击、网络侵入等网络安全信息，应当遵守国家有关规定。

第二十七条 任何个人和组织不得从事非法侵入他人网络、干扰他人网络正常功能、窃取网络数据等危害网络安全的活动；不得提供专门用于从事侵入网络、干扰网络正常功能及防护措施、窃取网络数据等危害网络安全活动的程序、工具；明知他人从事危害网络安全的活动的，不得为其提供技术支持、广告推广、支付结算等帮助。

第二十八条 网络运营者应当为公安机关、国家安全机关依法维护国家安全和侦查犯罪的活动提供技术支持和协助。

第二十九条 国家支持网络运营者之间在网络安全信息收集、分析、通报和应急处置等方面进行合作，提高网络运营者的安全保障能力。

有关行业组织建立健全本行业的网络安全保护规范和协作机制，加强对网络安全风险的分析评估，定期向会员进行风险警示，支持、协助会员应对网络安全风险。

第三十条 网信部门和有关部门在履行网络安全保护职责中获取的信息，只能用于维护网络安全的需要，不得用于其他用途。

第二节 关键信息基础设施的运行安全

第三十一条 国家对公共通信和信息服务、能源、交通、水利、金融、公共服务、电子政务等重要行业和领域，以及其他一旦遭到破坏、丧失功能或者数据泄露，可能严重危害国家安全、国计民生、公共利益的关键信息基础设施，在网络安全等级保护制度的基础上，实行重点保护。关键信息基础设施的具体范围和安全保护办法由国务院制定。

国家鼓励关键信息基础设施以外的网络运营者自愿参与关键信息基础设施保护体系。

第三十二条 按照国务院规定的职责分工，负责关键信息基础设施安全保护工作的部门分别编制并组织实施本行业、本领域的关键信息基础设施安全规划，指导和监督关键信息基础设施运行安全保护工作。

第三十三条 建设关键信息基础设施应当确保其具有支持业务稳定、持续运行的性能，并保证安全技术措施同步规划、同步建设、同步使用。

第三十四条 除本法第二十一条的规定外，关键信息基础设施的运营者还应当履行下列安全保护义务：

（一）设置专门安全管理机构和安全管理负责人，并对该负责人和关键岗位的人员进行安全背景审查；

（二）定期对从业人员进行网络安全教育、技术培训和技能考核；

（三）对重要系统和数据库进行容灾备份；

（四）制定网络安全事件应急预案，并定期进行演练；

（五）法律、行政法规规定的其他义务。

第三十五条 关键信息基础设施的运营者采购网络产品和服务，可能影响国家安全的，应当通过国家网信部门会同国务院有关部门组织的国家安全审查。

第三十六条 关键信息基础设施的运营者采购网络产品和服务，应当按照规定与提供者签订安全保密协议，明确安全和保密义务与责任。

第三十七条 关键信息基础设施的运营者在中华人民共和国境内运营中收集和产生的个人信息和重要数据应当在境内存储。因业务需要，确需向境外提供的，应当按照国家网信部门会同国务院有关部门制定的办法进行安全评估；法律、行政法规另有规定的，依照其规定。

第三十八条 关键信息基础设施的运营者应当自行或者委托网络安全服务机构对其网络的安全性和可能存在的风险每年至少进行一次检测评估，并将检测评估情况和改进措施报送相关负责关键信息基础设施安全保护工作的部门。

第三十九条 国家网信部门应当统筹协调有关部门对关键信息基础设施的安全保护采取下列措施：

（一）对关键信息基础设施的安全风险进行抽查检测，提出改进措施，必要时可以委托网络安全服务机构对网络存在的安全风险进行检测评估；

（二）定期组织关键信息基础设施的运营者进行网络安全应急演练，提高应对网络安全事件的水平和协同配合能力；

（三）促进有关部门、关键信息基础设施的运营者以及有关研究机构、网络安全服务机构等之间的网络安全信息共享；

（四）对网络安全事件的应急处置与网络功能的恢复等，提供技术支持和协助。

第四章　网络信息安全

第四十条　网络运营者应当对其收集的用户信息严格保密，并建立健全用户信息保护制度。

第四十一条　网络运营者收集、使用个人信息，应当遵循合法、正当、必要的原则，公开收集、使用规则，明示收集、使用信息的目的、方式和范围，并经被收集者同意。

网络运营者不得收集与其提供的服务无关的个人信息，不得违反法律、行政法规的规定和双方的约定收集、使用个人信息，并应当依照法律、行政法规的规定和与用户的约定，处理其保存的个人信息。

第四十二条　网络运营者不得泄露、篡改、毁损其收集的个人信息；未经被收集者同意，不得向他人提供个人信息。但是，经过处理无法识别特定个人且不能复原的除外。

网络运营者应当采取技术措施和其他必要措施，确保其收集的个人信息安全，防止信息泄露、毁损、丢失。在发生或者可能发生个人信息泄露、毁损、丢失的情况时，应当立即采取补救措施，按照规定及时告知用户并向有关主管部门报告。

第四十三条　个人发现网络运营者违反法律、行政法规的规定或者双方的约定收集、使用其个人信息的，有权要求网络运营者删除其个人信息；发现网络运营者收集、存储的其个人信息有错误的，有权要求网络运营者予以更正。网络运营者应当采取措施予以删除或者更正。

第四十四条　任何个人和组织不得窃取或者以其他非法方式获取个人信息，不得非法出售或者非法向他人提供个人信息。

第四十五条　依法负有网络安全监督管理职责的部门及其工作人员，必须对在履行职责中知悉的个人信息、隐私和商业秘密严格保密，不得泄露、出售或者非法向他人提供。

第四十六条　任何个人和组织应当对其使用网络的行为负责，不得设立用于实施诈骗，传授犯罪方法，制作或者销售违禁物品、管制物品等违法犯罪活动的网站、通讯群组，不得利用网络发布涉及实施诈骗，制作或者销售违禁物品、管制物品以及其他违法犯罪活动的信息。

第四十七条 网络运营者应当加强对其用户发布的信息的管理，发现法律、行政法规禁止发布或者传输的信息的，应当立即停止传输该信息，采取消除等处置措施，防止信息扩散，保存有关记录，并向有关主管部门报告。

第四十八条 任何个人和组织发送的电子信息、提供的应用软件，不得设置恶意程序，不得含有法律、行政法规禁止发布或者传输的信息。

电子信息发送服务提供者和应用软件下载服务提供者，应当履行安全管理义务，知道其用户有前款规定行为的，应当停止提供服务，采取消除等处置措施，保存有关记录，并向有关主管部门报告。

第四十九条 网络运营者应当建立网络信息安全投诉、举报制度，公布投诉、举报方式等信息，及时受理并处理有关网络信息安全的投诉和举报。

网络运营者对网信部门和有关部门依法实施的监督检查，应当予以配合。

第五十条 国家网信部门和有关部门依法履行网络信息安全监督管理职责，发现法律、行政法规禁止发布或者传输的信息的，应当要求网络运营者停止传输，采取消除等处置措施，保存有关记录；对来源于中华人民共和国境外的上述信息，应当通知有关机构采取技术措施和其他必要措施阻断传播。

第五章 监测预警与应急处置

第五十一条 国家建立网络安全监测预警和信息通报制度。国家网信部门应当统筹协调有关部门加强网络安全信息收集、分析和通报工作，按照规定统一发布网络安全监测预警信息。

第五十二条　负责关键信息基础设施安全保护工作的部门，应当建立健全本行业、本领域的网络安全监测预警和信息通报制度，并按照规定报送网络安全监测预警信息。

第五十三条　国家网信部门协调有关部门建立健全网络安全风险评估和应急工作机制，制定网络安全事件应急预案，并定期组织演练。

负责关键信息基础设施安全保护工作的部门应当制定本行业、本领域的网络安全事件应急预案，并定期组织演练。

网络安全事件应急预案应当按照事件发生后的危害程度、影响范围等因素对网络安全事件进行分级，并规定相应的应急处置措施。

第五十四条　网络安全事件发生的风险增大时，省级以上人民政府有关部门应当按照规定的权限和程序，并根据网络安全风险的特点和可能造成的危害，采取下列措施：

（一）要求有关部门、机构和人员及时收集、报告有关信息，加强对网络安全风险的监测；

（二）组织有关部门、机构和专业人员，对网络安全风险信息进行分析评估，预测事件发生的可能性、影响范围和危害程度；

（三）向社会发布网络安全风险预警，发布避免、减轻危害的措施。

第五十五条　发生网络安全事件，应当立即启动网络安全事件应急预案，对网络安全事件进行调查和评估，要求网络运营者采取技术措施和其他必要措施，消除安全隐患，防止危害扩大，并及时向社会发布与公众有关的警示信息。

第五十六条　省级以上人民政府有关部门在履行网络安全监督管理职责中，发现网络存在较大安全风险或者发生安全事件的，可以按照规定的权限和程序对该网络的运营者的法定代表人或者主要负责人进行约谈。网络运营者应当按照要求采取措施，进行整改，消除隐患。

第五十七条　因网络安全事件，发生突发事件或者生产安全事故的，应当依照《中华人民共和国突发事件应对法》、《中华人民共和国安全生产法》等有关法律、行政法规的规定处置。

第五十八条 因维护国家安全和社会公共秩序，处置重大突发社会安全事件的需要，经国务院决定或者批准，可以在特定区域对网络通信采取限制等临时措施。

第六章 法律责任

第五十九条 网络运营者不履行本法第二十一条、第二十五条规定的网络安全保护义务的，由有关主管部门责令改正，给予警告；拒不改正或者导致危害网络安全等后果的，处一万元以上十万元以下罚款，对直接负责的主管人员处五千元以上五万元以下罚款。

关键信息基础设施的运营者不履行本法第三十三条、第三十四条、第三十六条、第三十八条规定的网络安全保护义务的，由有关主管部门责令改正，给予警告；拒不改正或者导致危害网络安全等后果的，处十万元以上一百万元以下罚款，对直接负责的主管人员处一万元以上十万元以下罚款。

第六十条 违反本法第二十二条第一款、第二款和第四十八条第一款规定，有下列行为之一的，由有关主管部门责令改正，给予警告；拒不改正或者导致危害网络安全等后果的，处五万元以上五十万元以下罚款，对直接负责的主管人员处一万元以上十万元以下罚款：

（一）设置恶意程序的；

（二）对其产品、服务存在的安全缺陷、漏洞等风险未立即采取补救措施，或者未按照规定及时告知用户并向有关主管部门报告的；

（三）擅自终止为其产品、服务提供安全维护的。

第六十一条 网络运营者违反本法第二十四条第一款规定，未要求用户提供真实身份信息，或者对不提供真实身份信息的用户提供相关服务的，由有关主管部门责令改正；拒不改正或者情节严重的，处五万元以上五十万元以下罚款，并可以由有关主管部门责令暂停相关业务、停业整顿、关闭网站、吊销相关业务许可证或者吊销营业执照，对直接负责的主管人员和其他直接责任人员处一万元以上十万元以下罚款。

第六十二条 违反本法第二十六条规定，开展网络安全认证、检测、风险评估等活动，或者向社会发布系统漏洞、计算机病毒、网络攻击、网络侵入等网络安全信息的，由有关主管部门责令改正，给予警告；拒不改正或者情节严重的，处一万元以上十万元以下罚款，并可以由有关主管部门责令暂停相关业务、停业整顿、关闭网站、吊销相关业务许可证或者吊销营业执照，对直接负责的主管人员和其他直接责任人员处五千元以上五万元以下罚款。

第六十三条 违反本法第二十七条规定，从事危害网络安全的活动，或者提供专门用于从事危害网络安全活动的程序、工具，或者为他人从事危害网络安全的活动提供技术支持、广告推广、支付结算等帮助，尚不构成犯罪的，由公安机关没收违法所得，处五日以下拘留，可以并处五万元以上五十万元以下罚款；情节较重的，处五日以上十五日以下拘留，可以并处十万元以上一百万元以下罚款。

单位有前款行为的，由公安机关没收违法所得，处十万元以上一百万元以下罚款，并对直接负责的主管人员和其他直接责任人员依照前款规定处罚。

违反本法第二十七条规定，受到治安管理处罚的人员，五年内不得从事网络安全管理和网络运营关键岗位的工作；受到刑事处罚的人员，终身不得从事网络安全管理和网络运营关键岗位的工作。

第六十四条 网络运营者、网络产品或者服务的提供者违反本法第二十二条第三款、第四十一条至第四十三条规定，侵害个人信息依法得到保护的权利的，由有关主管部门责令改正，可以根据情节单处或者并处警告、没收违法所得、处违法所得一倍以上十倍以下罚款，没有违法所得的，处一百万元以下罚款，对直接负责的主管人员和其他直接责任人员处一万元以上十万元以下罚款；情节严重的，并可以责令暂停相关业务、停业整顿、关闭网站、吊销相关业务许可证或者吊销营业执照。

违反本法第四十四条规定，窃取或者以其他非法方式获取、非法出售或者非法向他人提供个人信息，尚不构成犯罪的，由公安机关没收违法所得，并处违法所得一倍以上十倍以下罚款，没有违法所得的，处一百万元以下罚款。

第六十五条 关键信息基础设施的运营者违反本法第三十五条规定，使用未经安全审查或者安全审查未通过的网络产品或者服务的，由有关主管部门责令停止使用，处采购金额一倍以上十倍以下罚款；对直接负责的主管人员和其他直接责任人员处一万元以上十万元以下罚款。

第六十六条 关键信息基础设施的运营者违反本法第三十七条规定，在境外存储网络数据，或者向境外提供网络数据的，由有关主管部门责令改正，给予警告，没收违法所得，处五万元以上五十万元以下罚款，并可以责令暂停相关业务、停业整顿、关闭网站、吊销相关业务许可证或者吊销营业执照；对直接负责的主管人员和其他直接责任人员处一万元以上十万元以下罚款。

第六十七条 违反本法第四十六条规定，设立用于实施违法犯罪活动的网站、通讯群组，或者利用网络发布涉及实施违法犯罪活动的信息，尚不构成犯罪的，由公安机关处五日以下拘留，可以并处一万元以上十万元以下罚款；情节较重的，处五日以上十五日以下拘留，可以并处五万元以上五十万元以下罚款。关闭用于实施违法犯罪活动的网站、通讯群组。

单位有前款行为的，由公安机关处十万元以上五十万元以下罚款，并对直接负责的主管人员和其他直接责任人员依照前款规定处罚。

第六十八条 网络运营者违反本法第四十七条规定，对法律、行政法规禁止发布或者传输的信息未停止传输、采取消除等处置措施、保存有关记录的，由有关主管部门责令改正，给予警告，没收违法所得；拒不改正或者情节严重的，处十万元以上五十万元以下罚款，并可以责令暂停相关业务、停业整顿、关闭网站、吊销相关业务许可证或者吊销营业执照，对直接负责的主管人员和其他直接责任人员处一万元以上十万元以下罚款。

电子信息发送服务提供者、应用软件下载服务提供者，不履行本法第四十八条第二款规定的安全管理义务的，依照前款规定处罚。

第六十九条 网络运营者违反本法规定，有下列行为之一的，由有关主管部门责令改正；拒不改正或者情节严重的，处五万元以上五十万元以下罚款，对直接负责的主管人员和其他直接责任人员，处一万元以上十万元以下罚款：

（一）不按照有关部门的要求对法律、行政法规禁止发布或者传输的信息，采取停止传输、消除等处置措施的；

（二）拒绝、阻碍有关部门依法实施的监督检查的；

（三）拒不向公安机关、国家安全机关提供技术支持和协助的。

第七十条 发布或者传输本法第十二条第二款和其他法律、行政法规禁止发布或者传输的信息的，依照有关法律、行政法规的规定处罚。

第七十一条 有本法规定的违法行为的，依照有关法律、行政法规的规定记入信用档案，并予以公示。

第七十二条 国家机关政务网络的运营者不履行本法规定的网络安全保护义务的，由其上级机关或者有关机关责令改正；对直接负责的主管人员和其他直接责任人员依法给予处分。

第七十三条 网信部门和有关部门违反本法第三十条规定，将在履行网络安全保护职责中获取的信息用于其他用途的，对直接负责的主管人员和其他直接责任人员依法给予处分。

网信部门和有关部门的工作人员玩忽职守、滥用职权、徇私舞弊，尚不构成犯罪的，依法给予处分。

第七十四条 违反本法规定，给他人造成损害的，依法承担民事责任。

违反本法规定，构成违反治安管理行为的，依法给予治安管理处罚；构成犯罪的，依法追究刑事责任。

第七十五条 境外的机构、组织、个人从事攻击、侵入、干扰、破坏等危害中华人民共和国的关键信息基础设施的活动，造成严重后果的，依法追究法律责任；国务院公安部门和有关部门并可以决定对该机构、组织、个人采取冻结财产或者其他必要的制裁措施。

第七章 附 则

第七十六条 本法下列用语的含义：

（一）网络，是指由计算机或者其他信息终端及相关设备组成的按照一定的规则和程序对信息进行收集、存储、传输、交换、处理的系统。

（二）网络安全，是指通过采取必要措施，防范对网络的攻击、侵入、干扰、破坏和非法使用以及意外事故，使网络处于稳定可靠运行的状态，以及保障网络数据的完整性、保密性、可用性的能力。

（三）网络运营者，是指网络的所有者、管理者和网络服务提供者。

（四）网络数据，是指通过网络收集、存储、传输、处理和产生的各种电子数据。

（五）个人信息，是指以电子或者其他方式记录的能够单独或者与其他信息结合识别自然人个人身份的各种信息，包括但不限于自然人的姓名、出生日期、身份证件号码、个人生物识别信息、住址、电话号码等。

第七十七条 存储、处理涉及国家秘密信息的网络的运行安全保护，除应当遵守本法外，还应当遵守保密法律、行政法规的规定。

第七十八条　军事网络的安全保护，由中央军事委员会另行规定。

第七十九条　本法自 2017 年 6 月 1 日起施行。

※ 行政法规 ※

《关键信息基础设施安全保护条例》

中华人民共和国国务院令（第 745 号）

第一章　总　则

第一条　为了保障关键信息基础设施安全，维护网络安全，根据《中华人民共和国网络安全法》，制定本条例。

第二条　本条例所称关键信息基础设施，是指公共通信和信息服务、能源、交通、水利、金融、公共服务、电子政务、国防科技工业等重要行业和领域的，以及其他一旦遭到破坏、丧失功能或者数据泄露，可能严重危害国家安全、国计民生、公共利益的重要网络设施、信息系统等。

第三条　在国家网信部门统筹协调下，国务院公安部门负责指导监督关键信息基础设施安全保护工作。国务院电信主管部门和其他有关部门依照本条例和有关法律、行政法规的规定，在各自职责范围内负责关键信息基础设施安全保护和监督管理工作。

省级人民政府有关部门依据各自职责对关键信息基础设施实施安全保护和监督管理。

第四条　关键信息基础设施安全保护坚持综合协调、分工负责、依法保护，强化和落实关键信息基础设施运营者（以下简称运营者）主体责任，充分发挥政府及社会各方面的作用，共同保护关键信息基础设施安全。

第五条　国家对关键信息基础设施实行重点保护，采取措施，监测、防御、处置来源于中华人民共和国境内外的网络安全风险和威胁，保护关键信息基础设施免受攻击、侵入、干扰和破坏，依法惩治危害关键信息基础设施安全的违法犯罪活动。

任何个人和组织不得实施非法侵入、干扰、破坏关键信息基础设施的活动，不得危害关键信息基础设施安全。

第六条 运营者依照本条例和有关法律、行政法规的规定以及国家标准的强制性要求，在网络安全等级保护的基础上，采取技术保护措施和其他必要措施，应对网络安全事件，防范网络攻击和违法犯罪活动，保障关键信息基础设施安全稳定运行，维护数据的完整性、保密性和可用性。

第七条 对在关键信息基础设施安全保护工作中取得显著成绩或者作出突出贡献的单位和个人，按照国家有关规定给予表彰。

第二章　关键信息基础设施认定

第八条 本条例第二条涉及的重要行业和领域的主管部门、监督管理部门是负责关键信息基础设施安全保护工作的部门（以下简称保护工作部门）。

第九条 保护工作部门结合本行业、本领域实际，制定关键信息基础设施认定规则，并报国务院公安部门备案。

制定认定规则应当主要考虑下列因素：

（一）网络设施、信息系统等对于本行业、本领域关键核心业务的重要程度；

（二）网络设施、信息系统等一旦遭到破坏、丧失功能或者数据泄露可能带来的危害程度；

（三）对其他行业和领域的关联性影响。

第十条 保护工作部门根据认定规则负责组织认定本行业、本领域的关键信息基础设施，及时将认定结果通知运营者，并通报国务院公安部门。

第十一条　关键信息基础设施发生较大变化，可能影响其认定结果的，运营者应当及时将相关情况报告保护工作部门。保护工作部门自收到报告之日起 3 个月内完成重新认定，将认定结果通知运营者，并通报国务院公安部门。

第三章　运营者责任义务

第十二条　安全保护措施应当与关键信息基础设施同步规划、同步建设、同步使用。

第十三条　运营者应当建立健全网络安全保护制度和责任制，保障人力、财力、物力投入。运营者的主要负责人对关键信息基础设施安全保护负总责，领导关键信息基础设施安全保护和重大网络安全事件处置工作，组织研究解决重大网络安全问题。

第十四条　运营者应当设置专门安全管理机构，并对专门安全管理机构负责人和关键岗位人员进行安全背景审查。审查时，公安机关、国家安全机关应当予以协助。

第十五条　专门安全管理机构具体负责本单位的关键信息基础设施安全保护工作，履行下列职责：

（一）建立健全网络安全管理、评价考核制度，拟订关键信息基础设施安全保护计划；

（二）组织推动网络安全防护能力建设，开展网络安全监测、检测和风险评估；

（三）按照国家及行业网络安全事件应急预案，制定本单位应急预案，定期开展应急演练，处置网络安全事件；

（四）认定网络安全关键岗位，组织开展网络安全工作考核，提出奖励和惩处建议；

（五）组织网络安全教育、培训；

（六）履行个人信息和数据安全保护责任，建立健全个人信息和数据安全保护制度；

（七）对关键信息基础设施设计、建设、运行、维护等服务实施安全管理；

（八）按照规定报告网络安全事件和重要事项。

第十六条 运营者应当保障专门安全管理机构的运行经费、配备相应的人员，开展与网络安全和信息化有关的决策应当有专门安全管理机构人员参与。

第十七条 运营者应当自行或者委托网络安全服务机构对关键信息基础设施每年至少进行一次网络安全检测和风险评估，对发现的安全问题及时整改，并按照保护工作部门要求报送情况。

第十八条 关键信息基础设施发生重大网络安全事件或者发现重大网络安全威胁时，运营者应当按照有关规定向保护工作部门、公安机关报告。

发生关键信息基础设施整体中断运行或者主要功能故障、国家基础信息以及其他重要数据泄露、较大规模个人信息泄露、造成较大经济损失、违法信息较大范围传播等特别重大网络安全事件或者发现特别重大网络安全威胁时，保护工作部门应当在收到报告后，及时向国家网信部门、国务院公安部门报告。

第十九条 运营者应当优先采购安全可信的网络产品和服务；采购网络产品和服务可能影响国家安全的，应当按照国家网络安全规定通过安全审查。

第二十条 运营者采购网络产品和服务，应当按照国家有关规定与网络产品和服务提供者签订安全保密协议，明确提供者的技术支持和安全保密义务与责任，并对义务与责任履行情况进行监督。

第二十一条 运营者发生合并、分立、解散等情况，应当及时报告保护工作部门，并按照保护工作部门的要求对关键信息基础设施进行处置，确保安全。

第四章　保障和促进

第二十二条　保护工作部门应当制定本行业、本领域关键信息基础设施安全规划，明确保护目标、基本要求、工作任务、具体措施。

第二十三条　国家网信部门统筹协调有关部门建立网络安全信息共享机制，及时汇总、研判、共享、发布网络安全威胁、漏洞、事件等信息，促进有关部门、保护工作部门、运营者以及网络安全服务机构等之间的网络安全信息共享。

第二十四条　保护工作部门应当建立健全本行业、本领域的关键信息基础设施网络安全监测预警制度，及时掌握本行业、本领域关键信息基础设施运行状况、安全态势，预警通报网络安全威胁和隐患，指导做好安全防范工作。

第二十五条　保护工作部门应当按照国家网络安全事件应急预案的要求，建立健全本行业、本领域的网络安全事件应急预案，定期组织应急演练；指导运营者做好网络安全事件应对处置，并根据需要组织提供技术支持与协助。

第二十六条　保护工作部门应当定期组织开展本行业、本领域关键信息基础设施网络安全检查检测，指导监督运营者及时整改安全隐患、完善安全措施。

第二十七条　国家网信部门统筹协调国务院公安部门、保护工作部门对关键信息基础设施进行网络安全检查检测，提出改进措施。

有关部门在开展关键信息基础设施网络安全检查时，应当加强协同配合、信息沟通，避免不必要的检查和交叉重复检查。检查工作不得收取费用，不得要求被检查单位购买指定品牌或者指定生产、销售单位的产品和服务。

第二十八条　运营者对保护工作部门开展的关键信息基础设施网络安全检查检测工作，以及公安、国家安全、保密行政管理、密码管理等有关部门依法开展的关键信息基础设施网络安全检查工作应当予以配合。

第二十九条　在关键信息基础设施安全保护工作中，国家网信部门和国务院电信主管部门、国务院公安部门等应当根据保护工作部门的需要，及时提供技术支持和协助。

第三十条　网信部门、公安机关、保护工作部门等有关部门，网络安全服务机构及其工作人员对于在关键信息基础设施安全保护工作中获取的信息，只能用于维护网络安全，并严格按照有关法律、行政法规的要求确保信息安全，不得泄露、出售或者非法向他人提供。

第三十一条　未经国家网信部门、国务院公安部门批准或者保护工作部门、运营者授权，任何个人和组织不得对关键信息基础设施实施漏洞探测、渗透性测试等可能影响或者危害关键信息基础设施安全的活动。对基础电信网络实施漏洞探测、渗透性测试等活动，应当事先向国务院电信主管部门报告。

第三十二条　国家采取措施，优先保障能源、电信等关键信息基础设施安全运行。

能源、电信行业应当采取措施，为其他行业和领域的关键信息基础设施安全运行提供重点保障。

第三十三条　公安机关、国家安全机关依据各自职责依法加强关键信息基础设施安全保卫，防范打击针对和利用关键信息基础设施实施的违法犯罪活动。

第三十四条　国家制定和完善关键信息基础设施安全标准，指导、规范关键信息基础设施安全保护工作。

第三十五条　国家采取措施，鼓励网络安全专门人才从事关键信息基础设施安全保护工作；将运营者安全管理人员、安全技术人员培训纳入国家继续教育体系。

第三十六条　国家支持关键信息基础设施安全防护技术创新和产业

发展，组织力量实施关键信息基础设施安全技术攻关。

第三十七条　国家加强网络安全服务机构建设和管理，制定管理要求并加强监督指导，不断提升服务机构能力水平，充分发挥其在关键信息基础设施安全保护中的作用。

第三十八条　国家加强网络安全军民融合，军地协同保护关键信息基础设施安全。

第五章　法律责任

第三十九条　运营者有下列情形之一的，由有关主管部门依据职责责令改正，给予警告；拒不改正或者导致危害网络安全等后果的，处 10 万元以上 100 万元以下罚款，对直接负责的主管人员处 1 万元以上 10 万元以下罚款：

（一）在关键信息基础设施发生较大变化，可能影响其认定结果时未及时将相关情况报告保护工作部门的；

（二）安全保护措施未与关键信息基础设施同步规划、同步建设、同步使用的；

（三）未建立健全网络安全保护制度和责任制的；

（四）未设置专门安全管理机构的；

（五）未对专门安全管理机构负责人和关键岗位人员进行安全背景审查的；

（六）开展与网络安全和信息化有关的决策没有专门安全管理机构人员参与的；

（七）专门安全管理机构未履行本条例第十五条规定的职责的；

（八）未对关键信息基础设施每年至少进行一次网络安全检测和风险评估，未对发现的安全问题及时整改，或者未按照保护工作部门要求报送情况的；

（九）采购网络产品和服务，未按照国家有关规定与网络产品和服务提供者签订安全保密协议的；

（十）发生合并、分立、解散等情况，未及时报告保护工作部门，或者未按照保护工作部门的要求对关键信息基础设施进行处置的。

第四十条　运营者在关键信息基础设施发生重大网络安全事件或者发现重大网络安全威胁时，未按照有关规定向保护工作部门、公安机关报告的，由保护工作部门、公安机关依据职责责令改正，给予警告；拒不改正或者导致危害网络安全等后果的，处 10 万元以上 100 万元以下罚款，对直接负责的主管人员处 1 万元以上 10 万元以下罚款。

第四十一条　运营者采购可能影响国家安全的网络产品和服务，未按照国家网络安全规定进行安全审查的，由国家网信部门等有关主管部门依据职责责令改正，处采购金额 1 倍以上 10 倍以下罚款，对直接负责的主管人员和其他直接责任人员处 1 万元以上 10 万元以下罚款。

第四十二条　运营者对保护工作部门开展的关键信息基础设施网络安全检查检测工作，以及公安、国家安全、保密行政管理、密码管理等有关部门依法开展的关键信息基础设施网络安全检查工作不予配合的，由有关主管部门责令改正；拒不改正的，处 5 万元以上 50 万元以下罚款，对直接负责的主管人员和其他直接责任人员处 1 万元以上 10 万元以下罚款；情节严重的，依法追究相应法律责任。

第四十三条　实施非法侵入、干扰、破坏关键信息基础设施，危害其安全的活动尚不构成犯罪的，依照《中华人民共和国网络安全法》有关规定，由公安机关没收违法所得，处 5 日以下拘留，可以并处 5 万元以上 50 万元以下罚款；情节较重的，处 5 日以上 15 日以下拘留，可以并处 10 万元以上 100 万元以下罚款。

单位有前款行为的，由公安机关没收违法所得，处 10 万元以上 100 万元以下罚款，并对直接负责的主管人员和其他直接责任人员依照前款规定处罚。

违反本条例第五条第二款和第三十一条规定，受到治安管理处罚的人员，5 年内不得从事网络安全管理和网络运营关键岗位的工作；受到刑事处罚的人员，终身不得从事网络安全管理和网络运营关键岗位的工作。

第四十四条 网信部门、公安机关、保护工作部门和其他有关部门及其工作人员未履行关键信息基础设施安全保护和监督管理职责或者玩忽职守、滥用职权、徇私舞弊的，依法对直接负责的主管人员和其他直接责任人员给予处分。

第四十五条 公安机关、保护工作部门和其他有关部门在开展关键信息基础设施网络安全检查工作中收取费用，或者要求被检查单位购买指定品牌或者指定生产、销售单位的产品和服务的，由其上级机关责令改正，退还收取的费用；情节严重的，依法对直接负责的主管人员和其他直接责任人员给予处分。

第四十六条 网信部门、公安机关、保护工作部门等有关部门、网络安全服务机构及其工作人员将在关键信息基础设施安全保护工作中获取的信息用于其他用途，或者泄露、出售、非法向他人提供的，依法对直接负责的主管人员和其他直接责任人员给予处分。

第四十七条 关键信息基础设施发生重大和特别重大网络安全事件，经调查确定为责任事故的，除应当查明运营者责任并依法予以追究外，还应查明相关网络安全服务机构及有关部门的责任，对有失职、渎职及其他违法行为的，依法追究责任。

第四十八条 电子政务关键信息基础设施的运营者不履行本条例规定的网络安全保护义务的，依照《中华人民共和国网络安全法》有关规定予以处理。

第四十九条 违反本条例规定，给他人造成损害的，依法承担民事责任。

违反本条例规定，构成违反治安管理行为的，依法给予治安管理处罚；构成犯罪的，依法追究刑事责任。

第六章　附　则

第五十条　存储、处理涉及国家秘密信息的关键信息基础设施的安全保护，还应当遵守保密法律、行政法规的规定。

关键信息基础设施中的密码使用和管理，还应当遵守相关法律、行政法规的规定。

第五十一条　本条例自 2021 年 9 月 1 日起施行。

※ 部门规章及规范性文件 ※

《网络数据安全管理条例（征求意见稿)》

（国家互联网信息办公室 2021 年 11 月）

第一章　总　则

第一条　为了规范网络数据处理活动，保障数据安全，保护个人、组织在网络空间的合法权益，维护国家安全、公共利益，根据《中华人民共和国网络安全法》《中华人民共和国数据安全法》《中华人民共和国个人信息保护法》等法律，制定本条例。

第二条　在中华人民共和国境内利用网络开展数据处理活动，以及网络数据安全的监督管理，适用本条例。

在中华人民共和国境外处理中华人民共和国境内个人和组织数据的活动，有下列情形之一的，适用本条例：

（一）以向境内提供产品或者服务为目的；

（二）分析、评估境内个人、组织的行为；

（三）涉及境内重要数据处理；

（四）法律、行政法规规定的其他情形。

自然人因个人或者家庭事务开展数据处理活动，不适用本条例。

第三条 国家统筹发展和安全，坚持促进数据开发利用与保障数据安全并重，加强数据安全防护能力建设，保障数据依法有序自由流动，促进数据依法合理有效利用。

第四条 国家支持数据开发利用与安全保护相关的技术、产品、服务创新和人才培养。

国家鼓励国家机关、行业组织、企业、教育和科研机构、有关专业机构等开展数据开发利用和安全保护合作，开展数据安全宣传教育和培训。

第五条 国家建立数据分类分级保护制度。按照数据对国家安全、公共利益或者个人、组织合法权益的影响和重要程度，将数据分为一般数据、重要数据、核心数据，不同级别的数据采取不同的保护措施。

国家对个人信息和重要数据进行重点保护，对核心数据实行严格保护。

各地区、各部门应当按照国家数据分类分级要求，对本地区、本部门以及相关行业、领域的数据进行分类分级管理。

第六条 数据处理者对所处理数据的安全负责，履行数据安全保护义务，接受政府和社会监督，承担社会责任。

数据处理者应当按照有关法律、行政法规的规定和国家标准的强制性要求，建立完善数据安全管理制度和技术保护机制。

第七条 国家推动公共数据开放、共享，促进数据开发利用，并依法对公共数据实施监督管理。

国家建立健全数据交易管理制度，明确数据交易机构设立、运行标准，规范数据流通交易行为，确保数据依法有序流通。

第二章 一般规定

第八条 任何个人和组织开展数据处理活动应当遵守法律、行政法规，尊重社会公德和伦理，不得从事以下活动：

（一）危害国家安全、荣誉和利益，泄露国家秘密和工作秘密；

（二）侵害他人名誉权、隐私权、著作权和其他合法权益等；

（三）通过窃取或者以其他非法方式获取数据；

（四）非法出售或者非法向他人提供数据；

（五）制作、发布、复制、传播违法信息；

（六）法律、行政法规禁止的其他行为。

任何个人和组织知道或者应当知道他人从事前款活动的，不得为其提供技术支持、工具、程序和广告推广、支付结算等服务。

第九条 数据处理者应当采取备份、加密、访问控制等必要措施，保障数据免遭泄露、窃取、篡改、毁损、丢失、非法使用，应对数据安全事件，防范针对和利用数据的违法犯罪活动，维护数据的完整性、保密性、可用性。

数据处理者应当按照网络安全等级保护的要求，加强数据处理系统、数据传输网络、数据存储环境等安全防护，处理重要数据的系统原则上应当满足三级以上网络安全等级保护和关键信息基础设施安全保护要求，处理核心数据的系统依照有关规定从严保护。

数据处理者应当使用密码对重要数据和核心数据进行保护。

第十条 数据处理者发现其使用或者提供的网络产品和服务存在安全缺陷、漏洞，或者威胁国家安全、危害公共利益等风险时，应当立即采取补救措施。

第十一条 数据处理者应当建立数据安全应急处置机制，发生数据安全事件时及时启动应急响应机制，采取措施防止危害扩大，消除安全隐患。安全事件对个人、组织造成危害的，数据处理者应当在三个工作日内将安全事件和风险情况、危害后果、已经采取的补救措施等以电话、短信、即时通信工具、电子邮件等方式通知利害关系人，无法通知的可采取公告方式告知，法律、行政法规规定可以不通知的从其规定。安全事件涉嫌犯罪的，数据处理者应当按规定向公安机关报案。

发生重要数据或者十万人以上个人信息泄露、毁损、丢失等数据安全事件时，数据处理者还应当履行以下义务：

（一）在发生安全事件的八小时内向设区的市级网信部门和有关主管部门报告事件基本信息，包括涉及的数据数量、类型、可能的影响、已经或拟采取的处置措施等；

（二）在事件处置完毕后五个工作日内向设区的市级网信部门和有关主管部门报告包括事件原因、危害后果、责任处理、改进措施等情况的调查评估报告。

第十二条 数据处理者向第三方提供个人信息，或者共享、交易、委托处理重要数据的，应当遵守以下规定：

（一）向个人告知提供个人信息的目的、类型、方式、范围、存储期限、存储地点，并取得个人单独同意，符合法律、行政法规规定的不需要取得个人同意的情形或者经过匿名化处理的除外；

（二）与数据接收方约定处理数据的目的、范围、处理方式，数据安全保护措施等，通过合同等形式明确双方的数据安全责任义务，并对数据接收方的数据处理活动进行监督；

（三）留存个人同意记录及提供个人信息的日志记录，共享、交易、委托处理重要数据的审批记录、日志记录至少五年。

数据接收方应当履行约定的义务，不得超出约定的目的、范围、处理方式处理个人信息和重要数据。

第十三条 数据处理者开展以下活动，应当按照国家有关规定，申报网络安全审查：

（一）汇聚掌握大量关系国家安全、经济发展、公共利益的数据资源的互联网平台运营者实施合并、重组、分立，影响或者可能影响国家

安全的;

（二）处理一百万人以上个人信息的数据处理者赴国外上市的;

（三）数据处理者赴香港上市，影响或者可能影响国家安全的;

（四）其他影响或者可能影响国家安全的数据处理活动。

大型互联网平台运营者在境外设立总部或者运营中心、研发中心，应当向国家网信部门和主管部门报告。

第十四条 数据处理者发生合并、重组、分立等情况的，数据接收方应当继续履行数据安全保护义务，涉及重要数据和一百万人以上个人信息的，应当向设区的市级主管部门报告；数据处理者发生解散、被宣告破产等情况的，应当向设区的市级主管部门报告，按照相关要求移交或删除数据，主管部门不明确的，应当向设区的市级网信部门报告。

第十五条 数据处理者从其他途径获取的数据，应当按照本条例的规定履行数据安全保护义务。

第十六条 国家机关应当依照法律、行政法规的规定和国家标准的强制性要求，建立健全数据安全管理制度，落实数据安全保护责任，保障政务数据安全。

第十七条 数据处理者在采用自动化工具访问、收集数据时，应当评估对网络服务的性能、功能带来的影响，不得干扰网络服务的正常功能。

自动化工具访问、收集数据违反法律、行政法规或者行业自律公约、影响网络服务正常功能，或者侵犯他人知识产权等合法权益的，数据处理者应当停止访问、收集数据行为并采取相应补救措施。

第十八条 数据处理者应当建立便捷的数据安全投诉举报渠道，及时受理、处置数据安全投诉举报。

数据处理者应当公布接受投诉、举报的联系方式、责任人信息，每年公开披露受理和收到的个人信息安全投诉数量、投诉处理情况、平均处理时间情况，接受社会监督。

第三章　个人信息保护

第十九条　数据处理者处理个人信息，应当具有明确、合理的目的，遵循合法、正当、必要的原则。基于个人同意处理个人信息的，应当满足以下要求：

（一）处理的个人信息是提供服务所必需的，或者是履行法律、行政法规规定的义务所必需的；

（二）限于实现处理目的最短周期、最低频次，采取对个人权益影响最小的方式；

（三）不得因个人拒绝提供服务必需的个人信息以外的信息，拒绝提供服务或者干扰个人正常使用服务。

第二十条　数据处理者处理个人信息，应当制定个人信息处理规则并严格遵守。个人信息处理规则应当集中公开展示、易于访问并置于醒目位置，内容明确具体、简明通俗，系统全面地向个人说明个人信息处理情况。

个人信息处理规则应当包括但不限于以下内容：

（一）依据产品或者服务的功能明确所需的个人信息，以清单形式列明每项功能处理个人信息的目的、用途、方式、种类、频次或者时机、保存地点等，以及拒绝处理个人信息对个人的影响；

（二）个人信息存储期限或者个人信息存储期限的确定方法、到期后的处理方式；

（三）个人查阅、复制、更正、删除、限制处理、转移个人信息，以及注销账号、撤回处理个人信息同意的途径和方法；

（四）以集中展示等便利用户访问的方式说明产品服务中嵌入的所有收集个人信息的第三方代码、插件的名称，以及每个第三方代码、插件收集个人信息的目的、方式、种类、频次或者时机及其个人信息处理规则；

（五）向第三方提供个人信息情形及其目的、方式、种类，数据接收方相关信息等；

（六）个人信息安全风险及保护措施；

（七）个人信息安全问题的投诉、举报渠道及解决途径，个人信息保护负责人联系方式。

第二十一条 处理个人信息应当取得个人同意的，数据处理者应当遵守以下规定：

（一）按照服务类型分别向个人申请处理个人信息的同意，不得使用概括性条款取得同意；

（二）处理个人生物识别、宗教信仰、特定身份、医疗健康、金融账户、行踪轨迹等敏感个人信息应当取得个人单独同意；

（三）处理不满十四周岁未成年人的个人信息，应当取得其监护人同意；

（四）不得以改善服务质量、提升用户体验、研发新产品等为由，强迫个人同意处理其个人信息；

（五）不得通过误导、欺诈、胁迫等方式获得个人的同意；

（六）不得通过捆绑不同类型服务、批量申请同意等方式诱导、强迫个人进行批量个人信息同意；

（七）不得超出个人授权同意的范围处理个人信息；

（八）不得在个人明确表示不同意后，频繁征求同意、干扰正常使用服务。

个人信息的处理目的、处理方式和处理的个人信息种类发生变更的，数据处理者应当重新取得个人同意，并同步修改个人信息处理规则。

对个人同意行为有效性存在争议的，数据处理者负有举证责任。

第二十二条 有下列情况之一的，数据处理者应当在十五个工作日内删除个人信息或者进行匿名化处理：

（一）已实现个人信息处理目的或者实现处理目的不再必要；

（二）达到与用户约定或者个人信息处理规则明确的存储期限；

（三）终止服务或者个人注销账号；

（四）因使用自动化采集技术等，无法避免采集到的非必要个人信息或者未经个人同意的个人信息。

删除个人信息从技术上难以实现，或者因业务复杂等原因，在十五个工作日内删除个人信息确有困难的，数据处理者不得开展除存储和采取必要的安全保护措施之外的处理，并应当向个人作出合理解释。

法律、行政法规另有规定的从其规定。

第二十三条 个人提出查阅、复制、更正、补充、限制处理、删除其个人信息的合理请求的，数据处理者应当履行以下义务：

（一）提供便捷的支持个人结构化查询本人被收集的个人信息类型、数量等的方法和途径，不得以时间、位置等因素对个人的合理请求进行限制；

（二）提供便捷的支持个人复制、更正、补充、限制处理、删除其个人信息、撤回授权同意以及注销账号的功能，且不得设置不合理条件；

（三）收到个人复制、更正、补充、限制处理、删除本人个人信息、撤回授权同意或者注销账号申请的，应当在十五个工作日内处理并反馈。

法律、行政法规另有规定的从其规定。

第二十四条 符合下列条件的个人信息转移请求，数据处理者应当为个人指定的其他数据处理者访问、获取其个人信息提供转移服务：

（一）请求转移的个人信息是基于同意或者订立、履行合同所必需而收集的个人信息；

（二）请求转移的个人信息是本人信息或者请求人合法获得且不违背他人意愿的他人信息；

（三）能够验证请求人的合法身份。

数据处理者发现接收个人信息的其他数据处理者有非法处理个人信息风险的，应当对个人信息转移请求做合理的风险提示。

请求转移个人信息次数明显超出合理范围的，数据处理者可以收取合理费用。

第二十五条　数据处理者利用生物特征进行个人身份认证的，应当对必要性、安全性进行风险评估，不得将人脸、步态、指纹、虹膜、声纹等生物特征作为唯一的个人身份认证方式，以强制个人同意收集其个人生物特征信息。

法律、行政法规另有规定的从其规定。

第二十六条　数据处理者处理一百万人以上个人信息的，还应当遵守本条例第四章对重要数据的处理者作出的规定。

第四章　重要数据安全

第二十七条　各地区、各部门按照国家有关要求和标准，组织本地区、本部门以及相关行业、领域的数据处理者识别重要数据和核心数据，组织制定本地区、本部门以及相关行业、领域重要数据和核心数据目录，并报国家网信部门。

第二十八条　重要数据的处理者，应当明确数据安全负责人，成立数据安全管理机构。数据安全管理机构在数据安全负责人的领导下，履行以下职责：

（一）研究提出数据安全相关重大决策建议；

（二）制定实施数据安全保护计划和数据安全事件应急预案；

（三）开展数据安全风险监测，及时处置数据安全风险和事件；

（四）定期组织开展数据安全宣传教育培训、风险评估、应急演练等活动；

（五）受理、处置数据安全投诉、举报；

（六）按照要求及时向网信部门和主管、监管部门报告数据安全情况。

数据安全负责人应当具备数据安全专业知识和相关管理工作经历，由数据处理者决策层成员承担，有权直接向网信部门和主管、监管部门反映数据安全情况。

第二十九条 重要数据的处理者，应当在识别其重要数据后的十五个工作日内向设区的市级网信部门备案，备案内容包括：

（一）数据处理者基本信息，数据安全管理机构信息、数据安全负责人姓名和联系方式等；

（二）处理数据的目的、规模、方式、范围、类型、存储期限、存储地点等，不包括数据内容本身；

（三）国家网信部门和主管、监管部门规定的其他备案内容。

处理数据的目的、范围、类型及数据安全防护措施等有重大变化的，应当重新备案。

依据部门职责分工，网信部门与有关部门共享备案信息。

第三十条 重要数据的处理者，应当制定数据安全培训计划，每年组织开展全员数据安全教育培训，数据安全相关的技术和管理人员每年教育培训时间不得少于二十小时。

第三十一条 重要数据的处理者，应当优先采购安全可信的网络产品和服务。

第三十二条 处理重要数据或者赴境外上市的数据处理者，应当自行或者委托数据安全服务机构每年开展一次数据安全评估，并在每年1月31日前将上一年度数据安全评估报告报设区的市级网信部门，年度数据安全评估报告的内容包括：

（一）处理重要数据的情况；

（二）发现的数据安全风险及处置措施；

（三）数据安全管理制度，数据备份、加密、访问控制等安全防护措施，以及管理制度实施情况和防护措施的有效性；

（四）落实国家数据安全法律、行政法规和标准情况；

（五）发生的数据安全事件及其处置情况；

（六）共享、交易、委托处理、向境外提供重要数据的安全评估情况；

（七）数据安全相关的投诉及处理情况；

（八）国家网信部门和主管、监管部门明确的其他数据安全情况。

数据处理者应当保留风险评估报告至少三年。

依据部门职责分工，网信部门与有关部门共享报告信息。

数据处理者开展共享、交易、委托处理、向境外提供重要数据的安全评估，应当重点评估以下内容：

（一）共享、交易、委托处理、向境外提供数据，以及数据接收方处理数据的目的、方式、范围等是否合法、正当、必要；

（二）共享、交易、委托处理、向境外提供数据被泄露、毁损、篡改、滥用的风险，以及对国家安全、经济发展、公共利益带来的风险；

（三）数据接收方的诚信状况、守法情况、境外政府机构合作关系、是否被中国政府制裁等背景情况，承诺承担的责任以及履行责任的能力等是否能够有效保障数据安全；

（四）与数据接收方订立的相关合同中关于数据安全的要求能否有效约束数据接收方履行数据安全保护义务；

（五）在数据处理过程中的管理和技术措施等是否能够防范数据泄露、毁损等风险。

评估认为可能危害国家安全、经济发展和公共利益，数据处理者不得共享、交易、委托处理、向境外提供数据。

第三十三条 数据处理者共享、交易、委托处理重要数据的，应当征得设区的市级及以上主管部门同意，主管部门不明确的，应当征得设区的市级及以上网信部门同意。

第三十四条 国家机关和关键信息基础设施运营者采购的云计算服务，应当通过国家网信部门会同国务院有关部门组织的安全评估。

第五章 数据跨境安全管理

第三十五条 数据处理者因业务等需要，确需向中华人民共和国境外提供数据的，应当具备下列条件之一：

（一）通过国家网信部门组织的数据出境安全评估；

（二）数据处理者和数据接收方均通过国家网信部门认定的专业机构进行的个人信息保护认证；

（三）按照国家网信部门制定的关于标准合同的规定与境外数据接收方订立合同，约定双方权利和义务；

（四）法律、行政法规或者国家网信部门规定的其他条件。

数据处理者为订立、履行个人作为一方当事人的合同所必需向境外提供当事人个人信息的，或者为了保护个人生命健康和财产安全而必须向境外提供个人信息的除外。

第三十六条 数据处理者向中华人民共和国境外提供个人信息的，应当向个人告知境外数据接收方的名称、联系方式、处理目的、处理方式、个人信息的种类以及个人向境外数据接收方行使个人信息权利的方式等事项，并取得个人的单独同意。

收集个人信息时已单独就个人信息出境取得个人同意，且按照取得同意的事项出境的，无需再次取得个人单独同意。

第三十七条 数据处理者向境外提供在中华人民共和国境内收集和产生的数据，属于以下情形的，应当通过国家网信部门组织的数据出境安全评估：

（一）出境数据中包含重要数据；

（二）关键信息基础设施运营者和处理一百万人以上个人信息的数据处理者向境外提供个人信息；

（三）国家网信部门规定的其它情形。

法律、行政法规和国家网信部门规定可以不进行安全评估的，从其规定。

第三十八条 中华人民共和国缔结或者参加的国际条约、协定对向中华人民共和国境外提供个人信息的条件等有规定的，可以按照其规定执行。

第三十九条 数据处理者向境外提供数据应当履行以下义务：

（一）不得超出报送网信部门的个人信息保护影响评估报告中明确的目的、范围、方式和数据类型、规模等向境外提供个人信息；

（二）不得超出网信部门安全评估时明确的出境目的、范围、方式和数据类型、规模等向境外提供个人信息和重要数据；

（三）采取合同等有效措施监督数据接收方按照双方约定的目的、范围、方式使用数据，履行数据安全保护义务，保证数据安全；

（四）接受和处理数据出境所涉及的用户投诉；

（五）数据出境对个人、组织合法权益或者公共利益造成损害的，数据处理者应当依法承担责任；

（六）存留相关日志记录和数据出境审批记录三年以上；

（七）国家网信部门会同国务院有关部门核验向境外提供个人信息和重要数据的类型、范围时，数据处理者应当以明文、可读方式予以展示；

（八）国家网信部门认定不得出境的，数据处理者应当停止数据出境，并采取有效措施对已出境数据的安全予以补救；

（九）个人信息出境后确需再转移的，应当事先与个人约定再转移的条件，并明确数据接收方履行的安全保护义务。

非经中华人民共和国主管机关批准，境内的个人、组织不得向外国司法或者执法机构提供存储于中华人民共和国境内的数据。

第四十条　向境外提供个人信息和重要数据的数据处理者，应当在每年1月31日前编制数据出境安全报告，向设区的市级网信部门报告上一年度以下数据出境情况：

（一）全部数据接收方名称、联系方式；

（二）出境数据的类型、数量及目的；

（三）数据在境外的存放地点、存储期限、使用范围和方式；

（四）涉及向境外提供数据的用户投诉及处理情况；

（五）发生的数据安全事件及其处置情况；

（六）数据出境后再转移的情况；

（七）国家网信部门明确向境外提供数据需要报告的其他事项。

第四十一条　国家建立数据跨境安全网关，对来源于中华人民共和国境外、法律和行政法规禁止发布或者传输的信息予以阻断传播。

任何个人和组织不得提供用于穿透、绕过数据跨境安全网关的程序、工具、线路等，不得为穿透、绕过数据跨境安全网关提供互联网接入、服务器托管、技术支持、传播推广、支付结算、应用下载等服务。

境内用户访问境内网络的，其流量不得被路由至境外。

第四十二条　数据处理者从事跨境数据活动应当按照国家数据跨境安全监管要求，建立健全相关技术和管理措施。

第六章　互联网平台运营者义务

第四十三条　互联网平台运营者应当建立与数据相关的平台规则、隐私政策和算法策略披露制度，及时披露制定程序、裁决程序，保障平台规则、隐私政策、算法公平公正。

平台规则、隐私政策制定或者对用户权益有重大影响的修订，互联网平台运营者应当在其官方网站、个人信息保护相关行业协会互联网平台面向社会公开征求意见，征求意见时长不得少于三十个工作日，确保用户能够便捷充分表达意见。互联网平台运营者应当充分采纳公众意见，修改完善平台规则、隐私政策，并以易于用户访问的方式公布意见采纳情况，说明未采纳的理由，接受社会监督。

日活用户超过一亿的大型互联网平台运营者平台规则、隐私政策制定或者对用户权益有重大影响的修订的，应当经国家网信部门认定的第三方机构评估，并报省级及以上网信部门和电信主管部门同意。

第四十四条 互联网平台运营者应当对接入其平台的第三方产品和服务承担数据安全管理责任，通过合同等形式明确第三方的数据安全责任义务，并督促第三方加强数据安全管理，采取必要的数据安全保护措施。

第三方产品和服务对用户造成损害的，用户可以要求互联网平台运营者先行赔偿。

移动通信终端预装第三方产品适用本条前两款规定。

第四十五条 国家鼓励提供即时通信服务的互联网平台运营者从功能设计上为用户提供个人通信和非个人通信选择。个人通信的信息按照个人信息保护要求严格保护，非个人通信的信息按照公共信息有关规定进行管理。

第四十六条 互联网平台运营者不得利用数据以及平台规则等从事以下活动：

（一）利用平台收集掌握的用户数据，无正当理由对交易条件相同的用户实施产品和服务差异化定价等损害用户合法利益的行为；

（二）利用平台收集掌握的经营者数据，在产品推广中实行最低价销售等损害公平竞争的行为；

（三）利用数据误导、欺诈、胁迫用户，损害用户对其数据被处理的决定权，违背用户意愿处理用户数据；

（四）在平台规则、算法、技术、流量分配等方面设置不合理的限制和障碍，限制平台上的中小企业公平获取平台产生的行业、市场数据等，阻碍市场创新。

第四十七条 提供应用程序分发服务的互联网平台运营者，应当按照有关法律、行政法规和国家网信部门的规定，建立、披露应用程序审核规则，并对应用程序进行安全审核。对不符合法律、行政法规的规定和国家标准的强制性要求的应用程序，应当采取拒绝上架、督促整改、下架处置等措施。

第四十八条 互联网平台运营者面向公众提供即时通信服务的，应当按照国务院电信主管部门的规定，为其他互联网平台运营者的即时通信服务提供数据接口，支持不同即时通信服务之间用户数据互通，无正当理由不得限制用户访问其他互联网平台以及向其他互联网平台传输文件。

第四十九条 互联网平台运营者利用个人信息和个性化推送算法向用户提供信息的，应当对推送信息的真实性、准确性以及来源合法性负责，并符合以下要求：

（一）收集个人信息用于个性化推荐时，应当取得个人单独同意；

（二）设置易于理解、便于访问和操作的一键关闭个性化推荐选项，允许用户拒绝接受定向推送信息，允许用户重置、修改、调整针对其个人特征的定向推送参数；

（三）允许个人删除定向推送信息服务收集产生的个人信息，法律、行政法规另有规定或者与用户另有约定的除外。

第五十条 国家建设网络身份认证公共服务基础设施，按照政府引导、网民自愿原则，提供个人身份认证公共服务。

互联网平台运营者应当支持并优先使用国家网络身份认证公共服务基础设施提供的个人身份认证服务。

第五十一条　互联网平台运营者在为国家机关提供服务，参与公共基础设施、公共服务系统建设运维管理，利用公共资源提供服务过程中收集、产生的数据不得用于其他用途。

第五十二条　国务院有关部门履行法定职责需要调取或者访问互联网平台运营者掌握的公共数据、公共信息，应当明确调取或者访问的范围、类型、用途、依据，严格限定在履行法定职责范围内，不得将调取或者访问的公共数据、公共信息用于履行法定职责之外的目的。

互联网平台运营者应当对有关部门调取或者访问公共数据、公共信息予以配合。

第五十三条　大型互联网平台运营者应当通过委托第三方审计方式，每年对平台数据安全情况、平台规则和自身承诺的执行情况、个人信息保护情况、数据开发利用情况等进行年度审计，并披露审计结果。

第五十四条　互联网平台运营者利用人工智能、虚拟现实、深度合成等新技术开展数据处理活动的，应当按照国家有关规定进行安全评估。

第七章　监督管理

第五十五条　国家网信部门负责统筹协调数据安全和相关监督管理工作。

公安机关、国家安全机关等在各自职责范围内承担数据安全监管职责。

工业、电信、交通、金融、自然资源、卫生健康、教育、科技等主管部门承担本行业、本领域数据安全监管职责。

主管部门应当明确本行业、本领域数据安全保护工作机构和人员，编制并组织实施本行业、本领域的数据安全规划和数据安全事件应急预案。

主管部门应当定期组织开展本行业、本领域的数据安全风险评估，对数据处理者履行数据安全保护义务情况进行监督检查，指导督促数据处理者及时对存在的风险隐患进行整改。

第五十六条 国家建立健全数据安全应急处置机制，完善网络安全事件应急预案和网络安全信息共享平台，将数据安全事件纳入国家网络安全事件应急响应机制，加强数据安全信息共享、数据安全风险和威胁监测预警以及数据安全事件应急处置工作。

第五十七条 有关主管、监管部门可以采取以下措施对数据安全进行监督检查：

（一）要求数据处理者相关人员就监督检查事项作出说明；

（二）查阅、调取与数据安全有关的文档、记录；

（三）按照规定程序，利用检测工具或者委托专业机构对数据安全措施运行情况进行技术检测；

（四）核验数据出境类型、范围等；

（五）法律、行政法规、规章规定的其他必要方式。

有关主管、监管部门开展数据安全监督检查，应当客观公正，不得向被检查单位收取费用。在数据安全监督检查中获取的信息只能用于维护数据安全的需要，不得用于其他用途。

数据处理者应当对有关主管、监管部门的数据安全监督检查予以配合，包括对组织运作、技术系统、算法原理、数据处理程序等进行解释说明，开放安全相关数据访问、提供必要技术支持等。

第五十八条 国家建立数据安全审计制度。数据处理者应当委托数据安全审计专业机构定期对其处理个人信息遵守法律、行政法规的情况进行合规审计。

主管、监管部门组织开展对重要数据处理活动的审计，重点审计数据处理者履行法律、行政法规规定的义务等情况。

第五十九条 国家支持相关行业组织按照章程，制定数据安全行为规范，加强行业自律，指导会员加强数据安全保护，提高数据安全保护水平，促进行业健康发展。

国家支持成立个人信息保护行业组织，开展以下活动：

（一）接受个人信息保护投诉举报并进行调查、调解；

（二）向个人提供信息和咨询服务，支持个人依法对损害个人信息权益的行为提起诉讼；

（三）曝光损害个人信息权益的行为，对个人信息保护开展社会监督；

（四）向有关部门反映个人信息保护情况、提供咨询、建议；

（五）违法处理个人信息、侵害众多个人的权益的行为，依法向人民法院提起诉讼。

第八章　法律责任

第六十条　数据处理者不履行第九条、第十条、第十一条、第十二条、第十三条、第十四条、第十五条、第十八条的规定，由有关主管部门责令改正，给予警告，可以并处五万元以上五十万元以下罚款，对直接负责的主管人员和其他直接责任人员可以处一万元以上十万元以下罚款；拒不改正或者导致危害数据安全等严重后果的，处五十万元以上二百万元以下罚款，并可以责令暂停相关业务、停业整顿、吊销相关业务许可证或者吊销营业执照，对直接负责的主管人员和其他直接责任人员处五万元以上二十万元以下罚款。

第六十一条　数据处理者不履行第十九条、第二十条、第二十一条、第二十二条、第二十三条、第二十四条、第二十五条规定的数据安全保护义务的，由有关部门责令改正，给予警告，没收违法所得，对违法处理个人信息的应用程序，责令暂停或者终止提供服务；拒不改正的，并处一百万元以下罚款；对直接负责的主管人员和其他直接责任人员处一万元以上十万元以下罚款。

有前款规定的违法行为，情节严重的，由有关部门责令改正，没收违法所得，并处五千万元以下或者上一年度营业额百分之五以下罚款，并可以责令暂停相关业务或者停业整顿、通报有关主管部门吊销相关业务许可证或者吊销营业执照；对直接负责的主管人员和其他直接责任人员处十万元以上一百万元以下罚款，并可以决定禁止其在一定期限内担任相关企业的董事、监事、高级管理人员和个人信息保护负责人。

第六十二条 数据处理者不履行第二十八条、第二十九条、第三十条、第三十一条、第三十二条、第三十三条规定的数据安全保护义务的，由有关部门责令改正，给予警告，对违法处理重要数据的系统及应用，责令暂停或者终止提供服务；拒不改正的，并处二百万元以下罚款，对直接负责的主管人员和其他直接责任人员处五万元以上二十万元以下罚款。

有前款规定的违法行为，情节严重的，由有关部门责令改正，没收违法所得，并处二百万元以上五百万元以下罚款，并可以责令暂停相关业务或者停业整顿、通报有关主管部门吊销相关业务许可证或者吊销营业执照；对直接负责的主管人员和其他直接责任人员处二十万元以上一百万元以下罚款。

第六十三条 关键信息基础设施运营者违反第三十四条的规定，由有关部门责令改正，依照有关法律、行政法规的规定予以处罚。

第六十四条 数据处理者违反第三十五条、第三十六条、第三十七条、第三十九条第一款、第四十条、第四十二条的规定，由有关部门责令改正，给予警告，暂停数据出境，可以并处十万元以上一百万元以下罚款，对直接负责的主管人员和其他直接责任人员可以处一万元以上十万元以下罚款；情节严重的，处一百万元以上一千万元以下罚款，并可以责令暂停相关业务、停业整顿、吊销相关业务许可证或者吊销营业执照，对直接负责的主管人员和其他直接责任人员处十万元以上一百万元以下罚款。

第六十五条 违反本条例第三十九条第二款的规定，未经主管机关批准向外国司法或者执法机构提供数据的，由有关主管部门给予警告，可以并处十万元以上一百万元以下罚款，对直接负责的主管人员和其他直接责任人员可以处一万元以上十万元以下罚款；造成严重后果的，处一百万元以上五百万元以下罚款，并可以责令暂停相关业务、停业整顿、吊销相关业务许可证或者吊销营业执照，对直接负责的主管人员和其他直接责任人员处五万元以上五十万元以下罚款。

第六十六条 个人和组织违反第四十一条的规定，由有关主管部门责令改正，给予警告、没收违法所得；拒不改正的，处违法所得一倍以上十倍以下的罚款，没有违法所得的，对直接负责的主管人员和其他直接负责人员，处五万元以上五十万元以下罚款；情节严重的，由有关主管部门依照相关法律、行政法规的规定，责令其暂停相关业务、停业整顿、吊销相关业务许可证或者吊销营业执照；构成犯罪的，依照相关法律、行政法规的规定处罚。

第六十七条 互联网平台运营者违反第四十三条、第四十四条、第四十五条、第四十七条、第五十三条的规定，由有关部门责令改正，予以警告；拒不改正，处五十万元以上五百万元以下罚款，对直接负责的主管人员和其他直接负责人员，处五万元以上五十万元以下罚款；情节严重，可以责令暂停相关业务、停业整顿、关闭网站、吊销相关业务许可证或者吊销营业执照。

第六十八条 互联网平台运营者违反第四十六条、第四十八条、第五十一条的规定，由有关主管部门责令改正，给予警告；拒不改正的，处上一年度销售额百分之一以上百分之五以下的罚款；情节严重的，由有关主管部门依照相关法律、行政法规的规定，责令其暂停相关业务、停业整顿、吊销相关业务许可证或者吊销营业执照；构成犯罪的，依照相关法律、行政法规的规定处罚。

第六十九条 互联网平台运营者违反第四十九条、第五十四条的规定，由有关主管部门责令改正，予以警告；拒不改正，处五万元以上五十万元以下罚款，对直接负责的主管人员和其他直接责任人员处一万元以上十万元以下罚款；情节严重的，可由有关主管部门责令暂停相关业务、停业整顿、关闭网站、吊销相关业务许可证或者吊销营业执照。

第七十条　数据处理者违反本条例规定，给他人造成损害的，依法承担民事责任；构成违反治安管理行为的，依法给予治安管理处罚；构成犯罪的，依法追究刑事责任。

第七十一条　国家机关不履行本法规定的数据安全保护义务的，由其上级机关或者履行数据安全管理职责的部门责令改正；对直接负责的主管人员和其他直接责任人员依法给予处分。

第七十二条　在中华人民共和国境外开展数据处理活动，损害中华人民共和国国家安全、公共利益或者公民、组织合法权益的，依法追究法律责任。

第九章　附　则

第七十三条　本条例下列用语的含义：

（一）网络数据（简称数据）是指任何以电子方式对信息的记录。

（二）数据处理活动是指数据收集、存储、使用、加工、传输、提供、公开、删除等活动。

（三）重要数据是指一旦遭到篡改、破坏、泄露或者非法获取、非法利用，可能危害国家安全、公共利益的数据。包括以下数据：

1. 未公开的政务数据、工作秘密、情报数据和执法司法数据；

2. 出口管制数据，出口管制物项涉及的核心技术、设计方案、生产工艺等相关的数据，密码、生物、电子信息、人工智能等领域对国家安全、经济竞争实力有直接影响的科学技术成果数据；

3. 国家法律、行政法规、部门规章明确规定需要保护或者控制传播的国家经济运行数据、重要行业业务数据、统计数据等；

4. 工业、电信、能源、交通、水利、金融、国防科技工业、海关、税务等重点行业和领域安全生产、运行的数据，关键系统组件、设备供应链数据；

5. 达到国家有关部门规定的规模或者精度的基因、地理、矿产、气象等人口与健康、自然资源与环境国家基础数据；

6. 国家基础设施、关键信息基础设施建设运行及其安全数据，国防设施、军事管理区、国防科研生产单位等重要敏感区域的地理位置、安保情况等数据；

7. 其他可能影响国家政治、国土、军事、经济、文化、社会、科技、生态、资源、核设施、海外利益、生物、太空、极地、深海等安全的数据。

（四）核心数据是指关系国家安全、国民经济命脉、重要民生和重大公共利益等的数据。

（五）数据处理者是指在数据处理活动中自主决定处理目的和处理方式的个人和组织。

（六）公共数据是指国家机关和法律、行政法规授权的具有管理公共事务职能的组织履行公共管理职责或者提供公共服务过程中收集、产生的各类数据，以及其他组织在提供公共服务中收集、产生的涉及公共利益的各类数据。

（七）委托处理是指数据处理者委托第三方按照约定的目的和方式开展的数据处理活动。

（八）单独同意是指数据处理者在开展具体数据处理活动时，对每项个人信息取得个人同意，不包括一次性针对多项个人信息、多种处理活动的同意。

（九）互联网平台运营者是指为用户提供信息发布、社交、交易、支付、视听等互联网平台服务的数据处理者。

（十）大型互联网平台运营者是指用户超过五千万、处理大量个人信息和重要数据、具有强大社会动员能力和市场支配地位的互联网平台运营者。

（十一）数据跨境安全网关是指阻断访问境外反动网站和有害信息、防止来自境外的网络攻击、管控跨境网络数据传输、防范侦查打击跨境网络犯罪的重要安全基础设施。

（十二）公共信息是指数据处理者在提供公共服务过程中收集、产生的具有公共传播特性的信息。包括公开发布信息、可转发信息、无明确接收人信息等。

第七十四条 涉及国家秘密信息、核心数据、密码使用的数据处理活动，按照国家有关规定执行。

第七十五条 本条例自　　年　　月　　日起施行。

《金融信息服务管理规定》

（国家互联网信息办公室 2018 年 12 月）

第一条 为加强金融信息服务内容管理，提高金融信息服务质量，促进金融信息服务健康有序发展，保护自然人、法人和非法人组织的合法权益，维护国家安全和公共利益，根据《中华人民共和国网络安全法》《互联网信息服务管理办法》《国务院关于授权国家互联网信息办公室负责互联网信息内容管理工作的通知》，制定本规定。

第二条 在中华人民共和国境内从事金融信息服务，应当遵守本规定。

本规定所称金融信息服务，是指向从事金融分析、金融交易、金融决策或者其他金融活动的用户提供可能影响金融市场的信息和/或者金融数据的服务。该服务不同于通讯社服务。

第三条 国家互联网信息办公室负责全国金融信息服务的监督管理执法工作，地方互联网信息办公室依据职责负责本行政区域内的金融信息服务的监督管理执法工作。

第四条 金融信息服务提供者从事互联网新闻信息服务、法定特许或者应予以备案的金融业务应当取得相应资质，并接受有关主管部门的监督管理。

第五条 金融信息服务提供者应当履行主体责任，配备与服务规模相适应的管理人员，建立信息内容审核、信息数据保存、信息安全保障、个人信息保护、知识产权保护等服务规范。

第六条 金融信息服务提供者应当在显著位置准确无误注明信息来源，并确保文字、图像、视频、音频等形式的金融信息来源可追溯。

第七条 金融信息服务提供者应当配备相关专业人员，负责金融信息内容的审核，确保金融信息真实、客观、合法。

第八条 金融信息服务提供者不得制作、复制、发布、传播含有下列内容的信息：

（一）散布虚假金融信息，危害国家金融安全以及社会稳定的；

（二）歪曲国家财政货币政策、金融管理政策，扰乱经济秩序、损害国家利益的；

（三）教唆他人商业欺诈或经济犯罪，造成社会影响的；

（四）虚构证券、基金、期货、外汇等金融市场事件或新闻的；

（五）宣传有关主管部门禁止的金融产品与服务的；

（六）法律、法规和规章禁止的其他内容。

第九条 金融信息服务提供者应当自觉接受用户监督，设置便捷投诉窗口，及时妥善处理投诉事宜，并保存有关记录。

第十条 金融信息服务使用者发现金融信息服务提供者所提供的金融信息含有本规定第八条所列内容的，可以向国家或地方互联网信息办公室举报。

第十一条 金融信息服务提供者发现含有本规定第八条所列信息内

容的，应当立即终止传输、禁止使用和停止传播该信息内容，及时采取处置措施，消除相关信息内容，保存完整记录并向国家或地方互联网信息办公室报告。

第十二条　国家和地方互联网信息办公室应当建立日常检查和定期检查相结合的监督管理制度，依法对金融信息服务活动实施监督检查，有关单位、个人应当予以配合。

第十三条　金融信息服务使用者向社会传播金融信息服务提供者提供的金融信息中含有本规定第八条所列内容的，由国家或地方互联网信息办公室以及有关主管部门依法处罚。

第十四条　金融信息服务提供者违反本规定第五条、第六条、第七条、第八条、第九条规定的，由国家或地方互联网信息办公室依据职责进行约谈、公开谴责、责令改正、列入失信名单；依法应当予以行政处罚的，由国家或地方互联网信息办公室等有关主管部门给予行政处罚；构成犯罪的，依法追究刑事责任。

第十五条　国家和地方互联网信息办公室根据工作需要，与有关主管部门建立金融信息服务情况通报、信息共享等工作机制，对违法违规行为实施联合惩戒。

第十六条　鼓励金融信息服务提供者建立行业自律组织，制定服务规范，推动行业信用体系建设，促进行业健康有序发展。

第十七条　本规定自 2019 年 2 月 1 日起施行。

《网络安全审查办法》

国家互联网信息办公室、中华人民共和国国家发展和改革委员会、中华人民共和国工业和信息化部、中华人民共和国公安部、中华人民共和国国家安全部、中华人民共和国财政部、中华人民共和国商务部、中国人民银行、国家市场监督管理总局、国家广播电视总局、中国证券监督管

理委员会、国家保密局、国家密码管理局令（第 8 号）

第一条 为了确保关键信息基础设施供应链安全，保障网络安全和数据安全，维护国家安全，根据《中华人民共和国国家安全法》、《中华人民共和国网络安全法》、《中华人民共和国数据安全法》、《关键信息基础设施安全保护条例》，制定本办法。

第二条 关键信息基础设施运营者采购网络产品和服务，网络平台运营者开展数据处理活动，影响或者可能影响国家安全的，应当按照本办法进行网络安全审查。

前款规定的关键信息基础设施运营者、网络平台运营者统称为当事人。

第三条 网络安全审查坚持防范网络安全风险与促进先进技术应用相结合、过程公正透明与知识产权保护相结合、事前审查与持续监管相结合、企业承诺与社会监督相结合，从产品和服务以及数据处理活动安全性、可能带来的国家安全风险等方面进行审查。

第四条 在中央网络安全和信息化委员会领导下，国家互联网信息办公室会同中华人民共和国国家发展和改革委员会、中华人民共和国工业和信息化部、中华人民共和国公安部、中华人民共和国国家安全部、中华人民共和国财政部、中华人民共和国商务部、中国人民银行、国家市场监督管理总局、国家广播电视总局、中国证券监督管理委员会、国家保密局、国家密码管理局建立国家网络安全审查工作机制。

网络安全审查办公室设在国家互联网信息办公室，负责制定网络安全审查相关制度规范，组织网络安全审查。

第五条 关键信息基础设施运营者采购网络产品和服务的，应当预判该产品和服务投入使用后可能带来的国家安全风险。影响或者可能影响国家安全的，应当向网络安全审查办公室申报网络安全审查。

关键信息基础设施安全保护工作部门可以制定本行业、本领域预判指南。

第六条 对于申报网络安全审查的采购活动，关键信息基础设施运营者应当通过采购文件、协议等要求产品和服务提供者配合网络安全审查，包括承诺不利用提供产品和服务的便利条件非法获取用户数据、非法控制和操纵用户设备，无正当理由不中断产品供应或者必要的技术支持服务等。

第七条 掌握超过100万用户个人信息的网络平台运营者赴国外上市，必须向网络安全审查办公室申报网络安全审查。

第八条 当事人申报网络安全审查，应当提交以下材料：

（一）申报书；

（二）关于影响或者可能影响国家安全的分析报告；

（三）采购文件、协议、拟签订的合同或者拟提交的首次公开募股（IPO）等上市申请文件；

（四）网络安全审查工作需要的其他材料。

第九条 网络安全审查办公室应当自收到符合本办法第八条规定的审查申报材料起10个工作日内，确定是否需要审查并书面通知当事人。

第十条 网络安全审查重点评估相关对象或者情形的以下国家安全风险因素：

（一）产品和服务使用后带来的关键信息基础设施被非法控制、遭受干扰或者破坏的风险；

（二）产品和服务供应中断对关键信息基础设施业务连续性的危害；

（三）产品和服务的安全性、开放性、透明性、来源的多样性，供应渠道的可靠性以及因为政治、外交、贸易等因素导致供应中断的风险；

（四）产品和服务提供者遵守中国法律、行政法规、部门规章情况；

（五）核心数据、重要数据或者大量个人信息被窃取、泄露、毁损以及非法利用、非法出境的风险；

（六）上市存在关键信息基础设施、核心数据、重要数据或者大量个人信息被外国政府影响、控制、恶意利用的风险，以及网络信息安全风险；

（七）其他可能危害关键信息基础设施安全、网络安全和数据安全的因素。

第十一条 网络安全审查办公室认为需要开展网络安全审查的，应当自向当事人发出书面通知之日起 30 个工作日内完成初步审查，包括形成审查结论建议和将审查结论建议发送网络安全审查工作机制成员单位、相关部门征求意见；情况复杂的，可以延长 15 个工作日。

第十二条 网络安全审查工作机制成员单位和相关部门应当自收到审查结论建议之日起 15 个工作日内书面回复意见。

网络安全审查工作机制成员单位、相关部门意见一致的，网络安全审查办公室以书面形式将审查结论通知当事人；意见不一致的，按照特别审查程序处理，并通知当事人。

第十三条 按照特别审查程序处理的，网络安全审查办公室应当听取相关单位和部门意见，进行深入分析评估，再次形成审查结论建议，并征求网络安全审查工作机制成员单位和相关部门意见，按程序报中央网络安全和信息化委员会批准后，形成审查结论并书面通知当事人。

第十四条 特别审查程序一般应当在 90 个工作日内完成，情况复杂的可以延长。

第十五条 网络安全审查办公室要求提供补充材料的，当事人、产品和服务提供者应当予以配合。提交补充材料的时间不计入审查时间。

第十六条 网络安全审查工作机制成员单位认为影响或者可能影响国家安全的网络产品和服务以及数据处理活动，由网络安全审查办公室按程序报中央网络安全和信息化委员会批准后，依照本办法的规定进行审查。

为了防范风险，当事人应当在审查期间按照网络安全审查要求采取预防和消减风险的措施。

第十七条　参与网络安全审查的相关机构和人员应当严格保护知识产权，对在审查工作中知悉的商业秘密、个人信息，当事人、产品和服务提供者提交的未公开材料，以及其他未公开信息承担保密义务；未经信息提供方同意，不得向无关方披露或者用于审查以外的目的。

第十八条　当事人或者网络产品和服务提供者认为审查人员有失客观公正，或者未能对审查工作中知悉的信息承担保密义务的，可以向网络安全审查办公室或者有关部门举报。

第十九条　当事人应当督促产品和服务提供者履行网络安全审查中作出的承诺。

网络安全审查办公室通过接受举报等形式加强事前事中事后监督。

第二十条　当事人违反本办法规定的，依照《中华人民共和国网络安全法》、《中华人民共和国数据安全法》的规定处理。

第二十一条　本办法所称网络产品和服务主要指核心网络设备、重要通信产品、高性能计算机和服务器、大容量存储设备、大型数据库和应用软件、网络安全设备、云计算服务，以及其他对关键信息基础设施安全、网络安全和数据安全有重要影响的网络产品和服务。

第二十二条　涉及国家秘密信息的，依照国家有关保密规定执行。

国家对数据安全审查、外商投资安全审查另有规定的，应当同时符合其规定。

第二十三条　本办法自 2022 年 2 月 15 日起施行。2020 年 4 月 13 日公布的《网络安全审查办法》（国家互联网信息办公室、国家发展和改革委员会、工业和信息化部、公安部、国家安全部、财政部、商务部、中国人民银行、国家市场监督管理总局、国家广播电视总局、国家保密局、国家密码管理局令第 6 号）同时废止。

《中国人民银行支付系统数字证书管理办法》

第一条 为规范中国人民银行支付系统（以下简称支付系统）数字证书管理，保障数据传输安全，依据《中华人民共和国中国人民银行法》、《中华人民共和国电子签名法》及有关法律法规的规定，制定本办法。

第二条 为实现支付系统业务数据传输和交换过程中的真实性、完整性和不可抵赖性，保障系统交易安全，支付系统与其参与者之间采用基于公钥基础设施（Public Key Infrastructure，以下简称PKI）的电子签名机制，使用第三方认证机构发放的数字证书提供安全认证服务。

第三条 本办法适用于管理和使用支付系统数字证书的中国人民银行及其分支机构和支付系统参与者。

本办法所称支付系统数字证书包括大额支付系统、小额支付系统、网上支付跨行清算系统、全国支票影像交换系统、境内外币支付系统、支付管理信息系统和支付信息统计分析系统等系统使用的数字证书。

第四条 中国人民银行及其分支机构是数字证书的主管单位，负责数字证书相关操作和管理。

第五条 数字证书分两级管理，一级管理在中国人民银行，设有注册中心（Registration Authority，以下简称RA），二级管理在中国人民银行上海总部，各分行、营业管理部、省会（首府）城市中心支行和深圳市中心支行，设有地方注册中心（Local Registration Authority，以下简称LRA），RA和LRA负责支付系统数字证书管理，受理业务的时间与国家法定工作日一致。

第六条 中国人民银行清算总中心负责RA的管理，中国人民银行分支机构清算中心负责LRA的管理，RA和LRA分别设置管理员、录入操作员、审核操作员岗位，管理员、录入操作员、审核操作员岗位相互不能兼任；支付系统参与者设置证书管理员岗位。

（一）RA 管理员职责：

1. 发放、管理 RA 录入操作员、RA 审核操作员和 LRA 管理员的证书；

2. 管理 RA 录入操作员和 RA 审核操作员的操作权限；

3. 管理 LRA 机构。

（二）RA 录入操作员职责：

录入支付系统参与者证书操作申请。

（三）RA 审核操作员职责：

审核支付系统参与者的证书操作申请，发放和管理支付系统参与者证书。

（四）LRA 管理员职责：

1. 发放、管理 LRA 录入操作员和 LRA 审核操作员的证书；

2. 管理 LRA 录入操作员和 LRA 审核操作员的操作权限。

（五）LRA 录入操作员职责：

录入辖区内支付系统参与者的证书操作申请。

（六）LRA 审核操作员职责：

审核支付系统参与者的证书操作申请，发放和管理辖区内支付系统参与者证书。

（七）支付系统参与者证书管理员职责：

1. 向中国人民银行或其分支机构提交本机构的证书操作申请；

2. 负责本机构支付系统数字证书自助补发、换发等操作，负责证书下载、安装；

3. 保管数字证书文件。

第七条 中国人民银行及其分支机构应做好证书操作管理，妥善保管证书操作的申请文档。

第八条 中国人民银行及其分支机构在受理证书操作申请时，应仔细查验申请机构或用户的有效证件，做好身份鉴别。

第九条 支付系统电子签名所用的数字证书只限于支付系统使用。

第十条 中国人民银行及其分支机构和支付系统参与者应做好数字证书维护，保证证书可用，证书到期前及时换发，避免由于证书失效导致业务中断或延迟。

第十一条 中国人民银行及其分支机构和支付系统参与者应采取以下措施保障数字证书安全：

（一）妥善保护支付系统数字证书文件和相应存储介质（以下称USB – Key），不得转借他人。

（二）文件证书私钥保护密码位数应不少于 8 位，应含有数字、大小写字母和特殊字符，并定期更换证书密码，不得泄漏。

（三）USB – Key 应设置保护密码，不得泄露并定期更换。

（四）如发现数字证书文件和 USB – Key 丢失、损坏或被非法复制，以及证书私钥保护密码丢失或泄漏，应当及时向证书的主管单位报告并按证书管理流程进行补发或冻结。

第十二条 中国人民银行及其分支机构和支付系统参与者应根据实际需要申请证书，对于不再使用的证书及时办理撤销，避免不必要的浪费，中国人民银行清算总中心和中国人民银行分支机构清算中心应定期检查、核实所发放证书的使用情况，加强监督管理。

第十三条 中国人民银行清算总中心应根据本办法制定实施细则。

第十四条 本办法由中国人民银行负责解释。

第十五条 本办法自发布之日起施行。《全国支票影像交换系统数字证书管理办法（试行）》（银办发〔2006〕265 号文印发）、《网上支付跨行清算系统数字证书管理办法（试行）》（银办发〔2010〕159 号文印发)、《支付管理信息系统数字证书管理办法（试行）》（银办发〔2007〕73 号文印发）同时废止。

《商用密码产品生产管理规定》

国家密码管理局公告第 32 号

第一条 为了加强商用密码产品生产管理，规范商用密码产品生产活动，根据《商用密码管理条例》，制定本规定。

第二条 本规定所称商用密码产品，是指采用密码技术对不涉及国家秘密内容的信息进行加密保护或者安全认证的产品。

第三条 商用密码产品生产活动适用本规定。本规定所称商用密码产品生产包括商用密码产品的研制开发。

第四条 商用密码产品的品种和型号必须经国家密码管理局批准，未经批准的商用密码产品不得生产或者销售。

第五条 国家密码管理局主管全国的商用密码产品生产管理工作。

省、自治区、直辖市密码管理机构依据本规定承担有关管理工作。

第六条 商用密码产品生产单位应当具备独立的法人资格，具有与开发、生产商用密码产品相适应的技术力量和场所，具有确保商用密码产品质量的设备、生产工艺和质量保证体系，满足法律、行政法规规定的其它条件。

第七条 商用密码产品生产单位生产商用密码产品，应当在研制出产品样品后向国家密码管理局申请产品品种和型号。

申请产品品种和型号应当向所在地的省、自治区、直辖市密码管理机构或者国家密码管理局提交下列材料：

（一）商用密码产品品种和型号申请书；

（二）具有独立法人资格的证明材料；

（三）商用密码产品相关技术材料（技术工作总结报告、安全性设计报告、用户手册）；

（四）具有与生产商用密码产品相适应的质量保证能力和信用状况的证明材料。

商用密码产品所采用的密码算法应当是国家密码管理局认可的算法。

第八条 商用密码产品生产单位提交的申请材料齐备并且符合规定形式的，省、自治区、直辖市密码管理机构或者国家密码管理局应当受理并发给《受理通知书》；申请材料不齐备或者不符合规定形式的，省、自治区、直辖市密码管理机构或者国家密码管理局应当当场或者在 5 个工作日内一次告知需要补正的全部内容。不予受理的，应当书面通知并说明理由。

申请材料由省、自治区、直辖市密码管理机构受理的，省、自治区、直辖市密码管理机构应当自受理申请之日起 5 个工作日内完成初审，并将初审意见和全部申请材料报送国家密码管理局。

第九条 国家密码管理局受理申请或者收到省、自治区、直辖市密码管理机构报送的材料后应当组织安全性审查（含产品样品测试，下同），并自省、自治区、直辖市密码管理机构或者国家密码管理局受理申请之日起 15 个工作日内，将安全性审查所需时间书面告知申请人。

通过安全性审查的，在 5 个工作日内批给产品品种和型号，发给产品品种和型号证书，并予以公布。未通过安全性审查的，不予批准并说明理由。

安全性审查所需时间不计算在本规定所设定的期限内。

第十条 商用密码产品生产单位应当按照批准的品种和型号生产产品，并在产品上标明产品型号。

第十一条 商用密码产品必须经国家指定的机构检测、认证合格，并加施强制性认证标志后方可出厂。

暂未列入强制性认证目录的商用密码产品，必须经国家密码管理局指定的产品质量检测机构检测合格。

第十二条 商用密码产品生产单位应当于每年 1 月 31 日前，向所在地的省、自治区、直辖市密码管理机构如实报送上一年度商用密码产品的生产经营、销售登记和质量安全保障等情况。

第十三条 商用密码产品生产单位及其人员，应当对所接触和掌握的商用密码技术承担保密义务。

第十四条 商用密码产品生产单位应当建立健全保密规章制度，对其人员进行保密教育。

第十五条 生产商用密码产品应当在符合安全保密要求的环境中进行。

保管商用密码产品应当采取相应的安全措施。

第十六条 商用密码技术资料、关键部件应当由专人保管，并采取相应的保密措施，防止商用密码技术的泄露。生产过程中产生的废弃品应当妥善销毁。

第十七条 参与商用密码产品安全性审查的专家和工作人员，应当对商用密码产品的技术方案和安全设计方案承担保密义务。

第十八条 违反本规定的行为，依照《商用密码管理条例》予以处罚。

第十九条 商用密码产品品种和型号证书由国家密码管理局印制。

第二十条 本规定自 2006 年 1 月 1 日起施行。

《电子认证服务管理办法》

中华人民共和国工业和信息化部令第 29 号

第一章　总　则

第一条 为了规范电子认证服务行为，对电子认证服务提供者实施监督管理，根据《中华人民共和国电子签名法》和其他法律、行政法规的规定，制定本办法。

第二条　本办法所称电子认证服务，是指为电子签名相关各方提供真实性、可靠性验证的活动。

本办法所称电子认证服务提供者，是指为需要第三方认证的电子签名提供认证服务的机构（以下称为"电子认证服务机构"）。

向社会公众提供服务的电子认证服务机构应当依法设立。

第三条　在中华人民共和国境内设立电子认证服务机构和为电子签名提供电子认证服务，适用本办法。

第四条　中华人民共和国工业和信息化部（以下简称"工业和信息化部"）依法对电子认证服务机构和电子认证服务实施监督管理。

第二章　电子认证服务机构

第五条　电子认证服务机构应当具备下列条件：

（一）具有独立的企业法人资格。

（二）具有与提供电子认证服务相适应的人员。从事电子认证服务的专业技术人员、运营管理人员、安全管理人员和客户服务人员不少于三十名，并且应当符合相应岗位技能要求。

（三）注册资本不低于人民币三千万元。

（四）具有固定的经营场所和满足电子认证服务要求的物理环境。

（五）具有符合国家有关安全标准的技术和设备。

（六）具有国家密码管理机构同意使用密码的证明文件。

（七）法律、行政法规规定的其他条件。

第六条　申请电子认证服务许可的，应当向工业和信息化部提交下列材料：

（一）书面申请。

（二）人员证明。

（三）企业法人营业执照副本及复印件。

（四）经营场所证明。

（五）国家有关认证检测机构出具的技术、设备、物理环境符合国家有关安全标准的凭证。

（六）国家密码管理机构同意使用密码的证明文件。

第七条 工业和信息化部对提交的申请材料进行形式审查。申请材料齐全、符合法定形式的，应当向申请人出具受理通知书。申请材料不齐全或者不符合法定形式的，应当当场或者在五日内一次告知申请人需要补正的全部内容。

第八条 工业和信息化部对决定受理的申请材料进行实质审查。需要对有关内容进行核实的，指派两名以上工作人员实地进行核查。

第九条 工业和信息化部对与申请人有关事项书面征求中华人民共和国商务部等有关部门的意见。

第十条 工业和信息化部应当自接到申请之日起四十五日内作出准予许可或者不予许可的书面决定。不予许可的，应当书面通知申请人并说明理由；准予许可的，颁发《电子认证服务许可证》，并公布下列信息：

（一）《电子认证服务许可证》编号。

（二）电子认证服务机构名称。

（三）发证机关和发证日期。

电子认证服务许可相关信息发生变更的，工业和信息化部应当及时公布。

《电子认证服务许可证》的有效期为五年。

第十一条 电子认证服务机构不得倒卖、出租、出借或者以其他形式非法转让《电子认证服务许可证》。

第十二条 取得认证资格的电子认证服务机构，在提供电子认证服务之前，应当通过互联网公布下列信息：

（一）机构名称和法定代表人。

（二）机构住所和联系办法。

（三）《电子认证服务许可证》编号。

（四）发证机关和发证日期。

（五）《电子认证服务许可证》有效期的起止时间。

第十三条 电子认证服务机构在《电子认证服务许可证》的有效期内变更公司名称、住所、法定代表人、注册资本的，应当在完成工商变更登记之日起 15 日内办理《电子认证服务许可证》变更手续。

第十四条 《电子认证服务许可证》的有效期届满需要延续的，电子认证服务机构应当在许可证有效期届满三十日前向工业和信息化部申请办理延续手续，并自办结之日起五日内按照本办法第十二条的规定公布相关信息。

第三章 电子认证服务

第十五条 电子认证服务机构应当按照工业和信息化部公布的《电子认证业务规则规范》等要求，制定本机构的电子认证业务规则和相应的证书策略，在提供电子认证服务前予以公布，并向工业和信息化部备案。

电子认证业务规则和证书策略发生变更的，电子认证服务机构应当予以公布，并自公布之日起三十日内向工业和信息化部备案。

第十六条 电子认证服务机构应当按照公布的电子认证业务规则提供电子认证服务。

第十七条 电子认证服务机构应当保证提供下列服务：

（一）制作、签发、管理电子签名认证证书。

（二）确认签发的电子签名认证证书的真实性。

（三）提供电子签名认证证书目录信息查询服务。

（四）提供电子签名认证证书状态信息查询服务。

第十八条 电子认证服务机构应当履行下列义务：

（一）保证电子签名认证证书内容在有效期内完整、准确。

（二）保证电子签名依赖方能够证实或者了解电子签名认证证书所载内容及其他有关事项。

（三）妥善保存与电子认证服务相关的信息。

第十九条 电子认证服务机构应当建立完善的安全管理和内部审计制度。

第二十条 电子认证服务机构应当遵守国家的保密规定，建立完善的保密制度。

电子认证服务机构对电子签名人和电子签名依赖方的资料，负有保密的义务。

第二十一条 电子认证服务机构在受理电子签名认证证书申请前，应当向申请人告知下列事项：

（一）电子签名认证证书和电子签名的使用条件。

（二）服务收费的项目和标准。

（三）保存和使用证书持有人信息的权限和责任。

（四）电子认证服务机构的责任范围。

（五）证书持有人的责任范围。

（六）其他需要事先告知的事项。

第二十二条 电子认证服务机构受理电子签名认证申请后，应当与证书申请人签订合同，明确双方的权利义务。

第四章　电子认证服务的暂停、终止

第二十三条 电子认证服务机构在《电子认证服务许可证》的有效期内拟终止电子认证服务的，应当在终止服务六十日前向工业和信息化部报告，并办理《电子认证服务许可证》注销手续。

第二十四条 电子认证服务机构拟暂停或者终止电子认证服务的，

应当在暂停或者终止电子认证服务九十日前，就业务承接及其他有关事项通知有关各方。

电子认证服务机构拟暂停或者终止电子认证服务的，应当在暂停或者终止电子认证服务六十日前向工业和信息化部报告，并与其他电子认证服务机构就业务承接进行协商，作出妥善安排。

第二十五条 电子认证服务机构拟暂停或者终止电子认证服务，未能就业务承接事项与其他电子认证服务机构达成协议的，应当申请工业和信息化部安排其他电子认证服务机构承接其业务。

第二十六条 电子认证服务机构被依法吊销电子认证服务许可的，其业务承接事项按照工业和信息化部的规定处理。

第二十七条 电子认证服务机构有根据工业和信息化部的安排承接其他机构开展的电子认证服务业务的义务。

第五章　电子签名认证证书

第二十八条 电子签名认证证书应当准确载明下列内容：

（一）签发电子签名认证证书的电子认证服务机构名称。

（二）证书持有人名称。

（三）证书序列号。

（四）证书有效期。

（五）证书持有人的电子签名验证数据。

（六）电子认证服务机构的电子签名。

（七）工业和信息化部规定的其他内容。

第二十九条 有下列情况之一的，电子认证服务机构可以撤销其签发的电子签名认证证书：

（一）证书持有人申请撤销证书。

（二）证书持有人提供的信息不真实。

（三）证书持有人没有履行双方合同规定的义务。

（四）证书的安全性不能得到保证。

（五）法律、行政法规规定的其他情况。

第三十条 有下列情况之一的，电子认证服务机构应当对申请人提供的证明身份的有关材料进行查验，并对有关材料进行审查：

（一）申请人申请电子签名认证证书。

（二）证书持有人申请更新证书。

（三）证书持有人申请撤销证书。

第三十一条 电子认证服务机构更新或者撤销电子签名认证证书时，应当予以公告。

第六章　监督管理

第三十二条 工业和信息化部对电子认证服务机构进行定期、不定期的监督检查，监督检查的内容主要包括法律法规符合性、安全运营管理、风险管理等。

工业和信息化部对电子认证服务机构实行监督检查时，应当记录监督检查的情况和处理结果，由监督检查人员签字后归档。公众有权查阅监督检查记录。

工业和信息化部对电子认证服务机构实行监督检查，不得妨碍电子认证服务机构正常的生产经营活动，不得收取任何费用。

第三十三条 取得电子认证服务许可的电子认证服务机构，在电子认证服务许可的有效期内不得降低其设立时所应具备的条件。

第三十四条 电子认证服务机构应当如实向工业和信息化部报送认证业务开展情况报告、财务会计报告等有关资料。

第三十五条 电子认证服务机构有下列情况之一的，应当及时向工业和信息化部报告：

（一）重大系统、关键设备事故。

（二）重大财产损失。

（三）重大法律诉讼。

（四）关键岗位人员变动。

第三十六条 电子认证服务机构应当对其从业人员进行岗位培训。

第三十七条 工业和信息化部根据监督管理工作的需要，可以委托有关省、自治区和直辖市信息产业主管部门承担具体的监督管理事项。

第七章 罚 则

第三十八条 电子认证服务机构向工业和信息化部隐瞒有关情况、提供虚假材料或者拒绝提供反映其活动的真实材料的，由工业和信息化部责令改正，给予警告或者处以 5000 元以上 1 万元以下的罚款。

第三十九条 工业和信息化部与省、自治区、直辖市信息产业主管部门的工作人员，不依法履行监督管理职责的，由工业和信息化部或者省、自治区、直辖市信息产业主管部门依据职权视情节轻重，分别给予警告、记过、记大过、降级、撤职、开除的行政处分；构成犯罪的，依法追究刑事责任。

第四十条 电子认证服务机构违反本办法第十三条、第十五条、第二十七条的规定的，由工业和信息化部依据职权责令限期改正，处以警告，可以并处 1 万元以下的罚款。

第四十一条 电子认证服务机构违反本办法第三十三条的规定的，由工业和信息化部依据职权责令限期改正，处以 3 万元以下的罚款，并将上述情况向社会公告。

第八章 附 则

第四十二条 经工业和信息化部根据有关协议或者对等原则核准后，中华人民共和国境外的电子认证服务机构在境外签发的电子签名认证证书与依照本办法设立的电子认证服务机构签发的电子签名认证证书具有同等的法律效力。

第四十三条 本办法自 2009 年 3 月 31 日起施行。2005 年 2 月 8 日

发布的《电子认证服务管理办法》（中华人民共和国信息产业部令第 35
号）同时废止。

《电子认证服务密码管理办法》

国家密码管理局公告第 32 号

第一条 为了规范电子认证服务提供者使用密码的行为，根据《中
华人民共和国电子签名法》、《商用密码管理条例》和相关法律、行政法
规的规定，制定本办法。

第二条 国家密码管理局对电子认证服务提供者使用密码的行为实
施监督管理。

省、自治区、直辖市密码管理机构依据本办法承担有关监督管理
工作。

第三条 提供电子认证服务，应当依据本办法申请《电子认证服务
使用密码许可证》。

第四条 采用密码技术为社会公众提供第三方电子认证服务的系统
（以下称电子认证服务系统）使用商用密码。

电子认证服务系统应当由具有商用密码产品生产和密码服务能力的
单位承建。

第五条 电子认证服务系统的建设和运行应当符合《证书认证系统
密码及其相关安全技术规范》。

第六条 电子认证服务系统所需密钥服务由国家密码管理局和省、
自治区、直辖市密码管理机构规划的密钥管理系统提供。

第七条 申请《电子认证服务使用密码许可证》应当在电子认证服
务系统建设完成后，向所在地的省、自治区、直辖市密码管理机构或者
国家密码管理局提交下列材料：

（一）《电子认证服务使用密码许可证申请表》；

（二）企业法人营业执照复印件；

（三）电子认证服务系统安全性审查相关技术材料，包括建设工作总结报告、技术工作总结报告、安全性设计报告、安全管理策略和规范报告、用户手册和测试说明；

（四）电子认证服务系统互联互通测试相关技术材料；

（五）电子认证服务系统使用的信息安全产品符合有关法律规定的证明文件。

第八条 申请人提交的申请材料齐全并且符合规定形式的，省、自治区、直辖市密码管理机构或者国家密码管理局应当受理并发给《受理通知书》；申请材料不齐全或者不符合规定形式的，省、自治区、直辖市密码管理机构或者国家密码管理局应当当场或者在 5 个工作日内一次告知需要补正的全部内容。不予受理的，应当书面通知并说明理由。

申请材料由省、自治区、直辖市密码管理机构受理的，省、自治区、直辖市密码管理机构应当自受理申请之日起 5 个工作日内将全部申请材料报送国家密码管理局。

第九条 国家密码管理局应当自省、自治区、直辖市密码管理机构或者国家密码管理局受理申请之日起 20 个工作日内对申请人提交的申请材料进行审查，组织对电子认证服务系统进行安全性审查和互联互通测试，并将安全性审查和互联互通测试所需时间书面通知申请人。

电子认证服务系统通过安全性审查和互联互通测试的，由国家密码管理局发给《电子认证服务使用密码许可证》并予以公布；未通过安全性审查或者互联互通测试的，不予许可，书面通知申请人并说明理由。

安全性审查和互联互通测试所需时间不计算在本办法所设定的期限内。

第十条 《电子认证服务使用密码许可证》载明下列内容：

（一）许可证编号；

（二）电子认证服务提供者名称；

（三）许可证有效期限；

（四）发证机关和发证日期。

《电子认证服务使用密码许可证》有效期为5年。

第十一条　电子认证服务提供者变更名称的，应当自变更之日起30日内，持变更证明文件到所在地的省、自治区、直辖市密码管理机构办理《电子认证服务使用密码许可证》更换手续。

电子认证服务提供者变更住所、法定代表人的，应当自变更之日起30日内，持变更证明文件到所在地的省、自治区、直辖市密码管理机构备案。

第十二条　《电子认证服务使用密码许可证》有效期满需要延续的，应当在许可证有效期届满30日前向国家密码管理局提出申请。国家密码管理局根据申请，在许可证有效期满前作出是否准予延续的决定。

第十三条　电子认证服务提供者终止电子认证服务或者《电子认证服务许可证》被吊销的，原持有的《电子认证服务使用密码许可证》自行失效。

第十四条　电子认证服务提供者对其电子认证服务系统进行技术改造或者进行系统搬迁的，应当将有关情况书面报国家密码管理局，经国家密码管理局同意后方可继续运行。必要时，国家密码管理局可以组织对电子认证服务系统进行安全性审查和互联互通测试。

第十五条　国家密码管理局和省、自治区、直辖市密码管理机构对电子认证服务提供者使用密码的情况进行监督检查。监督检查采取书面审查和现场核查相结合的方式。

监督检查发现存在不符合许可条件的情形的，限期整改；限期整改后仍不符合许可条件的，由国家密码管理局撤销其《电子认证服务使用密码许可证》，通报国务院信息产业主管部门并予以公布。

第十六条　有下列情形之一的，由国家密码管理局责令改正；情节严重的，吊销《电子认证服务使用密码许可证》，通报国务院信息产业主管部门并予以公布：

（一）电子认证服务系统的运行不符合《证书认证系统密码及其相关安全技术规范》的；

（二）电子认证服务系统使用本办法第六条规定以外的密钥管理系统提供的密钥开展业务的；

（三）对电子认证服务系统进行技术改造或者进行系统搬迁，未按照本办法第十四条规定办理的。

第十七条 国家密码管理局和省、自治区、直辖市密码管理机构的工作人员在电子认证服务密码管理工作中滥用职权、玩忽职守、徇私舞弊的，依法给予行政处分；构成犯罪的，依法追究刑事责任。

第十八条 《电子认证服务使用密码许可证申请表》由国家密码管理局统一印制。

第十九条 本办法施行前已经取得《电子认证服务使用密码许可证》的电子认证服务提供者，应当自本办法施行之日起 3 个月内到所在地的省、自治区、直辖市密码管理机构办理《电子认证服务使用密码许可证》的换证手续。

第二十条 本办法自 2009 年 12 月 1 日起施行。2005 年 3 月 31 日国家密码管理局发布的《电子认证服务密码管理办法》同时废止。

《市场监管总局关于印发〈电子营业执照管理办法（试行）〉的通知》

国市监注〔2018〕249 号

第一条 为规范电子营业执照的应用与管理，维护市场主体的合法权益，依据《公司法》《电子签名法》《网络安全法》等法律法规和国务院有关文件规定，制定本办法。

第二条 本办法适用于市场监管部门发放和管理电子营业执照的行

为，市场主体领取、下载及使用电子营业执照的行为，以及电子营业执照的政务和商务应用的行为。

本办法所称电子营业执照，是指由市场监管部门依据国家有关法律法规、按照统一标准规范核发的载有市场主体登记信息的法律电子证件。电子营业执照与纸质营业执照具有同等法律效力，是市场主体取得主体资格的合法凭证。

本办法所称电子营业执照文件，是指按照全国统一版式和格式记载市场主体登记事项，并经市场监管部门依法加签数字签名的电子文档。

本规定所称电子营业执照应用程序，是指由市场监管总局提供的，安装并运行在手机等智能移动终端上，支撑电子营业执照应用的软件。

本办法所称电子营业执照系统，是指由市场监管总局统一建设、部署和管理的，用于电子营业执照签发、存储、管理、验证和应用的相关数据文件、标准规范、软件系统及硬件设备的总称。

本办法所称市场主体，是指各类企业、个体工商户和农民专业合作社。

第三条 电子营业执照系统是全国统一的市场主体身份验证系统，支持市场主体身份全国范围内的通用验证和识别。电子营业执照具备防伪、防篡改、防抵赖等信息安全保障特性。

第四条 市场监管部门是发放和管理电子营业执照的法定部门。市场监管部门发放电子营业执照不向市场主体收取费用。

第五条 市场监管总局负责全国电子营业执照工作的总体部署和统筹推进；负责电子营业执照系统的规划、建设和管理；负责电子营业执照管理规范、技术方案和标准的制定；负责全国统一的电子营业执照库和市场主体身份验证系统的建设和管理；负责推进电子营业执照在全国范围内跨区域、跨层级和跨行业的应用。

各省（自治区、直辖市）市场监管部门负责本地区电子营业执照的发放和管理；负责推进电子营业执照在本地区的应用；负责本地区电子营业执照系统相关建设、运行、维护和安全管理。

各市（县、区）市场监管部门依法负责本辖区电子营业执照的发放、管理和应用。

第六条 市场主体设立登记后，即时生成电子营业执照并存储于电子营业执照库。电子营业执照通过手机等装载有电子营业执照应用程序的智能移动终端进行领取、下载和使用。

电子营业执照的下载、使用，采用真实身份信息登记制度。在确认持照人身份和市场主体身份之间关系时，持照人须出示有效的身份证明或需对持照人进行基于个人身份等真实信息的认证或登记。

第七条 市场主体设立登记后首次领取和下载电子营业执照，以及办理变更登记后重新领取和下载电子营业执照，应由经市场监管部门登记的公司的法定代表人、合伙企业的执行事务合伙人、个人独资企业的投资人、个体工商户的经营者、农民专业合作社的法定代表人以及各类企业分支机构的负责人（下称法定代表人）领取和下载。

合伙企业有数个合伙人执行合伙事务的，应当协商决定由一名执行事务合伙人领取和下载合伙企业电子营业执照。

第八条 法定代表人领取电子营业执照后，可自行或授权其他证照管理人员保管、持有、使用电子营业执照。市场主体对其电子营业执照的管理和授权使用行为的合法性、真实性、合理性等负责。

第九条 市场主体办理涉及营业执照记载事项变更登记的，原下载至移动终端的电子营业执照需重新下载。变更法定代表人登记的，原法定代表人下载的电子营业执照将无法继续使用，新任法定代表人需要重新下载电子营业执照。

载有电子营业执照的移动终端丢失或损坏的，法定代表人可使用其他移动终端重新下载电子营业执照，原移动终端存储的电子营业执照将无法继续使用。

第十条 电子营业执照适用于需要提供市场主体身份凭证的场合，包括但不限于下列情形：

（一）出示营业执照以表明市场主体身份，或使用营业执照进行市场主体身份认证和证明的；

（二）办理市场主体登记注册业务的；

（三）以市场主体身份登录网上系统或平台，办理各项业务、开展经营活动的；

（四）登录国家企业信用信息公示系统报送年度报告、自主公示信息的；

（五）以市场主体身份对电子文件、表单或数据等进行电子签名的；

（六）在互联网上公开营业执照信息和链接标识的；

（七）授权相关个人或单位共享、传输或获取其市场主体数据信息的；

（八）按照法律、法规和相关规定需要使用和提供营业执照的。

第十一条 社会公众、相关单位和机构使用电子营业执照应用程序或接入电子营业执照系统，可实时联网验证市场主体电子营业执照真伪、查询市场主体身份信息及状态，并可同步比对查验电子营业执照持照人相关信息。

电子营业执照应用程序中加载的电子营业执照验证二维码和条形码，为电子营业执照验证专用码。

第十二条 电子营业执照文件存储于市场监管总局电子营业执照库，市场主体可自行下载、存储或打印电子营业执照文件。打印的电子营业执照文件可用于信息展示和需要提交纸质营业执照复印件的情形，按规定需要加盖市场主体印章的，遵其规定。市场主体对使用其自行下载或打印的电子营业执照文件行为的真实性、合法性和合理性负责。

只领取电子营业执照的市场主体，应下载并打印电子营业执照文件，置于住所或营业场所的醒目位置，或通过电子显示屏等方式亮明电子营业执照。

第十三条 电子营业执照文件的内容和版式与纸质营业执照基本相同。电子营业执照文件中标注"电子营业执照"水印和数字签名值，不显示登记机关印章。按照本办法第十一条规定的方式，可比对查验电子营业执照文件真伪。

电子营业执照文件中加载的二维码为电子营业执照文件专用二维码。

第十四条 电子营业执照系统为国家政务服务平台提供市场主体统一身份认证服务和电子营业执照文件数据，各级市场监管部门应做好相关保障工作，并应积极支持各相关单位充分应用电子营业执照，提高服务效能、降低市场主体办事成本。

第十五条 市场主体使用电子营业执照可以对数据电文进行电子签名，符合《电子签名法》第十三条规定条件的，电子签名与手写签名或者盖章具有同等的法律效力。

第十六条 市场监管总局负责全国市场主体电子营业执照应用接入的统一管理，授权省级市场监管部门管理所辖范围内电子营业执照的接入工作。省级区域内电子营业执照的应用接入，应向省级市场监管部门提出接入申请，由省级市场监管部门批准后报市场监管总局登记注册局备案。跨省级区域的电子营业执照应用接入，由省级市场监管部门向市场监管总局登记注册局提出接入申请，经批准后实施。

电子营业执照系统接入的流程规范和技术标准由市场监管总局统一制定。

第十七条 接入电子营业执照系统，核验电子营业执照、存储或使用市场主体电子营业执照文件及信息的相关单位和团体，应当依法履行以下义务：

（一）应当保证电子营业执照系统和电子营业执照应用程序的完整性和统一性；

（二）应当建立健全用户信息安全保护机制，依法严格履行信息安全保护义务，严格落实信息安全管理责任；

（三）应当符合电子营业执照有关实人、实名、实照的使用原则，保障市场主体电子身份凭证安全；

（四）应当遵循合法、正当、必要的原则，并应当控制在自身业务体系中应用；对于电子营业执照的下载、出示、核验、身份认证、电子签名等基本应用功能，不允许额外收取市场主体使用费用；

（五）通过电子营业执照共享、传输市场主体登记信息的，应明示收集使用信息的目的、方式和范围，并经市场主体授权同意；

（六）应当支持市场主体通过手机等智能移动终端使用电子营业执照，为市场主体使用电子营业执照提供方便。

第十八条 任何单位和个人不得伪造、篡改和非法使用电子营业执照，不得攻击、侵入、干扰、破坏电子营业执照系统。如有违反规定，根据有关法律法规进行处理。

第十九条 本办法由市场监管总局负责解释，自印发之日起施行。

《电子商业汇票系统数字证书管理办法》

银发〔2018〕152 号

第一章 总 则

第一条 为规范电子商业汇票系统数字证书管理，保障数据传输安全，依据《电子商业汇票业务管理办法》（中国人民银行令〔2009〕2号发布）等规定，制定本办法。

第二条 为实现电子商业汇票的电子签名以及数据传输和交换过程中的不可抵赖性和完整性，保障系统交易安全，电子商业汇票系统以及电子商业汇票系统系统参与者之间采用公钥基础设施（Public Key Infrastructure）机制，使用第三方认证机构——中国金融认证中心有限公司（China Financial Certification Authority，以下简称 CFCA）发放的数字证书提供安全认证服务。

电子商业汇票系统系统参与者与客户之间所使用数字证书的管理不适用本办法。

第三条 数字证书由上海票据交易所股份有限公司（以下简称上海票据交易所）负责建立注册中心（Registration Authority，以下简称 RA）。RA 与 CFCA 专线连接。

第四条 RA 是 CFCA 授权的证书注册审核机构，延伸了 CFCA 证书发放、管理的范围，负责对证书申请者的证书管理。

第五条 证书管理操作内容包括证书申请、发放、撤销、补发、换发、冻结和解冻等操作。

第六条 RA 受理业务的时间与国家法定工作时间一致。

第七条 RA 设置管理员、录入操作员、审核操作员岗位。电子商业汇票系统的系统参与者按照机构设置证书管理员岗。

第八条 RA 的证书管理岗位人员及电子商业汇票系统的系统参与者均需要申报一张数字证书。RA 实行"一人一证"，隶属于同一法人的电子商业汇票系统的系统参与者可共用数字证书。

第九条 RA 的管理员、录入操作员、审核操作员的数字证书存放在 USBKey 中，电子商业汇票系统的系统参与者的数字证书存放在证书文件或者 USBKey 中。

第十条 电子商业汇票系统的系统参与者进行电子商业汇票业务处理时，应使用自身的数字证书进行数字签名。电子商业汇票系统各级节点在接收到业务时，应进行核签，核签不通过的，按相关规定处理。

第十一条　数字证书有效期为 3 年，数字证书颁发或换发时收取 3 年的证书服务费。

第二章　岗位职责

第十二条　RA 管理员职责：

（一）收集并保存 RA 录入操作员、RA 审核操作员的证书申请表；

（二）发放、管理 RA 录入操作员和 RA 审核操作员的证书，生成参考号和授权码（以下简称"两码"），将两码通过特定方式交予 RA 录入操作员和 RA 审核操作员，并进行登记管理；

（三）管理 RA 录入操作员和 RA 审核操作员的操作权限。

第十三条　RA 录入操作员职责：

（一）录入经审核的电子商业汇票系统的系统参与者的证书申请；

（二）录入经审核的电子商业汇票系统的系统参与者证书管理操作的申请。

第十四条　RA 审核操作员职责：

（一）收集并保存经审核的电子商业汇票系统的系统参与者的证书申请表和批量录入文件；

（二）审核电子商业汇票系统的系统参与者的证书申请和证书管理操作申请，生成两码并通过特定方式交予电子商业汇票系统系统参与者证书管理员，并进行登记管理；

（三）查询和统计所有电子商业汇票系统的系统参与者的证书信息；

（四）监控所有电子商业汇票系统的系统参与者的证书管理操作。

第十五条　电子商业汇票系统的系统参与者证书管理员职责：

（一）向法人提交本机构的《电子商业汇票系统系统参与者证书申请表》（附 1）、《电子商业汇票系统系统参与者批量录入文件（Excel 格式）》（附 2）和《电子商业汇票系统系统参与者证书管理表》（附 3），由法人向上海票据交易所提交申请；

（二）从法人处领取由上海票据交易所发放的本机构两码；

（三）登陆 CFCA 网站，输入两码，设置数字证书密码，下载本机构的数字证书文件；

（四）保管数字证书文件，安装与使用数字证书；

（五）定期修改数字证书密码。

第三章　证书管理

第十六条　电子商业汇票系统的系统参与者证书发放流程：

（一）电子商业汇票系统的系统参与者填写《电子商业汇票系统系统参与者证书申请表》，交由法人盖章，同时填写《电子商业汇票系统系统参与者批量录入文件（Excel 格式)》，以法人为单位提交上海票据交易所。

（二）上海票据交易所对《电子商业汇票系统系统参与者证书申请表》、Excel 汇总电子数据文件审核确认后，由 RA 录入操作员录入电子商业汇票系统的系统参与者证书申请信息。录入时可以批量导入 Excel 汇总电子数据文件，也可以直接录入《电子商业汇票系统系统参与者证书申请表》信息。

（三）RA 审核操作员对录入的信息进行审核。审核通过的，RA 审核操作员生成两码。

（四）RA 审核操作员将两码通过特定方式交予电子商业汇票系统的系统参与者所属法人。

（五）电子商业汇票系统的系统参与者证书管理员从法人处领取两码后，登陆 CFCA 网站，输入两码，设置数字证书的密码，下载数字证书文件。

第十七条　电子商业汇票系统的系统参与者退出电子商业汇票系统、发生私钥泄露、证书文件丢失的，可以申请证书撤销。

电子商业汇票系统的系统参与者证书撤销流程：

（一）电子商业汇票系统的系统参与者证书管理员填写《电子商业汇票系统系统参与者证书管理表》，由法人盖章后，提交上海票据交易所；

（二）RA 录入操作员录入电子商业汇票系统系统参与者的证书撤销申请信息，RA 审核操作员对录入的信息进行审核。审核通过的，RA 审核操作员撤销证书。

第十八条 发生证书密码遗忘、私钥泄漏、证书文件丢失或损坏等情况下，可以申请证书补发，证书补发后有效期不变，补发成功后原有证书自动撤销。

电子商业汇票系统的系统参与者证书补发流程：

（一）电子商业汇票系统系统参与者证书管理员填写《电子商业汇票系统系统参与者证书管理表》，由法人盖章后，提交上海票据交易所。

（二）RA 录入操作员录入电子商业汇票系统系统参与者的证书补发申请信息，RA 审核操作员对录入的信息进行审核，审核通过的，生成两码。

（三）RA 审核操作员将两码通过特定方式交予电子商业汇票系统系统参与者所属法人。

（四）电子商业汇票系统的系统参与者证书管理员从法人处领取两码后，登陆 CFCA 网站，输入两码，设置数字证书的密码，下载新的数字证书文件。

第十九条 证书即将到期或者已经过期的，须申请证书换发，换发成功后原有证书自动撤销。

电子商业汇票系统的系统参与者证书换发流程：

（一）电子商业汇票系统系统参与者证书管理员填写《电子商业汇票系统系统参与者证书管理表》，由法人盖章后，提交上海票据交易所。

（二）RA 录入操作员录入电子商业汇票系统系统参与者的证书换发

申请信息。RA 审核操作员对录入的信息进行审核，审核通过的，生成两码。

（三）RA 审核操作员将两码通过特定方式交予电子商业汇票系统系统参与者所属法人。

（四）电子商业汇票系统系统参与者证书管理员从法人处领取两码后，登陆 CFCA 网站，输入两码，设置数字证书的密码，下载新的数字证书文件。

第二十条　发现证书处于非正常使用状态的，可以进行证书冻结。

电子商业汇票系统的系统参与者证书冻结流程：

（一）填写《电子商业汇票系统系统参与者证书管理表》，由法人盖章后，提交上海票据交易所。

（二）RA 录入操作员录入电子商业汇票系统系统参与者的证书冻结申请信息。RA 审核操作员对录入的信息进行审核，审核通过的，进行冻结操作。

第二十一条　被冻结的证书符合重新使用条件的，可以申请证书解冻。

电子商业汇票系统的系统参与者证书解冻流程：

（一）电子商业汇票系统系统参与者证书管理员填写《电子商业汇票系统系统参与者证书管理表》，由法人盖章后，提交上海票据交易所。

（二）RA 录入操作员录入电子商业汇票系统系统参与者的证书解冻申请信息。RA 审核操作员对录入的信息进行审核，审核通过的，进行解冻操作。

第二十二条　证书使用者应妥善保管 USBKey 或证书文件，不得转借他人。

第二十三条　RA 管理员、RA 录入操作员、RA 审核操作员应妥善保管证书保护密码，不得泄漏。

第二十四条　电子商业汇票系统的系统参与者证书管理员必须设置较为复杂的证书密码，密码位数至少 12 位，应含有数字、大小写字母和特殊字符，并定期更换证书密码，不得泄漏。

第二十五条　电子商业汇票系统的系统参与者数字证书密钥泄漏、数字证书文件损坏或者丢失时，应立即报告上海票据交易所，并按证书管理流程申请撤销或补发。

第四章　附　则

第二十六条　本办法由中国人民银行负责解释和修订。

第二十七条　本办法自印发之日起施行。

《区块链信息服务管理规定》

国家互联网信息办公室令（第 3 号）

第一条　为了规范区块链信息服务活动，维护国家安全和社会公共利益，保护公民、法人和其他组织的合法权益，促进区块链技术及相关服务的健康发展，根据《中华人民共和国网络安全法》《互联网信息服务管理办法》和《国务院关于授权国家互联网信息办公室负责互联网信息内容管理工作的通知》，制定本规定。

第二条　在中华人民共和国境内从事区块链信息服务，应当遵守本规定。法律、行政法规另有规定的，遵照其规定。

本规定所称区块链信息服务，是指基于区块链技术或者系统，通过互联网站、应用程序等形式，向社会公众提供信息服务。

本规定所称区块链信息服务提供者，是指向社会公众提供区块链信息服务的主体或者节点，以及为区块链信息服务的主体提供技术支持的机构或者组织；本规定所称区块链信息服务使用者，是指使用区块链信息服务的组织或者个人。

第三条　国家互联网信息办公室依据职责负责全国区块链信息服务

的监督管理执法工作。省、自治区、直辖市互联网信息办公室依据职责负责本行政区域内区块链信息服务的监督管理执法工作。

第四条 鼓励区块链行业组织加强行业自律，建立健全行业自律制度和行业准则，指导区块链信息服务提供者建立健全服务规范，推动行业信用评价体系建设，督促区块链信息服务提供者依法提供服务、接受社会监督，提高区块链信息服务从业人员的职业素养，促进行业健康有序发展。

第五条 区块链信息服务提供者应当落实信息内容安全管理责任，建立健全用户注册、信息审核、应急处置、安全防护等管理制度。

第六条 区块链信息服务提供者应当具备与其服务相适应的技术条件，对于法律、行政法规禁止的信息内容，应当具备对其发布、记录、存储、传播的即时和应急处置能力，技术方案应当符合国家相关标准规范。

第七条 区块链信息服务提供者应当制定并公开管理规则和平台公约，与区块链信息服务使用者签订服务协议，明确双方权利义务，要求其承诺遵守法律规定和平台公约。

第八条 区块链信息服务提供者应当按照《中华人民共和国网络安全法》的规定，对区块链信息服务使用者进行基于组织机构代码、身份证件号码或者移动电话号码等方式的真实身份信息认证。用户不进行真实身份信息认证的，区块链信息服务提供者不得为其提供相关服务。

第九条 区块链信息服务提供者开发上线新产品、新应用、新功能的，应当按照有关规定报国家和省、自治区、直辖市互联网信息办公室进行安全评估。

第十条 区块链信息服务提供者和使用者不得利用区块链信息服务从事危害国家安全、扰乱社会秩序、侵犯他人合法权益等法律、行政法规禁止的活动，不得利用区块链信息服务制作、复制、发布、传播法律、行政法规禁止的信息内容。

第十一条 区块链信息服务提供者应当在提供服务之日起十个工作日内通过国家互联网信息办公室区块链信息服务备案管理系统填报服务提供者的名称、服务类别、服务形式、应用领域、服务器地址等信息，履行备案手续。

区块链信息服务提供者变更服务项目、平台网址等事项的，应当在变更之日起五个工作日内办理变更手续。

区块链信息服务提供者终止服务的，应当在终止服务三十个工作日前办理注销手续，并作出妥善安排。

第十二条 国家和省、自治区、直辖市互联网信息办公室收到备案人提交的备案材料后，材料齐全的，应当在二十个工作日内予以备案，发放备案编号，并通过国家互联网信息办公室区块链信息服务备案管理系统向社会公布备案信息；材料不齐全的，不予备案，在二十个工作日内通知备案人并说明理由。

第十三条 完成备案的区块链信息服务提供者应当在其对外提供服务的互联网站、应用程序等的显著位置标明其备案编号。

第十四条 国家和省、自治区、直辖市互联网信息办公室对区块链信息服务备案信息实行定期查验，区块链信息服务提供者应当在规定时间内登录区块链信息服务备案管理系统，提供相关信息。

第十五条 区块链信息服务提供者提供的区块链信息服务存在信息安全隐患的，应当进行整改，符合法律、行政法规等相关规定和国家相关标准规范后方可继续提供信息服务。

第十六条 区块链信息服务提供者应当对违反法律、行政法规规定和服务协议的区块链信息服务使用者，依法依约采取警示、限制功能、关闭账号等处置措施，对违法信息内容及时采取相应的处理措施，防止信息扩散，保存有关记录，并向有关主管部门报告。

第十七条　区块链信息服务提供者应当记录区块链信息服务使用者发布内容和日志等信息，记录备份应当保存不少于六个月，并在相关执法部门依法查询时予以提供。

第十八条　区块链信息服务提供者应当配合网信部门依法实施的监督检查，并提供必要的技术支持和协助。

区块链信息服务提供者应当接受社会监督，设置便捷的投诉举报入口，及时处理公众投诉举报。

第十九条　区块链信息服务提供者违反本规定第五条、第六条、第七条、第九条、第十一条第二款、第十三条、第十五条、第十七条、第十八条规定的，由国家和省、自治区、直辖市互联网信息办公室依据职责给予警告，责令限期改正，改正前应当暂停相关业务；拒不改正或者情节严重的，并处五千元以上三万元以下罚款；构成犯罪的，依法追究刑事责任。

第二十条　区块链信息服务提供者违反本规定第八条、第十六条规定的，由国家和省、自治区、直辖市互联网信息办公室依据职责，按照《中华人民共和国网络安全法》的规定予以处理。

第二十一条　区块链信息服务提供者违反本规定第十条的规定，制作、复制、发布、传播法律、行政法规禁止的信息内容的，由国家和省、自治区、直辖市互联网信息办公室依据职责给予警告，责令限期改正，改正前应当暂停相关业务；拒不改正或者情节严重的，并处二万元以上三万元以下罚款；构成犯罪的，依法追究刑事责任。

区块链信息服务使用者违反本规定第十条的规定，制作、复制、发布、传播法律、行政法规禁止的信息内容的，由国家和省、自治区、直辖市互联网信息办公室依照有关法律、行政法规的规定予以处理。

第二十二条　区块链信息服务提供者违反本规定第十一条第一款的规定，未按照本规定履行备案手续或者填报虚假备案信息的，由国家和省、自治区、直辖市互联网信息办公室依据职责责令限期改正；拒不改正或者情节严重的，给予警告，并处一万元以上三万元以下罚款。

第二十三条　在本规定公布前从事区块链信息服务的，应当自本规定生效之日起二十个工作日内依照本规定补办有关手续。

第二十四条　本规定自 2019 年 2 月 15 日起施行。

※ 中央政策 ※

《金融科技发展规划（2022—2025 年）》（节选）

银发〔2021〕335 号

第三章　重点任务

（九）架设安全泛在的金融网络。积极应用分段路由、软件定义网络等技术，优化建设高可靠冗余网络架构，实现网络资源虚拟化、流量调度智能化、运维管理自动化，着力提升金融网络健壮性和服务能力，为金融数字化转型架设通信高速公路。综合运用第五代移动通信技术（5G）、窄带物联网（NB－IoT）、射频识别（RFID）等技术打造固移融合、宽窄结合的物与物互联网络和服务平台，实现移动金融终端和固定传感设备统一接入、管理和控制，为数字信贷、数字风控等金融业务提供海量物联网数据支撑，助力线上线下、内外部多渠道融合互联，促进云管边端一体化协同发展。全面推进互联网协议第六版（IPv6）技术创新与融合应用，实现从能用向好用转变、从数量到质量转变、从外部推动向内生驱动转变。充分发挥区块链技术低成本互信、数据不可篡改、信息可追溯的优势，通过分布式账本、智能合约、共识机制等手段解决互联网存在的数据安全性、完整性、可信性问题，为供应链金融、贸易金融等参与主体多、验真成本高、交易流程长的金融场景提供底层基础支撑。

（十二）切实保障供应链稳定可靠。事前把好选型关口，强化关键核心技术提供方资质与能力审核，综合前瞻性、可扩展性、稳定性等因素开展多维度技术应用适配测试与安全评估，确保技术路径与自身需求高度匹配。事中保障应急储备，加强与供应链上下游企业联动协同，强化备品备件管理，在关键领域建立完善后备供给信息库，不断拓宽和加固多元化供应渠道，避免"单点故障"，提升连续供给、快速恢复能力。事后强化风险处置，综合商流、物流、资金流、信息流持续监测关键核心技术产品服务的运行状态，做好风险预警和处置，提升供应链弹性和韧性，构建稳健高效的关键核心技术金融应用供应体系。

（二十）打造数字绿色的服务体系。在小微金融领域，发挥大数据、人工智能等技术的"雷达作用"，捕捉小微企业更深层次融资需求，综合利用企业经营、政务、金融等各类数据全面评估小微企业状况，缓解银企间信息不对称问题，提供与企业生产经营场景相适配的精细化、定制化数字信贷产品；运用科技手段和基础设施动态监测信贷资金流向流量，确保资金精准融入实体经济的"关键动脉"，提高金融资源配置效率，支持企业可持续发展。在农村金融领域，借助移动物联网、卫星遥感、电子围栏等技术，加强种子与农产品生产、加工、运输、交易等全链条数据自动化采集、可溯化信任和智能化分析，让"动产"转换为"不动产"实现融资需求精准授信，推动农业保险承保理赔电子化、智能化，提高农村地区金融服务下沉度和渗透率，助力农业产业现代化发展，有力支撑乡村振兴战略实施。在供应链金融领域，通过"金融科技＋供应链场景"建立多方互信机制，实现核心企业"主体信用"、交易标的"物的信用"、交易信息"数据信用"一体化协同管理，将供应链金融风险管理模式从授信企业"单点"管理向产业"链条"全风险管理转变；探索使用电子签章、远程音视频等技术提升贷前、贷中、贷后"三查"效率和融资结算的线上化、数字化水平，有效增强供应链金融整体服务能力。在绿色金融领域，运用数字技术开展绿色定量定性分析，强化绿色企业、绿色项目智能识别能力，提升碳足迹计量、核算与披露水平，在依法合规、风险可控前提下为企业提供绿色信贷、绿色债券、绿色保险、碳金融等多元化金融产品和服务；利用大数据、人工智能等技术建立绿色信息监测与分析模型，搭建风险知识图谱实现对企业的风险监控，量化环境效益和转型风险，提升绿色金融风险管理能力。

《贯彻落实网络安全等级保护制度和关键信息基础设施安全保护制度的指导意见》（节选）

公网安〔2020〕1960 号

二、深入贯彻实施国家网络安全等级保护制度

（五）加强供应链安全管理。网络运营者应加强网络关键人员的安全管理，第三级以上网络运营者应对为其提供设计、建设、运维、技术服务的机构和人员加强管理，评估服务过程中可能存在的安全风险，并采取相应的管控措施。网络运营者应加强网络运维管理，因业务需要确需通过互联网远程运维的，应进行评估论证，并采取相应的管控措施。网络运营者应采购、使用符合国家法律法规和有关标准规范要求的网络产品及服务，第三级以上网络运营者应积极应用安全可信的网络产品及服务。

※ 司法解释 ※

《人民法院在线诉讼规则》（节选）

法释〔2021〕12 号

第十六条 当事人作为证据提交的电子数据系通过区块链技术存储，并经技术核验一致的，人民法院可以认定该电子数据上链后未经篡改，

但有相反证据足以推翻的除外。

第十七条 当事人对区块链技术存储的电子数据上链后的真实性提出异议，并有合理理由的，人民法院应当结合下列因素作出判断：

（一）存证平台是否符合国家有关部门关于提供区块链存证服务的相关规定；

（二）当事人与存证平台是否存在利害关系，并利用技术手段不当干预取证、存证过程；

（三）存证平台的信息系统是否符合清洁性、安全性、可靠性、可用性的国家标准或者行业标准；

（四）存证技术和过程是否符合相关国家标准或者行业标准中关于系统环境、技术安全、加密方式、数据传输、信息验证等方面的要求。

第十八条 当事人提出电子数据上链存储前已不具备真实性，并提供证据证明或者说明理由的，人民法院应当予以审查。

人民法院根据案件情况，可以要求提交区块链技术存储电子数据的一方当事人，提供证据证明上链存储前数据的真实性，并结合上链存储前数据的具体来源、生成机制、存储过程、公证机构公证、第三方见证、关联印证数据等情况作出综合判断。当事人不能提供证据证明或者作出合理说明，该电子数据也无法与其他证据相互印证的，人民法院不予确认其真实性。

第十九条 当事人可以申请具有专门知识的人就区块链技术存储电子数据相关技术问题提出意见。

《最高人民法院关于互联网法院审理案件若干问题的规定》（节选）

法释〔2018〕16 号

第十一条 当事人对电子数据真实性提出异议的，互联网法院应当结合质证情况，审查判断电子数据生成、收集、存储、传输过程的真实性，并着重审查以下内容：

（一）电子数据生成、收集、存储、传输所依赖的计算机系统等硬件、软件环境是否安全、可靠；

（二）电子数据的生成主体和时间是否明确，表现内容是否清晰、客观、准确；

（三）电子数据的存储、保管介质是否明确，保管方式和手段是否妥当；

（四）电子数据提取和固定的主体、工具和方式是否可靠，提取过程是否可以重现；

（五）电子数据的内容是否存在增加、删除、修改及不完整等情形；

（六）电子数据是否可以通过特定形式得到验证。

当事人提交的电子数据，通过电子签名、可信时间戳、哈希值校验、区块链等证据收集、固定和防篡改的技术手段或者通过电子取证存证平台认证，能够证明其真实性的，互联网法院应当确认。

当事人可以申请具有专门知识的人就电子数据技术问题提出意见。互联网法院可以根据当事人申请或者依职权，委托鉴定电子数据的真实性或者调取其他相关证据进行核对。

※ 其他文件 ※

《中国人民银行征信中心动产融资统一登记公示系统操作规则》

（2014年6月发布，2022年1月第五次修订）

第一章　总　则

第一条　【制定依据】为规范在动产融资统一登记公示系统（以下简称"统一登记系统"）进行的动产和权利担保登记与查询行为，根据《中华人民共和国民法典》《优化营商环境条例》《国务院关于实施动产和权利担保统一登记的决定》（国发〔2020〕18 号）和中国人民银行《动产和权利担保统一登记办法》（中国人民银行令〔2021〕第 7 号发布）等规定，制定本规则。

第二条 【适用范围】本规则适用于中国人民银行征信中心（以下简称"征信中心"），以及在统一登记系统办理动产和权利担保登记与查询业务的当事人。统一登记系统网址为 https：//www. zhongdengwang. org. cn，简称"中登网"。

第三条 【定义】本规则所指动产和权利担保包括当事人通过约定在动产和权利上设定的、为偿付债务或以其他方式履行债务提供的、具有担保性质的各类交易形式，包括生产设备、原材料、半成品、产品抵押，应收账款质押，存款单、仓单、提单质押，融资租赁，保理，所有权保留，其他可以登记的动产和权利担保。但机动车抵押、船舶抵押、航空器抵押、债券质押、基金份额质押、股权质押、知识产权中的财产权质押除外。

本规则所指登记，是指权利人根据法律法规规定或出于保护自身权利的需要，在统一登记系统将有关动产和权利担保信息予以记载，并通过统一登记系统进行公示的行为。

本规则所指查询，是指相关动产和权利担保的权利人或利害关系人在统一登记系统通过输入"担保人名称"检索获得担保人名下所有正在公示的登记信息的行为。正在公示的登记信息包括登记期限未届满的登记信息，以及登记注销后展示期未届满的登记信息。

第四条 【登记真实性要求】当事人应通过统一登记系统自主办理登记，如实填写动产和权利担保信息，并对登记内容的真实性、完整性和合法性负责。征信中心不对登记内容进行实质审查。

如因登记内容填写错误，担保财产描述不能够合理识别担保财产等情形导致不能正确公示担保权利，或因虚假或不实登记给他人造成损害的，由办理登记的当事人承担全部责任。

第五条 【违规操作报送】当事人在办理登记的过程中违反相关法律法规、规章、本规则等相关规定和要求，故意提供虚假材料等办理登记，且经生效的人民法院判决、裁定或仲裁机构裁决依法认定的，征信中心可以将当事人的相关违规操作信息报送有关征信系统，并在统一登记系统中公开有关法律文书。

第二章 用 户

第六条 【用户注册】当事人在统一登记系统办理动产和权利担保登记与查询业务，应当注册为统一登记系统的用户。

第七条 【用户类型】统一登记系统的用户分为常用户和普通用户。

常用户是具有登记和查询权限的用户。法人、非法人组织和自然人均可以注册为常用户。

普通用户是仅具有查询权限的用户。自然人可以注册为普通用户。

第八条 【注册信息要求】用户应当如实填写注册信息，注册信息发生变化的，用户应及时更新。

第九条 【普通用户注册流程】申请普通用户的自然人可直接登录统一登记系统进行注册。申请人申请注册为统一登记系统普通用户的，视为接受《动产融资统一登记公示系统用户服务协议》（以下简称《用户协议》）。

第十条 【常用户注册流程】申请常用户的法人、非法人组织和自然人应首先登录统一登记系统填写注册信息，在统一登记系统申请注册为常用户的，视为接受《用户协议》。申请人完成在线注册后，应按照征信中心在统一登记系统发布的用户注册流程及时进行用户身份验证。

第十一条 【机构常用户管理员与操作员管理】机构常用户在统一登记系统内设置用户管理员，用户管理员创建和管理本机构的操作员。操作员以用户管理员为其设定的权限进行登记或查询操作。

管理员、操作员在统一登记系统的用户管理、登记、查询等操作行为由其所在的机构负责。

第十二条 【个人常用户管理】个人常用户可以办理本人为担保人或担保权人任意一方的登记业务，但不可代理他人办理登记业务。

第十三条 【用户信息自主变更流程】用户可凭已绑定手机号码自主修改密码、手机号码等信息。

第十四条 【用户信息申请变更流程】机构常用户申请名称变更、管理员密码重置的，应按照征信中心在统一登记系统发布的业务办理流程提出申请。对于符合条件的申请，征信中心自收到申请之日起1个工作日内办理完毕。

第十五条 【用户注销流程】当事人申请注销用户的，应按照征信中心在统一登记系统发布的业务办理流程提交申请。对于符合条件的申请，征信中心自收到申请之日起1个工作日内办理完毕。普通用户通过统一登记系统自行注销。

第三章 登 记

第十六条 【登记办理人】担保权人办理登记。担保权人办理登记前，应当与担保人就登记内容达成一致。

担保权人可以自行办理，也可以委托他人办理。委托他人办理登记的，适用本规则关于担保权人办理登记的规定。委托他人办理登记的，受托人在完成登记后，应将相关登记信息告知委托人。

登记办理人在统一登记系统和本规则中称为"填表人"。

第十七条 【登记业务范围】统一登记系统支持生产设备、原材料、半成品、产品抵押登记，应收账款质押登记，存款单、仓单、提单质押登记，融资租赁登记，应收账款转让（保理）登记，所有权保留登记，以及其他动产和权利担保登记。机动车抵押登记、船舶抵押登记、航空器抵押登记、债券质押登记、基金份额质押登记、股权质押登记、知识产权中的财产权质押登记除外。

填表人应按照交易相关的动产和权利担保的性质选择相应的业务类型进行登记。

第十八条 【担保业务真实性】担保权人开展动产和权利担保融资业务时，应当严格审核确认担保财产的真实性，并在统一登记系统中查询担保财产的权利负担状况。

第十九条 【登记内容】填表人就动产和权利担保初次进行登记的，应选择初始登记，登记内容包括担保权人和担保人的基本信息、担保财产信息、登记期限等。填表人可根据担保合同约定，同时填写多个担保合同当事人信息。

担保权人可以与担保人约定将主债权金额、担保范围、禁止或限制转让的担保财产等项目作为登记内容。填表人可以按照担保合同内容对担保财产信息进行具体描述或概括描述，但应达到能够合理识别担保财产的程度。

最高额担保应登记最高债权额。

填表人可以根据权利公示需要自行选择登记期限。

第二十条 【变更登记】登记内容存在遗漏、错误等情形或登记内容发生变化的，填表人应当办理变更登记。

担保人或担保权人法定注册名称变更的，填表人应当自变更之日起4个月内办理变更登记。

对初始登记进行变更的，应当输入该初始登记证明编号与修改码。

变更登记后，变更登记证明载明的登记信息是该次变更登记后相关动产和权利担保的最新状况。

登记已经被注销、登记期限届满或登记已经被撤销的，不能进行变更。

第二十一条 【展期登记】在登记期限届满前，可以申请展期登记。

登记期限届满未展期的，登记不再对外提供查询。

对初始登记进行展期的，应当输入该初始登记证明编号与修改码。

用户可进行多次展期，每次展期期限最短 1 个月，最长不超过 30 年。

第二十二条 【异议登记】担保人或其他利害关系人对登记有异议的，可以和填表人协商，要求变更或注销有关登记。协商不成的，可以申请异议登记。

担保人或其他利害关系人进行异议登记，应当注册为统一登记系统常用户，并应在异议登记办理完毕之日起 7 日内通知担保权人。

办理异议登记的当事人应在办理异议的同时上传人民法院或者仲裁机构的案件受理通知，或者于异议登记完成后 30 日内将上述证明材料一次性上传完整。上传过附件的异议登记不能再次补充附件。发表异议登记的用户可自行注销异议登记。

当事人在异议登记完成后 30 日内不提供上述证明材料，征信中心将撤销该笔异议登记。

第二十三条 【注销登记】登记期限未届满，但登记记载的主债权消灭、担保权利实现、担保权人放弃登记载明的担保财产之上的全部担保权或者其他导致所登记权利消灭情形的，填表人应自上述情形产生之日起 10 个工作日内办理注销登记。

办理注销登记的，应当输入该初始登记证明编号与修改码。

填表人迟延办理注销登记，给他人造成损害的，应当承担相应的法律责任。

登记期限届满前注销，且剩余登记期限长于 180 日的，该登记将继续对外提供查询 180 日；剩余登记期限不足 180 日的，该登记在剩余登记期限内继续对外提供查询。

第二十四条 【登记授权人】对有多个权利人的登记进行变更、展期和注销时，可输入授权该次登记的权利人名称。

授权该次登记的权利人是统一登记系统中所指的授权人。

第二十五条 【登记证明】登记证明是统一登记系统出具的如实记录填表人登记时间、登记内容，并载有唯一登记证明编号的法律文件。

第二十六条 【撤销登记】应担保人或其他利害关系人、担保权人提出申请，征信中心将根据对担保人或其他利害关系人、担保权人生效的有关撤销登记的人民法院判决、裁定或仲裁机构裁决等法律文书，撤销相关登记。

申请撤销登记，当事人应将以下材料寄送至征信中心：

（一）填写完整的撤销登记申请表；

（二）申请人身份证明材料复印件；

（三）生效的有关撤销登记的人民法院判决、裁定或仲裁机构裁决的复印件。

申请人是自然人的，上述材料（一）应由申请人签字；申请人是法人、非法人组织的，上述材料应加盖公章。

对符合条件的撤销登记申请，征信中心在收到申请的 3 个工作日内撤销相关登记。

征信中心可以根据人民法院发来协助执行通知撤销相关登记。

征信中心可以根据填表人申请，撤销填表人已注销的相关登记。

第二十七条 【离线保存】登记注销、登记期限届满、登记撤销或基于法定职责，征信中心将对登记记录进行电子化离线保存，保存期限为 15 年。

第四章 查 询

第二十八条 【查询范围】任何法人、非法人组织和自然人均可以在注册为统一登记系统的用户后，查询动产和权利担保登记信息。

登记期限届满、登记被注销且注销后展示期届满、登记被撤销的，统一登记系统不再对外提供在线查询。当事人可以向征信中心申请相关登记信息的离线查询。

第二十九条 【查询条件】查询人可以担保人名称为检索标准在统一登记系统查询有关登记信息。

担保人为个人或个体工商户的，以担保人身份证件号码为检索标准进行查询。

第三十条 【查询结果】为保证查询结果的准确性，查询人在使用统一登记系统进行查询时，应输入准确、完整的检索条件。

查询人在统一登记系统输入查询条件后，统一登记系统输出查询结果，展示所有符合查询条件且正在公示的登记信息。

第三十一条 【查询证明】查询证明是指经常用户申请、由统一登记系统给出的，载有查询时间、查询条件、唯一查询证明编号，以及所有符合查询条件且正在公示的登记概要信息的法律文件。

第三十二条 【证明验证】本规则所指证明验证，是指任何法人、非法人组织和自然人通过登记证明编号或查询证明编号在统一登记系统对登记证明和查询证明进行验证的行为。

第三十三条 【证明验证的使用】任何法人、非法人组织和自然人均可在统一登记系统首页使用证明验证功能，无需登录统一登记系统或注册成为统一登记系统用户。登记证明已撤销的，统一登记系统不再对外提供该项登记证明的证明验证。

第五章 附 则

第三十四条 在统一登记系统输入字母、数字和括号，均应在半角状态下进行。

第三十五条 统一登记系统提供 7×24 小时服务，维护时间除外。因系统维护和升级等原因暂停服务时，征信中心将在统一登记系统网页进行公告。

第三十六条 用户应按照征信中心发布的经国务院价格主管部门确定的登记收费标准缴纳相关费用，原则上缴费完成后登记成功，后付费用户除外。

第三十七条 征信中心根据用户需求提供的短信、邮件提醒等服务为友好性提示，供用户登记、查询操作时参考使用。征信中心提供的接口功能为便利性服务，接口功能申请流程、开通标准由征信中心另行制定，通过接口开展的各项操作适用本规则的规定。

第三十八条 征信中心根据本规则制定与发布的有关登记指引、业务流程、操作规程等是本规则的细化与补充，用户应遵守相关规定。

第三十九条 本规则由中国人民银行征信中心负责解释。

第四十条 本规则自 2022 年 2 月 1 日起实施。

供应链金融
案例汇编

第四章 核心企业信用风险
典型案例分析

引言

供应链金融业务领域内核心企业是交易链条中的重要交易主体，在供应链交易中起到管理、组织、协调其他供应链参与者完成交易的重要作用，直接影响供应链金融服务及产品的具体模式设定，以及交易稳定性和安全性。因其交易角色的定位，核心企业的风险可能向交易链条上下游蔓延，因此对其风险的识别、管控和化解已经成为供应链金融交易中各方展业需关注的要点。

核心企业的信用风险来源是多元的，且可能通过多种形式显现，爆发风险的事项也都可能被纳入"信用风险"范畴，因此其他章节中选录的案例也可能被纳入本章可涉案例范围内，并辅助对于核心企业信用风险的理解。

基于上述原因，考虑到保理业务的普遍性以及房地产行业对供应链金融影响程度，本章节以供应链金融业务中经典的保理业务为出发点分别选取了保理融资司法案例，以及房地产应收账款及商票风险的商业案例，一方面是由于此类业务和行业基于核心企业信用而引发整体交易链条风险的情形较为常见，有助于体现核心企业信用风险对整个交易链条可能产生的影响；另一方面旨在提示保理商和金融机构展业过程中重点审查核心企业信用风险，应通过多种手段综合评估核心企业的经营实力、与上下游的合作情况、所处行业的市场及政策导向，从而对供应链上企业进行筛选，保障整个供应链的安全性和稳定性，避免因核心企业信用风险导致的全链条业务风险。在就避免保理业务、票据业务风险提出建议的同时，也希望为其他类型的供应链金融业务风险控制提供参考。

供应链交易中，企业资产不足、管理不规范、抗风险能力弱、产业结构失衡、行业发展下行，或加之无法匹配科技更新迭代进程等问题将在特殊时期可能被放大，而加强对核心企业的审查和信用管控能够有效降低因信息不对称、业务成本畸高、上下游交易欠缺稳定性等因素导致的风险，实现对整个供应链交易链条风险的有效管控。

【司法案例 1】 应收账款债权人的还款义务与保理融资人的回购义务竞合分析

安鑫达商业保理有限公司与深圳市沃特玛电池有限公司、
深圳市福正达科技有限公司、彭勇、杨乐友、刘峰合同纠纷

广东省广州市中级人民法院（2019）粤 01 民终 8393 号

审判要点：应收账款债权人的还款义务与保理融资人的回购义务基于不同法律关系产生，在禁止双重受偿的前提下均可被支持。

关键词：核心企业授信；保理融资；核心企业违约

【案情简介】

深圳市沃特玛电池有限公司（以下简称沃特玛公司）基于与安鑫达商业保理有限公司（以下简称安鑫达保理）签署的《反向保理战略合作协议》，向安鑫达保理推荐其供应商，并由安鑫达保理对该等供应商提供保理融资。其中，经沃特玛公司推荐，深圳市福正达科技有限公司（以下简称福正达公司）将对沃特玛公司的应收账款转让给安鑫达保理，

向安鑫达保理申请保理融资。彭勇、杨乐友、刘峰自愿对福正达公司在保理合同项下的债务提供连带保证担保。保理融资本金到期日及商业承兑汇票到期日，沃特玛公司没有向安鑫达保理支付应收账款；安鑫达保理按合同约定要求福正达公司回购，但福正达公司也没有向安鑫达保理支付商业保理融资回购款。

二审法院审理中认为：作为保理商的安鑫达保理基于债权转让取得了要求作为应收账款债务人的沃特玛公司清偿基础合同项下债务的权利，并基于保理合同约定取得了要求作为应收账款原债权人的福正达公司回购债权的权利，虽然这是基于不同原因的两个债权请求权，但均具备请求权基础，且法律对此并无明确限制，故可在禁止双重受偿的前提下均予以支持。

【分析与建议】

风险要点分析：

核心企业信用风险爆发时，往往引发其上下游企业信用危机，供应链交易中多节点企业的增信出现弱化，《中华人民共和国民法典》中规定"当事人约定有追索权保理的，保理人可以向应收账款债权人主张返还保理融资款本息或者回购应收账款债权，也可以向应收账款债务人主张应收账款债权"。提示注意的是，仅就底层应收账款债权转让附加有条件回购的交易安排而言，基于不同的交易约定和实质安排，存在被认定为应收账款转让方作为融资人向应收账款受让方提供让与担保，或应收账款转让方实质为底层应收账款的回收提供担保等不同理解，虽究其实质均不影响保理商就其提供保理融资款项的追偿，但从法律关系和诉讼策略层面确实可能产生不同影响。

建议：

加强核心企业风险审查、制定核心企业准入风控标准、设置合理的风控条件和措施是保理业务开展的重要风控手段，可将股权结构、销售业绩、历史履约情况、主营业务占比、成本控制水平、上下游合作关系等因素均纳入核心企业审查范围。就本案而言，保理公司向核心企业授信，为核心企业推荐的供应商提供保理融资，其应特别对核心企业信用情况进行重点审查和动态监控，并考虑建立现金流监管安排，避免由于核心企业信用风险导致应收账款回收障碍，而无法实现对应收账款的有效控制；加之核心企业自身的履约能力风险，需要在交易前端的交易主体审查、交易结构设计阶段即考虑如何有效控制和避免因核心企业风险辐射整个交易链条而导致的大规模交易损失。

【相关规定索引】

1. 《中华人民共和国民法典》

第五百四十六条 债权人转让债权，未通知债务人的，该转让对债务人不发生效力。

债权转让的通知不得撤销，但是经受让人同意的除外

第六百八十八条 当事人在保证合同中约定保证人和债务人对债务承担连带责任的，为连带责任保证。

连带责任保证的债务人不履行到期债务或者发生当事人约定的情形时，债权人可以请求债务人履行债务，也可以请求保证人在其保证范围内承担保证责任。

第七百六十六条 当事人约定有追索权保理的，保理人可以向应收账款债权人主张返还保理融资款本息或者回购应收账款债权，也可以向应收账款债务人主张应收账款债权。保理人向应收账款债务人主张应收账款债权，在扣除保理融资款本息和相关费用后有剩余的，剩余部分应当返还给应收账款债权人。

2. 《全国法院民商事审判工作会议纪要》

71.【让与担保】债务人或者第三人与债权人订立合同，约定将财产形式上转让至债权人名下，债务人到期清偿债务，债权人将该财产返

还给债务人或第三人，债务人到期没有清偿债务，债权人可以对财产拍卖、变卖、折价偿还债权的，人民法院应当认定合同有效。合同如果约定债务人到期没有清偿债务，财产归债权人所有的，人民法院应当认定该部分约定无效，但不影响合同其他部分的效力。

当事人根据上述合同约定，已经完成财产权利变动的公示方式转让至债权人名下，债务人到期没有清偿债务，债权人请求确认财产归其所有的，人民法院不予支持，但债权人请求参照法律关于担保物权的规定对财产拍卖、变卖、折价优先偿还其债权的，人民法院依法予以支持。债务人因到期没有清偿债务，请求对该财产拍卖、变卖、折价偿还所欠债权人合同项下债务的，人民法院亦应依法予以支持。

【司法案例2】保理业务中未向债权受让方披露的补充协议对债权受让方依然有效

中国平煤神马集团物流有限公司、

中国平煤神马能源化工集团有限责任公司金融借款合同纠纷

最高人民法院（2018）最高法民再129号

山东省高级人民法院（2017）鲁民终2号

审判要点：保理业务过程中，对于基础交易合同内容的变化，应该进行充分的风险评估，并承担由此可能产生的商业风险。

关键词：补充协议；披露义务；保理商业风险

【案情简介】

2014年2月15日，青岛澳海资产管理集团有限公司（以下简称澳海公司）与中国平煤神马集团物流有限公司（以下简称平煤物流公司）签订《煤炭采购合同》，澳海公司将煤炭卖给平煤物流公司并向平煤物流公司开具增值税发票。之后青岛信恒基商贸有限责任公司（以下简称信恒基公司）与平煤物流公司、澳海公司、签订的《三方协议》，约定信恒基公司将货款全部支付给平煤物流公司后，平煤物流公司按照合同约定及时支付给澳海公司，澳海公司在信恒基公司未付款之前，不得向平煤物流公司追索货款。

2014 年 2 月 19 日，三方签订《货权转让协议》，约定澳海公司与平煤物流公司、平煤物流公司及信恒基公司分别签订煤炭买卖合同，澳海公司直接将煤炭交付给信恒基公司，三方视为货权交付完毕。2014 年 2 月 25 日，澳海公司向平煤物流公司出具《应收账款转让债权通知书》，表明澳海公司已将 4324.3 万元应收账款转让给中国建设银行股份有限公司青岛市北支行（以下简称建行青岛市北支行），建行青岛市北支行成为应收账款债权人，平煤物流公司收到该通知书后向建行青岛市北支行出具《回执》，表明该公司已确认上述应收账款债权转让事宜。平煤物流公司到期后未向建行青岛市北支行支付相关款项，建行青岛市北支行遂提起诉讼。

再审法院审理时认为：平煤物流公司以《三方协议》付款条件未成就作为抗辩事由，应予以支持。平煤物流公司并无向建行青岛市北支行提示《三方协议》存在的合同义务和法定义务。建行青岛市北支行在开展保理业务过程中，对于基础交易合同内容的变化，应该进行充分的风险评估，并承担由此可能产生的商业风险。

【分析与建议】

风险要点分析：

底端基础交易材料的审核是对债务人开展供应链融资业务审查的基础，也是作为债权人风险控制的重要手段，债权人核查不严格、约定条款设置缺陷，或债务人在提供材料时未披露全部信息等均可能导致债权人对交易链条中的信用风险程度无法做出准确判断。

建议：

根据本案的审判思路，我们建议在保理业务中，保理机构应要求债权转让方完整、准确提供全部基础交易文件，并在受让应收账款债权时对交易主体及底端交易开展相应尽调工作，核查文件中体现的隐藏约定关系，避免出现交易对手隐瞒重要资料，导致无法按时收回相应款项的情况。同时，建议要求由原债权人、债务人出具承诺文件，承诺其未经保理机构事先书面同意，不得变更底端基础交易文件的任何约定，并就付款时间、方式等重要事项进行书面确认。

【相关规定索引】

1. 《中华人民共和国民法典》

第五百四十六条　债权人转让债权，未通知债务人的，该转让对债务人不发生效力。

债权转让的通知不得撤销，但是经受让人同意的除外。

第五百四十八条　债务人接到债权转让通知后，债务人对让与人的抗辩，可以向受让人主张。

2. 《商业银行保理业务管理暂行办法》

第十五条　商业银行应当对客户和交易等相关情况进行有效的尽职调查，重点对交易对手、交易商品及贸易习惯等内容进行审核，并通过审核单据原件或银行认可的电子贸易信息等方式，确认相关交易行为真实合理存在，避免客户通过虚开发票或伪造贸易合同、物流、回款等手段恶意骗取融资。

【商业案例】房地产企业暴雷导致商票违约风险

要点提示：房地产行业风险传导至供应商，核心企业信用风险引发供应链交易违约规模激增。

关键词：商业承兑汇票；房地产供应链金融；违约风险

【背景简介】

据上海票交所公布的截至 2022 年 5 月 31 日的商票持续逾期名单可

知，逾期企业合计 2553 家，较前一个月末增加 360 家，房地产和建筑企业达到 1633 家，占比 64%，其中多家大中型房企均有子公司出现在逾期名单中。房地产行业受到融资监管趋严、疫情持续等因素影响，导致部分头部房地产企业出现信用危机。通过商票、应收账款保理业务融资一直是房地产企业的重要资金融通渠道，其也在一定程度上隐匿了企业有息债务规模。随着房地产行业下行，房地产企业供应商，包括建筑业、装饰装修、原材料等领域均受到房地产核心企业信用危机波及。金融资管业务中相关产品无法实现兑付的情况显著增多，供应链金融资产证券化产品已经出现通过持有人会议审议展期及兑付方案情形。

【分析与建议】

风险要点分析：

房地产行业下行导致部分房地产领域核心企业信用风险爆发，随之而来的其各区域公司、项目公司均存在现金流压力，由此可能引发全链条交易风险，此项风险叠加违规或不合理的交易结构设计可能加大风险敞口，并使核心企业信用风险向资管市场传染和蔓延。

随着房地产企业融资监管口径趋严，在实践交易中金融机构可能为规避监管规定，采取配合房地产企业表外融资、对供应链底层现金流回款不予监管的情形出现，依赖于核心企业信用进行流动资金贷款式融资，一旦核心企业出现信用风险，难以控制底层现金流或资产，也缺少实质有效的增信保障，加剧了房地产供应链风险，并限制了风险化解手段。该类风险具有隐蔽性，并可能随着金融产品复杂化设计而扩大负面影响。此外，商业承兑汇票在实务操作中的不规范管理，也可能增加债权实现难度。

建议：

在资管领域内，金融机构应加强对行业政策的研究、核心企业现有融资模式的核查，判断企业所处行业风险、现金流压力以及供应链交易账期情况，合理设置交易结构，不应为配合债务人实现融资而放弃重要风控环节或放宽合规管控尺度。特别地，通过虚构应收账款标的、隐匿实际用款用途、违规表外融资等方式进行的交易，可能导致供应链金融产品隐性风险的增加和影响直接限制风险时可触达债务人的数量及有效纾困方案的设置。

在商业承兑汇票方面，应特别关注票据背书的规范性、票据质押登记的完整性，避免持票人追偿时出现权利主张障碍，同时可通过综合考虑诉讼成本和周期的不确定性，寻求多元风险化解路径。

【相关规定索引】

《中华人民共和国票据法》（以下简称《票据法》）

第十三条 票据债务人不得以自己与出票人或者与持票人的前手之间的抗辩事由，对抗持票人。但是，持票人明知存在抗辩事由而取得票据的除外。

票据债务人可以对不履行约定义务的与自己有直接债权债务关系的持票人，进行抗辩。

本法所称抗辩，是指票据债务人根据本法规定对票据债权人拒绝履行义务的行为。

第六十一条 汇票到期被拒绝付款的，持票人可以对背书人、出票人以及汇票的其他债务人行使追索权。

汇票到期日前，有下列情形之一的，持票人也可以行使追索权：

（一）汇票被拒绝承兑的；

（二）承兑人或者付款人死亡、逃匿的；

（三）承兑人或者付款人被依法宣告破产的或者因违法被责令终止业务活动的。

第六十八条 第二款持票人可以不按照汇票债务人的先后顺序，对其中任何一人、数人或者全体行使追索权。

第五章　操作风险典型案例分析

引言

随着供应链金融业务的不断发展，就整个供应链交易运作全周期而言，通常具有交易链条长、历史延续性久、辐射参与主体范围广的特征，且各交易主体所涉交易环节繁多、复杂。基于此，供应链金融业务与其他业务场景交易相比，往往其中的操作复杂性较强，操作风险亦相对较高。本次选取案例从供应链金融参与主体角度，包含了交易所涉融资主体、仓储单位、银行金融机构在实务操作中遭遇的各项风险。为更为有利于理解操作风险要点，本章对于案情的节选概述和分析要点均聚焦于该等案例中出现的操作风险问题，并据此提示相关主体在开展业务过程中，公司内部管理、债权信息确认、商业承兑汇票核查、贸易合同及贸易背景审查等事项均是至关重要的，其将直接决定交易参与当事方可能面临的民事赔偿责任，甚至关乎是否可能触发刑事合规风险的判断。

【司法案例1】操作管理疏漏导致的仓储机构保管责任承担

深圳市富泰通国际物流有限公司、浙江香溢金联有限公司仓储合同纠纷

最高人民法院（2020）最高法民申 1195 号

浙江省高级人民法院（2019）浙民终 414 号

浙江省宁波市中级人民法院（2018）浙 02 民初 1704 号

审判要点：合同一方主体因第三方行为发生违约的，应向合同相对方承担违约责任，不因该第三方行为导致违约而免责。

关键词：仓储责任；仓储货物价值；保管货物被掉包、灭失；损害赔偿

【案情简介】

香溢金联公司与富泰通公司订立《服务合约》，约定由富泰通公司向香溢金联公司提供仓储服务。香溢金联公司在对仓库内储存手机进行盘点时发现上述手机中的4140台灭失，剩余3300台均被掉换成手机模型机。由此，造成香溢金联公司经济损失61209860元。案发后，香溢金联公司向公安机关报案。

二审法院审理中认为：在合同履行过程中，富泰通公司未依约尽到安全保管义务致手机灭失，应依《服务合约》约定就香溢金联公司声明的货物价值向香溢金联公司承担违约责任。即使案涉手机灭失系因仓库工作人员或者案外人犯罪行为所致，在现有证据未显示香溢金联公司存在参与犯罪的情况下，富泰通公司应承担的违约责任不因第三人的行为而免除。尽管手机灭失事实与刑事案件有关，但二者非同一法律关系，富泰通公司应当向香溢金联公司承担的合同责任不受第三人行为的影响。

【分析与建议】

风险点分析：

负责业务操作和执行的工作人员以及第三方主体均可能成为合同当事方是否能够按约履行合同义务的关键因素，如工作人员违法犯罪导致合同当事方违反协议约定的，合同当事方无法免责。

建议：

相关方开展业务过程中，需加强内部管理、操作规程管控、避免出现员工犯罪问题。若由于员工犯罪导致该方对合同相对方违约、损害相对方利益的，则该方仍应按照合同约定向相对方承担违约责任、损害赔偿责任。仓储环节是货物出现被掉包或货物灭失的常见场景，仓储机构在实际操作中应加强内控管理，仓储机构和货物交付方均应就合同中关于货物价

值确认、瑕疵事项声明、仓储物交割及风险转移、承担，以及保险交易安排等具体操作环节的关键要素进行核查，并注意保留相关证据材料。

【相关规定索引】

《中华人民共和国民法典》

第五百九十三条 当事人一方因第三人的原因造成违约的，应当依法向对方承担违约责任。当事人一方和第三人之间的纠纷，依照法律规定或者按照约定处理。

第八百九十一条 寄存人向保管人交付保管物的，保管人应当出具保管凭证，但是另有交易习惯的除外。

第八百九十二条 保管人应当妥善保管保管物。

当事人可以约定保管场所或者方法。除紧急情况或者为维护寄存人利益外，不得擅自改变保管场所或者方法。

第八百九十三条 寄存人交付的保管物有瑕疵或者根据保管物的性质需要采取特殊保管措施的，寄存人应当将有关情况告知保管人。寄存人未告知，致使保管物受损失的，保管人不承担赔偿责任；保管人因此受损失的，除保管人知道或者应当知道且未采取补救措施外，寄存人应当承担赔偿责任。

第八百九十四条 保管人不得将保管物转交第三人保管，但是当事人另有约定的除外。

保管人违反前款规定，将保管物转交第三人保管，造成保管物损失的，应当承担赔偿责任。

第八百九十五条 保管人不得使用或者许可第三人使用保管物，但是当事人另有约定的除外。

第八百九十六条 第三人对保管物主张权利的，除依法对保管物采取保全或者执行措施外，保管人应当履行向寄存人返还保管物的义务。

第三人对保管人提起诉讼或者对保管物申请扣押的，保管人应当及时通知寄存人。

第八百九十七条 保管期内，因保管人保管不善造成保管物毁损、灭失的，保管人应当承担赔偿责任。但是，无偿保管人证明自己没有故意或者重大过失的，不承担赔偿责任。

第八百九十八条 寄存人寄存货币、有价证券或者其他贵重物品的，应当向保管人声明，由保管人验收或者封存；寄存人未声明的，该物品毁损、灭失后，保管人可以按照一般物品予以赔偿。

【司法案例2】贷款审查操作不规范导致违法发放贷款的刑事责任

李浩违法发放贷款案

四川省成都市中级人民法院（2020）川01刑终147号

成都高新技术产业开发区人民法院（2019）川0191刑初654号

审判要点：银行客户经理办理贷款业务时，未充分核查借款人基本情况、商业承兑汇票、贸易背景、还款来源，协助借款人伪造财务数据骗取贷款，致银行不能收回贷款的，构成违法发放贷款罪。

关键词：KYC调查；贸易背景审查；还款来源及还款能力审查；贷款用途审查

【案情简介】

2013年至2015年期间，文长江（已判决）因个人资金紧缺，伙同成都金馨园林绿化有限公司（以下简称"金馨公司"），编造虚假的贸易背景，伪造虚假合同，出具虚假商业承兑汇票，试图以金馨公司作为虚假贷款主体向平安银行股份有限公司成都分行申请贷款。

2013年3月，平安银行工作人员刘锐制作了《信贷业务调查报告》，同年6月，平安银行成都分行信贷审批中心做出了授信批复。同年9月

24日，被告人李浩开始负责金馨公司在平安银行的业务。李浩作为平安银行客户经理，在实际操作中，违反国家规定，未按授信批复要求核实出账前需落实的限制性条件，未按要求进行贷后管理；指导金馨公司篡改财务报告；制作《信贷业务调查报告》时，未对借款人基本情况、贸易背景、还款来源、还款能力、贷款用途真实情况进行严格审查；贷款发放以后，李浩未对资金去向进行检查、监管，导致平安银行发放的1900余万元贷款不能收回。人民法院最终认定被告人李浩犯违法发放贷款罪，判处有期徒刑一年六个月，缓刑二年，并处罚金人民币五万元。

【分析与建议】

风险点分析：

金融机构及其经办人员开展业务过程中，未按照金融机构内部操作规程审慎进行贷前审查、贷中审批及贷后管理的，不仅会造成金融机构本身的业务风险，同时亦可能引发刑事风险。

司法实践中，往往通过案件性质、欺骗内容、恶性程度、非法占有目的等方面判断某一行为是属于民事纠纷领域内虚伪意思表示或民事欺诈，还是属于诈骗罪范畴。特别地，随着供应链金融业务的不断拓展，信托公司等主体亦参与到相关供应链金融融资业务中，其交易结构可能更为复杂、交易运转速率更快，在产品设计层面，基于交易实践中交易方的相关操作需求，可能无法设置合理的借款人及贷款用途核查工作，而仅基于债务人信用发放贷款。对于违法发放贷款罪而言，此类操作尚未引起金融机构、特别是非银行金融机构的足够关注，其可能引发的刑事合规风险亦应受到金融机构及其经办人员的高度重视。合理的设置交易结构、不一味追求经济效益而放弃应有的操作规程始终是供应链金融业务操作中风险控制的重要安全界限。

建议：

金融机构及其经办人员在开展贷款业务的实际操作过程中，应按照金融机构内部操作规程审慎履行贷前审查、贷中审批、贷后管理的各项流程，充分审查借款人基本情况、所涉贸易背景、贸易合同是否真实及还款来源是否充分、增信措施是否有效设置等事项，严格落实银行业务批复条件，并关注贷后管理环节、及时发现借款人是否存在违反借款合同的行为，保障贷款资金安全。

【相关规定索引】

《中华人民共和国刑法》

第一百八十六条　银行或者其他金融机构的工作人员违反国家规定发放贷款，数额巨大或者造成重大损失的，处五年以下有期徒刑或者拘役，并处一万元以上十万元以下罚金；数额特别巨大或者造成特别重大损失的，处五年以上有期徒刑，并处二万元以上二十万元以下罚金。

银行或者其他金融机构的工作人员违反国家规定，向关系人发放贷款的，依照前款的规定从重处罚。

单位犯前两款罪的，对单位判处罚金，并对其直接负责的主管人员和其他直接责任人员，依照前两款的规定处罚。

关系人的范围，依照《中华人民共和国商业银行法》和有关金融法规确定。

【司法案例3】 因缺少确认要素导致基础债权无法确认

耀盛商业保理有限公司、山东金紫荆生态科技有限公司债权转让合同纠纷

（2016）鲁 14 民终 2826 号，（2015）德开民初字第 907 号

审判要点：购销合同等证据均为复印件，未开具发票，基础债权不能确认。

关键词：支付条件成就；债权真实性；保理风控核查；复印件效力

【案情简介】

山东德棉纺织科技有限公司（以下简称德棉公司）与山东金紫荆生

态科技有限公司（以下简称金紫荆公司）签订产品购销合同，同时约定金紫荆公司应在发票开出后 60 日付款。合同签订后，德棉公司将上述债权转让给耀盛商业保理有限公司（以下简称耀盛保理），并就此向金紫荆公司发出《应收账款债权转让确认函》进行通知，金紫荆公司对前述债权转让予以确认并向耀盛保理出具确认回执，承诺将按前述通知要求履行付款责任。付款期限届满后，金紫荆公司未支付任何款项，耀盛保理遂提起诉讼。

一审法院认为：耀盛保理没有提供德棉公司与金紫荆公司签署的产品购销合同原件、出库单原件、物资收据原件，且德棉公司与金紫荆公司也没有对交货方式做出合理解释，上述三份证据不予采信，无法认定德棉公司将合同约定的 1500 件、45000 千克棉纱已经交付给了金紫荆公司。德棉公司对其开出发票又作废没有做出合理解释，故认定德棉公司没有为金紫荆公司开具真实有效的发票，金紫荆公司支付货款的条件尚未成就，金紫荆公司拒绝向耀盛保理支付合同货款并无不当。

二审法院亦认为：债权的真实性是债务人履行义务的前提，而耀盛保理所举证据均属复印件，且存在不符合常理的疑点，金紫荆公司对此也不认可，无法达到证明该笔债权真实存在的程度，一审法院判决驳回其诉讼请求并无不当。

【分析与建议】

风险点分析：

在业务实际操作中保留复印件、不充分审核全部交易要素、仅以开具发票即作为支付义务履行条件的成就等情形较为普遍，而确权问题也始终是供应链金融交易中的核心困境。确权操作瑕疵已经引发了一系列法律风险，交易当事方可能因此产生权利主张障碍。

建议：

债权的真实有效性与付款条件的成就与否是供应链金融业务的核心

关注点之一。实务操作中，无论是证明材料的收集，还是交易主体的审查均围绕这一核心关注要点展开。根据本案的审判思路，我们建议保理公司在受让应收账款债权时应取得该等债权对应的协议、出库单、收货单、发票等资料原件，保留相关工作底稿，同时应注意核查付款条件是否已经达成，要求债务人出具支付条件已经满足的证明文件，避免出现"竹篮打水一场空"的情况。对于以应收账款作为基础资产的资产证券化项目，或基于应收账款债权衍生的资管业务，均应通过对应收账款债权的合格标准验证，降低操作风险导致的确权隐患。

【相关规定索引】

1.《中华人民共和国民法典》

第一百五十八条 民事法律行为可以附条件，但是根据其性质不得附条件的除外。附生效条件的民事法律行为，自条件成就时生效。附解除条件的民事法律行为，自条件成就时失效。

第五百九十九条 出卖人应当按照约定或者交易习惯向买受人交付提取标的物单证以外的有关单证和资料。

2.《最高人民法院关于审理买卖合同纠纷案件适用法律问题的解释》

第五条 出卖人仅以增值税专用发票及税款抵扣资料证明其已履行交付标的物义务，买受人不认可的，出卖人应当提供其他证据证明交付标的物的事实。

合同约定或者当事人之间习惯以普通发票作为付款凭证，买受人以普通发票证明已经履行付款义务的，人民法院应予支持，但有相反证据足以推翻的除外。

3.《中华人民共和国民事诉讼法》

第七十三条 书证应当提交原件。物证应当提交原物。提交原件或者原物确有困难的，可以提交复制品、照片、副本、节录本。……

第六章　虚假交易和重复融资
风险典型案例分析

引言

　　虚假交易与虚伪意思表示不同，其并非限于隐藏真实意思表示，而是通过伪造印鉴、合同、虚构应收账款等方式达到非法获益之目的。由于供应链金融存在交易链条复杂、交易参与方较多的特征，造成核查交易主体及过往交易的真实性、准确性工作量较大。基于此，交易参与主体更应审慎地进行各项交易核查、确认和操作，通过实质尽职调查的方式控制虚假交易风险。同时，"一物二融"也是供应链金融中常见的欺诈行为和手段，通过核查和对标的物/担保物的有效控制，一方面能保障权利（例如担保权利）的有效设立，另一方面能适当控制标的物/担保物毁损或灭失的风险。本章节选取具有典型虚假交易和重复融资特征的案例进行列示和分析，其中，部分案例中的交易行为因违反《中华人民共和国刑法》之规定而涉及犯罪行为，对交易相关方及其从业人员起到警示作用，在实务操作中应引起重视。

【司法案例1】 虚构应收账款骗取贷款

大连机床集团有限责任公司、徐晓光骗取贷款、票据承兑、金融票证案

江西省南昌市中级人民法院（2018）赣01刑终572号

中江国际信托股份有限公司与大连机床集团有限责任公司、

大连高金科技发展有限公司借款合同纠纷

江西省高级人民法院（2019）赣民初21号

审判要点：明知自己无法满足贷款单位所要求的贷款条件，通过提供虚假的证明材料，虚构应收账款、夸大偿付能力，以欺骗的手段取得金融机构贷款，情节特别严重，其行为构成骗取贷款罪。

关键词：伪造印鉴；虚构合同；虚构应收账款

【案情简介】

经查明，大连机床集团有限责任公司（以下简称大连机床）董事长陈永开及相关人员伪造惠州比亚迪电子有限公司（以下简称惠州比亚迪）、比亚迪股份有限公司（以下简称比亚迪股份）印章，并伪造大连机床与惠州比亚迪及比亚迪股份签署的《设备采购合同》《三方协议》《送货单》《入库单》等相关材料，中江国际信托股份有限公司（以下简称中江信托）审查该等材料后，基于该笔伪造的应收账款债权与大连机床签署了《中江国际－金鹤189号大连机床产业投资集合资金信托计划之应收债权转让及回购合同》及相关协议，向大连机床提供了6亿元融资。后续法院判决大连机床及相关工作人员犯骗取贷款罪并判处相应刑事处罚，同时在借款合同民事纠纷中判决大连机床向中江信托偿还债务本金6亿元及相关利息等款项。

【分析与建议】

风险要点分析：

在供应链金融业务中，"萝卜章"事件层出不穷，虽然司法机关大都判决要求伪造印章的单位偿还相应的融资款项，但往往该等伪造印章的单位早已丧失了偿还能力，导致出借方无法收回融资款项。

建议：

在实务操作中，若资金融出方在融资方主体所在办公地点，并且经过审慎注意义务进行身份、印鉴等核验后进行面签，无论在法律风险还是商业风险层面，一定程度上均能有效控制"萝卜章"可能带来的风险。

在开展该类业务时，金融机构、保理机构、融资租赁公司等资金融出方应加强印鉴审核力度，可前往公安部门、行政服务中心等处核查印章备案情况，确保印鉴真实性，同时应进行实地走访尽调，避免出现骗贷情形。

此外，在民事纠纷中，在买入返售（转让及回购）交易中，无论转让方所转让的标的物是否真实存在、是否实际交付或者过户，只要融资合同不存在法定无效事由，相应债权债务法律关系有效，且可能构成"让与担保"的法律关系。

【相关规定索引】

1.《中华人民共和国刑法》

第一百七十五条之一　以欺骗手段取得银行或者其他金融机构贷款、票据承兑、信用证、保函等，给银行或者其他金融机构造成重大损失的，处三年以下有期徒刑或者拘役，并处或者单处罚金；给银行或者其他金融机构造成特别重大损失或者有其他特别严重情节的，处三年以上七年以下有期徒刑，并处罚金。

单位犯前款罪的，对单位判处罚金，并对其直接负责的主管人员和其他直接责任人员，依照前款的规定处罚。

2.《全国法院民商事审判工作会议纪要》

41.【盖章行为的法律效力】司法实践中，有些公司有意刻制两套甚至多套公章，有的法定代表人或者代理人甚至私刻公章，订立合同时恶意加盖非备案的公章或者假公章，发生纠纷后法人以加盖的是假公章为由否定合同效力的情形并不鲜见。人民法院在审理案件时，应当主要审查签约人于盖章之时有无代表权或者代理权，从而根据代表或者代理的相关规则来确定合同的效力。

法定代表人或者其授权之人在合同上加盖法人公章的行为，表明其是以法人名义签订合同，除《公司法》第 16 条等法律对其职权有特别规定的情形外，应当由法人承担相应的法律后果。法人以法定代表人事后已无代表权、加盖的是假章、所盖之章与备案公章不一致等为由否定合同效力的，人民法院不予支持。

代理人以被代理人名义签订合同，要取得合法授权。代理人取得合法授权后，以被代理人名义签订的合同，应当由被代理人承担责任。被代理人以代理人事后已无代理权、加盖的是假章、所盖之章与备案公章不一致等为由否定合同效力的，人民法院不予支持。

89.【资产或者资产收益权转让及回购】……如果合同中约定由转让方或者其指定的第三方在一定期间后以交易本金加上溢价款等固定价款无条件回购的，无论转让方所转让的标的物是否真实存在、是否实际交付或者过户，只要合同不存在法定无效事由，对信托公司提出的由转让方或者其指定的第三方按约定承担责任的诉讼请求，人民法院依法予以支持。

当事人在相关合同中同时约定采用信托公司受让目标公司股权、向目标公司增资方式并以相应股权担保债权实现的，应当认定在当事人之间成立让与担保法律关系。当事人之间的具体权利义务，根据本纪要第 71 条的规定加以确定。

【司法案例 2】伪造货权凭证、重复质押等方式骗取担保及银行授信

德某资源控股有限公司、陈某鸿合同诈骗、信用证诈骗

山东省青岛市中级人民法院（2017）鲁 02 刑初 34 号

审判要点：通过伪造货权凭证、重复质押等方式骗取担保及银行授信以获益的，将可能构成合同诈骗罪、信用证诈骗罪、贷款诈骗罪等刑事罪名。

关键词：伪造货权凭证；重复质押；诈骗罪

【案情简介】

为维系公司资金链延续，被告人陈某鸿组织"德某系公司"工作人员采取伪造货权凭证、重复质押等手段从国内外银行和企业获取大量融资。在"德某系公司"已明显不具备还款及履行合同能力的情况下，为继续获取资金，按照陈某鸿的指使、授意，被告人江某重复编排货物信息、代表"德某系公司"对外签订合同，被告人杨某夸大公司业绩、骗取担保或银行授信，被告人陈某军安排被告人刘某洲私刻某某公司印章、中转联运章、某某公司印章等，被告人袁某保管、使用私刻的印章并模仿某某公司张某春签名，被告人王某宏模仿某某公司负责人签名，被告人黄某发保管、使用私刻的某某公司印章并制作仓单，共同伪造氧化铝、铝锭、电解铜仓单、转货证明等货权凭证，并使用伪造的货权凭证欺骗在国际上具有较高信誉的仓储监管公司出具监管仓单，还通过贿赂被告人张某春、薛某出具内容虚假或超出库存数量的仓单、质押清单、核库确认书等证明文件，并利用上述虚假的监管仓单或证明文件，与某瑞公司、某公司等国内外公司签订销售、回购合同，或骗取担保等方式，共计骗取 123 亿余元，其中 2.7 亿余元未遂；通过重复质押或将上述伪造

货权凭证质押于银行的方式，以购买氧化铝、铝锭等货物为由骗取 13 家银行信用证、贷款、承兑汇票，以欺骗手段取得银行承兑汇票、信用证，骗取银行资金共计 36 亿余元。骗取的上述资金大部分用于归还银行借款、利息和其他到期债务。

【分析与建议】

风险要点分析：

从主客观层面来说，民事欺诈行为与贷款诈骗犯罪具有一定相似性，其主观上都存在欺骗意图，在客观上均实施了一定程度的欺诈行为，但根据《全国法院审理金融犯罪案件工作座谈会纪要》相关规定，二者区别在于行为人是否具有非法占有金融机构贷款的目的，在本案中，案涉公司在明显不具备还款及履行合同能力的情况下，仍旧骗取贷款资金，且金额巨大，最终构成犯罪，并对其行为应承担刑事责任。

建议：

资金融出方应加强对融资方的实质审查力度，审查核心企业还款能力。伪造货权凭证、进行重复融资是较为常见的欺诈融资手段，且随着交易链条的延长，部分交易的隐蔽性增强，但同时从整个交易链条来看，暴露性风险往往增加。从防止被骗取贷款角度而言，即使面对风评较好的核心企业，仍存在因信息不对称存在企业造假行为，进而可能导致银行等资金融出方受到损失的情形。对此，需改变形式审核的固有观念，开展对融资企业、担保物的实质审核确有必要。尤其对于仓单交易中涉及的仓库情况、监管情况均有必要在交易前就实际情况进行核查和落实。特别地，提示金融机构及其从业人员，若在发放贷款过程中存在玩忽职守情形的，还可能构成违法发放贷款罪。

【相关规定索引】

1.《中华人民共和国刑法》

第一百八十六条 【违法发放贷款罪】银行或者其他金融机构的工

作人员违反国家规定发放贷款，数额巨大或者造成重大损失的，处五年以下有期徒刑或者拘役，并处一万元以上十万元以下罚金；数额特别巨大或者造成特别重大损失的，处五年以上有期徒刑，并处二万元以上二十万元以下罚金。

银行或者其他金融机构的工作人员违反国家规定，向关系人发放贷款的，依照前款的规定从重处罚。

单位犯前两款罪的，对单位判处罚金，并对其直接负责的主管人员和其他直接责任人员，依照前两款的规定处罚。

关系人的范围，依照《中华人民共和国商业银行法》和有关金融法规确定。

第二百二十四条 有下列情形之一，以非法占有为目的，在签订、履行合同过程中，骗取对方当事人财物，数额较大的，处三年以下有期徒刑或者拘役，并处或者单处罚金；数额巨大或者有其他严重情节的，处三年以上十年以下有期徒刑，并处罚金；数额特别巨大或者有其他特别严重情节的，处十年以上有期徒刑或者无期徒刑，并处罚金或者没收财产：

（一）以虚构的单位或者冒用他人名义签订合同的；

（二）以伪造、变造、作废的票据或者其他虚假的产权证明作担保的；

（三）没有实际履行能力，以先履行小额合同或者部分履行合同的方法，诱骗对方当事人继续签订和履行合同的；

（四）收受对方当事人给付的货物、货款、预付款或者担保财产后逃匿的；

（五）以其他方法骗取对方当事人财物的。

第一百七十五条之一 以欺骗手段取得银行或者其他金融机构贷款、票据承兑、信用证、保函等，给银行或者其他金融机构造成重大损失的，处三年以下有期徒刑或者拘役，并处或者单处罚金；给银行或者其他金融机构造成特别重大损失或者有其他特别严重情节的，处三年以上七年以下有期徒刑，并处罚金。

单位犯前款罪的，对单位判处罚金，并对其直接负责的主管人员和其他直接责任人员，依照前款的规定处罚。

第一百九十三条 有下列情形之一，以非法占有为目的，诈骗银行或者其他金融机构的贷款，数额较大的，处五年以下有期徒刑或者拘役，并处二万元以上二十万元以下罚金；数额巨大或者有其他严重情节的，处五年以上十年以下有期徒刑，并处五万元以上五十万元以下罚金；数额特别巨大或者有其他特别严重情节的，处十年以上有期徒刑或者无期徒刑，并处五万元以上五十万元以下罚金或者没收财产：

（一）编造引进资金、项目等虚假理由的；

（二）使用虚假的经济合同的；

（三）使用虚假的证明文件的；

（四）使用虚假的产权证明作担保或者超出抵押物价值重复担保的；

（五）以其他方法诈骗贷款的。

第一百九十五条 有下列情形之一，进行信用证诈骗活动的，处五年以下有期徒刑或者拘役，并处二万元以上二十万元以下罚金；数额巨大或者有其他严重情节的，处五年以上十年以下有期徒刑，并处五万元以上五十万元以下罚金；数额特别巨大或者有其他特别严重情节的，处十年以上有期徒刑或者无期徒刑，并处五万元以上五十万元以下罚金或者没收财产：

（一）使用伪造、变造的信用证或者附随的单据、文件的；

（二）使用作废的信用证的；

（三）骗取信用证的；

（四）以其他方法进行信用证诈骗活动的。

2. 《全国法院审理金融犯罪案件工作座谈会纪要》

要严格区分贷款诈骗与贷款纠纷的界限。对于合法取得贷款后，没有按规定的用途使用贷款，到期没有归还贷款的，不能以贷款诈骗罪定罪处罚；对于确有证据证明行为人不具有非法占有的目的，因不具备贷款的条件而采取了欺骗手段获取贷款，案发时有能力履行还贷义务，或者案发时不能归还贷款是因为意志以外的原因，如因经营不善、被骗、市场风险等，不应以贷款诈骗罪定罪处罚。

【司法案例 3】 动产质押担保未有效设立情形下，质物监管人的责任承担

交通银行股份有限公司江西省分行、

中国物流股份有限公司（原中国物流有限公司）质押合同纠纷

江西省高级人民法院（2020）赣民终 460 号

审判要点：动产质押中如存在质物重复质押、未实际交付并由质权人有效控制等情形，不视为质权依法设立，监管人需承担损失赔偿责任。

关键词：重复质押；未完成交割；质权无效；监管责任

【案情简介】

交行江西分行与盛发公司签订《综合授信合同》，综合授信额度为人民币 6500 万元，其中流动资金贷款 1500 万元。交行江西分行（质权人）与盛发公司（出质人）、中国物流（监管人）签订了《商品融资质押监管协议》。交行江西分行与盛发公司共同向中国物流发出《出质通知书》，手续办理过程中，中国物流均出具《出质通知书（回执）》，并在回执上盖章、签字。

2012 年 9 月 26 日，盛发公司向交行江西分行的库存盘点报告显示，盘点地点为盛发公司龙燕码头货场，截至 2012 年 9 月 26 日，拟质押物

存量为 14340 吨，盘点人经签字确认，交行江西分行、盛发公司、中国物流均已盖章。后中国物流向盛发公司发送的《关于中国物流有限公司湖南分公司监管点南昌市盛发钢材有限公司整改通知》显示，监管货场的钢材实际数量存在较大缺口，盛发公司钢材质押项目存在货物严重不足的实际情况。案涉 4200 吨用于质押的钢材实际上并未交付给中国物流占有和监管。此外，案涉 5360 吨钢材在出质时属于重复质押，在前手质权人洪都农商银行白水湖支行与出质人解除质押后，交行江西分行与盛发公司、中国物流并未就增加监管场地及质物交付达成一致意见，案涉 5360 吨钢材也未按照《出质通知书》的要求实际交付。

【分析与建议】

风险要点分析：

本案审理中，法院认为由于案涉钢材交付形式不符合法律规定的质权设立形式，案涉质权未能依法设立，中国物流未履行对质物的监管责任，需承担补充赔偿责任。中国物流不能提供《出质通知书（回执）》中部分质物的下落，也不能证明其按照协议约定履行了对质物的监管责任，质权人不能按照协议约定行使质权，已对交行江西分行造成实际损失，中国物流应承担保管不力的违约责任。此外，中国物流在接受委托后，应当按照协议约定在接收质物时对质物予以核对确认，但中国物流在明知部分质物未实际交付或未认真核对确认的情况下，就向交行江西分行出具《出质通知书（回执）》，确认收到上述质物，存在一定的过错，应承担相应责任。基于监管合同的性质，债权人的直接义务人是债务人和担保人，债权的出现并非因监管人对质物的监管而产生，因此与监管人无直接因果关系，又因债务人的虚假出质行为及债权人存在审查过错，监管人仅是在此基础上延续了该虚假行为，中国物流虽然存在过错，但因该过错行为不是导致质权未能设立的主要原因，所以中国物流的责任应当排位在债务人及相关担保人的直接责任之后，其承担的是补充赔偿责任，酌情判处中国物流承担 20% 的责任。

据此，供应链金融业务当事方应关注担保标的是否存在重复质押、未实际交付等情形，从而判断担保物权是否已经有效设立。该等担保物的监管人亦有义务落实监管责任，否则其仍可能因审查过错而承担责任。

建议：

关于动产质押担保的有效设立，以交付质押权人为生效条件，因此需关注出质人是否已经将质物交由质权人实际控制。建议在设立动产质押担保过程中，质权人应重点关注动产的控制权是否已经实质转移，并应办理完毕动产质押登记手续，避免重复质押风险。

物流、仓储机构在接受质权人监管委托后，应当按照监管协议约定在接收质物时对质物数量、状态等予以核对确认，经确认无误后方可出具确认文件。如未履行尽职监管义务，可能承担与之过错相匹配的赔偿责任。同时，为便于后续追偿，建议各方就质物交付、保管、毁损等事项对应的权责利事项在相关协议中进行明确约定。

【相关规定索引】

1. 《中华人民共和国民法典》

第四百二十五条　为担保债务的履行，债务人或者第三人将其动产出质给债权人占有的，债务人不履行到期债务或者发生当事人约定的实现质权的情形，债权人有权就该动产优先受偿。前款规定的债务人或者第三人为出质人，债权人为质权人，交付的动产为质押财产。

第四百二十九条　质权自出质人交付质押财产时设立。

第五百零九条第一款　当事人应当按照约定全面履行自己的义务。

2. 《国务院关于实施动产和权利担保统一登记的决定》

二、纳入动产和权利担保统一登记范围的担保类型包括：

（一）生产设备、原材料、半成品、产品抵押；

（二）应收账款质押；

（三）存款单、仓单、提单质押；

（四）融资租赁；

（五）保理；

（六）所有权保留；

（七）其他可以登记的动产和权利担保，但机动车抵押、船舶抵押、航空器抵押、债券质押、基金份额质押、股权质押、知识产权中的财产权质押除外。

三、纳入统一登记范围的动产和权利担保，由当事人通过中国人民银行征信中心（以下简称征信中心）动产融资统一登记公示系统自主办理登记，并对登记内容的真实性、完整性和合法性负责。登记机构不对登记内容进行实质审查。

第七章 金融科技应用
风险典型案例分析

引言

金融科技发展对供应链金融各交易环节赋能的同时，也向参与交易各方提出了挑战，科技手段的广泛应用正在逐步实现其对交易链条项下各项具体交易的全流程渗透，并由此对各交易参与主体产生了深层次影响。就部分高度依赖金融科技的供应链交易场景而言，金融机构、科技服务公司、交易平台服务商，以及参与交易的其他相关主体均需充分评估所涉交易的安全性、稳定性和准确性，由此也推动了供应链各环节交易模式的变革。毫无疑问，金融科技在供应链金融中产生了重要作用。

本章节选取了金融科技应用于供应链金融中较为常见的电子签章及互联网金融平台场景项下个人信息保护的相关案例，以期提醒"交易链条"上参与交易、提供服务的各主体将金融科技运用于供应链金融时，应设置完整的风控系统、数据合规管理体系，增强操作制度的严密性、合规性并强化操作制度的执行力，对数据、信息、证据材料保存操作进行完善，避免出现为过度追求便捷交易，而疏忽必要流程或环节导致交易无效、违规处罚，甚至涉及刑事合规风险的情形。此外，还应具备交易本质的识别能力，避免因参与披着"金融科技"外衣的"伪供应链交易"而遭受损失。

【司法案例 1】 电子签名与电子认证

1. 河南联合一百实业有限公司与中原银行股份有限公司郑州分行、中原银行股份有限公司郑州建设路支行等票据追索权纠纷

新疆维吾尔自治区乌鲁木齐市中级人民法院（2021）新 01 民终 1160 号

乌鲁木齐市沙依巴克区人民法院（2020）新 0103 民初 8699 号

审判要点：在电子票据系统中开具的电子商业承兑汇票，经当事人有效电子签章、电子签名的，系合法有效票据。满足一定条件时，人民法院即可以确认电子数据真实性。

关键词：电子签章；电子商业承兑汇票

【案情简介】

华生公司通过背书方式向汇鑫源公司（本案持票人）转让电子商业承兑汇票一张，该汇票为可再转让汇票。出票人为联合一百公司，出票保证人为中原银行郑州分行。承兑人为联合一百公司，承兑保证人为中原银行建设路支行。汇鑫源公司作为持票人，于汇票到期日向承兑人联合一百公司提示付款，未能成功承兑。承兑保证人为中原银行建设路支行主张其没有在涉案电子商业承兑汇票上进行真实签章，其不是保证人，不应承担保证责任。二审法院审理中认为："汇鑫源公司提供的涉案电子商业承兑汇票在票据电子系统中背书连续，可以证明汇鑫源公司系该电子商业承兑汇票的最后合法持票人，依法享有票据权利。汇鑫源公司提供的《追索同意清偿查询》《追索通知查询》系电子证据，虽未提供原始载体。但依照《最高人民法院关于民事诉讼证据的若干规定》第九十四条：'电子数据存在下列情形的，人民法院可以确认其真实性，但有足以反驳的相反证据的除外：……（二）由记录和保存电子数据的中立第三方平台提供或者确认的；（三）在正常业务活动中形成的'规定，

该追索系在票据交易电子系统形成，可以确认其真实性及合法性，可以证明汇鑫源公司已在电子票据交易系统中行使了付款请求权及追索权。涉案电子商业承兑汇票中签章的当事人均系按照票据法、《电子商业汇票业务管理办法》及电子签名法的相关规定进行签章，并由相关机构进行审核。在电子商业承兑汇票的票据形式中并不要求加盖物理印章的电子印章形式，而是按照电子数据进行电子签名、电子认证的审核。票据当事人均应当依法真实、客观进行电子承兑汇票的签章。中原银行郑州分行、中原银行建设路支行以涉案电子承兑汇票后台电子流程不是其真实签章为由，对抗汇鑫源公司作为涉案票据最后合法持票人主张的票据权利，没有事实及法律依据，本院对此不予支持。"

2. 中吉财富融资担保有限公司、重庆阿兴记产业（集团）有限公司与普洛斯商业保理（重庆）有限公司合同纠纷

重庆市第一中级人民法院（2020）渝 01 民终 2947 号

重庆市渝北区人民法院（2019）渝 0112 民初 8399 号

审判要点：案涉电子签章符合《中华人民共和国电子签名法》的规定，且已经过认证。符合法律规定及合同约定。

关键词：电子签章

【案情简介】

普洛斯公司（保理公司）作为甲方，阿兴记公司（采购方）作为乙方，中吉财富公司（保障方）作为丙方，案外人筷子信用（服务方暨数据信息及操作系统提供方）作为丁方，四方签订了《保理融资服务合同》。《保理融资服务合同》第十四章其他条款第 47 条约定："本合同采用电子文本形式，并永久保存在丁方专用服务器上备查，本合同采用电子签章方式签署，签约各方均已授权在本合同中加盖电子版本的公章，本合同自各方签署时生效，直至本合同项下权利义务履行完毕时终止。"本案中，阿兴记公司认为其未使用电子签章，不受《保理融资服务合

同》的约束；中吉财富公司认可其电子签章，但认为其他案涉相关方电子签章不符合电子签名法规定，因此《保理融资服务合同》不成立，法院认为以上抗辩均与实际不符，故对其抗辩不予采纳。后中吉财富公司上诉称，案涉《保理融资服务合同》未经过实名认证，其电子签章真伪不明，依法不属于电子证据，法院认为，案涉《保理融资服务合同》及相关附件均符合《中华人民共和国电子签名法》的相关规定，且由依法设立的电子认证服务提供者中金金融认证中心有限公司对前述电子文件的电子签名进行了认证，且中吉财富公司对《保理融资服务合同》中中吉财富公司的电子签名也进行了认可。因此，法院认为《保理融资服务合同》及相关附件电子签章符合《中华人民共和国电子签名法》。

【分析与建议】

风险点分析：

若交易文件使用电子印鉴的，则电子印鉴的有效性直接决定约定的成立及生效，不符合法律规定要求的电子签名将导致交易效力存在风险。

建议：

若核心文件采取电子签名/电子签章方式的，需要在交易文件中予以明确约定合同签署方式和生效条件。我们建议对其电子签名/电子签章进行审查，例如是否已经过依法设立的电子认证服务提供者的有效认证，避免因电子签名被认定为无效导致核心交易文件无效。在实务操作中也应特别关注电子证据材料的保存，作为辅助说明整个交易真实性、有效性的依据。

特别地，在交易实践中注意到有在加盖电子印鉴的文本上加盖鲜章，或仅通过点击确认等方式进行签约的交易，此类电子签署方式均容易就签署效力产生争议，并可能导致交易文件未能有效签署，需要特别关注合同中关于生效条款的约定情况，以及签约证据材料的保存。

此外，就电子票据而言，通过可靠电子签名/电子签章方式签署的电子票据与普通票据同样具备票据权利。建议电子票据持有人对票据上附的电子签名/电子签章进行审查，并取得依法设立的电子认证服务提供者的有效认证，避免因电子签名/签章被认定为无效导致票据权利的丧失。

【相关规定索引】

1.《中华人民共和国电子签名法》

第十三条 电子签名同时符合下列条件的，视为可靠的电子签名：

（一）电子签名制作数据用于电子签名时，属于电子签名人专有；

（二）签署时电子签名制作数据仅由电子签名人控制；

（三）签署后对电子签名的任何改动能够被发现；

（四）签署后对数据电文内容和形式的任何改动能够被发现。

当事人也可以选择使用符合其约定的可靠条件的电子签名。

第十四条 可靠的电子签名与手写签名或者盖章具有同等的法律效力。

第十六条 电子签名需要第三方认证的，由依法设立的电子认证服务提供者提供认证服务。

第二十条 电子签名人向电子认证服务提供者申请电子签名认证证书，应当提供真实、完整和准确的信息。

电子认证服务提供者收到电子签名认证证书申请后，应当对申请人的身份进行查验，并对有关材料进行审查。

第二十二条 电子认证服务提供者应当保证电子签名认证证书内容在有效期内完整、准确，并保证电子签名依赖方能够证实或者了解电子签名认证证书所载内容及其他有关事项。

2.《电子商业汇票业务管理办法》

第二条 电子商业汇票是指出票人依托电子商业汇票系统，以数据电文形式制作的，委托付款人在指定日期无条件支付确定金额给收款人或者持票人的票据。

电子商业汇票分为电子银行承兑汇票和电子商业承兑汇票。

电子银行承兑汇票由银行业金融机构、财务公司（以下统称金融机构）承兑；电子商业承兑汇票由金融机构以外的法人或其他组织承兑。

电子商业汇票的付款人为承兑人。

3. 《最高人民法院关于民事诉讼证据的若干规定（2019 年修订）》

第九十三条　人民法院对于电子数据的真实性，应当结合下列因素综合判断：

（一）电子数据的生成、存储、传输所依赖的计算机系统的硬件、软件环境是否完整、可靠；

（二）电子数据的生成、存储、传输所依赖的计算机系统的硬件、软件环境是否处于正常运行状态，或者不处于正常运行状态时对电子数据的生成、存储、传输是否有影响；

（三）电子数据的生成、存储、传输所依赖的计算机系统的硬件、软件环境是否具备有效的防止出错的监测、核查手段；

（四）电子数据是否被完整地保存、传输、提取，保存、传输、提取的方法是否可靠；

（五）电子数据是否在正常的往来活动中形成和存储；

（六）保存、传输、提取电子数据的主体是否适当；

（七）影响电子数据完整性和可靠性的其他因素。

人民法院认为有必要的，可以通过鉴定或者勘验等方法，审查判断电子数据的真实性。

第九十四条　电子数据存在下列情形的，人民法院可以确认其真实性，但有足以反驳的相反证据的除外：

（一）由当事人提交或者保管的于己不利的电子数据；

（二）由记录和保存电子数据的中立第三方平台提供或者确认的；

（三）在正常业务活动中形成的；

（四）以档案管理方式保管的；

（五）以当事人约定的方式保存、传输、提取的。

电子数据的内容经公证机关公证的，人民法院应当确认其真实性，但有相反证据足以推翻的除外。

【司法案例 2】 向不特定对象发放贷款导致合同无效

上海惟精商业保理有限公司与

宁国市裕民商贸有限公司、刘宏等金融借款合同纠纷

上海市浦东新区人民法院（2018）沪 0115 民初 36585 号

审判要点：商业保理公司通过金融平台向不特定对象发放贷款，违反强制性规定，合同无效。

关键词：商业保理公司；互联网金融平台；向不特定对象发放贷款；合同无效

【案情简介】

上海高风提供借贷居间服务并运营高风互联网金融平台，经上海高风撮合，上海惟精作为出借人同意向宁国裕民提供借款并签署《借款协议》，上海高风收取居间费用。法院认为，第一，上海惟精系一家商业保理公司，根据《商务部关于商业保理试点有关工作的通知》的规定，商业保理公司为企业提供贸易融资等服务，不得从事吸收存款、发放贷款等金融活动；第二，上海惟精通过与上海高风合作，通过高风互联网金融平台向不特定对象发放贷款，违反了《中华人民共和国银行业监督管理法》的强制性规定，符合合同无效的情形；第三，上海惟精违反国家限制经营、特许经营的规定订立合同。综合上述三点原因，法院认为涉案《借款协议》无效。

【分析与建议】

风险点分析：

保理公司通过网贷平台等各种形式的变相为吸收存款、向不特定对象发放贷款提供服务的交易，存在被认定为通过互联网金融平台向不特定对象放贷、违反法律规定的风险。

建议：

商业保理公司、融资租赁公司均应当在经营范围内从事经营活动，对包括通过网贷平台在内、各种形式的变相为吸收存款、发放贷款提供服务的交易均应当引起警觉，并秉持审慎态度予以判断，避免因被认定为通过互联网金融平台向不特定对象放贷，违反法律规定，一方面可能导致借款合同无效，另一方面也构成违规展业行为，面临处罚风险。从该案中可以注意到，虽然很多名为保理、实为借贷的交易并非当然被判定无效，但当司法审判中就强制性规定存在不同理解时，会存在合同被认定为无效的风险。

此外，通过互联网金融平台放贷可能涉及非法吸收公众存款罪，同类案例包括夏东明、张涛、寿金姬等非法吸收公众存款案【（2020）浙0108 刑初 22 号】，行为人通过在 P2P 平台上发布由自己控制的供应链金融企业借款标的实现自融的行为已经构成犯罪。随着供应链金融的普及，很多披着"供应链""金融科技"外衣的伪供应链金融产品出现，交易参与主体应注意识别交易实质，避免违法违规交易行为，并关注刑事合规风险。

【相关规定/案例索引】

1.《商务部关于商业保理试点有关工作的通知》

二、试点工作要求

（三）规范经营行为。开展商业保理原则上应设立独立的公司，不混业经营，不得从事吸收存款、发放贷款等金融活动，禁止专门从事或受托开展催收业务，禁止从事讨债业务……。

2.《中华人民共和国银行业监督管理法》

第十九条 未经国务院银行业监督管理机构批准，任何单位或者个人不得设立银行业金融机构或者从事银行业金融机构的业务活动。

3.《中华人民共和国民法典》

第一百四十三条 具备下列条件的民事法律行为有效：

（一）行为人具有相应的民事行为能力；

（二）意思表示真实；

（三）不违反法律、行政法规的强制性规定，不违背公序良俗。

第一百五十三条 违反法律、行政法规的强制性规定的民事法律行为无效。但是，该强制性规定不导致该民事法律行为无效的除外。

违背公序良俗的民事法律行为无效。

第五百零五条 当事人超越经营范围订立的合同的效力，应当依照本法第一编第六章第三节和本编的有关规定确定，不得仅以超越经营范围确认合同无效。

4.《全国法院民商事审判工作会议纪要》

30.【强制性规定的识别】合同法施行后，针对一些人民法院动辄以违反法律、行政法规的强制性规定为由认定合同无效，不当扩大无效合同范围的情形，合同法司法解释（二）第十四条将《中华人民共和国合同法》第五十二条第五项规定的"强制性规定"明确限于"效力性强制性规定"。此后，《最高人民法院关于当前形势下审理民商事合同纠纷案件若干问题的指导意见》进一步提出了"管理性强制性规定"的概念，指出违反管理性强制性规定的，人民法院应当根据具体情形认定合同效力。随着这一概念的提出，审判实践中又出现了另一种倾向，有的人民法院认为凡是行政管理性质的强制性规定都属于"管理性强制性规定"，不影响合同效力。这种望文生义的认定方法，应予纠正。

……下列强制性规定，应当认定为"效力性强制性规定"：强制性规定涉及金融安全、市场秩序、国家宏观政策等公序良俗的……。关于经营范围、交易时间、交易数量等行政管理性质的强制性规定，一般应当认定为"管理性强制性规定"。

31. 【违反规章的合同效力】违反规章一般情况下不影响合同效力，但该规章的内容涉及金融安全、市场秩序、国家宏观政策等公序良俗的，应当认定合同无效。人民法院在认定规章是否涉及公序良俗时，要在考察规范对象基础上，兼顾监管强度、交易安全保护以及社会影响等方面进行慎重考量，并在裁判文书中进行充分说理。

【商业案例】供应链金融管理企业 App 端个人数据合规的违规处理受行政处罚

要点提示：涉及个人信息处理时应严格遵守《中华人民共和国个人信息保护法》《中华人民共和国网络安全法》的相关规定，参考国标要求审慎、合规地处理个人信息。

关键词：App；数据合规；个人信息保护

【背景简介】

2021 年 3 月 5 日，浙江省余姚市公安局阳明派出所（以下简称公安机关）在浙江键能供应链管理有限公司（以下简称浙江键能）进行互联网安全检查时，发现浙江键能旗下运营的"键能智运"App 存在未征求用户同意隐私和政策；存在多项业务功能和权限打包，并要求用户一揽子接受；违法违规收集个人信息；隐私政策没有列出 App 收集使用个人信息的目的、方式、范围等问题，造成公民个人信息被非法采集。公安机关根据《中华人民共和国网络安全法》的相关规定，决定对浙江键能"作出编号为余公（阳）行罚决字〔2021〕00972 号的行政处罚，要求浙江键能责令整改并处以警告。

【分析与建议】

风险点分析:

金融科技为供应链金融带来更广的服务范围和空间领域、更为便捷的产品体验的同时,也因金融科技的广泛和深入渗透,可能导致各业务场景下数据安全及合规风险的显著提升。由于各交易环节涉及中小微企业较多,企业主、被授权方的个人信息、企业保密信息交互频繁,为方便数据收集和其他处理操作,当下多数服务提供商选择以线上 App 等形式为企业及企业主提供便捷、高效的金融服务,并将自动化决策、生物技术识别等科技手段广泛运用于线上供应链金融服务的场景下,其所提供的平台及服务是否能够满足个人信息保护及网络安全相关的要求,成为各监管机构、服务提供商、服务使用者共同关注的问题。技术服务商若忽视信息保护及网络安全规范的各项要求,既会使平台产品和服务使用者、接收方的权益受到侵犯,也可能给平台带来极高的运营风险。

建议:

随着《个人信息保护法》的出台,用户个人信息与隐私保护成为信息数据处理者合规经营的必备前提。互联网背景下的供应链金融作为一个高度依赖于信息应用和处理的领域,需要供应链金融的服务提供商在进行网络平台运营、提供产品或服务以及运用科技赋能时对个人信息保护、数据合规安全等事项尽到符合法律法规规定的注意义务,并可参考国标要求落实各项业务标准。一方面,应当注意在收集用户信息时遵循合法、正当、必要、最小化和诚信等原则,在用户使用 App 前向用户展示《服务协议》、隐私政策条款等必要文件,明确说明收集和使用个人信息的目的、方式、范围等,获得用户许可后再进行信息收集和其他处理操作;另一方面,在信息处理的过程中,需制定内部管理制度和操作规程,对个人信息进行分类管理,采取相应的加密、去标识化等措施,制定个人信息安全事件应急预案。此外,以网络方式提供服务的商户还应当遵循《中华人民共和国网络安全法》，采取技术措施和其他必要手段，保障网络安全、稳定运行，重视为其产品、服务持续提供安全维护保障。

【相关规定/案例索引】

1. 《中华人民共和国个人信息保护法》

2. 《中华人民共和国网络安全法》

具体相关规定可参考法规汇编内容。

第八章 其他常见
交易风险典型案例分析

引言

本章节中将重点关注未能被前四章中的风险分类所覆盖但在供应链金融中又较为常见的风险类型，例如名为保理实为借贷所导致的风险、交易链条中隐藏的虚构交易风险、供应链金融中可能涉及的担保效力风险等。在交易实践中，由于交易链条较长、参与方较多造成案件相对复杂、法律关系竞合，从而可能使某项交易涉及多项法律风险。本章节聚焦于建议交易参与方关注的部分核心风险环节，为其在交易实践中的风险控制提供建议，但该等案件中包含的其他相关风险同样值得关注。

【司法案例 1】"名为保理、实为借贷"

中原航空融资租赁股份有限公司、

合肥龙盛建设工程有限公司借款合同纠纷

最高人民法院（2019）最高法民终 1449 号

河南省高级人民法院（2018）豫民初 106 号

审判要点：保理业务的主要特点是保理人通过受让债权，取得对债务人的直接请求权；保理融资的第一还款来源为债务人对应收账款的支付。即使《保理合同》不符合保理业务的特点，但只要符合当事人真实意思表示，不违反法律、法规的规定，即为有效合同，对合同性质的界定不影响涉案协议的效力。

关键词：名为保理、实为借贷

【案情简介】

中原航空融资租赁公司（以下简称中原航空）与合肥龙盛建设工程有限公司（以下简称龙盛公司）签订《保理协议》和《保理融资协议》（以下统称为涉案合同），约定龙盛公司以转让其对淮北国购汽车产业园投资发展有限公司（以下简称淮北国购公司）应收账款的方式向中原航空申请保理融资借款。

法院认为，从涉案合同约定的内容看，上述约定符合保理业务以债权人转让其应收账款债权为前提的形式特征。但龙盛公司转让给中原航空的债权，未约定债权到期日，且《保理融资协议》未约定中原航空向债务人淮北国购公司主张债权的具体内容，而是约定由龙盛公司直接向中原航空支付利息、偿还本金、支付逾期利息以及违约金等内容，该等约定不符合保理法律关系中债务人应首先向保理人支付应收账款的实质特征。且在合同履行过程中，龙盛公司按月实际向中原航空支付利息、偿还本金，淮北国购公司并未向中原航空履行支付应收账款的义务，中原航空也未向淮北国购公司主张权利。龙盛公司实际上是依照固定的融资期限而非依照应收账款的履行期限偿还本息，融资期限与基础债权债务关系的履行期限不具有关联性，不符合保理法律关系的基本特征，因此中原航空与龙盛公司之间名为保理、实为借贷法律关系。但涉案协议是当事人真实意思表示，不违反法律、法规的规定，为有效合同，对合同性质的界定不影响涉案《保理融资协议》的效力，当事人仍应按照合同约定履行权利义务。

【分析与建议】

风险点分析：

保理业务中有关当事人权利义务约定以及合同实际履行情况不符合保理关系的特征将导致保理关系不成立，并可能被法院认定为借贷法律关系。虽然其并不必然导致合同无效，但若保理商因"多次""反复"在无应收账款债权转让情形下提供融资行为，或存在向不特定对象发放贷款、高利转贷的行为的，将可能因构成非法发放贷款而产生合同无效的法律风险。

保理业务是常见、也是最普遍的供应链金融业务之一，保理业务是以债权人向保理商转让其应收账款债权为前提，融应收账款催收、管理及融资为一体的综合性金融服务。因此，债权人与债务人之间的基础合同是成立保理业务的前提，保理关系的核心是应收账款债权转让，若保理业务中的应收账款债权不真实、不确定或具有转让限制，或双方合同权利义务的设定不符合保理关系的特征，则可能无法构成保理关系而只能构成借贷关系。

"名为保理、实为借贷"的法律关系在司法实务中往往按照借贷法律关系确认权利义务，但被认定为借贷关系的商业保理合同并非一定无效。一旦保理法律关系被认定为实属借贷法律关系，则将以借贷法律关系去判断约定的有效性。

建议：

在保理业务中应重点审查交易对手是否持有真实、有效的应收账款债权，双方之间是否具有转让应收账款债权进行保理融资的意思表示，双方关于融资期限、融资金额等是否以转让的应收账款债权为基础，其有助于相关当事方对交易属性、有效性进行判断。

【相关规定索引】

1. 《中华人民共和国民法典》

第一百四十三条 具备下列条件的民事法律行为有效：

（三）不违反法律、行政法规的强制性规定，不违背公序良俗。

第一百四十六条　行为人与相对人以虚假的意思表示实施的民事法律行为无效。

以虚假的意思表示隐藏的民事法律行为的效力，依照有关法律规定处理。

第一百五十三条第一款　违反法律、行政法规的强制性规定的民事法律行为无效。但是，该强制性规定不导致该民事法律行为无效的除外。

第七百六十一条　保理合同是应收账款债权人将现有的或者将有的应收账款转让给保理人，保理人提供资金融通、应收账款管理或者催收、应收账款债务人付款担保等服务的合同。

第七百六十三条　应收账款债权人与债务人虚构应收账款作为转让标的，与保理人订立保理合同的，应收账款债务人不得以应收账款不存在为由对抗保理人，但是保理人明知虚构的除外。

2. 《最高人民法院关于当前商事审判工作中的若干具体问题》

七、关于保理合同纠纷案件的审理问题：

……在合同效力上，只要不具有《中华人民共和国合同法》第五十二条规定的合同无效情形，均应当认定有效。对于未来债权能否作为保理合同的基础债权的问题，在保理合同订立时，只要存在基础合同所对应的应收账款债权，则即使保理合同所转让的债权尚未到期，也不应当据此否定保理合同的性质及效力。

3. 最高人民法院印发《关于进一步加强金融审判工作的若干意见》的通知

第二条第4项　……对名为融资租赁合同、保理合同，实为借款合同的，应当按照实际构成的借款合同关系确定各方的权利义务，防范当事人以预扣租金、保证金等方式变相抬高实体经济融资成本。

【司法案例2】交易链条中隐藏的虚构交易风险

1. 湖北海龙专用汽车有限公司、中信商业保理有限公司武汉分公司

合同纠纷

湖北省武汉市中级人民法院（2018）鄂 01 民终 526 号

湖北省武汉市江岸区人民法院（2015）鄂江岸民商初字第 01312 号

审判要点：保理商充分审查应收账款债权，且有证据表明应收账款债权存在的，债务人不得以此为由向保理商主张抗辩权。

关键词：虚假应收账款

【案情简介】

中信保理公司与鼎业公司签订了《保理合同》《应收账款转让明细表》《应收账款转让登记协议》等文件，约定鼎业公司愿意将其与一家或多家采购商之间的商务合同项下的对采购商已经发生但尚未到期的应收账款以及将发生的应收账款及相关权益全部转让给中信保理公司。中信保理公司在本合同项下任何款项与权利未得到充分受偿与行使时，可向鼎业公司及采购商分别行使追索权和追偿权。其中，中信保理公司与鼎业公司共同向采购商海龙公司发出《应收账款转让通知书》，载明了应收账款转让事宜、转让金额。海龙公司于同日向中信保理公司出具《应收账款买方确认函》回复称已知晓并同意相关债款转让所作出的各项安排，并承诺按期偿还应收账款。合同履行期间，鼎业公司未向中信保理公司支付保理费，海龙公司也拒绝支付应收账款。在庭审中海龙公司提出应收账款为虚构的，名为保理实为借贷，中信保理商与鼎业公司恶意串通骗取其签署没有真实交易的相关文件，中信保理商明知应收账款虚假，恶意核准虚构应收账款，应按照借贷法律关系处理各方的权利义务，海龙公司不应承担付款义务。

法院认为保理融资业务是一种以应收账款债权的转让为核心的综合性金融服务业务，保理公司开展保理融资业务，固然应当以真实、合法、有效的应收账款转让为前提，但应收账款债权得以产生的货物销售、服务提供等基础合同系存在于债权人和债务人之间，保理公司并非基础合同的当事人，故基础合同无效并不当然导致保理业务合同无效。本案中，中信保理公司已经举证证明其在办理涉案保理业务之前，以《应收账款转让通知书》的形式审查确认了海龙公司和鼎业公司签订《供需合同》的真实性，海龙公司同时向中信保理公司出具《应收账款买方确认函》。据此应当认定，海龙公司和鼎业公司向中信保理公司提交的相关文件，足以使中信保理公司产生合理信赖并有理由相信涉案应收账款债权真实、合法、有效。因此，即便海龙公司和鼎业公司之间的涉案买卖合同确系虚伪意思表示，双方亦不得以此对抗作为善意第三人的中信保理公司。

【分析与建议】

风险点分析：

当保理业务中应收账款债权虚假时，保理业务合同是否有效取决于保理商在签订保理业务合同时是否是善意的。若保理商知道或应当知道应收账款虚假而仍予以办理保理业务，则保理业务合同将会因系当事人通谋虚伪的意思表示而被认定为无效。

建议：

保理商在开展保理业务过程中，应秉持审慎原则对应收账款的真实性进行严格的甄别、筛查，并收集、留存相应基础合同、交易单据、发票凭证等足以证明应收账款真实存在的相关文件。同时，鉴于基础合同双方当事人之间的串通行为，保理商甄别有一定的困难，因此建议应就应收账款转让事宜、转让金额、还款安排等通知债务人并取得其书面确认文件。

【相关规定索引】

《中华人民共和国民法典》

第七百六十三条 应收账款债权人与债务人虚构应收账款作为转让标的，与保理人订立保理合同的，应收账款债务人不得以应收账款不存在为由对抗保理人，但是保理人明知虚构的除外。

2. 上海郑煤贸易有限公司、北京华源瑞成贸易有限责任公司买卖合同纠纷

最高人民法院（2020）最高法民申 7042 号

北京市高级人民法院（2019）京民终 1498 号

北京市第一中级人民法院（2019）京 01 民初 12 号

审判要点：融资链条上的其他虚假交易并不必然导致其中某一环节买卖合同无效。倘若买方在明知上游供货方没有实际供货的情况下，仍向出卖人表示已经自提取得了货物，则其仍应向卖方承担买卖合同之付款责任。

关键词：融资性贸易；虚构交易；"走单、不走货"

【案情简介】

华源公司（作为甲方、供方）与郑煤公司陆续签署数份《物资销售合同》，约定华源公司向郑煤公司出售乙二醇，并在合同中约定交货方式为郑煤公司在合同约定的交货地点自提，《物权交接单》签署完毕视同乙方郑煤公司质量检验合格。上述合同签署后，华源公司与郑煤公司分别在对应的《物权交接单》上签章，载明了验收合格等内容。后郑煤公司向华源公司陆续支付部分款项，仍有部分剩余款项未支付，华源公司便向法院起诉要求郑煤公司支付欠付货款。庭审中郑煤公司称整个交易链条涉及多方交易主体、交易链条较长，且过程中不存在真实的货物交割，实际上是一个借贷关系。各主体之间通过虚构交易实现融资放贷的目的，郑煤公司居中"刷单"，制造业绩。相互之间是以貌似合法的买卖形式，掩盖虚假交易、非法放贷的非法目的。

再审法院认为，郑煤公司并未主张并提交证据证明华源公司知晓该交易虚假，且乙二醇也并非自始不能买卖的标的物，故即便华源公司的上游供货方并未实际供货，郑煤公司依然签字盖章确认取得标的物，已足以构成对华源公司与郑煤公司之间买卖合同的履行。倘若确如买受人

郑煤公司所称，其在明知上游供货方没有实际供货的情况下，仍向出卖人华源公司表示已经自提取得了货物，则其仍应向华源公司承担买卖合同之付款责任。郑煤公司并未举示证据证明华源公司知晓买卖交易虚假，相反，其自述居中参与了国农公司与亚安公司之间的虚假交易，因此，其要求华源公司承担举证不能的不利后果，缺乏法律依据。

【分析与建议】

风险点分析：

在涉及多个交易环节的融资性贸易中，即使其他环节存在虚构交易的情形，但若有证据表明其中某一环节中合同履行要素齐全的，则该环节当事人仍可能需要承担该环节项下的相应的合同义务和责任。

在本案中，整个交易链条较长，且其中存在虚假交易的环节，但在有关买卖环节，买方与卖方签署了协议的合同，买方也签署了相应的物质接收单，确认已收到物资，后续也出具了承诺函件，进一步表明其欠付货款；并且，双方在涉诉之前也存在类似交易，并已履行完毕，在该环节需具备的要素方面，较为齐全。因此，虽然后续买方以涉案交易系虚构贸易，实质为借贷进行抗辩，但未进一步提出直接证据证明卖方明知交易为虚构，买方仍应承担支付合同价款的义务。

建议：

作为供应链金融中的一环，应特别注意其所在交易环节中合同履行证据的固定化，从而在其他交易环节可能存在虚构时，不影响该环节交易涉及的约定效力。同时，也建议参与方签署书面文件均应基于真实的客观事实，避免因此产生损失。

【相关规定索引】

《中华人民共和国民法典》

第五百九十八条 出卖人应当履行向买受人交付标的物或者交付提取标的物的单证，并转移标的物所有权的义务。

最高人民法院关于适用《中华人民共和国民事诉讼法》的解释（2022 修正）

第九十条 当事人对自己提出的诉讼请求所依据的事实或者反驳对方诉讼请求所依据的事实，应当提供证据加以证明，但法律另有规定的除外。

在作出判决前，当事人未能提供证据或者证据不足以证明其事实主张的，由负有举证证明责任的当事人承担不利的后果。

【司法案例 3】 保兑仓交易构成通谋虚假意思表示，不影响卖方担保责任的承担

中信银行股份有限公司西安分行与陕西省石化产业

集团有限公司，山煤国际能源集团晋城有限公司合同纠纷

（2020）最高法民申 6452 号

（2019）最高法民终 870 号

（2017）陕民初 11 号

审判要点：保兑仓交易以双方有真实买卖关系为前提，无真实买卖关系的，不影响买方与银行之间的借款合同效力，也不影响卖方和银行之间担保关系的效力，卖方仍应根据协议约定，在买方未向银行偿付融资款时，就该融资款差额向银行承担保证责任。

关键词：保兑仓、担保效力

【案情简介】

山煤晋城与陕西石化签订《煤炭买卖合同》一份，约定：山煤晋城向陕西石化供应煤炭。山煤晋城（甲方）与陕西石化（乙方）及中信银行签订《三方业务合作协议》，其中约定：鉴于甲方与乙方已经或即将订立以煤炭为合同标的的购销合同，乙方与丙方已经或即将签订一个或多个融资合同，丙方同意依照融资合同的约定向乙方提供融资以支付在

购销合同项下的甲方货款。甲方承担的差额退款/差额保证责任也按丙方在单笔融资下签发的《提货通知书》所记载累计提货金额与甲方收款金额之间的差额分别承担。乙方未按约定在提货期到期日前存入全额保证金或偿付全额融资款项且丙方在单笔融资下或协议项下出具的《提货通知书》所载累计提货价值少于该笔融资或本协议所对应的甲方实际收款金额的，甲方承担差额退款责任。

陕西石化（甲方）与中信银行（乙方）签订《综合授信合同》，约定：甲方在本合同约定的综合授信额度使用期限内可向乙方申请使用的综合授信额度为2.6亿元；本合同项下综合授信额度可用于下列一种或多种业务种类：贷款等或乙方认可的其他授信业务种类。根据陕西石化的申请，中信银行分别为陕西石化开立了以山煤晋城为收款人的电子银行承某某汇票，陕西石化在清偿部分票款后，仍欠中信银行票款本金和利息款项。

根据查明的事实，山煤晋城与陕西石化之间并不存在真实的货物买卖交易，案涉《三方业务合作协议》在形式上采用了保兑仓交易的模式，但各方当事人之间并不存在真实有效的保兑仓交易法律关系。法院最终认定各方当事人之间实质上为借款及担保合同关系，即中信银行向陕西石化提供融资借款，山煤晋城为陕西石化向中信银行的借款提供担保。基于案涉《三方业务合作协议》在形式上采用保兑仓交易的模式等事实，法院判令山煤晋城依照《三方业务合作协议》约定内容承担责任。

【分析与建议】

风险点分析：

根据本案《三方业务合作协议》的约定，山煤晋城、陕西石化与中信银行形成的是典型的保兑仓交易关系。保兑仓交易并非单一法律关系，而是多种法律关系的集合。买方、卖方及银行三方主体之间涉及买卖、借贷、委托付款、保证金质押等法律关系。实践中，买卖双方存在恶意串通签订无真实贸易背景买卖合同的情形，然而实际目的是满足买方进行银行融资的需求。根据《中华人民共和国民法典》第一百四十六条的规定，"行为人与相对人以虚假的意思表示实施的民事法律行为无效。以虚假的意思表示隐藏的民事法律行为的效力，依照有关法律规定处理"。故在无真实贸易背景的情况下，买卖合同因通谋虚伪而无效，由此带来的问题是买卖法律关系的无效是否会影响保兑仓交易中其他法律关系的效力？事实上，本案的争议焦点之一，即山煤晋城的责任承担问题，实质就是在买卖关系不存在的情形下，《三方业务合作协议》中各个法律关系的认定及效力问题。

一般而言，独立的法律关系之间并不会相互影响，除非具有主从关系或另有约定。本案中，判断具体法律关系及效力的关键就在于对差额退款责任性质的判断。在差额退款责任实质上属于担保的情形下，其作为从法律关系应受到主合同效力的影响。对于此时主合同为何，实践中存在不同的观点。一种观点认为，保兑仓交易中，卖方差额清偿责任的主合同是买卖合同，买卖合同因通谋虚伪无效，则作为从法律关系的担保也自然无效。另一种观点认为，保兑仓交易中，卖方的差额清偿责任是对借款合同的担保责任，买卖合同无效并不影响借款合同的效力。相较而言，后一种观点更具说服力，买卖合同与借款合同相互独立，即使借款的初衷是为了更好地履行买卖合同，买卖合同也只能作为借款合同的目的，而目的本身并不影响意思表示的效力。

实践中更具争议性的情况是，如果主合同本身构成通谋虚假意思表示，则法院应当以实际的法律关系来认定双方之间的真实合同关系，那么原合同关系项下的担保责任是否因为通谋虚伪的原合同无效而无效，抑或担保人仍应对于隐藏的真实合同关系继续承担担保责任？在（2018）京02民初81号、（2019）京民终170号判决书中，法院认为案涉主合同名为融资租赁合同，实为企业借贷合同，由于担保人对于案涉融资租赁合同的性质应是明知的，不存在主合同无效导致从合同无效的情况，也不存在债权人与债务人共同欺诈加重保证人责任的情况，因此保证合同有效。

在刘某某诉天津市国合商贸有限公司、天津市金鹏辉化工销售有限公司确认合同无效纠纷案（以下简称刘某某确认合同无效案）中，法院认为《购销合同》为金鹏辉公司与国合公司通谋虚伪行为，形式上为买卖合同，而实际为合作款项或资金拆借。该合同应为无效，故从合同亦无效。天津市高级人民法院的法官在对该案进行评析时认为"对隐藏行为知情的担保人应承担担保责任，不能仅仅因为担保合同载明的主合同是表面合同而免除担保人的担保责任。担保人在知道或者应当知道债权人和债务人成立的真实法律关系后仍继续提供担保，表明担保人具有为真实法律关系项下的债权债务提供担保的意思表示，担保人应该对隐藏行为承担担保责任……"

由此可知，在判断无效的表面合同项下的担保合同效力时，应当考虑担保人的主观状态/真实意思表示。在刘某某确认合同无效案中，买卖合同与合作款项或资金拆借之间的法律性质差异较大，担保人在签订担保合同时不应也无法察觉隐藏法律关系的存在，故而应当遵从"主合同无效，从合同亦无效"的原则，认定担保合同无效，否则会严重损害善意担保人的利益。

建议：

根据《全国法院民商事审判工作会议纪要》的规定，一般的保兑仓交易模式可归纳如下：（1）买卖双方签订货物买卖合同；（2）买方与银行签订授信合同，约定由银行为买方货款的支付提供融资服务；（3）买方向银行存缴一定金额的承兑保证金；（4）银行向买方开具以卖方为收款人的银行承兑汇票；（5）买方将承兑汇票作为货款交付予卖方；

（6）卖方生产货物并发送至仓库，该仓库由银行监管；（7）买方向银行发起提货申请；（8）仓库按照银行指示，向买方发送相应比例的货物；（9）买方将货物销售给他方；（10）他方付款给买方。买方可利用销售货物所得的款项作为存缴保证金，申请新一轮的提货，直至货物全部提取完毕。若货物没有全部售出，卖方将按约定承担退货责任；若买方到期无法偿还银行融资，则卖方应按约定对未清偿部分承担差额清偿责任。建议参照前述规定，尽量完备交易流程，并相应留存证据。

特别地，在供应链金融中，担保措施是确保资金安全的重要手段，《民法典》及《担保制度司法解释》确认了具有担保功能的非典型性担保的法律地位，大大拓宽了担保形式的范围。但非典型性担保的形式相对难以判断，而《民法典》及《担保制度司法解释》又要求担保权人需要核查担保人对于担保事项的决议文件，涉及上市公司的，还有义务核查其信息披露情况。因此，建议资金融出方在提供融资过程中，核查交易对方的公司章程，要求相关交易主体提供符合其公司章程约定的内部决议文件。其中需特别注意的是对于上市公司所提供的担保，担保权人应根据上市公司公开披露的关于担保事项已经董事会或者股东大会决议通过的信息签署相应的担保合同，否则将无法产生担保效力。

【相关规定索引】

1. 《全国法院民商事审判工作会议纪要》

68. 【保兑仓交易】"保兑仓交易作为一种新类型融资担保方式，其基本交易模式是，以银行信用为载体、以银行承兑汇票为结算工具、由银行控制货权、卖方（或者仓储方）受托保管货物并以承兑汇票与保证金之间的差额作为担保其基本的交易流程是：……只要不违反法律、行政法规的效力性强制性规定，这些约定应当认定有效。

一方当事人因保兑仓交易纠纷提起诉讼的，人民法院应当以保兑仓交易合同作为审理案件的基本依据，但买卖双方没有真实买卖关系的除外。"

2.《中华人民共和国公司法》

第十六条 公司向其他企业投资或者为他人提供担保，依照公司章程的规定，由董事会或者股东会、股东大会决议；公司章程对投资或者担保的总额及单项投资或者担保的数额有限额规定的，不得超过规定的限额。

公司为公司股东或者实际控制人提供担保的，必须经股东会或者股东大会决议。

前款规定的股东或者受前款规定的实际控制人支配的股东，不得参加前款规定事项的表决。该项表决由出席会议的其他股东所持表决权的过半数通过。

3.《中华人民共和国民法典》

第六百八十一条 保证合同是为保障债权的实现，保证人和债权人约定，当债务人不履行到期债务或者发生当事人约定的情形时，保证人履行债务或者承担责任的合同。

4. 最高人民法院关于适用《中华人民共和国民法典》有关担保制度的解释

第二条第一款 当事人在担保合同中约定担保合同的效力独立于主合同，或者约定担保人对主合同无效的法律后果承担担保责任，该有关担保独立性的约定无效。主合同有效的，有关担保独立性的约定无效不影响担保合同的效力；主合同无效的，人民法院应当认定担保合同无效，但是法律另有规定的除外。

第七条 公司的法定代表人违反公司法关于公司对外担保决议程序的规定，超越权限代表公司与相对人订立担保合同，人民法院应当依照民法典第六十一条和第五百零四条等规定处理：

（一）相对人善意的，担保合同对公司发生效力；相对人请求公司承担担保责任的，人民法院应予支持。

（二）相对人非善意的，担保合同对公司不发生效力；相对人请求公司承担赔偿责任的，参照适用本解释第十七条的有关规定。

法定代表人超越权限提供担保造成公司损失，公司请求法定代表人承担赔偿责任的，人民法院应予支持。

第一款所称善意，是指相对人在订立担保合同时不知道且不应当知道法定代表人超越权限。相对人有证据证明已对公司决议进行了合理审查，人民法院应当认定其构成善意，但是公司有证据证明相对人知道或者应当知道决议系伪造、变造的除外。

第九条　相对人根据上市公司公开披露的关于担保事项已经董事会或者股东大会决议通过的信息，与上市公司订立担保合同，相对人主张担保合同对上市公司发生效力，并由上市公司承担担保责任的，人民法院应予支持。

相对人未根据上市公司公开披露的关于担保事项已经董事会或者股东大会决议通过的信息，与上市公司订立担保合同，上市公司主张担保合同对其不发生效力，且不承担担保责任或者赔偿责任的，人民法院应予支持。

相对人与上市公司已公开披露的控股子公司订立的担保合同，或者相对人与股票在国务院批准的其他全国性证券交易场所交易的公司订立的担保合同，适用前两款规定。

第三十六条　第三人向债权人提供差额补足、流动性支持等类似承诺文件作为增信措施，具有提供担保的意思表示，债权人请求第三人承担保证责任的，人民法院应当依照保证的有关规定处理。

第三人向债权人提供的承诺文件，具有加入债务或者与债务人共同承担债务等意思表示的，人民法院应当认定为民法典第五百五十二条规定的债务加入。

前两款中第三人提供的承诺文件难以确定是保证还是债务加入的，人民法院应当将其认定为保证。

第三人向债权人提供的承诺文件不符合前三款规定的情形，债权人请求第三人承担保证责任或者连带责任的，人民法院不予支持，但是不影响其依据承诺文件请求第三人履行约定的义务或者承担相应的民事责任。

附 　 录

※ 供应链金融宏观政策 ※

篇幅所限，本部分附录依照中央政策、地方政策进行分类，以时间为序，分别对供应链金融政策和实体经济相关的规定进行补充，以供读者参考。

1. 供应链金融的其他政策

中央政策	《中国人民银行关于支持外贸新业态跨境人民币结算的通知（征求意见稿）》公开征求意见的通知	中国人民银行	2022.1
	《关于开展全国供应链创新与应用示范创建工作的通知》	商务部等八单位	2021.3
	《关于加强金融支持促进商贸物流高质量发展的通知》	商务部、中国建设银行	2021.10
	《"十四五"促进中小企业发展规划》	工信部、国家发改委等十九部委	2021.12
	《关于做好跨周期调节进一步稳外贸的意见》	国务院办公厅	2022.1
	《深圳建设中国特色社会主义先行示范区放宽市场准入若干特别措施的意见》	发改委、商务部	2022.1
地方政策及交易所文件	《关于积极推进供应链创新与应用的实施意见》	辽宁省政府办公厅	2018.1
	《关于积极推进供应链创新与应用的实施意见》	甘肃省政府办公厅	2018.1
	《关于积极推进供应链创新与应用的实施意见》	陕西省人民政府办公厅	2018.3
	《关于积极推进供应链创新与应用的实施意见》	黑龙江省政府办公厅	2018.3
	《关于积极推进供应链创新与应用的实施意见》	贵州省政府办公厅	2018.4

地方政策及交易所文件	《广东省关于积极推进供应链创新与应用的实施意见》	广东省商务厅等六部门	2018.6
	《关于积极推进供应链创新与应用的实施意见》	青海省政府办公厅	2018.8
	《关于本市积极推进供应链创新与应用的实施意见》	上海市政府办公厅	2018.8
	《关于积极推进供应链创新与应用的实施意见》	河南省政府办公厅	2018.12
	《广州市关于促进供应链金融发展的实施意见》	广州地方金融局	2019.9
	《关于促进中国（天津）自由贸易试验区供应链金融发展的指导意见》	中国（天津）自由贸易试验区管理委员会	2020.12
	《关于强化财政金融政策融合促进供应链金融发展的通知》	山东省财政厅等三单位	2021.2
	《关于促进甘肃省供应链金融规范发展的若干措施》	人民银行兰州中心支行联合省工信厅、司法厅、商务厅等九部门	2021.4
	《关于促进湖南省供应链金融发展的意见》	人行长沙支行等十三部门	2021.5
	《关于进一步深化供应链创新与应用试点提升供应链金融服务质效的实施意见》	银保监会厦门监管局等三单位	2021.7
	《加快广西供应链金融发展若干措施》	广西壮族自治区人民政府办公厅	2021.8
	《关于发展上海供应链金融的指导意见》	人民银行上海总部	2021.9
	《关于促进供应链金融规范和创新发展的指导意见》	江西省人民政府金融工作办公室等十部门	2021.9
	《关于提升制造业产业链供应链现代化水平的实施意见》	重庆市人民政府办公厅	2021.11
	《北京金融资产交易所供应链债权融资计划业务操作指引（试行）》	北京金融资产交易所	2021.12

2. 实体经济相关的其他政策

中央政策	《关于印发降低实体经济企业成本工作方案的通知》	国务院	2016.8
	《关于进一步推进物流降本增效促进实体经济发展的意见》	国务院办公厅	2017.8
	《关于进一步做好信贷工作提升服务实体经济质效的通知》	银保监会办公厅	2018.8
	《关于健全支持中小企业发展制度的若干意见》	工信部等十六部门	2020.7
	《关于2021年进一步推动小微企业金融服务高质量发展的通知》	银保监会	2021.4
	《国务院办公厅关于进一步加大对中小企业纾困帮扶力度的通知》	国务院办公厅	2021.11
	《"十四五"促进中小企业发展规划》	工信部等十九部门	2021.12
	《加强信用信息共享应用促进中小微企业融资实施方案》	国务院办公厅	2021.12
地方政策	《深圳市国家中小企业发展专项资金小微企业融资担保业务降费奖补政策申报指南》	深圳地方金融局	2020.9
	《发挥天津市信易贷平台作用支持中小企业融资措施》	天津发展改革委	2020.4
	《江苏省小微企业应收账款融资专项行动实施方案》	人民银行南京分行等七单位	2018.2
	《陕西省人民政府办公厅关于印发进一步加大对中小企业纾困帮扶力度若干措施的通知》	陕西省人民政府	2021.12
	《河南省人民政府办公厅关于印发中小企业纾困帮扶政策措施的通知》	河南省人民政府	2021.12
	《山东省人民政府办公厅关于切实加大对中小企业纾困帮扶力度的通知》	山东省人民政府	2022.1
	《江西省人民政府进一步加大帮扶力度促进中小企业平稳健康发展的通知》	江西省政府办公厅	2022.1
	《关于进一步支持中小微企业和个体工商户健康发展的财税政策》	四川省财政厅、国家税务总局四川省税务局等十部门	2022.1
	《省人民政府关于印发纾解全省中小微企业融资难融资贵问题若干措施的通知》	湖北省人民政府	2021.11

续表

地方政策	《湖南省中小企业"两上三化"三年行动计划（2021—2023年)》	湖南省工业和信息化厅	2020.12
	《安徽省人民政府办公厅关于印发强化小微企业融资服务行动方案的通知》	安徽省人民政府办公厅	2017.8
	《浙江省人民政府办公厅关于发挥政府性融资担保体系作用支持小微企业汇率避险增信服务的实施意见》	浙江省人民政府办公厅	2022.1
	《广东省支持中小企业融资的若干政策措施》	广东省人民政府	2019.7
	《北京市关于应对疫情防控常态化促进中小企业健康发展若干措施》	北京市经济和信息化局、市发展改革委	2021.11

※ 供应链金融业务相关法律规范 ※

篇幅所限，本部分附录依照中央政策、地方政策、国家标准及行业规范、其他参考文件进行分类，以时间为序，分别对保理、票据、存货、预付四类业务规定进行补充，以供读者参考。

1. 保理类业务

中央及地方关于清理保理企业的政策	《中国银保监会关于商请组织开展商业保理行业专项清理排查的函》	银保监会	2019
	《关于失联商业保理公司情况的通报》	江苏地方金融局	2019.1
	《广东省地方金融监督管理局关于组织开展商业保理行业专项清理排查的通知》	广东地方金融局	2019.6
	《关于开展我市商业保理行业　清理规范工作的公告》	天津地方金融局	2019.12
	《关于深圳市首批失联商业保理企业名录的公告》	深圳市地方金融局	2020.6
	《关于非正常经营类商业保理公司的公告》	上海地方金融局	2021.2
其他地方政策	《上海市融资租赁公司、商业保理公司监管评级与分类监管指引》	上海市地方金融局	2020.9
	《深圳市外资商业保理试点审批工作暂行细则》	深圳市经信委	2020.11
行业规范	《中国银行业保理业务规范》	中国银行业协会	2010.4
	《国内商业保理合同（示范文本）》	商业保理专委会	2016.12
	《商业保理业务规则》	商业保理专委会	2020.10

资产 证券化 相关 规范	《证券公司及基金管理公司子公司资产证券化业务管理规定》	证监会	2014.11
	《证券公司及基金管理公司子公司资产证券化业务信息披露指引》	证监会	2014.11
	《证券公司及基金管理公司子公司资产证券化业务尽职调查工作指引》	证监会	2014.11
	《证券法》	全国人大常委会	2019.12

2. 票据类业务

中央 政策	《中国人民银行关于加强电子商业汇票交易管理有关事项的通知》	人民银行	2017.7
	《中国人民银行关于规范和促进电子商业汇票业务发展的通知》	人民银行	2016.8
	《最高人民法院经济审判庭关于银行承兑汇票能否部分金额贴现、部分用于抵押贷款的复函》	最高法院	1994.1
	《商业汇票承兑、贴现与再贴现管理办法（征求意见稿）》	人民银行、银保监会	2022.1
国家 标准及 行业 规范	《中国银行业票据业务规范》	银行业协会	2021.1
	《标准化票据信息披露规则》	上海票据交易所等单位	2020.7
	《电子商业汇票系统客户端功能标准及操作规范》	中国支付清算协会	2016.11
	《商业汇票业务风险防范指引》	中国支付清算协会	2014.9
	《中国支付清算协会票据行业自律公约》	中国支付清算协会	2014.4

3. 存货类业务

国家 标准及 行业 规范	《动产和权利担保统一登记办法》	人民银行	2022.2
	《担保存货第三方管理规范》	标准化委员会	2015.3
	《动产质押监管服务规范》	国务院	2013.11

4. 预付类业务

国家标准及行业规范	《关于明确国内信用证项下电子发票交单有关规则的公告》	中国支付清算协会	2021.11
	《国内信用证审单规则》	中国支付清算协会等	2016.10
融资租赁相关规范	《国务院国有资产监督管理委员会关于进一步促进中央企业所属融资租赁公司健康发展和加强风险防范的通知》	国资委	2021.5
	《最高人民法院关于审理融资租赁合同纠纷案件适用法律问题的解释》	最高法院	2020.12
	《银保监会关于印发融资租赁公司监督管理暂行办法的通知》	银保监会	2020.5
	《国务院办公厅关于加快融资租赁业发展的指导意见》	国务院办公厅	2015.8

※ 供应链金融科技相关法律规范 ※

篇幅所限，本部分附录依照法律、行政法规、地方法规、部门规章、司法解释、国家标准及行业规范、其他参考文件进行分类，以时间为序，分别对网络与数据安全、计算机应用程序开发、网络服务运营、电子签名与数字证书和区块链技术相关的规定进行补充，以供读者参考。

1. 网络与数据安全

地方法规	《深圳经济特区数据条例》	深圳市人大常委会	2022.1
	《上海市数据条例》	上海市人大常委会	2022.1
国家标准	《金融数据密码机检测规范》	密码局	2016.12
	《信息安全技术　网络安全等级保护实施指南》	标准化委员会	2020.3
	《金融数据安全　数据安全分级指南》	人民银行	2020.9
	《信息安全技术　网络安全等级保护定级指南》	标准化委员会	2020.11
	《金融场景隐私保护计算平台技术要求与测试方法（征求意见稿）》	中国互联网协会	2021.9
	《重要数据识别指南（征求意见稿）》	标准化委员会	2022.4

2. 计算机应用程序开发

法律	《著作权法》	全国人大常委会	2020.11
	《民法典》合同编第二十章	全国人大	2021.1
行政法规	《计算机软件保护条例》	国务院	2013.1
司法解释	《最高人民法院关于审理技术合同纠纷案件适用法律若干问题的解释》	最高法院	2020.12

3. 网络服务运营

行政法规	《互联网信息服务管理办法》	国务院	2011.1
	《电信条例》	国务院	2016.2
部门规章及规范性文件	《非经营性互联网信息服务备案管理办法》	工信部	2005.2
	《电信业务经营许可管理办法》	工信部	2017.9
	《互联网域名管理办法》	工信部	2017.11
	《关于规范互联网信息服务使用域名的通知》	工信部	2017.11
司法解释	《最高人民法院关于互联网法院审理案件若干问题的规定》	最高法院	2018.9
	《关于审理涉及计算机网络域名民事纠纷案件适用法律若干问题的解释》	最高法院	2020.12

4. 电子签名与数字证书

法律	《电子签名法》	全国人大常委会	2019.4
	《密码法》	全国人大常委会	2020.1
	《公司法（草案）》	全国人大常委会	—
行政法规	《市场主体登记管理条例》	国务院	2022.3
	《商用密码管理条例》	国务院	1999.10
部门规章及规范性文件	《商用密码产品生产管理规定》	密码管理局	2017.12
	《电子认证服务管理办法》	工信部	2015.4
	《电子认证服务密码管理办法》	密码管理局	2017.12
	《电子营业执照管理办法（试行）》	国家市监局	2018.12
地方文件	《上海市电子印章管理暂行办法》	上海市政府办公厅	2018.11
	《深圳市商事主体电子印章管理暂行办法》	深圳市市监局	2021.1

续表

国家标准	《信息安全技术　公钥基础设施　电子签名格式规范》	标准化委员会	2011.2
	《信息安全技术　公钥基础设施　数字证书格式》	标准化委员会	2019.1
	《信息安全技术　公钥基础设施　基于数字证书的可靠电子签名生成及验证技术要求》	标准化委员会	2018.7
	《电子发票基础信息规范》	标准化委员会	2019.1

5. 区块链技术

中央政策	《金融科技（FinTech）发展规划（2019—2021年）》	人民银行	2019.8
	《工业和信息化部、中央网信办关于加快推动区块链技术应用和产业发展的指导意见》	工信部、网信办	2021.5
地方政策	《江苏省区块链产业发展行动计划》	江苏省工信厅	2020.1
	《北京市财政局关于财政电子票据应用区块链技术有关事项的公告》	北京市财政局	2020.3
	《北京市区块链创新发展行动计划（2020—2022年）》	北京市政府	2020.6
国家标准及行业规范	《企业自建和第三方电子发票服务平台建设标准规范》	税务总局	2019.6
	《信息安全技术　区块链信息服务安全规范（征求意见稿）》	—	2021.1
	《基于区块链的机构电子签约业务规范》	中国互联网协会	2021.10